研究叢書44

カトリックと文化

出会い・受容・変容

中央大学人文科学研究所 編

中央大学出版部

カトリック史における異文化の受容と変容について
――前書きにかえて――

『神曲』の冒頭でウェルギリウスによって三匹の猛獣から救われたダンテは、感激して語る。

おお、あらゆる詩人の名誉であり光であるあなた、
長い間ひたすら深い愛情をかたむけて
あなたの詩集をひもといた私に情けをおかけください、
あなたは私の師です、私の詩人です。
私がほまれとする美しい文体は
余人ならぬあなたから学ばせていただきました。(1)

ダンテはこの古代ローマの詩人に深く信頼し、彼に導かれて地獄と煉獄の旅に出る。それは地獄の最下層にまで降り、やがて煉獄最上層の地上楽園からベアトリーチェにより天国への導きが始まるまで続く長い旅であった。そしてこのふたつの世界で遭遇する、人の生と死に関わるさまざまな事象の意味を逐一解明してくれるこのローマ人こそ、ダンテにとってまさに人生と文学の偉大な師匠なのであった。ドイツのロマニスト、E・R・クルツィウスは、『ヨーロッパ文学とラテン中世』(一九四八年)においてこの古代ローマとキリスト教的中世の二大詩人の出会いについて述べている。

(1) ダンテ(平川祐弘訳)『神曲』河出書房新社、一九九五年、七頁。

『神曲』の構想はウェルギリウスとの精神的出会いを基盤にしている。ヨーロッパ文学の範囲では、この現象に比較しうるものは少ない。…ダンテによるウェルギリウス復活は、一つの偉大な魂から他の偉大な魂に架かった炎のアーチである。ヨーロッパ精神の伝統はこれほど感動的な高さ、優しさ、豊かさをもつ状況を知らない。それは二人の偉大なラテン的作家の出会いである。歴史的には、ラテン中世が結ばしめた、古代と近代世界との同盟の調印である。(2)

換言すれば、キリスト教文学の最高峰のひとつ『神曲』の創作は、キリスト教による古典古代文学・思想（ウェルギリウス、キケロ、アリストテレスなど）の受容と変容の偉大な例といえよう。そしてこうした事例はキリスト教史において枚挙にいとまがない。

二千年にわたり、キリスト教はヨーロッパの知の歴史に決定的な影響を与えてきた。ローマ帝国の版図とほぼ重なりつつ、地中海世界から西欧世界に展開していったローマ・カトリック教会は、「普遍」を意味するその名のとおり、すべての民を志向する普遍的な視界のうちに宣教し、現在は世界で九億を超える信徒を抱えている。そしてその発展の歴史は、多様な、非キリスト教的な思想や文化との出会い、そうした「異なるもの」の摂取・統合、そして文化への影響の歴史と見ることができる。以下、こうした「異なるもの」の受容とキリスト教的変容の出来事のいくつかを歴史のなかに辿ってみよう。

二、三世紀、オリゲネスに代表されるアレクサンドリア学派におけるキリスト教的聖書解釈学の発展は、ローマ時代、ヘレニズム文化の中心地であったアレクサンドリアを中心に営まれていた古典的な解釈学の受容の実りであった。さらに彼らはプラトンを中心とするギリシア思想を継承しつつ教父神学を形成した。そしてギリシア

（2）E・R・クルツィウス（南大路振一・中村善也・岸本通夫訳）『ヨーロッパ文学とラテン中世』みすず書房、一九七八年、五二二頁。

語を用いる当時の知識人にむけて、ギリシア思想の諸概念を援用しつつキリスト教思想を説明したのであった。「キリスト教思想のヘレニズム化」と呼ばれる(3)こうしたギリシア教父の営みの根底に、超越的な存在者への信仰と人間の自然本性的な知的探求の重視、言い換えればヘブライズムとヘレニズムの不可分の関係性の原型が見られようし、それは本質的にキリスト教を特徴づけることになる。このギリシア教父神学はラテン教父アウグスティヌスを経て、中世キリスト教神学に継承されてゆく。キリスト教の本質部分と一致するかぎり、たとえ異教の思想家であれ、すぐれたものは受容されたのである。次の引用はオリゲネスによるプラトン主義の受容について述べたものである。

以上の説明から明らかなように、神について、また人間について、および両者の関係についてのオリゲネスの思想は、プラトン主義の多くの要素を受け入れながらも、それをキリスト教の思想にそって根本的に再解釈している。不動の精神的な存在者としての神、魂を本質としており体はただ付随したものでしかない人間、専ら教育的な意図で科された罰、不動な観念的なイデアへの参与による進歩などは、確かにプラトン主義的な思想である。

しかし、それらの思想を用いてはいるものの、愛の情を感じ、十字架上のイエスの姿によって完全に啓示された神、すべての生命と善の究極的な源である神のありあふれるほどの自由な愛による世界創造、神のいつくしみ深い救世活動、先行する神の恵みを自由に受け入れ、イエスに従って歩む人間の生き方によって得られる永遠の生命などというような考え方は、全くキリスト教的なものである。オリゲネスの思想は、プラトン主義であると言えるかもしれない。しかしそれはキリスト教的なプラトン主義なのである。(4)

(3) ヴェルナー・イェーガー(野町啓訳)『初期キリスト教とパイデイア』筑摩叢書、一九六九年、四九頁。

(4) ペトロ・ネメシェギ「オリゲネスにおけるプラトン主義」(上智大学中世思想研究所編『キリスト教的プラトン主義』、創文社、一九八五年)二五頁。

キリスト教は地中海世界から北方のゲルマン世界に伝えられていった。そのもっとも初期の過程で西ゴート族のアリウス派司教ウルフィラ（三一一年頃-三八三年頃）によるゴート語への聖書翻訳[5]も注目すべき出来事であった。そのために彼はまずルーネ文字に代わるアルファベットの創出から始めなければならなかった。聖書の深い精神性を表すために、一語一語原典ギリシア語に対応するゴート語を捜し、新たな語や概念を造り、文法を整備し、無数の表現の工夫を凝らしていった。ゲルマン民族の思想・心情（すなわち言語）のキリスト教との深い交渉とそれへの変容の最初の実例のひとつであった。

好戦的なゲルマン民族は、民族的信仰の色彩が強く、神のための戦いの記述の多い旧約聖書に関心を持った。それゆえウルフィラは彼らのために『列王記』の翻訳は避けたのである。[6]異教的ゲルマン的世界観がキリスト教的なものと融合されてゆく過程は、雄々しい武人イエスを主人公とするドイツ文学最古の叙事詩『ヘーリアント』（救世主、八三〇年頃一司祭により書かれた）、一一世紀以降のフランスの武勲詩（たとえば『ローランの歌』、一一〇〇年頃）、さらに百年後のドイツの英雄叙事詩『ニーベルンゲンの歌』（一二〇〇年頃）にも見られるだろう。古いゲルマン民族の伝説や歴史を題材としたそうした文学では、武人の荒々しい生き方や血なまぐさい復讐の主題が宗教的な魂の救済願望と対置（立）され、並存するが、なお調和的な融合を示してはいない。『ニーベルンゲン』には、信義に厚く、かつ穏やかさの心も持った品性高貴なリュエデゲールのような例外はいるものの。

一方、一一、一二世紀には、ゲルマン的ルーツと異なる地中海イスラム文化圏の影響下（恋愛賛美、女性崇拝、女性に対する礼節）、南仏にトルバドゥールが誕生し、優美な恋愛詩が西欧に拡がっていった。Ch.ドーソンによれ

（5）　銀文字文書。ウプサラ大学に写本断片が現存。

（6）　ジェフリー・バラクラフ編（別宮貞徳訳）『キリスト教文化史』I、原書房、一九九三年、二一一頁。

ば、それはゲルマン古文学を支配する「素朴と野蛮に対する教養と優雅の勝利であった。なぜなら、この南欧文学によって、北欧における封建社会の貴族たちは、交際の仕方や正しい礼儀を教えられたからである」[7]。こうして弱者に対する保護も重視される新たな洗練された騎士道の理想が形作られていった。

このような南欧系の騎士的礼節の理想とゲルマン古来の深い宗教的感情や神秘主義、そして中核としての共苦と憐みのキリスト教的モラル、この三者が真に融和統合されるのが一三世紀シュタウフェン王朝時代の騎士叙事詩であった。ドーソンが指摘するように、そのひとつ、ドイツ騎士団の理念を反映するといわれるヴォルフラム・フォン・エッシェンバッハの聖杯物語『パルツィファル』(一二一〇年頃)のような作品が、いまや「芸術的統一性と霊的意義」をゆたかに与えられて生み出され、ついにここに、様式的統一と思想的内実との両方の意味において、真のドイツ(ゲルマン)的キリスト教文学が完成されるのである[8]。これは、ヴァルター・フォン・デア・フォーゲルヴァイデのミンネザングとともに、中世ドイツ語の数々の騎士文学作品のうち最高峰をなし、『薔薇物語』やチョーサー、ダンテやペトラルカとともに、自国語による中世文学の華となった。

時代は戻るが、古典古代の文学は西洋のキリスト教化のなかでも保存されていった。四世紀のカイサレイアの大司教バシレイオスや教皇グレゴリウス一世(在位五九〇-六〇四年)は、それを全面的に受容する立場を代表した。八、九世紀、ゲルマン民族・フランク王国におけるシャルルマーニュの宮廷を中心とする文化・教育振興政策、いわゆるカロリング・ルネサンスは、そのような古代重視の伝統の一開花現象であった[9]。埋もれていた古典

(7) クリストファー・ドーソン『中世のキリスト教と文化』(野口啓祐訳)、新泉社、一九七一年、一三三頁。
(8) 前掲書、一三六頁。
(9) 以上『新カトリック大事典』、「ギリシア・ローマ古典文学」の項、研究社、一九九八年。

文学は再発見され、研究され、新たなキリスト教文学や聖歌を生み出した。ラテン語が純化され、ラテン語教育が進められた。キリスト教以前のゲルマン語の古歌謡も集められた。ゲルマン民族大移動やローマ帝国崩壊後の暗黒時代のうちに佇むフランク人の文明化という点で、このカロリング・ルネサンスは比類なき意味を持っていた。そしてその中心にいたのが、七三五年頃ヨーク近郊に生まれた「人文主義者」でウェルギリウスの愛読者[10]アルクインである。エティエンヌ・ジルソンはいう。「シャルルマーニュによって、当時実際上未開野蛮の地であったところに学校を経営し、学問を普及する使命を受けたアルクインは、その使命を完全に果たしたので、彼の死ぬ頃にはフランスはたしかにヨーロッパにおける学問の世界的中心地となっていた。[11]」

そしてこの世に生きる人間とその文化を重視するギリシア・ローマのヒューマニズムは、この時代において新たなキリスト教的ヒューマニズに変容されていった。

これまでのいかなる時代でも、この（=アルクインの　筆者）時代ほどキリスト教的ヒューマニズムが自己の目的を強く意識し、意欲し、さらにいえば、より多くその理解を示した時代はなかったのである。アルクインはあの殉教者ユスティヌスにふさわしい後継者である。ユスティヌスは二世紀の頃から早くも「美わしき一切のものこそはわれらのもの」たることを指導原理として、これをキリスト者の名において掲げ、ソクラテスをキリストの弟子として要請し、彼こそ御言に対する特殊な霊感を持っていた、と考えていた人である。アルクインにとってもユスティヌスの場合と同じく、さらにつけ加えるならば後のエラスムスの場合と等しく、キリスト教は古代の世界の成果を破壊しにきたものというよりも、むしろその成果を超自然化することによってそれを豊かにし完全にするために現われたのだと思われるのであった。こう

（10）　エティエンヌ・ジルソン（佐藤輝夫訳）『中世ヒューマニズムと文芸復興』めいせい出版、一九七六年、三四頁。
（11）　前掲書、一四八頁。

したギリシア・ローマ文化の持つ永遠の価値に対する意識が、最も感動すべき素朴さをもって描かれている部分は、アルクインによって作られたあの謙譲な『道徳論』(De virtutibus)を措いてない。(12)

アルクインはシャルルマーニュに対してみずからを「尊敬されるどころかむしろ憐れまれるべき存在!」と言った。

こうしたアルクインの嘆息の中には、蛮族の間に埋もれた知識人の憂愁、古代世界に対する懐古的趣味、時代を通じて窺われる人間の深い普遍本性に対する感情、ギリシャ思想がかつて獲得した資本、(キリスト教はそれを拾い上げて純化しなければならないのだ)、こうしたすべてのものが含まれていて、それが彼の文化的業績に対して最も深奥な意義を附与するものである。(13)

修道院文化の時代は長く続いた。「中世初期を通じて文化の主な中心地は修道院であった。無知と野蛮の大海に浮かぶ小島さながら、修道院は西ヨーロッパの学問を絶滅から救った」(14)。古代教父の著作や古典古代の文物は、修道院において繰り返し筆写・保存され、研究された。一一世紀にはサレルノで医学が栄え、カンタベリーのアンセルムスに代表される初期スコラ学が誕生した。その後一二世紀には司教座聖堂の研究教育機関、やがて大学が文化の担い手となってゆく。前者のうちでとりわけ活動的だったのが、コンシュのギヨームはじめ有名な

(12) 前掲書、三五頁(訳一部変更)。
(13) 前掲書、三七頁。
(14) C・H・ハスキンズ(別宮貞徳・朝倉文市訳)『一二世紀ルネサンス』みすず書房、一九八九年、二四頁。

プラトン主義者たちやキケロを師としたソールスベリのジョンのような教養ゆたかな文人のいたシャルトル、クレルヴォーのベルナールと鋭く対立したきらめく知性アベラールのいたパリ、やはり北フランスのランスや英国のカンタベリー、スペインのトレドなどであった。サン＝ヴィクトール学派のサン＝ヴィクトール修道院（パリ）も忘れられない。西欧ラテン世界にすでに存在していたこうした知識・思想がひとつの生命源となり、その上に新たにイスラム世界から豊富な学問・文学が流入して、一二世紀ルネサンスという未曾有の時代をもたらしたのである(15)。

この一二、一三世紀はゆたかな知の興隆の時代であった。ローマ法、ラテン詩、ギリシア哲学、ギリシアやアラビアの科学がもたらされた。スペインからフランスに及ぶ各地で多様な学術書のラテン語への翻訳がなされたが、その中心地はスペイン・トレドであった。翻訳者集団は教会の庇護に助けられ、とりわけトレドの大司教ライムンドゥスとタラゾナの司教ミカエルはそうした推進者であった(16)。ウェルギリウス、キケロ、ホメロスが新たに研究され、アリストテレスやアヴェロエスが強力な哲学的影響を与えた。その流れのなかに「トマス・アクィナスが現れて、アリストテレスの原点に戻り、キリスト教神学とアリストテレスの哲学思想を和解させるのである」(17)。

中世後期の一四、一五世紀は「一般信徒の時代」、「謙譲な無名のキリスト信者が民衆運動を通じて、教会に前例のない足跡を残した時代」といわれる。「教会の刷新、キリスト教信仰の神髄である福音による新しい生命へ

(15) 前掲書、二三三頁。
(16) 前掲書、二三九-二四〇頁。
(17) 『新カトリック大事典』、「ギリシア・ローマ古典文学」の項。

の呼びかけは、この時期には社会の下層部から起きた」。[18] トマス・ア・ケンピスの敬虔な『イミタティオ・クリスティ』もそうした民衆運動のひとつ、オランダの一種の在俗修道会「新しき信心」より生まれた。

深い霊的充実と清貧の信仰生活を求める民衆のこうした自覚的意識の大きなうねり。それはやがて、近代的な実証精神や批判検討の精神に裏打ちされた脱権威的・自律的個人意識（近代的ヒューマニズム）の宗教的形態ともいえる宗教改革をもたらすのである。伝統的なカトリック教会は、この近代精神という名の新たな「異なるもの」に直面せねばならなかった。人文主義のプリンスと呼ばれるエラスムスは宗教改革の一導火線となったことでカトリック陣営から「エラスムスが卵を産み、ルターがこれを孵化した」と批判されたが、しかし次の点は忘れてはならない。エラスムスが元来オランダの修道士であり、ルターもまたアウグスチノ会修道士であったということを。みずからの理想を述べた『キリスト教兵士提要』（一五〇四年）や『キリスト教君主教育』（一五一六年）にもうかがわれるように、エラスムスは生涯よきキリスト教徒であらんとした。彼の近代的な古典文献学＝人文主義の大きな成果のひとつ、史上初のギリシア語原典新約聖書活字本の刊行（一五一六年）や、やはり一五一六年刊行のヒエロニムス著作集などの広範な古代教父研究を通して、彼はキリスト教に貢献したのであった。

宗教改革というキリスト教内部の新たな出来事による西洋文明の激震。トリエント公会議（一五四五–六三年）はこれに対処する新たな道（カトリック改革）を模索し、改めて伝統的な諸秘蹟や人間の自由意志が重視され（自由意志は原罪によって弱められ、悪へ傾いたものとなったとはいえ、消されてしまったのではない）[19]、原罪にもかかわらず

(18) 『キリスト教文化史』Ⅱ、第六章（中世における民衆の宗教運動）参照。
(19) 『新カトリック大事典』、「トリエント公会議」の項。

神によって創造された人間本性の秩序は完全には破壊されていないという視点が再確認された。公会議後、大きな危機から脱したカトリック教会は、一七世紀のバロック時代にかけて強力な発展を見た。イエズス会創設者イグナチオ・ロヨラ、アヴィラのテレサ、十字架のヨハネといったすぐれた神秘主義者が輩出した。あの感動的な「イエスの秘義」(20)を書いたパスカルもそのひとりに数えられよう。バロック時代はまさに宗教的情熱のほとばしる時代であった。そのなかでフィリッポ・ネリによるオラトリオ会やヴァンサン・ド・ポールによる女子ヴィンセンチオ会をはじめ数々の修道会が生まれたのである。

さまざまな挑戦にみちたこの時代の宗教的・神秘主義的情熱は芸術にも反映され、光と闇が相克し、聖なるものと俗なるもの、彼岸志向と地上志向が対立し、天使と悪魔が戦って、すべてが刺激的な見世物・劇となった。ルネサンスが求めた均衡と調和は、もはや中世的コスモロジーを失って支えなく宇宙のなかに宙吊りにされた人間の不安と、他方、自律的近代人の強烈な自負と力の過剰によってデフォルメされた。その表現は激しくダイナミックであったが、深層にはメメント・モリの無常観と神秘な救済願望が横たわっていた。ギリシア出身のめくるめく幻想と神秘の画家エル・グレコや華麗な修辞学を駆使したスペインの劇作家カルデロンの聖体神秘劇は、こうしたバロック的マニエリスムを証しする。プロテスタントのレンブラントやバッハにも光と闇の劇的な弁証法を見ることができよう。そしてローマのイエズス会を初めとする各地の壮麗無比なバロック聖堂は、神の国への熱狂的なまでに熾烈な憧憬の表現以外の何物でもないだろう。

一六、一七世紀はまたラテンアメリカや東洋といった非西洋世界への宣教の時代であった。しかし愛と救いの福音を伝えようとする熱情の一方で、西洋的文明化の名のもとに先住民への経済的・軍事的侵略がなされたこと

(20)『パンセ』断章五五三。

は、かつての十字軍遠征とともに、キリスト教史の闇の部分のひとつとなった。「このような宣教師と征服者との親密な協力はきわめて残念なことでした。それは宣教そのものに祝福をもたらさず、海外の諸国にあってキリスト教と土着の民族や文化との有機的な融合が達成されないという結果をひき起こしました」[21]。

こうした現象はそれぞれの時代の意識の限界を示すものかもしれないが、それにしても「異なるもの」の受容承認という視点から見れば、きわめて残念なことであった。キリスト教が世界に広がってゆくなかで、異教の民族的文化や慣習との対立あるいは統合のテーマはさまざまな変奏を見せてきた。すでに中世初頭、教皇グレゴリウス一世はそれに対する教会の基本的な姿勢を明確に定めた。彼はロンドンの司教に「悪魔へささげる」雄牛の犠牲《いけにえ》を禁止せず、そのかわりにそれを「神を賛美するために」続けさせるように命じた。そして「ヨーロッパの祭りの多くが異教の祭りのうわべにキリスト教のうすい皮をかぶせたもの」と見ることもできる[22]。

この問題に対する教会の対応は歴史のなかで一様ではない。折々の教皇の考え方にも支配される。そして時代の流れにさからった個人もまた存在した。十字軍時代の一二一九年、エジプトでスルタン、アル・カーミルと驚くべき対話を実現したアッシジのフランチェスコのような例があったことは注目すべきことである。インディオに対する平和的な宣教を求めたドミニコ会士ラス・カサス（一四七四–一五六六年）もそのようなひとりだった。「生活方法と思考法において全くインド人住民に順応する…順応の道」[23]を試みたロベルト・デ・ノビーリ（一五七七–一六五六年）や中国において同様な順応の道を歩んだマテオ・リッチ（一五五二–一六一〇年）のようなイエズ

---

(21) アウグスト・フランツェン（中村友太郎訳）『教会史提要』エンデルレ書店、一九九二年、二九〇頁。

(22) 『キリスト教文化史』I、三四頁。

(23) フランツェン、前掲書、二九一頁。

ス会士も少なからずいた。後に取り上げられるザビエルもそうしたひとりであった。

バロック時代は過剰なる情念の時代であった。続く一八世紀はしかし、情念の平穏化と洗練、そしてよき趣味の時代となり、思想的には啓蒙の、芸術的にはロココの時代となる。いまや激しい情念に代わり、冷静な理性がすべての審判者になった。不合理な迷信の排除、理神論の広がり、さらには唯物論や無神論の登場へ、と時代は大きく世俗化していった。あらゆる非合理が除去されてゆき、心の世界も例外ではなかった。時代遅れの制度の排除など、社会的・政治的には啓蒙主義の多くの功績は否定しえないものの、ただそれは他面で、宗教的信仰のみならず、およそ人間の創造的な魂の危機をも招来したと思われる。この「世俗化」こそ、現代にいたるまで、おそらくキリスト教に対する最大の挑戦であるといえるだろう。一八世紀末から一九世紀にかけて、人間の深い感情や無限にはばたく空想力、また宗教的心情の復権を求めたロマン主義は、そうした時代への不可避的な異議申し立てであった。知性と感情と聖なるものへの思いが統合された全体的な人間性の復権という立場からノヴァーリスやシャトーブリアンもカトリック文明の再興を唱え、メンデルスゾーンはバッハを復活させるのである。

しかし産業革命後の一九世紀は科学と技術の世紀となって、西洋はいっそう世俗的な世界観・価値観に支配されてゆく。ひたすら物質的な富を追求し、スピードと力を最重視し、やがて列強が植民地争奪へ向けてしのぎをけずる帝国主義の時代に突入する。大都市の労働問題に関するレオ一三世の「レールム・ノヴァールム」（一八九一年）は、このなかで出された回勅である。自由主義的な文献批判の方法によって聖書の権威も疑われる危機のなかでなされたピウス一〇世による近代主義との対決は、しかし保守的過ぎたであろう。ともあれ、この世俗主義的時代に驚くべき霊性を示したリジューのテレーズ（一八七三―九七年）のような聖人がいたことも忘れられない。彼女の属した観想修道会（カルメル会）はじめ、こうした世俗的時代のさなか、修道生活は逆に活発な営為を見せたのであった。一介の羊飼いの少女にすぎなかったルルドのベルナデッタ（一八四四―七九年）の清浄な心に、われわれは強く惹きつけられる。そしてロマン主義に始まる一九世紀に知識人のカトリックへの回帰現象が西洋各国において見られたことにも注目したい。オックスフォードを出て英国国教会司祭となるが、やがてローマ・カトリック教会司祭へと転会し、後に枢機卿に叙せられたジョン・ヘンリー・ニューマン（一八〇一―九〇年）、あるいは『教会への賛歌』や『海の法廷』を始め数々の珠玉の作品を残したドイツの閨秀作家ゲルトルート・フォン・ルフォール（一八七六―一九七一年）もそうした知識人のひとりであった。

以上見てきたように、カトリック教会は今日にいたるまで、非キリスト教的古代の思想、世界の各民族の土着的な文化や異教的信心、またそれぞれの時代の革新的思想の挑戦、すなわちさまざまな「異なるもの」と不断に出会い、対峙し、ときとして鋭く対立し、それに影響し、他方また深く受容し、キリスト教的に変容し、それを固有の伝統と統合してきた。そのプロセスを通して時代に即した神学や典礼や世界観を構築し、それを表現する音楽、美術、建築、演劇、文学など数々の芸術作品を生んできた。そのひとつ一つのプロセスにはつねに聖書および使徒的伝承等を源泉として古代の公会議において決定された使徒信条（クレド）(24)を保持し、信仰の秘義を継承してゆく一貫したキリスト教の本質的な宗教原理が横たわっている。それが動揺するとき、組織としての教会は揺らぎ、信徒を迷わせ、歴史形成の責任を放棄することになろう。その意味でクレドやドグマの歴史的な重要性は否定しえないのである。歴史上の数々の真剣な神学論争はまさにこの一点をめぐってなされてきた。たしか

(24)　現カトリック教会の「信仰宣言」、プロテスタント教会の「使徒信条」。

に過酷な異端排斥やガリレオ裁判は、現代から見れば教会の錯誤であった。ルネサンスの人文主義者が訴えた高邁な寛容の理念は永遠の意義を持ち続けよう。ただし上述した意味で、教会はまた安易な寛容、あるいは真理問題に対する無関心に走ることは決してできないのである。

ところで、そうした「異なるもの」のキリスト教化、ならびに文化に対するキリスト教の影響のプロセスは、そうしたものの教会への影響、あるいはそれによる教会の新たな発展のプロセスと見ることもできる。そうした外部の多様な要因によって教会もまた歴史のなかでゆたかに揺籃されてきたのである。

現代「文化内開花」(Inculturation) と呼ばれる民族的文化との実りある相関関係のなかで、ラテン地中海的性格をもつカトリシズムのほかに、ドイツ的性格をおびたそれ、ラテンアメリカ的、あるいはアジア的…というように、それぞれの文化を背景とするカトリシズムが生成してきた。とくに現代では、いわゆる、それぞれの地域性にもとづいて展開される神学的考察が台頭してきており、コンテクストの神学が新たな方法論として取り沙汰されている(南米では解放の神学、その影響を受けた韓国では民衆神学、さらには北米では黒人神学やフェミニスト神学といったように、地域ごとの問題意識が神学の枠組みとして採用されてきている)。そしてそれにもかかわらず同じクレドを共有し、同じ典礼をまもり、ひとつの教会である点において、カトリック教会は普遍的といえるであろう。いわば、多様な思考表現の在り方が相互に浸透し合いながら総体としての変容あるいは有機的協調状態が醸成されているのであり、それゆえに、近年においては「インターカルチュレイション」(Inter-culturation) という視座が提唱されつつあるほどである。

民族的文化、あるいは近代以降さらに民族を超えた世俗的文化と伝統的カトリシズムのこうした緊密な相関的作用。それは各民族、そして各時代の心情と思考の全体に関わりつつなされてきた。そしてそれは、その文化内部の個々の人間が培ってきた内的生活に関わってゆく。キリスト教による文化への影響、文化変容を問う場合、文化の根ざすそのような深い人間的基層の基本的な尊重なしには教会のめざす福音宣教もゆたかな実りを結びえないであろう。宣教された民族の、個々人の、その基層における生き生きとした主体的な自己変容(conversion)こそ福音宣教のめざす実りであろう。かつて日本で殉教したキリシタンの証言は、彼らが、ルドビコ茨城のような少年にいたるまで、いかにすぐれて日本人であり、かつ自覚的な信徒であったかを伝えてやまない。この個人の内的変容の主題は、とりわけ世俗化された現代世界においていっそう重い意味を持っている。

文化内開花の積極的肯定を含め、カトリック教会の現代化の歩みを大きく進めたのが、第二ヴァチカン公会議(一九六二―六五年)であった。二つの世界大戦や核爆弾による文明の崩壊の危機のなか、公会議は「カトリック教会が自らの根源である福音へ復帰し、また自らが奉仕すべき現代世界との真の出会いを目指して、根本的刷新を図るために開かれた」(25)のであった。この公会議では『教会憲章』、『啓示憲章』、『典礼憲章』、『現代世界憲章』、『東方カトリック教会に関する教令』、『エキュメニズムに関する教令』、『キリスト教以外の諸宗教に対する教会の態度に関する宣言』など重要な文書が公表されたが、これによってカトリック教会は、正教会やプロテスタント、さらには他の諸宗教との対話を進め、また従来の欧米中心主義を超えてアジア、ラテンアメリカ、アフリカなど世界諸民族の文化伝統をそれまでにもまして尊重するようになった。そのなかで、プロテスタントとの共同訳聖書の実現、世界の諸宗教の代表者による平和の祈りの開催などさまざまな取り組みがなされた。ヒンズー教徒に対してヒンズー教徒としての尊厳死を看取るマザー・テレサもそうしたカトリシズムの精神を生きた人物であった。カトリック教会内部でも、典礼や各種教会活動において、それぞれの文化と言語をいかした形態が世界

(25)　『新カトリック大事典』、「カトリシズム」の項。

各地で実践されている。

今回われわれの研究チームは「カトリックと文化—出会い・受容・変容」と題して五年間の共同研究の成果を叢書にまとめることとなった。メンバーの専門は多岐にわたり、カトリシズムに対する視点も必ずしも一様ではないが、それぞれ基本的に上記のテーマに従って書かれたものである。それらは以下のように、神学・思想史関連、歴史関連、文学関連の三分野に整理された。以下、各論文の要旨を紹介したい。

第Ⅰ部は神学・思想史関連の三篇からなる。

「カトリックにおけるマリア観」は神学的な視点からマリアについて論じる。カトリック信徒にとって最高の代願者である聖母マリアに対しては、アヴェ・マリア（天使祝詞）やサルヴェ・レジーナを始めとして、幾多の崇敬の祈りが捧げられてきたのであり、マリア論はカトリック教会において中心的な主題のひとつである。本論では、ルカ福音書の受胎告知の記事に示されたマリアの姿勢が救われるべき人間の典型的な姿としてとらえられたあと、公会議における「神の母」の位置づけ、その後の「終生の処女性」「無原罪の御宿り」「被昇天」の教義へと、マリア観の歴史的な生成発展の諸段階が辿られている。さらに数多くの聖母出現という現象も、信徒に対する聖母の働きを強めるものとなった、とされている。またさまざまな土着の文化のなかでマリア像が発展してきたことも、マリアが親しき崇敬の対象となる一因をなしていると思われる。

「戦後のドイツ・カトリック教会の状況——一九六〇—七〇年代を中心に——」は、ドイツから寄せられた、現代西欧文化に対するカトリック教会の作用についての報告である。論者は、ミュンスター大学神学部においてカール・ラーナー、現教皇ラッツィンガー、J・B・メッツなど現代を代表する神学者の講筵に列したが、そこは六〇年代以降、教会の現代的意義をめぐる批判的検討の一中心地であり、そうしたドイツ・カトリック教会の議論が第二ヴァチカン公会議に貢献したのであった。公会議の決定に反対するグループもあるものの、公会議はドイツに教会や信仰の再生をもたらした。信徒の一般祭司職の活性化、教会活動への参加の新たな可能性、男女神学生数の大幅な増加と信徒神学者の教会組織、新聞雑誌、教育活動へのいっそうの参加、他宗教との対話促進、活発なエキュメニズム、ユダヤ人との関係改善などが成果としてあげられる。ともにナチスによる迫害を受けたカトリックとプロテスタントの信徒は戦後、理解と協力を深めてきた。両教会間に教理上の違いは残るが、実際の信仰生活のレベルにおいて信徒はそれをほとんど意識せず、活動をともにしているのである。

「カトリックの典礼音楽に見る東西文化の融合」では、第二ヴァチカン公会議後の典礼聖歌のありかたについて論じられる。論者は「ごらんよ、空の鳥」や「マラナタ」ほか、日本のカトリック教会でしばしば歌われている聖歌の作曲家であり、本論もそうした実作者の立場から書かれたものである。

西洋音楽の基盤となったグレゴリオ聖歌は、ユダヤ教の音楽の要素や東西ローマ文化、古代ギリシア音楽文化の技法の導入などにおいて異文化融合の産物であった。それは一二世紀頃に単旋律聖歌として、様式的には教会旋法の音楽として完結する。言葉と音楽の一体化したこの典礼音楽は、その後、死語のラテン語を千年以上も使い続けた結果、音楽の内容と形式が分離し、やがてその一体化のために典礼言語の自国語化を待つことになる。自国語化は文化の多様性を容認することでもある。現代では、それぞれの国の典礼音楽が成熟することが求められている。

第Ⅱ部の歴史関連は、いずれもアジアにおけるカトリシズムないしキリスト教の展開史に関連する全七篇から構成される。

「インド・ケーララ州の『聖トマス・キリスト教徒』――「聖トマスの道」と「聖ペトロの道」――」は、インドに古くから土着したキリスト教の歴史について考察する。インド南部のケーララ州ではキリスト教徒が州人口の約二割を占めるが、そのうちの約七割は早い時期に中東からの宣教によって成立し、シリア語を伝統的な典礼用語としてきた諸教会に所属する人々であり、「聖トマス・キリスト教徒」と総称される。「聖トマス・キリスト教徒」は西欧からの宣教師たちと出会ったとき、自分たちの伝統を「聖トマスの道」、宣教師のもたらした教会のあり方を「聖ペトロの道」と呼んだ。一六世紀以降の「聖トマス・キリスト教徒」の歴史は、この「聖トマスの道」と「聖ペトロの道」の間の緊張と葛藤の歴史と見なすことができる。ここではとくに一六世紀以降に重点を置いて、「聖トマス・キリスト教徒」の歴史の概略が記される。

「フランシスコ・ザビエルのコミュニケーション原理の先進性について」は、日本に初めてキリスト教を伝え、禁教までのわずかな期間目を見張るようなキリシタン文化の発展の礎となったフランシスコ・ザビエルについて論じる。ここではとりわけザビエルと戦国時代の日本人達との出会いの意味を、彼の書簡に綴られた言葉を手がかりにしつつ、広義のコミュニケーション理論の立場から考察する。少数民族出身バスク人としての彼の生い立ちからは被抑圧者の視点と自己相対化能力、そして他者への強い共感が生まれ、それが彼を優れた観察者にした。また彼の行動原理には、「祈りの人」であるがゆえの計画性と積極性、そして「謙虚に徹した者」なるがゆえの勇敢さが漲る。そのような彼の言葉は眩しいほどの現代性を放っていると思われる。

「外交史料集『通航一覧続輯』の特質――フォルカード神父来琉記事の側面から――」では、幕末の対外関係史料集成の扱いの変化が注目される。異国船打払令に続くペリー来航記事を収録記事下限とする『通航一覧』においては、「本邦」と「琉球」とが区分されていた。一方、ペリー来航が編纂開始の契機とみられる『通航一覧続輯』では、フォルカード神父乗船のアルクメーヌ号琉球渡来に関して、同号を「本邦」へのフランス船最初の渡来と位置づけ、琉球を「本邦」の一部として取り扱い、さらにアルクメーヌ号の琉球渡来後の経緯について触れていない。その背景にペリー来航をめぐる情勢があったに相違ない。フォルカード神父琉球滞在に対しても、幕府が関与しない交流と判断されたものとみられる。鎖国から状況の変化するなかで、宣教師渡来に対する幕府の姿勢も変化を強いられてきた模様がうかがわれる。

「奉教士人王徴——東林派と天主教——」は、中国・明末、国家財政が破綻し、王朝体制が大きく揺らぐなかに活動したカトリック者の活動に焦点を当てる。当時、東林派七人と呼ばれた人々は同善会運動と講学活動を二本の柱として社会の再建を図ろうとした。一方、天主教七人は、東林派七人と人間関係と行動様式で共通するものを持っていた。天主教三柱石のひとり楊廷筠は「仁会」を組織して同善会運動に呼応し、李之藻は馮縦吾などと首善書院で講学活動に携わった。徐光啓は『農政全書』を著して農業の振興に尽くし、中間支配層の基盤を固めようとした。なかでも王徴は「仁会」を設立し、西洋の実用書を翻訳し、中間支配層の実力向上に努めた。しかし王徴の真骨頂は特定の階層を代表し擁護する主張の展開にはなく、万人に賦与された普遍的な人間の道徳原理である「霊魂」（アニマ）を提示することにあった。

次の「旧韓末における朝鮮のカトリック」でも、今度は舞台を朝鮮に移し、やはり大きな政治的転回点におけるカトリシズムの社会的な働きが考察される。それは、一九〇六年一〇月一九日から一九一〇年一二月三〇日までの四年二カ月間、カトリック朝鮮教区で刊行された一般時事新聞の『京郷新聞』の紙面の分析を通じて、朝鮮のカトリックが韓末の社会状況をどのように認識し、それにどのように対応したのかを考察する。愛国の旗印の下で発刊した『京郷新聞』は政教分離原則に依拠して政治不干渉主義をとっていた。現実政治に距離を置いていた『京郷新聞』の論調は不偏不党であった。国権を失いつつある状況のなかで　朝鮮カトリックは、真の開化＝実力養成に努めることで完全独立の機会をつかむという先開化・後独立のスタンスであった。教育運動と殖産興業に関心が大きく、とくに大多数の生業である農業の増進を強調し、また法律相談欄を設けるなど、被害から守るために法律啓蒙などにも力を入れていた。

「エレン・ケイ、本間久雄、そして米沢におけるキリスト教の普及」では、大正時代に海外の文学者、思想家たちの著作を翻訳、紹介した本間久雄を例にとり、近代日本における西洋文化ならびにキリスト教の受容について考える。本間が紹介するひとりが、婦人問題の思想家エレン・ケイである。男性である本間が男女関係の根底に恋愛を置き結婚に関して形式ではなく恋愛を重視したエレン・ケイの思想に共鳴した理由のひとつは、本間自身、一夫多妻を容認するような旧来の日本的な結婚形態について否定的で、むしろキリスト教的一夫一婦制に理想的な結締の形を見出したためではないかと考えられる。本間が最初にキリスト教に触れた米沢へのキリスト教の伝播は戦国時代までさかのぼり、その影響力は切支丹禁制の江戸時代を越えて明治時代まで続いた。明治時代に新たに布教活動が行われ、キリスト教的な思想が浸透し、それが、本間のエレン・ケイ受容への素地をつくったものと思われる。

「日本に悪い子はいない――フラナガン神父の日本訪問――」では、戦後直後の日本で働いた一司祭の姿が紹介される。その時代、住居も家族も失った浮浪者、浮浪児が巷にあふれ、子どもたちによる犯罪が激増した。その事態改善のためにマッカーサー元帥が児童福祉のコンサルタントとしてアメリカから招聘したのが、「少年の町」(大規模な孤児院)の創設者フラナガン神父だった。神父は一九四七年四月半ばから約五〇日滞在し、北は仙台から南は長崎まで一日数ヵ所の孤児院や施設を訪問し、公私の福祉関係者と話し合い、講演会を開いて一般の市民にも児童福祉についての理解の普及に勤めた。本論では、GHQ文書中から論者が見つけた神父の視察の報告書と、その報告を基にGHQの公衆衛生福祉局が纏めた活動方針および神父の五〇日にわたる日程の三点が紹介される。神父の訪日がその後の日本の児童福祉活動の発展に与えた影響は大きかった。

第Ⅲ部は文学関連の四篇からなる。

「日本を題材にしたイエズス会劇」では、一七世紀に多く作られたイエズス会劇が紹介される。ネーデルランドで一六三〇年代上演された『アンティペラルゲーシス』は、京都で起きた出来事に触発されて作られ、副題「三人の子供たちの幸せな親孝行」の示すように、東洋的な孝心を伝える。また一六四四年アイルランドで上演された『ティトゥス、あるいはキリスト教徒の模範的な勇気』は、豊後における信仰心の厚い日本人キリスト教徒を主人公とする。禁教下の日本から届けられたこうした道徳的なメッセージは、西洋人には新鮮に映っただろうし、両者ともヨーロッパ各地のイエズス会の学院で繰り返し劇化された。このようなテクストに、東洋宣教における異文化理解のもようを知ることができよう。またこうした教訓的なイエズス会劇は、「非喜劇」や、中世から連続するアレゴリー劇のごときバロック演劇の様式も伝えている。

大きな物語としての歴史ないし年代記に対し、小さな物語としての近代文学テクストは個人を描く。文学的エクリチュールは、まさにすべての一般理論の出発点として、こうした小さな個人のきわめて独自にして特権的な内的消息を考察する。啓蒙主義や産業革命を経て、「異なるもの」としての世俗的文化が押し寄せて以降、人はいかに超越的な存在を信じ、キリスト教の伝統を内面化するか、ということは現代のキリスト者が直面する最大の主題である。以下の三篇はそうした時代の個人の心を照明し、カトリシズムをめぐる揺れ動く内的葛藤や自己変容の消息を見つめる。

「不条理、そしてそれを超えるもの——シュティフターの『曾祖父の書類綴じ』を中心に——」では、運命と向き合う人間が超越的な摂理へと視点を変容してゆくキリスト者の根源的な経験が扱われる。死や運命という人間を超える圧倒的な力、この限りなく「異なるもの」への慄きを啓蒙主義後の時代は忘れていった。このオーストリアの作家はしかし、暗い不条理の運命を見据えつつ、次第にすべての出来事には意味があるという摂理の次元、この宗教的な次元において与えられる人間の自由と尊厳の可能性を問うようになる。それは彼独自のキリスト教的ヒューマニズムの様態であり、それによって彼は、一九世紀という時代性を帯びながら、古来よりキリスト教の本質をなしてきた人間性の肯定の思想につながってゆく。

「イェイツの『動揺』――カトリシズムへの誘いと拒絶――」は、一九世紀末アイルランドの作家イェイツに焦点を当てる。異端的、異教的、反カトリック的、反キリスト教的とされながら、キリスト教の歴史や教義や象徴などに造詣が深く、アングロ・アイリッシュ・プロテスタントの伝統にもつらなるイェイツには、拒絶の身振りとともに、カトリシズムに対する並々ならぬ興味関心が見受けられる。彼は、親しい唯美主義者たちの相次ぐカトリック改宗、聖人の奇跡や死後の霊魂などへの彼のオカルト的興味関心、ウィリアム・フォース・ステッドからの誘い、フォン・ヒューゲルの著作などをとおして、カトリシズムによってその魂をひそかに揺さぶり続けられたのではないか。彼の姿は、ニーチェが「神は死せり」と叫んだ世俗化の時代にあって、人間の究極の地平への視界をめぐる現代人の内的彷徨を示している。

「回心のフォルム―李家同の文体―」では、一九九五年から六冊の単行本と二〇〇篇以上の作品を発表している カトリック作家・李家同が、文体論の視点から取り上げられる。カトリックの信者数が減少傾向にある台湾で、過去に彼ほどベストセラーを記録したカトリック作家はいない。李家同は護教文学ではなく、かといってキリスト教と伝統的精神風土の相克を私小説的に扱う作家でもない。李家同によるキリスト教の変容形態が土着化成功の要因と予想できる。そして論者は、とくに李家同の回心の場面をとりあげ、登場人物、プロット構成、文体の一貫性等を考察し、他の作家達の同一場面と比較することで、李家同の回心の特殊性を抽出している。それが現代台湾社会の要請にいかに応えうるものであるか、そして現代中国文学にいかなる表現の可能性を開拓したかを検証する。

本論は遠藤周作にも言及しつつ、アジアにおけるカトリック文学の可能性、ひいてはアジア的魂のキリスト教的変容＝土着化の主題にも示唆を与えるものであろう。

最後となったが、神学を専門とされるサレジオ修道会司祭・阿部仲麻呂師には前書きの原稿をお読みいただき、貴重な助言をたまわった。深い感謝を捧げたい。

また中央大学人文科学研究所と出版部の皆さん、とくに出版部の小川砂織さんには大変お世話になった。厚くお礼を申しあげたい。

二〇〇八年初春

研究チーム「カトリックと文化」

責任者　戸　口　日出夫

目　次

カトリック史における異文化の受容と変容について
――前書きにかえて――

第Ⅰ部

カトリックにおけるマリア観……熊田陽一郎……3
はじめに……3
一　聖書の記述……4
受胎告知　4　マリアの生き方　4
二　神学的展開……6
神の母　6　処女懐胎と終生の処女　7　無原罪の御宿り　7
聖母の被昇天　8　女神信仰　9
三　聖母の出現……10

戦後のドイツ・カトリック教会の状況
――一九六〇―七〇年代を中心に――……シェーパース・ゲァハート……15
はじめに……15
一　現代ドイツにおける宗教……16
二　戦後から一九五〇年代まで――信仰の再生……19
三　一九六〇年代――改革か革命か……22
四　一九七〇年代――第二ヴァチカン公会議がドイツ・カトリック教会に与えた諸影響……24
五　エキュメニズムや諸宗教との対話……29
おわりに……32
カトリックの典礼音楽に見る東西文化の融合……新垣壬敏……37
はじめに……37
一　キリスト教の賛美観……39
二　カトリックの典礼音楽……42
グレゴリオ聖歌様式　42　グレゴリオ聖歌のリズム　44
八種の教会旋法　48　メリスマに見る自立的音楽観　50
三　時代様式と個人様式……52
グレゴリオ聖歌に見られる時代様式　52　個人様式の時代性　56

四　自国語化の意味と形……58
神の子が人となった意味と重なる自国語化　58　日本の典礼音楽に見る融合化　59
グレゴリオ聖歌日本語様式　60
おわりに……63

第Ⅱ部

インド・ケーララ州の「聖トマス・キリスト教徒」……高橋英海……75
――「聖トマスの道」と「聖ペトロの道」――
はじめに……75
一　ポルトガル人の到来まで……77
聖トマス伝承　77　「クナーイ・トーンマン」伝承とシリア教会との関係　78
サポルとプロトの伝承　79
二　ポルトガルの時代……80
一六世紀前半　80　一六世紀後半　82　ウダヤンペールール「教会会議」　85
「斜め十字架の誓い」と聖トマス・キリスト教徒の分裂　87
三　パラヤクールからシリア・マラバール教会へ……91
パドロアドとプロパガンダ　91　カリヤーティルとパーレーンマーカル　92
現地人司教の任命まで　94　自治教会への道　98
四　プタンクールのその後……101
パカローマッタム家の時代　101　聖公会の関与とマールトーマー教会の成立　103

さらなる分裂とシリア・マランカラ教会の成立　105
おわりに　108

フランシスコ・ザビエルのコミュニケーション
原理の先進性について　吉村謙輔　153
はじめに　153
一　被抑圧民族の目　155
二　勇気と謙虚さ　Mut und Demut　158
三　観察者の目　164
四　民衆の言葉で　166
五　イスラムの翻訳者達　167
六　トレドの翻訳者達　168
七　マルチン・ルター　169
八　ウィリアム・ティンダル　170
九　日本語学習、翻訳そして暗唱　Lernen, Uebersetzen und Rezitieren　172
一〇　夢と緻密な計画　177
一一　対話と友情　180
おわりに　182

目　次

外交史料集『通航一覧続輯』の特質 ――フォルカード神父来琉記事の側面から―― …… 木﨑弘美 187
はじめに …… 187
一　『通航一覧続輯』の概略 …… 188
二　琉球国における異国船への対応 …… 190
三　『通航一覧』および『通航一覧続輯』にみる琉球渡来船 …… 194
四　アルクメーヌ号琉球来航と関係記事 …… 196
五　キリスト教をめぐって …… 201
おわりに …… 203
奉教士人王徵 ――東林派と天主教―― …… 葛谷登 207
はじめに――同善会運動 …… 207
一　仁会――天主教の同善会 …… 211
二　天主教士人と東林派 …… 219
三　王徵の信仰 …… 228
おわりに――銀経済とイエズス会 …… 233

旧韓末における朝鮮のカトリック……李　焚　娘……257
はじめに……257
一　韓国カトリックの成立……258
二　『京郷新聞』の発刊……265
三　新聞の内容及び論調……269
独立・開化観　271　日本・日本人観　274　義兵運動観　275
学校設立と教育運動　277　殖産振興論　280　法律啓蒙　282
おわりに……284

エレン・ケイ、本間久雄、そして米沢における
キリスト教の普及……平田耀子……293
はじめに……293
一　「エレン・ケイ女史の恋愛道徳論」……294
二　本間久雄によるエレン・ケイ思想の紹介……299
三　本間久雄によるエレン・ケイ思想受容の背景……303
四　米沢とキリスト教……309
おわりに……315

日本に悪い子はいない……今 まど子 323
――フラナガン神父の日本訪問――
はじめに 323
一 「少年の町」 325
二 フラナガン神父 328
神父の報告書 329 勧告 333 フラナガン神父の日程 338
フラナガン神父の報告に基づいたGHQ公衆衛生福祉局の活動方針 351
おわりに 355

第Ⅲ部

日本を題材にしたイエズス会劇……竹中昌宏 361
はじめに 361
一 サントメールのイエズス会劇 362
二 キルケニーのイエズス会劇 372
三 フライジングの『ティトゥス』劇 376
おわりに 381

不条理、そしてそれを超えるもの　戸口日出夫……383
——シュティフターの『曽祖父の書類綴じ』を中心に——
はじめに……383
一　恐るべき自然、そして死の近さ……383
二　時　代……387
三　運命、そして情念……389
四　『曽祖父の書類綴じ』——転換の書……394
五　運命から摂理へ……397
六　人間の行為……401
おわりに——シュティフターのヒューマニズム……405
イェイツの「動揺」　三好みゆき……411
——カトリシズムへの誘《いざな》いと拒絶——
はじめに……411
一　神秘主義への傾倒……412
イェイツとオカルティズム、キリスト教、そしてカトリシズム　412
合理主義、物質主義への反逆　415

目　次

二　世紀末とカトリシズム……416
カトリック復興　416　イェイツをとりまく改宗者たち　418
「錬金術の薔薇」、「掟の銘板」、「三博士の礼拝」をめぐって　420
三　奇跡、聖人、煉獄……423
血を流す聖画　423　アビラの聖テレサ　424　煉獄と死後の霊魂　427
四　ウィリアム・フォース・ステッドからの誘い……428
五　訣別と揺れ動き——詩「動揺」をめぐって……432
おわりに……437

回心のフォルム……山本　明　445
——李家同の文体——
はじめに……445
一　「悟り」のフォルム……447
二　演技意識の諸相……449
三　回心のフォルム……459
おわりに……470

第Ⅰ部

カトリックにおけるマリア観

熊田陽一郎

はじめに

聖母マリアは教会のなかで、実に様々の形で現われてくる。これを実感させられたのは、何年か前にフランスのゴシック教会を見学に行った時に、パリ周辺の大きな聖堂がすべて「ノートルダム」(Notre Dame) と呼ばれているのを知った時のことだった。ノートルダムとは「我らの貴い女性」、即ち聖母マリアを指しているのだが、この名をもつ聖堂がパリにあることは承知していた。しかしパリの周辺の都市にある巨大なゴシック聖堂が、皆夫々「ノートルダム・ドゥ・アミアン」「ノートルダム・ドゥ・ランス」等と呼ばれていることは、この旅で初めて知ったのである。なぜこれらの大聖堂・司教座のある聖堂(カテドラル)が、皆「マリア聖堂」なのか?

それればかりでなくこれらの聖堂に入ってゆくと、入り口に近い所にマリアの像や祭壇があり、人々の多くはここで祈って帰ってゆく。肝心の「父なる神」は二の次というか、「閑な神」(Deus otiosus) の位置に居られるようである。

シャルトルは中世以来の美しいステンドグラスで有名だが、中でも美しいのは「青いガラスの聖母」である。

南側の好位置に据えられたこのマリア様は、刻々と変る太陽光線によって微妙にその味わいを変えながら、高貴な姿で訪れる者を迎えてくれる。そしてこのシャルトル大聖堂の寺宝は何と「聖母マリアの御衣」！　キリストを生んだ時にマリアが身に着けていたという布が、どういう訳かこの教会に漂着し、展覧されているのである。

　このように独特の感性をもつ聖母マリアへの崇敬は、キリスト教にとって、そして信者達にとってどのような意味をもつのか、この機会にごく簡単に見直し、考えてみたい。

一　聖書の記述

受胎告知（ルカ一・二六―三八）

　マリア崇敬の源泉は先ず聖書の内にあるのだが、その中心となるテキストは、ルカ福音書の冒頭に描かれた「受胎告知」であろう。ここで天使ガブリエルがマリアのもとに現われ、マリアがイエスを生むと告げる。この時までまだ男と交わったことのないマリアは、ここで聖霊によって孕み、そこで生まれる子は「聖なるもの、神の子」と呼ばれることになる。そのように天使に告げられたマリアは、「わたしは主のはしためです。お言葉どおり、この身に成りますように」と答え、母となることを承諾する。

マリアの生き方―受容

　マリアはこのように、全体の事情は分らぬまま天使の告知をすべて受容れる。この受諾の言葉をまって神はマリアの体に働きかけ、マリアは神の子を体内に孕み、やがてベツレヘムでの降誕ということになる。そこで我々は、この受容れる態度、素直な受容こそマリアの基本的な人となりだということを理解する。その態度は他の箇所に記されたマリアの記述にも現われてくる。例えば、ベツレヘムで誕生したイエスを拝みに来た羊飼達の言葉を皆は不思議に思った。「しかし、マリアはこれらの出来事をすべて心に納めて、思い巡らしていた」（ルカ二・一八―一九）。

更に一二才のイエスが独りで神殿に居残った時にも、両親はイエスの語った言葉の意味が分らなかった。しかし「母はこれらのことをすべて心に納めていた」（ルカ二・五〇―五一）。

このように繰返されるマリアの姿勢、「これらのことをすべて心に納め、考え合わせていた」という彼女の生き方こそ、我々キリスト信者の一人一人にも、一つの典型として認められるのではないか？　我々は神の業も世界の成りゆきも、すべてを理解することができない。しかし我々は素直に神の働きかけを受け容れ、その意味を考えてゆくのがマリアに倣った生き方となるであろう。

このことをはっきりと指摘したのは、「マリア神学」について講座を持ち、後に同名の本も書かれたゼンメルロート教授（Otto Semmelroth S. J., 1912–79）であった。彼はプラトンのイデア論を応用して、マリアは正に救われるべき人間の元型（イデア）であり、我々はマリアの生き方にあずかることによって救いにあずかるのだと説かれたのである。それは単なる生き方の模範というようなことではなく、もっと深い関わりを示す。即ち聖母マリアが我々一人一人のなかに生きて働き、すべてを受け容れる受諾の言葉を語るのである。こうして我々は聖母の生き方にあずかり、神のめぐみを受けることができる。このように聖母は我々救われるべき人間の元型（イデア）であり、我々はすべてこの母マリアの生き方にあずかることによって救いにあずかることになる。我々は、神のことも世界のことも理解できなくとも、マリアの受諾によってすべてを受け容れ、マリアと同じ生を生きてゆくことができる。こうしてゼンメルロート氏は、「救われる人間の元型（イデア）である」という点に、マリアの神学的意味を見出したのである。

二　神学的展開

神の母（theotokos）

こうしてみてもマリアについて聖書に書かれているのはごく断片的な記事に過ぎないが、教会の歴史の中ではそれらの記事に基いて、マリアについての神学的思考が発展してくる。最初に現われたものは、四三一年のエフェソス公会議で宣言された「theotokos」（神の母）という称号である。

「我々は、神の母マリアはtheotokos（テオトコス）であり、神であると同時に人間であるキリストを生んだことを認める。」

ここにいわれるtheotokosとは、「神」と「生む者」との合成語であり、マリアが「神を生んだ」ことを明言し強調する言葉である。それは正に「キリストが神であり人である」というキリスト教の基本教義に固く結びついていた。

「子を生んだ人が神の母なら、その人から生まれた子は疑いなく神であり、又同様に人である。この名はまことに一つの実体と二つの本性を示し、我らの主イエス・キリスト生誕の二つの様態をも示している。」（ダマスコのヨハネ（六五〇年頃〜七五〇年頃））

これに対して、キリストの内に人間と神を区別する立場をとったネストリウス（〜四五〇年頃）は、「マリアからキリストが受け継いだのは人間的要素だけである。それ故マリアは『神の母』（theotokos）ではなく、『キリストの母』（christo-tokos）といわれるべきだ」と提案している。「クリストトコス」とは「キリストを生む者」の意であり、ここでは明らかに「神を生む者」と区別して使われている。そしてこのマリアの称号の区別は、そのままキリスト自身の在り方の区別につながっている。ネストリウスによれば、キリストのなかで神性と人性は別のものであり、一つに融合はしていない。従って、マリアが生んだものはキリストの内なる人間性のみで、神性とは関わりがないのだという主張になる。これは一見合理的に見えるが、キリストの内における神性と人性を切離すことにつながるとして、エフェソス公会議はこの christo-tokos の名を排斥して、マリアは "theo-tokos"「神を生んだ者」であると宣言した。ここでキリストが神にして人であることが決定的に宣言され、キリスト教の教義の核心的部分が確立したのである。

処女懐胎と終生の処女

ここからマリアには二重の意味での処女性が帰せられる。先ずマリアは処女のままイエスを孕み、そして産んだ。このことは受胎告知とテオトコスの概念によって示されるが、更にその後の生涯においてもマリアは処女を守り、一生の間男性と交わることなく生きたという。そこでマリアの夫の位置にあったヨセフは、処女と童貞の守護者として崇められることになるのだが、この第二の処女性の方は歴史的事実なのだろうか? 少なくとも聖書にはそのような明言はないが、教会はそれを適当とみとめてきた。そしてエフェソス公会議の二〇年後の四五一年に開かれたカルケドン公会議が、このマリアの処女性を教義に定めたのである。現在でも、ギリシア正教会・ローマ・カトリック教会のほかにも、アングリカン教会・ルター派その他の多くのキリスト者がこの処女性を信じているといわれる。

無原罪の御宿り

このようなマリアの処女性の考察は更に発展してゆく。そしてマリアは生涯処女であったばかりでなく、原罪からも免れていたという教義が現われる。本来キリスト教の教えによれば、人類の祖先であるアダムとエバは神の命令に背いて禁断の果実を食べた結果、楽園から追われてこの苦しみ多い世界に生きることになったといわれる。そしてアダムの子孫であるすべての人間は、祖先の罪を宛も遺伝病のように受け継ぎ、罪に汚れた状態で生まれてくるのだという。この「原罪＝根源的罪」を免れているのはただ二人—神にして人であるイエス・キリストと、その母であるマリアだけということになる。

これについては、アウグスティヌスがすでにマリアの例外を認めていたといわれるが、教義として公に定められたのは比較的遅く、一九世紀半ば（一八五四年）のことであった。

聖母の被昇天

このマリアの無原罪に基いて、マリアは死後も墓に留まることなく、直ちに復活して天に昇らされたという教義が成立した。「被」という言葉がつけられているのは、自力で昇天したキリストとは違って、神の力によって天に昇らされたという受動性を示すものである。東方教会では「マリアの御眠り（koimesis）」と呼ばれているが、カトリック教会においては、教皇ピウス一二世が一九五〇年に出した使徒憲章“Munificentissimus Deus”によって公布された。マリアはイエスと同じく、その霊魂と肉体と共に、すでに復活・昇天して天上の浄福の内に住むことが示され、すべての救われた人間の到達すべき模範的状態にあるとされる。

「マリアはその御子である真の神の右側に昇られ、聖三位一体と同じ玉座を占められた。そこは人も天使もセラフィムも未だかつて達せず、又今後も達することのない高みである。他のすべての人間は至高の王の召使いや臣下に過ぎないのに、神格の方々と共に女王として同じ玉座を占められることは、我々の女王の至高且つ最も恵まれた特権である。」

そしてこれを教えるのは教会の義務であると回勅はいう。こうして宗教的ロマンティズムともいえる聖母マリアの讃美には、遂に三位格と並ぶ「女王」という称号まで登場する。そして八月二二日が「天の元后聖マリアの祝日」と定められたが、被昇天の方はすでに六世紀から八月一五日にその祝日が定められていた。

こうしてマリアの一生は、「無原罪の御宿り」から「被昇天」に至るまで、その子イエス・キリストに深く関わる母として、特別に恵まれた者と見られてきた。そこには又、女性性を特別に評価し、更には神格化してゆくという人類の根源的傾向が垣間見られるように思われる。勿論これについては東西両教会ともに、「マリアは人間である」ことを明言して、神格化することは用心深く避けているのだが、古来の宗教の歴史を見れば、女性の神は普遍的に現れてくる。これを排して男性神を唯一の神にまで押し上げていったユダヤ教・キリスト教の伝統のなかにも、人間としてのマリアが、神の母から天上への被昇天に至るまで、巧妙に彫りこまれていったプロセスを垣間見ることができる。これは決して宗教の変質というような現象ではなく、むしろ男女両性をもつ人間が織り上げてゆく、宗教という精神的織物の微妙な形を示すものであろう。

女神信仰

これについてイスラエルの一神教が成立するに先立って、その故地であるメソポタミアと、その寄留の地であったエジプトにおいて様々の女神が果した役割を考えてみるのも無益ではない。

例えばメソポタミアでは、イナンナ又はイシュタルと呼ばれた女神が、豊饒と愛情の神として大きな役割をもつ。エジプトではイシス女神が、冥府の神オシリスの妻として現れる。彼女はばらばらに解体された夫の身体を集めて復活させる。このような女神の姿が近東にもエジプトにも見られることは、そこから出発して発展してきたイスラエルの一神論のなかにも、何かの形でこれらの女性的要素が現れてくる可能性があるのではないか？

殊にそのイスラエル宗教から生まれながら、神が人になるという特異な教義を教えたキリスト教において、この「人となった神」を生んだ女性が、「神の母」と呼ばれて敬われる。そこでは幼児である神を抱く像と共に、十字架から降ろされたキリストの亡骸を抱くマリアの像は、「ピエタ」といわれて数々の作品がつくられてきた。神の子の死体を抱いて悲しむマリアの姿には、このイシス女神の面影に通じるものはないだろうか？　勿論ここでマリアはあくまでも人間である。しかし人間となった神を生み、その救いの業に最後まで立ち合ったマリアは、その復活にもあずかり、最後には天にも昇る母であり、様々の宗教の表現する女神のもつ女性的価値の尊さを、一神教の内部で具現しているのだとみることもできよう。

三　聖母の出現

このような聖母マリアについての神学的教義の展開と並んで、教会の歴史のなかには数多くの聖母マリアの出現の記録が残されている。

一九六二年の時点で教会に公認されていたマリアの出現は、次の一〇例であるという。

①　一五三一年一二月九日〜一二日
　メキシコのグアダルーペ
　見者はファン・ディエゴ

②　一八三〇年一一月一七日
　パリ

③ 見者は尼僧カトリーヌ・ラブーレ
一八四六年九月一九日
フランスのアルプス地方ラサレット
④ 見者はマクシマン・ジローとメラニ・カルヴァ
一八五八年二月一一日～七月一六日
フランスのルルド
⑤ 見者はベルナデット・スビルー
一八六六年一月一二日～一三日
現在のチェコのフィリップスドルフ
⑥ 見者はマグダレーナ・ケード
一八七一年一月一七日
フランスのブルターニュ地方ポンマン
⑦ 一八七六年七月八日
イタリアのポンペイ
⑧ 一九一七年五月一三日～一〇月一三日
ポルトガルのファティマ
見者はルシア、フランシスコ、ハシンタという子供三人
⑨ 一九三二年一一月二九日～一九三三年一月三日
ベルギーのボーラン
⑩ 一九三三年一月一五日～二月二日
ベルギーのバヌー
見者はマリエット・ベコー

ヤロスラフ・ペリカン著（関口篤訳）『聖母マリア』青土社、一三六～七頁より。

中でも有名なのは、ルルドというフランスの田舎でのベルナデットという少女への出現である。ここで聖母は泉から湧き出す水を少女に汲みとらせ、これが様々の病に顕著な効果を示したので、ルルドの泉として一躍有名になった。この泉の水は瓶に入れて世界中に運ばれていった。私も戦後結核を患った時にこの水を頂いた覚えがある。勿論早急な効果などはなかったが、当時開発された新薬のお陰で何とか恢復できたことは、やはり聖母マリアの御加護によるのかも知れない。いずれにしても教会は慎重に、どうみても奇跡としか思えない治療例だけを奇跡認定しているが、それだけでも大変な数に昇るということである。

いずれにしてもマリアが泉に結びつくことは興味深い。シャルトル大聖堂の地下にも深い泉がある。そこはもともと水の女神の神域だった由、その跡にマリアの名を冠した聖堂が建てられたことは何かの因縁も感じられる。

水というものは様々の原始的宗教において根源的なものとして認められ、しばしば女性的な神として表現されている。恐らくキリスト教が定着する前のガリア地方はケルト人の領域であり、その女神がシャルトルの泉に祀られていたのかも知れない。地下の冷涼たる闇のなかの水の気配は、不思議な情感をそそるものであった。ここに秘められた女性的な力が、そのまま「ノートルダム＝聖母マリア」に移行したのだろうか。いずれにしてもシャルトルは、地下の闇から地上の壮麗なる建造物・ステンドグラスに至るまで、人間に働きかける女性的な力を暗示しているように思われる。

こうしてみると教会に正式に認知されたものだけでも、一九世紀以降において一〇件以上のマリアの出現が記録されている。それはメキシコの例を除けば、ヨーロッパのカトリック地帯に概ね限られているが、とにかくこれだけの規模で「聖母」といわれる女性の出現があり、その後も数多くの巡礼や参拝客をひきつけている事は何といっても特異な現象といわねばならない。しかもその多くが啓蒙期を経て、合理的思考が一般化した一九世紀以降に起っていることは、人間の精神史の流れのなかでも興味ある現象である。

私はここにあげられた出現地に詣でたことはないが、ドイツに居た時にミュンヘンに近い田舎で、「マリア・アィヒェ」(Maria Eiche, 樫の木のマリア)と名付けられた小さなチャペルを訪れたことがある。そこでは村の樫の木の上にマリア様が現れたとのことで、その樫の木を建物のなかに取り込んで小さな聖堂が建てられていた。堂内にはいつも少数の人々が熱心に祈りを捧げている。聖堂の一隅には、ここでの祈りに応えて与えられた様々の奇跡への感謝の言葉が、日本の神社における絵馬のような形で奉献されていた。とにかく太い樫の幹が貫くこの小聖堂は、私には不思議な親しさを感じさせる空間であった。或いはこれは古代的樹木信仰の名残りと思う人もいるかも知れないが、それもしかし尊いことなのであろう。神と自然、そして我々を包むこの世界を、「神を生んだ」(theo-tokos)マリアは更に柔らかに包んでいる。

こうして聖母マリアは、聖書のなかに根を下し、様々の神学に身を延ばしながら、結局は我々の一人一人に、そっと目立たずに寄り添っているのではないか。その「神の母」への感触は、我々一人一人の人間によって、微妙に違うのだろうけれども。

最後に典礼暦におけるマリアに関するおもな祝日をあげておく。

一月一日　神の母聖マリア
二月二日　主の奉献(かつては聖母の清めの祝日と呼ばれた)
二月一一日　ルルドの聖母
三月二五日　神のお告げ
五月三一日　聖母の訪問

聖霊降臨の三週間後の土曜日　聖母のみ心
七　月一六日　カルメル山の聖母
八　月一五日　聖母の被昇天
八　月二二日　天の元后聖マリア
九　月　八日　聖マリアの誕生
九　月一五日　悲しみの聖母
一〇月　七日　ロザリオの聖母
一一月二一日　聖マリアの奉献
一二月　八日　無原罪の聖マリア

戦後のドイツ・カトリック教会の状況
――一九六〇―七〇年代を中心に――

シェーパース・ゲァハート

はじめに

ドイツ・カトリック教会にとって戦後の数十年間、殊に一九六〇―七〇年代は教会や信仰の再生、幅広い活躍、そして重要な変動の時代でもあった。特に注目すべきことはドイツ・カトリック教会の第二ヴァチカン公会議への影響や公会議がドイツのカトリック信者に与えた影響である。その時代から発生した動きの多くが現代まで続き、議論されている。六―七〇年代に、ミュンスターにおいてカトリック神学を勉強した時、自分がそれらの動きに接し、現ローマ教皇ヨーゼフ・ラッツィンガーを始め、現在カトリック教会において活躍している数人の指導者に出会う機会が与えられた。

この論文では右に示した点を中心に、自分の体験を加えながら戦後のドイツ・カトリック教会の状況を論ずる。注目すべき側面が多いが、ドイツの独特な様子に関わるものや教会全体の立場から見てそれほど重要ではない現象はここでは取り上げない。また、東ドイツのカトリック教会が少数派で、一九八九年のドイツ統一まで、厳しい政治的状況の中で限られた活動しか許されなかったので、この論文では旧西ドイツ・カトリック教会を中心に論ずる。

一　現代ドイツにおける宗教

戦後のドイツ・カトリック教会の状況を理解するために、先ず現代ドイツの宗教状況を把握する必要があるだろう。戦後まもない頃の状況と比べ、ドイツにおけるキリスト教の活動の範囲やその影響力は現在減少している。それでも人口のほぼ三分の二に当たる約五三〇〇万人あまりのドイツ人がキリスト教徒であり、そのうち二五六八万人（二〇〇六年）がローマ・カトリック教会、ほぼ二五三九万人（二〇〇五年）がドイツ福音教会、約二〇〇万人がその他のキリスト教の宗派に属している。人口の残り三分の一はイスラム教（約三三〇万人）、ユダヤ教（約二〇万人）など他の宗教の信者であるか他の多くは無宗教である。(1)

ドイツ連邦共和国の基本法は信仰と良心の自由を保障している。つまり、どの宗教や世界観を信じているかということは個人の自由であり、宗教の実践を妨げられてはいけないとある。ドイツの場合は、国家と教会の関係はパートナーシップとも言える特別な関係になっている。その基礎となっているのはコンコルダート（政教協約）や国家と各教会の間の複数の契約である。

その一面として国家は幼稚園、学校や病院など教会の運営下にある特定の施設の財政を一部負担している。教会の収入に関してもコンコルダートを基盤にしたことで有効な制度となっている。教会が信者からもらう権利のある教会税は国が費用弁済と引き換えに徴収し、教会員であれば、国税の一〇分の一に当たる額を収入から引かれる仕組みである。その制度または経済状況によってドイツのキリスト教教会が世界一裕福とも言われているのである。

さらに、ドイツの大学の神学部の大半は公立の大学にある。そこで教えている聖職者である教授の給与まで国が支払う。それでも神学の教職を巡る人事については、教会に発言権が保障されている。もし神学教授が――ハンス・キュング（Hans Küng, 1928-）のように(2)――カトリック神学部で教える許可（Missio canonica）を失った場合でも、大学としては教授の地位が変わらないので、その人が神学部以外の部所に異動されることになる。

そういった極めて豊かな財政状況を基盤にして教会は数多くの活動によって社会に奉仕する。特にキリスト教精神に基づく福祉活動は、ドイツの公共福祉の重要な一部となっている。病院、老人ホーム、介護施設などは教会が管理しているし、生活困難で悩んでいる人の相談や世話に教会関係者が努めて援助の手をさしのべている。学校や教育機関においても教会の活動はドイツ社会にとって無くてはならないものになっている。

ドイツ・カトリック教会は七の大司教区と二〇の司教区に分かれており毎年二回、春と秋に開かれるドイツ司教会議の総会で七〇人以上の大司教、司教、補佐司教が集まり、その中には一般信徒から選出された代表もいる。殊に第二ヴァチカン公会議以来、カトリックの一般信徒の教会活動への参加と協力が強められている。一般信徒の代表は約一四〇ある信徒連盟と共にドイツ・カトリック信者中央委員会を構成している。

一方、ドイツ福音教会（Evangelische Kirche Deutschlands = EKD）はルター派、改革派およびその統一派など二四の教派からなっており、カトリック教会と違って各教派の独立性は大きい。そして最高立法機関として教会会議がある。最高指導機関はＥＫＤの評議会である。

右に述べたようにドイツ福音教会もドイツ・カトリック教会も福祉活動に非常に力を入れており、その中心となっているのは、カトリック教会ではドイツ・カリタス会、福音教会ではディアコニー奉仕団である。

また両教会ともに開発援助のプロジェクトにも取り組んでいる。教会の支援機関の財源は、税金とは別に、信者の自主的な寄付によって賄われる。

カトリック教会と福音教会の他にドイツには様々なキリスト教の団体があり、その多くはメソジスト派、バプティスト派、救世軍、正教会のようにプロテスタント教会に近い宗派であるが古カトリック教会（Altkatholishe Kirche）の教区もある。それは一八七〇年の第一ヴァチカン公会議後の一八七三年に設立された(3)。当時の教会員は、教皇の無謬性と首位権という教義を認めなかったために破門された信者であった。現在、ドイツの古カトリック教会の信者数は約三万人に過ぎない。

キリスト教以外の信者の中で一番多いのはイスラム教徒である。現在ドイツの外国人人口が約七三〇万人にも達するが(4)、移民背景のドイツ人の数も急増している。そのためにドイツに住んでいるイスラム教徒の数が約三三〇万人までふえてきている。その中の最大のグループはトルコ出身のイスラム教徒である。そういった傾向に従って数多くのイスラム宗教団体がドイツで設立された。しかし協会や連盟に所属しているイスラム教徒は少数派であるので、イスラム宗教団体がイスラム教徒全体を代表するとは必ずしも言えない。そのためにドイツ国家とそれらの団体間の契約、また政府からの補助金もない。ただ最近の新しい動きとして、イスラム宗教団体もドイツ政府も、キリスト教会やユダヤ人協会と同じような、国家とイスラム宗教団のパートナーシップを目指している。

ドイツのユダヤ人は約二〇万人であるが(5)ただユダヤ人協会に所属しないユダヤ人も数万人にのぼる。ドイツ政府は二〇〇三年に、ドイツ・ユダヤ人中央評議会と契約を結んだ。それに従って、ユダヤ人協会は、宗教または社会福祉面の活動のためにドイツ政府から援助を受けている。

ドイツの仏教徒の数は非常に少なく、デュッセルドルフに立派な浄土真宗系の寺がある。

二　戦後から一九五〇年代まで――信仰の再生

ナチスの弾圧から解放されたキリスト教会は一九四五年以後幅広い活動を再現した。戦後の教会への強い復帰運動が示しているように、キリスト教会は多くの人々に信頼され期待された。特に、ナチス時代にヒトラーに抵抗して正義と隣人愛の立場を守ってきた教会の指導者が信者以外の人々からも尊敬された。

公共の場でナチスに反対したキリスト教会の指導者の数は少なかったが、カトリック司教の中で一番知られている例として、私の故郷であるミュンスターの当時の司教、戦後枢機卿になったフォン・ガーレン（Kardinal von Galen, 1878–1946）がいる。そのナチスに対する勇気のため「ミュンスターのライオン」（"Löwe von Münster"）としてドイツ国外までも有名になった。彼がミュンスター司教区のカトリック信者の大変強い支持を受けたのでヒトラーは彼を逮捕せず、「最終勝利」後彼を「処分する」と決めたようであったが、幸いにもその「最終勝利」は訪れなかった。一九四六年二月に、フォン・ガーレンの新枢機卿としてのローマからの帰国の際の信者による熱狂的な歓迎とその翌月の彼の急死は人々に大きな刺激を与え、そのことが後々まで人々の話題となり、語り伝えられ、そのことは私の小さい頃の印象深い思い出として残っている。

フォン・ガーレンと同時に枢機卿になったケルン大司教のフリンクス（Kardinal Frings, 1887–1978）も大変人気があった。彼もナチスを批判しながらケルン地方のカトリック信者に守られてきた。戦後は、二〇年以上カトリック教会の中心的人物として活躍し信者に愛されていた。発展途上国への援助を目的とするミゼレオール（Misereor, 1958–）とアトヴェニアート（Adveniat, 1961–）というドイツ・カトリック教会の大きな援助機関を提案し、ヨーゼフ・ラッツィンガー（Josef Ratzinger, 1927–、現教皇ベネディクト一六世）の協力も得て第二ヴァチカン公会議にもよい影響を与え、ケルン大司教区と東京大司教区との間に世界初めての司教区間の協力関係を作った。

フォン・ガーレン枢機卿やフリンクス枢機卿のように教会の指導者が多くの人々に尊敬され、親しまれていること、またナチスの圧力にもかかわらず当時大部分の人々が教会を離脱しなかったことも次の事実にその主な原因があると思われる。つまりナチス時代を通じて戦後まではドイツのカトリック教会もプロテスタント教会もいわゆる国民教会であった。人口の約九五％がキリスト教徒であり、実生活で教会にあまり関心を持っていない人も教会の権威と指導力を認めてきた。[6] 連邦統計局が発表した一九五〇年九月一三日現在の国勢調査の結果を見ると連邦地域内常住人口の五〇・一％がドイツ福音教会、四五・二％がカトリック教会、一％が自由・福音教会に属していた。[7] 当時の「ソ連地帯」（東ドイツ）では人口の八一％が福音教会信者で、一一％がカトリック信者であった。[8]（戦前ドイツの国民の三分の二が福音教会員で主に北部や東部地域で優勢だった。[9]）

戦後の激しい変化の中で変わらなかったこともあった。一九三三年に教皇庁とドイツ国が結んだドイツ政教条約は、一九五七年の連邦憲法裁判所の判定に従って引き続き有効となり、そのために連邦共和国がその条約による義務を今でも負っている。[10]

ナチスによる迫害を共に受け、共にナチスに抵抗したカトリックとプロテスタント信者はお互いの理解を深め、彼らは共同の政治的責任があるということを、それまで見られなかったほど深く認識した。[11] その責任を共同で負う例としてカトリックとプロテスタントの初めての協力によって新しく設立されたキリスト教民主同盟（CDU）という政党が挙げられる。二大キリスト教教会の努力によってドイツのキリスト者は、一九四五年以来、国家と社会を民主主義的構造に再建することには極めて大きく寄与したと言える。[12]

他にもいろいろな協力の例があり、例えば新しい聖歌集を作る際、カトリック側がプロテスタント側の曲を大いに取り入れたりした(13)。

ただ長年にわたって続いた敵対同士の関係は急によくなったとは言えず、私の一九五〇年代の思い出ではまだカトリックとプロテスタントの間にかなりの距離を感じた。当時の私の一番良い友達は二人共プロテスタントだった。毎日一緒に遊んでいる時には何も感じなかったが、彼らが日曜日に行っていた教会は私に不安を与える奇妙な場所という印象が残っている。もう一つ今でもよく覚えていることだが、地方のカトリック教会の説教の中で司祭がプロテスタント信者を「異邦人」と呼んだということである。

一九四五年以後二大キリスト教教会は社会のあらゆる分野において活動を積極化した。カトリック教会は、ナチス時代に禁じられた青少年運動を再開し、新しくカトリック農村少年運動を作った。特別の伝統であるカトリック職域事業も活発になった。コルピングの事業（Kolpingwerk）、カトリック労働運動、カトリック作業隊、また新しく出来た農民運動もその例である。それに加えて、一九五六年に設立されたドイツ・キリスト教労働組合は、カトリック教会の積極的支持を受けた(14)。

社会のあらゆるグループとの対話の場として教会はカトリック・アカデミーやカトリック大会を作った。一九四八年以来のカトリック大会のテーマをリストアップすれば当時の問題意識がよく反映されていると思われる。以下の通りである。「内省の日」（マインツ一九四八年）、「社会的良心の日」（ボーフム一九四九年）、「宗教的成長の日」（バッサウ一九五〇年）、「愛の日」（ベルリン一九五二年）、「なんじら、わが証人とならん」（フルダ一九五四年）、「諸国民のしるしなる教会」（ケルン一九五六年）、「わが憂いの人間、わが救いの神」（ベルリン一九五八年(15)）。

ドイツ・カトリック大会中央委員会がドイツ・カトリック中央委員会（Zentralkomitee der deutschen Katholiken）に発展して、全ドイツ・カトリシズムの信者代表と見なされるようになった。中央委員会はあらゆる政治・社会・文化の問題に対して思想の統一を図り、信者のキリスト教精神に基づいた教育を維持してきた(16)。

当時からカトリック教会は学校における宗教教育の他に成人教育にも力を入れている。

三　一九六〇年代——改革か革命か

六〇年代前半までカトリック信者は先ず国と教会の再建を目指している中で、自分または教会についての反省の余裕があまりなかった。しかし、六〇年代後半から批判的自己反省への動きが激しくなり、教会が近代世界に残りうるかという疑問さえも出てきた(17)。社会の大きな変化、民主主義化、世俗化などは教会にも影響を与え始めた(18)。

五〇年代のキリスト教会に好意的な人々の態度はだんだん疑問、批判、攻撃的論争にさえも変化していった。当時まで当然と思われてきた教会の特権や影響力が問題視され、国家の教会に対する優位性が強調された(19)。政治的にも、左への傾向が強まり、左翼も右翼も強くなり、革命的な動きも見られるようになり、六〇年代後半の学生運動においてはこのような傾向が特に激しくなっていった。

教会批判や次第に激しくなった社会的・政治的変化に対する対応の仕方についてカトリック教会内においても次第に激化した討論が行われるようになった。原理主義者と進歩主義者の対立が教会内分裂につながるという恐れさえも出てきた。

当時、私が学生として属していたミュンスター大学のカトリック神学部が教会内での討論の対立の一つの中心になっていたので、私はそれらを生々しく体験することとなった。今、その当時を振り返って見て大変有難いと思っていることは、ミュンスター大学で勉強していた一〇年間に、当時のドイツ・カトリック教会だけではなく、世界的にも注目された神学者に出会えたということである。

戦後カトリック教会において一番権威を持っていたカール・ラーナー（Karl Rahner, 1904–84）がその一人である。教壇に立って、時々攻撃的にも聞こえる大きな声で鋭くキリスト教の教えを分析していた頃は、私たち学生から見れば遠い存在だった。しかし一度、推薦書を頼むために彼の部屋を訪ねた際、彼が親しみを感じさせる心の暖かい人であるということが理解できた。『推薦書ですか。それじゃ、一緒に書きましょう。』と言いながらタイプライターの前に座った。

ラーナーは当時の神学において、殊に第二ヴァチカン公会議において主導的な役割を果たしたが若い神学者から見れば彼の時代はもう終わりつつある、と私は当時感じた。その後継者として次の時代をリードしようと思った若い神学者が既に待っていた。

その一人はラーナーの弟子であるJ・B・メッツ（J.B. Metz, 1928–）であった。彼はその時代のあらゆる思想との対話を求め、カトリック信仰の新しい解釈を試みた。その当時の特に意識された社会問題を取り上げ、共産主義者までもがいろいろなグループとの対話と協力を実現しようと思う雰囲気であった。独裁制など、厳しい政治的状況で悩んでいた学生や若い学者が世界中からメッツの研究所に集まった。殊に南米から来た学生は彼に大きな期待を持っていた。メッツは、私も取った講義において、後で有名になった彼がいう政治的神学を発展させた。授業中、「政治的神学という表現はあまり良くないですが、もし誰かがよりよい表現を知っていればぜひ教えてください」という彼の言葉は今でも記憶に残っている。メッツの授業はレベルが高くて、時々大変理解し難い授業でもあった。彼はその鋭い思考力と批判力のために学生にとって怖い存在であった。一度クラスで私は自分の書いた文章をみんなの前で読み上げることになった時、興奮のあまり、後で何も覚えていないという状態であった。

他にも注目すべきカトリック神学者が当時ミュンスター大学にいた。例えば、後で枢機卿になったヘルマン・

フォルク（Hermann Volk, 1903-88）、ヨーゼフ・ヘッフナー（Joseph Höffner, 1906-87）――一九七六―八七年、彼はドイツ司教会議議長でもあった――、ヴァルター・カスパー（Walter Kasper, 1933-）、カール・レーマン（Karl Lehmann, 1936-）――彼は一九八七年以来、ドイツ司教会議議長である――などがその例である。

ただ、後で一番有名になった人は当時のミュンスター大学の神学者の間にまだそれほど目立たなかった。それはヨーゼフ・ラツィンガー、現ローマ教皇ベネディクト一六世である。彼の教会学（Ekklesiologie）についての一九六五年の講義のスクリプトは今でもまだ持っている。

四　一九七〇年代――第二ヴァチカン公会議がドイツ・カトリック教会に与えた諸影響

一九六二年から一九六五年までローマにおいて行われた第二ヴァチカン公会議にはドイツ・カトリック教会が準備の段階から大いに貢献した。公会議の結果としてはカトリック信仰の解釈と実践を現代社会に合わせようとする多くのドイツの信者の努力が奨励された。

教会の指導者は公会議の精神を教会内と信者の信仰生活の中において生かそうと努力した。その目的のために、一九七一―七五年において、西ドイツの全司教区の合同教会会議がヴュルツブルクで開催された。ただ、その結果については疑問もあった。「公会議の決定を日常生活に採り入れていくことは容易ではなく、多くの刺激は受けたものの徹底されないままで終わった。不安や困惑、あるいはおそらく勇気と自信の欠如により、最近ではむしろ防衛的な姿勢が強くなっている。[20]」

第二ヴァチカン公会議の決定をあまりにも進歩的と思ってそれらを批判する信者も少なくなかった。特に、伝統的なラテン語のミサの代わりになった新しいミサの形に対して反対運動が行われた。その運動のリーダーになったのはフランスのルフェーブル（Lefebvre, 1905-91）大司教であった。彼は公会議に強い不満を抱き、その諸改革を教会の伝統に反するものと見なした。ヨハネ教皇が強調していたアジョルナメント、つまり現代社会の諸問題に対応すること、をルフェーブルは否定した。

ドイツにおいても、特に南ドイツ地方や南西ドイツ地方において、ルフェーブルを中心とするグループの活動が波紋を引き起こしていた。また、種々の伝統主義的な団体がルフェーブルを彼らの活動の目標のために利用していた。ドイツにおけるこれらのグループの活動の頂点は一九七六年一〇月二四日に南西ドイツのフリードリッヒスハーフェン市で開かれた集会で、約一万人が集まってトリエント公会議（一五四五―六三年）で決められたラテン語のミサを行った。

ドイツの司教団は既に当時まで二度彼らの活動に対して警告し、第二ヴァチカン公会議とその諸改革の正当性を弁護し、教皇と司教たちの一致を破るものは教会の伝統をも破ることになると強調した。

ルフェーブル自身の影響力はあまりなかったし、彼の神学的、政治的態度も単純であったが、問題はルフェーブルのような人物がなぜそれほど多くの注目と共感を集めることが出来たかということである。一時的に、フランス、スイス等において四分の一ほどの人々がルフェーブルを支持しているといわれた。その原因は主にマスコミにあったといえる。ルフェーブルと彼の支持者たちの活動はマスコミのセンセーショナルな報道と解説に助けられたところが多く、それにより彼の活動も一般に知られるようになったが、その背景になった問題はマスコミでは十分取り上げられなかった。

例えば、実際にはミサをラテン語で行うということ自体が禁じられているのではなく、新しい典礼のラテン語によるミサの可能性も認められていることはほとんどマスコミの報道では明らかにされていなかった。ルフェーブルは、ただたんに、トリエントのラテン語ミサの存続ばかりでなく、そのミサがあらゆる時代における唯一可能なミサの形式であり、新しい典礼は異端的であり、それを決めた教皇や公会議も異端的であると主張した。

彼の意図したことは公会議後一部の教会や団体における行き過ぎた発展や悪用に対する警告としての闘争ではなかった。この点が当時しばしば誤解された。彼はあらゆる改革を拒否し、いかなる発展や多様性をも拒否した。彼と彼を支持した人達にとって、信仰と伝統は生けるもの、成長するものではなく、硬直な不変なものであった。教会とは現代に生きることから生じる不安の避難所であった。

こういう考え方は私が六〇年代にドイツにおいて学んだ神学とその影響を受けた第二ヴァチカン会議の精神と真正面から対立している。後者の方では教会と信仰の歴史性、希望の神学、アジョルナメント等がキーワードだった。公会議によると教会は要塞ではなく、「さまよえる神の民」である。それは危険、迷い、不安にさらされながらも神を希望として生きる神の民である。

ルフェーブルが考えるような不変な教会など存在しなかったことは教会の歴史を見れば明らかである。彼が夢見ていた教会は非歴史的であり、現実の教会ではなく、前世紀前半の、彼が育ったころの理念としての教会であった。最終的にルフェーブルとその支持者の一部は教会を離れ、現在、支持者は主に一九七〇年に設立され、しかもカトリック教会が認めてない聖ピーウス一〇世司祭会（Priesterbruderschaft St. Pius X.）の枠内で活躍している。ドイツにおいて、三つの学校、一つの神学校、修道院、老人ホーム等を持っている。

二〇〇七年七月から、教皇ベネディクト一六世の指示によって、トリエントのラテン語ミサに対する制限はさらにゆるくなったが、この新しい指示についてのコメントを見るとドイツ・カトリック教会の関係者はその必要性に疑問を持ち、それによって第二ヴァチカン公会議に反対している人達が教会に戻ってくるとは思っていない。

第二ヴァチカン会議で決定されたことの中でドイツにおいて特に歓迎されたのは、信徒の一般祭司職や信徒の積極的な信仰の証の必要性を強調したことである。前々からその問題がドイツで議論され、神学の重要な課題となっていた。その関係で、私も信徒神学者として神学を勉強することにした。

新約聖書を読むと、すでに初代教会の頃にいろいろな職務や役割が存在していたことがわかる。それに較べると六〇年代の教会ではそれらがかなり集約されていた。教会はその発展の途上でこれらの役割を聖職者のみにゆだねて来た。その結果、彼らだけが完全な教会員であるかのように見られて来たし、また実際にそう言われて来たし、多くの信徒も「教会」というと聖職者や教会当局のことを思い、自分たちもともども教会であるという自覚にまで至っていなかった。その状況に対しての疑問や批判が殊に六〇年代から高まっていた。

カトリック教会では長い間教会の職務や役割が聖職者のみに独占されたので、信徒はあたかも信仰上に未成年者のように扱われてきたのではないか、神学や教理が聖職者だけに任せられていたためにいろいろな問題について殊に結婚、家庭、性、社会、政治に関して、かなり一方的な見解がなされ、聖職者と信徒との間に大きな隔りが生じたのではないかという批判があり、ミサにおける説教も、信徒たちの実生活からかけ離れた内容が多かった。

このような状況は教会活動において信徒たちを徹底的に無関心にさせる原因となってしまった。そのために第二ヴァチカン公会議後でさえも、信徒が教会で活動する多くの新しい可能性が生まれて来たのに、信徒たちは教会を批判することがあっても、進んで協力するほどまでにはなかなか至らなかった。多くの信徒たちはまだ、教会の活動とは聖職者の任務であって、自分たちの役目ではないと考えていた。しかし、第二ヴァチカン公会議と当時の神学が強調していた信徒の一般司祭職や信徒の積極的な信仰の証の必要性によって信徒の教会活動への数多くの新しい可能性が与えられるようになった。典礼における信徒のより積極的な参加、女性の司牧助手やカテキスタ、専任助祭（既婚者も含めて）などは、その具体例である。

これらの新しい可能性を開いたのは、第一次世界大戦以後ドイツ、オランダ、ベルギー、スイス、オーストリアにおける信徒たちの神学の勉強の結果でもあった。これらの諸国での特定の状況のもとで導入され発展してきた信徒の教会職務への具体的な参加について、その基本的問題性と実際上の問題の点からいろいろと論じられてきた。それは全教会にとっても重要な意味を持っていた。そこでドイツにおけるこの問題の発展過程を簡単に説明しよう。

ドイツでは当時、宗教の授業が必修科目であり、教会と政府の契約によって、国がその教員たちの給与を支払うという特定の状況があった。それが教会の役務に対する信徒の参加の一つの出発点となった。すでに一九五〇年代から司祭の不足が著しくなり、大学で神学を学んだ信徒の教員が小・中・高等学校における宗教の授業を大幅に受け持つようになった。主に公立の中・高等学校で宗教の授業を担当している信徒神学者の数が七〇年代までには数千人にも増加した。また七〇年代において、カトリック神学を勉強する男女学生の数も四〇〇〇人ほどになった。一九六〇年代以来、彼らのうちから大学の神学部の助手の地位やさらに講師や教授の地位に就くものも少なくなかった。特に七〇年代において、信徒神学者がますます教会の組織、新聞雑誌、教育活動などに参加し、また小教区の司牧職に着任するようになった。

そういった状況が現在まで続いているが、いくつかの問題も出てきた。殊に大学では、信徒神学者に司祭である神学者と同等の地位を認めることに難色を示し、また信徒神学者の活躍そのものに抵抗する司教もいた。ミュンスターにおいても、七〇年代に、当時の司教が、殊に信徒神学者に対して、「助手の迫害」（“Assistentenverfolgungen”）とも言われていた対策をとった。[21] 現在もまだ特に女性の信徒神学者に対する教会指導者の抵抗は強い。東京の聖心女子大学の教授を長く勤めた、中世神学や女性学の権威者であるエリザベート・ゲスマン（Elisabeth Gössmann, 1928-）は一九七二―七四年においてドイツの大学の教授職に三七回も応募したが女性であるためにいつも断られた。[22]

司牧職を勤める信徒神学者が大いに歓迎され、彼らの体験に基づいた結婚・家庭・性・社会問題に関して信仰の新しい生かし方が期待されたが、この点においても一部の抵抗があった。最近、経済的な理由で、小教区の司牧助手の数が減らされている。

五　エキュメニズムや諸宗教との対話

戦後のドイツ・カトリック教会にとっておそらく一番重要と思われる課題についてはここまで戦後の発展を説明しながら、少し触れただけであった。その課題はエキュメニズムや諸宗教との対話という課題である。ここではそれについてまとめて論ずる。

ナチスによるユダヤ人虐殺やその根拠となった反ユダヤ主義は言うまでもなくドイツのキリスト者に大きな課題を与えた。また、ナチスによる迫害をともに受けたカトリックとプロテスタント信者はお互いの理解を深め、関係の改善とお互いの協力に努めた。諸宗教との関係も次第に配慮され、イスラム系移民が非常に増加している現在のドイツ社会において、重要なテーマとなってきている。

宗教改革とそれによるキリスト教会の分裂がドイツで始まったが、それを克服しようとする試みもドイツでは早いうちから行われた。「この試みは、最初は神学者たちのサークルに限られていたが、実際に問題が具体性を帯びたのは、カトリック・プロテスタント両派の信徒が混ざり合って生活している地方である。[23]」第二次世界大戦後も、ここまでに述べた原因の他にエキュメニズム運動のきっかけになったのは東ヨーロッパからの逃亡その他の困難によってほぼ全ドイツの地域に亘ってカトリックとプロテスタントが混ざり合って生活することになったということである。

エキュメニズム運動は戦後のドイツの教会に、神学のレベルにおいても、一般信者の生活レベル、教会の指導者のレベルにおいても、カトリック教会に大きな影響を与えた。大学において、組織神学の中から新しい分野としてエキュメニカル神学が生まれ、キリスト教内だけではなく、キリスト教とユダヤ教、そして七〇年代から殊にイスラムと仏教との対話・理解・和解がテーマとなった。私がエキュメニカル神学を専門分野に選んで主にプロテスタント神学者を研究したのもその環境の中だった。

教会一致が当時の夢であり、多くの信者の強い希望だったが、その実現のためにどうすればよいかという問題がいろいろな観点から議論された。私たちは信仰上の一致を可能と思ったのだが、組織上の一致が一番実現しにくいと見られていた。その状況は現在でもあまり変わっていない。当時から始まって現在まで一番大きく変わったのはカトリック・プロテスタント両派の信者間の関係または地域のレベルにおける教会関係である。多少地方の差もあるが、そのレベルにおいてお互いの協力やともにする信仰生活がごく当たり前となっている。やはり七〇年代においてすでにエキュメニズムの専門家が指摘したように神学上の理論や討論よりも信仰生活上の実践が大事だった。

神学と教会間のレベルにおいて、ドイツのキリスト教信者にとってことに重要な成果は、一九九九年一〇月三一日（宗教改革記念日）、ドイツのアウクスブルクでカトリック教会とルーテル教会世界連盟が調印した「義認の教理についての共同宣言」である。これによって、宗教改革以来、両教会の間に論争された教理の違いの問題がほぼ解決された。当時の教皇ヨハネ・パウロ二世に言わせると「この文書はエキュメニカルな神学研究を継続し、残された問題に立ち向かい、確固とした希望を持って従来これらの問題を解決するうえでの堅固な基盤となります。」[24]とある。
キリスト教徒とユダヤ教徒間の関係改善はドイツのキリスト教教会にとって重大な課題であった。ドイツ政府も、両宗教とその信者間の相互理解と協力のために様々な組織、団体を支援してきた。特に「ドイツ・キリスト教社会とユダヤ教社会の協力を目指す調整評議会」や「キリスト教およびユダヤ教の国際評議会」がその中心である。歴史上の特別な責任から、ドイツ国はユダヤ人の中心的機関も支援している。

カトリック教会のユダヤ人に対する態度を決定的に変えたのは教皇ヨハネ二三世（一九五八―六三年）の対ユダヤ人の友好的態度と彼が召集した第二ヴァチカン公会議の他宗教への新しい評価であった。

「開かれた教会」というモットーに従って公会議は諸宗教との関係の改善を目指した。『教会憲章』第二章『神の民について』においてその基本理念が示されていて、『キリスト教以外の諸宗教に対する教会の態度についての宣言』においてそれが具体化された。[25]それ以来、諸宗教との「対話」がカトリック教会の課題となっている。

「ところで、こうした諸宗教との対話、協調路線は少しずつ成果を上げていると同時に、困難と問題にも直面している。宗教的な違いはしばしば民族や文化の違いと複雑にからんで、容易に対立と不信を増長させる原因となってきたことは歴史を見れば明らかである。」[26]

同じキリスト教の中でも、信仰上の違いよりもこういった民族や文化の違いが無理解や対立の原因となっていることも多いだろう。キリスト教信者と諸宗教との「対話」を見てもその多くは今まで「対話」よりもモノローグに終わってしまったと思われる。やはり相手の宗教とその背景となっている文化をまず深く理解し、その信仰を出来る限り共にしなければ、本当の対話は不可能だろう。または、この場合でも、理論上の対話よりも実践に関わる対話の方が有効であろう。

ドイツでも最近、東洋の宗教、殊に密教への関心が深まっている。本屋でもそれに関する本がキリスト教関係の本より多くなっていることも珍しくない。ただしその関心は、多くの場合かなり浅いし、迷信とも言わざるを得ない。本当の信仰につながる例は極めて稀である。または、ドイツのカトリック修道者と日本の禅僧侶が一緒に行ってきた瞑想や対話が成功例として挙げられる。

諸宗教との対話に関して、ドイツ・カトリック教会にとって一番重大なのはイスラム教との関係である。二〇年以上前からキリスト教とイスラム教の宗教間対話が始まっている。その関連で多くの地域的、広域的キリスト教――イスラム教協会が設立された。二〇〇三年にはドイツにキリスト教――イスラム教宗教間対話協会の調整協議会が発足した。

ドイツ政府も宗教間対話を推進しており、研究機関を支援し、数々の対話フォーラムに参加している。また、対話に熱心なイスラム教団体との相互理解を追求し、彼らに政府の進める運動への参加を促している（例えば、「暴力と外国人敵視に反対する寛容と民主主義のための同盟」など）。

ドイツのキリスト教教会とドイツにおけるイスラムの諸組織の間で問題となっているのはキリスト教やユダヤ教と違って、現在約三三〇万人のイスラム教徒が四一の国を出身とし、様々なイスラム宗派に属しているため、一つの宗教団体となっていないためにドイツでは政教協約による特権が得られないことである。現在その問題の解決に向けてイスラム宗教団体が動き始めている。または、キリスト教同様に学校でイスラム教も教えるという提案もある。

おわりに

戦後のまもない頃と較べて、ドイツ・カトリック教会の政治的影響力が減少している。それでもドイツ民主共和国（東ドイツ）の変革に教会が大いに関わり、特にプロテスタント教会の果たした役割は非常に大きい。プロテスタント教会の下に数多くの反政府グループが集結し、一九八九年にはカトリック教会も協力して、平和的な抗議と議論を可能にするため、教会の門戸を開いた。

ドイツのキリスト教会が現在直面している一番大きな問題は信者の数の減少である。プロテスタントの方が減り方が激しいため、現在その数がドイツ・カトリックより少なくなっている。二〇三〇年まで、プロテスタント信者が三分の一も減少するという心配がある。定期的に日曜日に教会に行くプロテスタントは四％に過ぎないし、カトリックは一四％である。そのために、司教区を減らし、教会の建物を閉じる必要性さえも最近多く発生している。

注目すべきことは、最近多くの若者が教会の催し、特に大規模な催しに関心を抱いていることである。新たに選出された教皇がそれに参加するため訪れたケルンでのカトリック世界青年大会（第二〇回世界青年大会、XX. Weltjugendtag）も、こうして世界中から数十万の若者が集まったイヴェントとして大変注目され、彼らは感激のうちに新教皇を祝ったのである。八月二一日の閉会ミサを教皇とともに捧げたのは、世界一八八カ国から総数四〇万人をこえる登録された参加者、そして圧倒的に多かったのが一一〇万以上のドイツ人参加者であった。

ケルンの話を続けよう。二〇〇七年には、この伝統的にカトリック的性格の強い地で、第三一回福音教会大会（Evangelischer Kirchentag）が開催されたが、それには多くのカトリックの信徒や代表者も列席した。この間の流れを見れば、ドイツの大きな教会間のエキュメニカルな協力がいかに日常的なものとなっているかが明らかであろう。ここにも多くの若者が参加した。およそ一一万の継続的な出席者のうち、およそ三人に一人が一九歳以下であった。教会大会で取り上げられたテーマは現代の諸問題に対する教会の方向づけを明確にするものであった。とりわけ、およそ三〇〇〇の個別の催しとそれにふさわしい広範な多様性があった。一つの重点的なテーマは、同時にドイツで開催されたG８サミット――そこで参加者が人権の尊重を訴えた――も視野に入れてのグローバル化であった。

（１）REMID, 2007, http://www.remid.de/remid_info_zahlen.htm.

（２）キュングはチュービンゲン大学のカトリック神学教授だったが、教会の教えに違反しているとされ、一九八〇年にMissio canonicaを失った。

（３）H. Küng, *Kleine Geschichte der katholischen Kirche*, Berlin, 2002, pp. 218-219参照。

（４）二〇〇五年一二月三一日の数字（Statistisches Bundesamt, 2006, http://www.statistik-portal.de/Statistik-Portal/de_jb01_jahrtab2.asp）。

（５）注１に同じ。

（６）H. Arntz編『宗教生活』（『今日のドイツ』シリーズ　一五、在日ドイツ大使館、発行年なし〈一九六〇年？〉）四頁。

（７）前掲書、四頁。

（８）前掲書、五頁。

（９）前掲書、四―五頁。

（10）前掲書、八頁。

（11）前掲書、一一頁。

（12）J. Kornacker & P. Stockmann, "Das Volk, das im Dunkeln lebt, sieht ein helles Licht.' Katholische Kirche im Deutschland der Nachkriegszeit - eine Einführung/", in : J. Kornacker & P. Stockmann, *Katholische Kirche im Deutschland der Nachkriegszeit*, Hamburg, 2004, pp. 9-10参照。

（13）H. Arntz編　前掲書、一二頁。

(14) 前掲書、一二一―一三頁。
(15) 前掲書、一四頁。
(16) 前掲書、一四―五頁。F. Raabe, "Das Zentralkomitee der deutschen Katholiken 1952-1964", in : T. Sauer, *Katholiken und Protestanten in den Aufbaujahren der Bundesrepublik*, Stuttgart, 2000, pp. 65-88 参照。
(17) H. Maier, "Die Katholische Kirche in der Bundesrepublik Deutschland", *Deutschland-Handbuch*, W. Weidenfeld/H. Zimmermann (Hg.), Bonn, 1989, p. 167 参照。
(18) A.-P. Rethmann, "Revitalisierung des katholischen Milieus? Die Herausforderungen des liberalen Staates für Christen und Kirche in der Nachkriegszeit", in : J. Kornacker & P. Stockmann, *op. cit.*, pp. 19-22 参照。
(19) H. Maier : a. a. O., S. 168.
(20) K・H・ノイフェルト「ドイツ」(『カトリック大辞典』上智大学編、冨山房、一九七七年)一二三六頁。
(21) H. Vorgrimler, *Theologie ist Biographie. Erinnerungen und Notizen*, Münster, 2006, p. 250; cf. pp. 197-233.
(22) E. Gössmann, *Geburtsfehler : weiblich*, München, 2003, p. 307; cf. pp. 307-337.
(23) ノイフェルト、前掲書、一二三九頁。
(24)『カトペディア2004』カトリック中央協議会、二〇〇四年、一二九頁。
(25) 前掲書、一三一頁。
(26) 前掲書、一三三頁。

カトリックの典礼音楽に見る東西文化の融合

新垣壬敏

はじめに

東西文化の融合と言う場合の東西とは、勿論東洋と西洋のことであるのは言うまでもない。しかし、東洋と言っても実に広い。同様にこれは西洋にも言える。現代では東西文化と言う言葉で世界の文化の情況を、一つに括って捉えること自体に無理がある。

西洋をヨーロッパと同じ意味で捉え、置き換えるとしても、地理的概念としてのヨーロッパは把握出来ても、政治的概念としてのヨーロッパや、文化的概念としてのヨーロッパは、歴史自体が動的なのだから、時代を輪切りにした過去の歴史は捉えることが出来ても、未来は誰も予想出来ない。文化は究極的には言葉として集約されているという観点からすれば、ヨーロッパには、英語、スペイン語、フランス語、ポルトガル語、ドイツ語、イタリヤ語、その他数多くの言語が存在している（このうち英語、スペイン語、フランス語、ポルトガル語はヨーロッパ以外でも世界各地で公用語として用いられている）のを見ると、ヨーロッパは多様であると言うことが出来よう。

聖書が書かれた言語を辿ると、旧約聖書はヘブライ語で書かれている。続いて旧約の民のユダヤ教からキリスト教が誕生し、ギリシャ語圏に広まったキリスト教の新約聖書は、ギリシャ語で書かれた。やがて、ヘレニズム文化圏を版図におさめたローマに受け入れられるようになると、聖書はラテン語に翻訳された。三九五年にローマ皇帝テオドシウスが亡くなると、ローマ帝国は言語的境界によって、西のラテン語圏と、東のギリシャ語圏とに分割された。

四七六年には西ローマ帝国が消滅。こうして、ローマ教皇の元にカトリックのラテン語の時代が始まったと言えよう。カトリックには本来、ローマ・カトリックの西方典礼と、ギリシャ正教会の東方典礼があるけれども、一〇五四年には東西教会が分裂。東ローマがオスマン・トルコに征服され、一四五四年にはコンスタンチノープル（現トルコのイスタンブール）が陥落。東方典礼は益々遠い存在になった。日本では西方典礼しか知られていない。本論では一応カトリックの典礼音楽としては西方典礼を扱うことになるけれども、東方の様式も導入されているので、本質的には同一のもので東西カトリックの典礼は融合されているものと位置付けることが出来よう。

次に文化とは何か。三省堂の『新明解国語辞典』に拠ると、「文化とは、その人間集団の構成員の共通の価値観を映した、物心両面にわたる活動の様式（の総体）。また、それによって創り出されたもの。〔ただし、生物的本能に基づくものは除外する。狭義では、生産活動と必ずしも直結しない形で真善美を追及したり獲得した知恵・知識を伝達したり人の心に感動を与えたりする高度の精神活動、すなわち学問・芸術・宗教・教育・出版などの領域について言う。（中略）また最も広い用法では、芋を洗ってたべたり温泉に入ることを覚えたサルの群れなど、高等動物の集団が後天的に特定の生活様式を身につけるに至った場合をも含める。〕」ということである。

融合については同じく三省堂の『新明解国語辞典』に拠ると、「二つ（以上）の組織・成分が一緒になってよく交じり、全く元の組織・成分の跡をとどめない状態になること」とある。身近な日本文化の中から例を挙げると、「平仮名」や「片仮名」や「訓読み」の漢字がよい例である。大和言葉の音声と漢字が融合して出来上がったものが、日本語の書き言葉の表現手段である文字となった。融合と言う言葉がイメージ出来る好例であろう。

一　キリスト教の賛美観

旧約聖書の天地創造物語りの最後には、人間が創造されたとなっている。創世記二・七に拠ると「主なる神は、土（アダマ）の塵で人（アダム）を形づくり、その鼻に命の息を吹き入れられた。」とあるが、続いて「人はあらゆる家畜、空の鳥、野のあらゆる獣に名を付けられたが、自分に合う助ける者は見つけることができなかった」（創二・二〇）ので、主なる神は、人を深い眠りに落とされ、あばら骨の一部を抜き取り、女を造り上げられ、彼女を人のところに連れて来られると、「ついに、これこそわたしの骨の骨／わたしの肉の肉。これこそ女（イシャー）と呼ぼう／まさに、男（イシュ）から取られたものだから」（創二・二三）と歓呼の声を上げている。

こうして聖書では人間が誕生したと言うのである。個人ではなく、共存し合い、助け合い、愛し合う人間として創造されたと言うのである。助け合う者として主なる神から頂いた彼女に、エバ（命）と名付けたのはアダムである。彼女がすべて命あるものの母となったからだと言う。

アダムとエバに子供が生まれた。長子はカイン。エバは「わたしは主によって男の子を得た」（創四・一）と言って、子供を授けられたことに対する感謝の言葉を忘れない。彼女はまた弟のアベルを産んだ。長子カインは土を耕す者となり、弟アベルは、羊を飼う者となった。

「カインは土の実りを主のもとに献げ物として持ってきた。アベルは羊の群れの中から肥えた初子を持ってきた」（創四・三―四）と書かれているのを見ると、収穫を賜わった主への感謝の献げ物、所謂これは感謝の祝い事であって、感謝の祭は始めの早い段階から行なわれていたと言うことが出来るのではなかろうか。

カインとアベルはアダムの二代目である。この頃からよき収穫を賜わった主への感謝の献げ物が供えられる祭が行なわれていたであろうことは先述した通りである。創世記四章の最後の文言に依ると、アダムが歳老いてから出来た第三子の「セトにも男の子が生まれた。彼はその子をエノシュと名付けた。主の御名を呼び始めたのは、この時代のことである」（創四・二六）というこの時代とは、アダムの三代目のエノシュの時代と言うことになる。「御名を呼ぶ」と言う言葉の意味は、フランシスコ会聖書研究所版の『創世記』の解説に依ると、「唯一の神を礼拝するときの正式の型で、一般に供え物とか宗教儀式を伴う」（五三頁）ということである。

創世記に依ると、アダムの七代目のレメク（アダム―カイン―エノク―イラド―メファエル―イトシャエル―レメク）には三人の息子がいた。長男の「ヤバルは家畜を飼い天幕に住む者の先祖となった。その弟はユバルといい、竪琴や笛を奏でる者すべての先祖となった。ツィラもまたトゥバル・カインを産んだ。彼は青銅や鉄でさまざまの道具を作る者となった」（創四・二〇―二二）と記されている。

今道友信氏は『美について』（講談社現代新書）の本の中で「この記録は、牧者という生産業、典礼や祝祭日の集団的意識を凝集させる音楽芸術、および農業・軍事等に必要な道具を生産する技術、この古代遊牧民族の生活に必要な三つの面をレメクは三人の子供に託したと解されるべきである」（前掲書、五九頁）と述べている。

詩編は旧約時代のユダヤ教からキリスト教に受け継がれた賛歌集として知られているが、一五〇篇からなる詩編一四九・三には「踊りをささげて御名を賛美し／太鼓や竪琴を奏でてほめ歌をうたえ」と歌われ、最終篇の詩編一五〇・三―五では、「角笛を吹いて神を賛美せよ。／琴と竪琴を奏でて神を賛美せよ。／太鼓に合わせて踊りながら神を賛美せよ。／弦をかき鳴らし笛を吹いて神を賛美せよ。／シンバルを鳴らし神を賛美せよ。／シンバルを響かせて神を賛美せよ」と歌い、まるで祭の締めに当るクライマックスの場面であるかのように思われる。

天地の創造主である主なる神に感謝と賛美を捧げる、一五〇篇からなる賛歌集である詩編は、ユダヤ教からキリスト教に受け継がれた。カトリックでは現在の典礼でも、四週周期で一五〇篇の詩編が「教会の祈り」(聖務日課)として唱えられている。この詩編に関しては拙論「詩編と答唱詩編」(『賛美、それは沈黙のあふれ』一〇三―一一八頁)を御参照いただきたい。旧約の民にとって詩編がどのように位置付けられているかについては、詩編一〇二・一九の「主を賛美するために民は創造された」と明確に歌われている言葉で知ることが出来る。この詩編がカトリックの典礼においても唱えられているところに、旧約と新約の賛美観の一致を見ることが出来よう。民は主を賛美するために創造されたと歌われている意味は、人間は神を賛美する存在であると捉えているということであろう。

キリスト教が賛美を礼拝の本質の重要な一部であると見なしていることは、新約聖書に見ることが出来る。パウロのコロサイの信徒への手紙三・一六には「キリストの言葉があなたがたのうちに豊かに宿るようにしなさい。知恵を尽して互いに教え、諭し合い、詩編と賛美歌と霊的な歌により、感謝して心から神をほめたたえなさい」とあり、ヘブライ人への手紙一三・一五には「だから、イエスを通して賛美のいけにえ、すなわち御名をたたえる唇の実を、絶えず神に献げましょう」とある。

「賛美のいけにえ」とは、神をたたえる行為である精神的な人間の業が、献げものになると意味付けているのではなかろうか。いけにえには物だけではなく、言葉と業を含めて「御名をたたえる唇の実」と表現しているのは、詩編の「主を賛美するために民は創造された」ことを、パウロは敷衍して語っているのではなかろうか。

かつてある方から、キリスト教の賛美による礼拝は軽いと言われたことがある。その時、直観的には解っていたつもりでいたけれども、筆者は返答につまってしまった。それ以来、どう表現すればよいか論考を重ねて到達した言葉が、拙著『賛美、それは沈黙のあふれ』(教文館)の書名となった。参考までに同書第一章「沈黙と賛美は静中動」（一三頁）の項を御参照いただきたい。キリスト教では、賛美が礼拝の本質の重要な一部を成しているので、賛美の歌が数限り無く存在し、創造され続けているのである。

二　カトリックの典礼音楽

カトリックの典礼音楽を、様式の観点から捉えて見たい。第一は、連綿と時代を超えて歌い継がれて来た、グレゴリオ聖歌様式である。第二は、時代様式と密接に結びついている作曲家の個人様式ではなかろうか。

エルサレムから起こったキリスト教は、イエスの弟子たちの宣教活動によって、始めはローマ帝国の町々に住むユダヤ教の人たちに広まり、やがて異邦人の世界にも受け入れられるようになり、徐々に拡大していった。この様な宣教の足跡から推測されるのは、初期の段階の典礼音楽は、東方的な要素を帯びていたということである。

グレゴリオ聖歌様式

『グレゴリオ聖歌』（文庫クセジュ、白水社、六頁）に依ると、（譜例一）のように「それは連願のようなものであった。（中略）聖金曜日の盛式祈願はその名残のようなものである。シナゴーグの礼拝式に良く似たこの典礼挙式法は、ラテン・ミサの一部の大まかな原型ともいえる」とある。

同様に、『古代キリスト教典礼史』（平凡社、三二〇頁）にも、「キリエの連願は、五世紀末頃、ローマの伝統的な共同祈願の形式と競合することになった。ローマの伝統的な共同祈願は、（中略）今日もなお、聖金曜日の盛式共同祈願で目にするものである」とあるように、現典礼の中に伝統として初代様式が受け継がれていると指摘されている通りである。東方では四世紀の末頃には、祈りの意向に「キリエ・エレイソン」と答えるようになったという（前掲書、三一九―二〇頁）。ローマ典礼のミサの始めに唱えるキリエは、東方の様式に倣って導入されたのである。

連願や共同祈願として歌われている音楽の特徴は、唱えるような調子の音楽で、旋律的には、未だ豊かな動きは見られないところにある。（譜例二）のように、旋律の動きの幅がソ（G）からレ（D）の四度音程の範囲内の、動きの少ないものは、うたいの形態の音楽として筆者は位置付けている。言葉を伴う音楽を、形態的観点から言えば、三つの形態に分けられると筆者は考えている。

言葉を伴う音楽の三形態

第一は、「かたりの形態」（朗読型）

第二は、「うたいの形態」（朗唱・朗詠型）

第三は、「うたの形態」（歌謡型）

この三形態の内、音楽の原初的形態である「かたりの形態」で朗読する場合、典礼における公用語のラテン語といえども、朗読している人の国の言葉の、ローカルな言語特有の調子から、逃れることは出来ない。例えば、来日宣教師たちの朗読の調子には、スペインならスペイン人、イタリアならイタリア人特有の調子があり、フランス人にはフランス人の、ハンガリー人にはハンガリー人の調子の違いが、朗読される日本語の調子に表われるからである。「グレゴリオ聖歌は、多少の差はあれ、ローカルな特徴をおびている」（前掲書『グレゴリオ聖歌』、五頁）という文言の意味は、この様なことではなかろうか。

連願の応答句として唱えられていた「キリエ・エレイソン」が、連願の応答句としてではなく、ローマ典礼ではミサの始めに行なわれる告白の祈りの結びの言葉として、連願から独立して唱えられるようになった。こうしてミサ通常文の現典礼においても歌われている四つの賛歌（キリエ、グロリア、サンクトゥス、アニュス・デイ）の「キリエ」と「グロリア」が一連の賛歌であるかのように西方にも導入され歌われるようになった。

次に、「連願」の譜例と、連願から独立した「キリエ」と「グロリア」（アンブロジオ聖歌版）の楽譜を参照していただきたい。（譜例二）は、「聖なる過越の三日間」と呼ばれる復活祭最終日の復活徹夜祭の式の間に洗礼式が行なわれるが、その時に歌われる「諸聖人の連願」のネウマ譜である。

グレゴリオ聖歌の楽譜は、四線のネウマ譜（音符）に依って書かれているが、四線譜は一般的には知られていないので、簡潔に説明しておきたい。人間の声の音域は限定されているので、歌う声を表現するには四線で充分である。形態は要求に対応していることになる。楽譜は一種のグラフであると考えるとよい。旋律は音の高低と音の長短の関連性の自由な組み合わせのことである。楽譜で示される音の高低の違いは、楽譜というグラフの線と間を利用して表すことになる。線と間はそれぞれ一単位度を表わし、グレゴリオ聖歌では、線と間にネウマ譜を書くことに依って、隣接する二音の高さの違いを視覚的に表すことになる。

グレゴリオ聖歌のリズム

音の長短のリズムの表し方に関しても触れておきたい。西洋音楽のリズムの捉え方に関する考え方の背景には計量的なリズム運動の概念が根底にあるのではなかろうか。計量的なリズム運動の基盤には点的時間の場が背景になっていると言えるのではなかろうか。点的時間の場に関しては、拙論「歌になった児童詩」（『児童詩歌』白百合女子大学児童文化研究センター、二〇〇五年二月、二一―二三頁）を御参照下さい。

点的時間の場は未だパルスの段階であってリズムとは言えない。点的時間の場に、どのように音を配分するかと言う段階になって初めて、リズムが発生するのである。リズムとは、音或いは出来事の関連性のことであると定義出来るのではなかろうか。

拍子はリズムの一側面であって、リズムそのものではない。拍子は点的時間の場を、ある拍子、例えば二拍子、三拍子、四拍子等の反復のあり方に依って、(一) 単純拍子、(二) 複合拍子、(三) 混合拍子に分類されるが、グレゴリオ聖歌は、二拍子と三拍子の自由な組み合わせの音楽なので、自由リズムの音楽と呼ばれることもあるが、実質的には混合拍子の音楽と言えるのである。更に、拍子に支配されながらも、拍子を超越しているフレーズ(楽区のことで、旋律のまとまりのある一区切り。)を構成するリズムもあるので、リズムにはいろいろな表情が見られるのである。

四線譜の読譜法に関しても知られていないので、資料解読に必要な範囲で簡潔に説明しておきたい。(譜例二)の八段の四線譜の、二段目以外の冒頭の記号は、アルファベットのC文字を図案化したと思われるド音記号で、これが音階のドの位置を示している。そのド音記号が第三線に付けば第三線がドになり、第四線に付けば第四線がドになるのである。

(譜例二)の二段目の冒頭の記号は他とは違い、これはFを図案化したものと思われ、音階のファの位置を示している。これで四線譜の音部記号(音の位置を指示する記号)には、ド音記号とファ音記号が在ることになる。現在でもド音記号はヴィオラの音部記号として使われ、大譜表(ピアノ譜用)はドを中心に低音のためにファ音記号が使われ、ドを左右対象にする形で、高音のためにソ音記号が考案されたと思われる。この様に記号一つに歴史がある。

次に音部記号に続いて、ネウマ譜に関しても説明しておきたい。(譜例一)に見る通り、連願の四線譜には、角形音符と、点の付いた所謂、付点角形音符の二種類しか使われていない。角形音符は現代譜の八分音符と同じで、付点角形音符は二倍の四分音符のことである。譜例には角形音符の他に菱形や旗のような音符も見られるけれども、これらは角形の変形で長さはみな角形と同じで現代の八分音符と同じ長さである。菱形は下行するメロディーに使われるものとして模様化され実に粋な楽譜となっている。

グレゴリオ聖歌のリズムは、点的時間の場を、同じ長さで等時的にメロディーが進んでいるが、言葉に基づいて組織化されているメロディーは、二拍子または三拍子の、周期的になっていない自由な組み合わせの音楽として、構成されている。二拍子か三拍子の自由な組み合わせの拍子なので、角形音符が同じ高さで連続的に現われる場合でも、二拍子か三拍子に組織化されていることになる。

（譜例二）のネウマ譜を見ると、二個または三個の音符がグループ化され書き分けられていて、拍子が分かるように視覚化されているものである。その中の角形音符二個が、縦に重なっている場合は、下から上に歌う約束になっている他は、時間差に沿って右に歌い進めるとよい。これがグレゴリオ聖歌の原則的な記譜法である。

ところで、四線譜にネウマ譜はあるけれども、ポーズ記号（休止符 = pause）がないのは不思議である。音楽が成立するには、沈黙の場が大前提として想定されているものである。沈黙の場を背景に、音楽が鳴り響いているのであれば、沈黙の間の記号があってもよいのではなかろうか。

ポーズの本義は、「動作の一時的な休止」ということだから、グレゴリオ聖歌の音楽には休符の必要がないというのであろうか。しかし、メロディーのフレーズの区切りの区分の間では、休みを取らない訳にはいかない。その為、ソレム唱法の最初の頃は、フレーズの最終音を四分音符で結び、八分休符の休止を取って、次のメロディーに歌い続けるという「区分のリズム」の間を取っていた（テ・ラローシュ（岳野慶作訳）『グレゴリオ聖歌の歌い方』、六〇頁）。

しかし、一九六六年版の水嶋良雄著『グレゴリオ聖歌』では、ソレムの新唱法として「区分のリズム」の八分休符が四分休符に変更されたと記している。「沈黙拍時の考え方は、現在のソレムのそれであって、モクロー時代のそれではない」と（前掲書、三二九頁参照）。

このソレムの休符（沈黙拍時）の解釈の経緯に対して、筆者は拙論「グレゴリオ聖歌日本語様式の新区分のリズム」において、実際の演奏に即して、自然な対応のリズムを提唱。つまり、フレーズの最後に置かれている区分線の後のリズムが三拍子なら八分休符が区分線の前に置かれ、二拍子なら四分休符を置くことによって、アルシス（緊張）とテージス（弛緩）のような歩行のリズムや、吐く息と吸う息の対応のリズムを導入したのである。

運動が前提となっている西洋音楽のリズムの概念を背景にした「休符」という訳語は、運動の停止が想定されるので、「黙符」とし、沈黙の場のパルスをリズム化する用語としては、「黙拍」と呼ぶとよいのではなかろうかと思っている。

図　四線譜の楽譜の歌い出しの一例

現代は、それぞれ個人が聖歌集を持ち、歌えるようになっているが、手書きの聖歌集しかなかった時代には、修道院の聖堂の中で、蝋燭の明りの下で、新聞紙の見開きくらいの大きな聖歌集を囲んで聖務を果たしていたに違いない。その聖歌集を見ると、聖歌集そのものが絵画的で美的である（図参照）。神への感謝と賛美の儀式の構造を見ると、（一）言葉（聖書朗読・祈祷文の朗唱）、（二）音（式文の詠唱・賛美の歌）、（三）身振り（十字を切ったり、手を合わせる動作や両手を広げて高く上げる祈りの仕種等）の、言葉、音、身振りの三者が融合された様式には、古典的なギリシャの音楽観の影響が滲み出ているものである。

古代ローマの神殿がバジリカ様式の聖堂として使われていること、そしてその建物の一環としての聖画や壁画やフレスコ画や、聖像の彫刻を含めた芸術的要素を、祈りの場に取り込んだ総合的な様式には、古典的なギリシャとヘレニズム文化の芸術観が反映されているのが分かる。異文化接触を通して感化されている様子が明らかに見て取れる。

八種の教会旋法

更に、グレゴリオ聖歌のメロディーを構成している八つの教会旋法も、ギリシャの旋法に基づいて構築されたものであることに関しても触れておきたい。（譜例二）に引用した八つのアレルヤ唱の冒頭の頭文字のAの文字の上にある数字は、旋法の出典を示している（譜例三参照）。

グレゴリオ聖歌の旋法は、音楽用語としては教会旋法と呼ばれているが、（譜例三）のように、四つの正格旋法とそれぞれに対応する四つの変格旋法がある。奇数で示されているものが正格旋法で、変格旋法は偶数。教会旋法はギリシャ名で呼ばれることも多い。第一旋法はドリアで、第二旋法はヒポドリア、第三旋法はフリギアで、第四旋法ヒポフリギア、第五旋法はリディアで、第六旋法はヒポリディア、第七旋法はミクソリディアで、第八旋法はヒポミクソリディアである。

（譜例三）の旋法に付いている記号について言えば、f（finalis〔ラ〕）が付いている音はフィナーリス（終止音）のことで、その旋法で作られているメロディーの終結音を示している。D（dominator〔ラ〕、dominant〔英〕）

は、ドミナントのことで、音楽用語では属音と呼ばれているが、支配音のことである。教会旋法のフィナーリスは、正格旋法と変格旋法の両者とも同一音である。しかし、ドミナントは、正格旋法では原則として五度上の音が当てられるが、五度上の音がシ音になる場合は、機能的にドミナントが成立しないとされ、替りにシの上のドに変更される。変格旋法のドミナントは、正格旋法のドミナントの三度下の音が当てられるが、これも同様にシの音になる場合は、上のドの音に変更される。

旋法でフィナーリスと呼ばれている用語は、長・短音階のシステムでは変更され、トニック（tonic［英］）と呼ばれるようになり、主音或いは主和音機能を持つ和音と意義付けられるようになった。ドミナントは属音と訳されているけれども、本来は支配音と言う意味で、旋法や音階の機能にとっては重要な役割を果たしていて、このドミナントに依ってトニックの機能が成立し、調性が確立されるからである。

典礼音楽としてのグレゴリオ聖歌を学ぶことは大切なことには違いない。しかし、旋法のシステムを習得するために、歌唱法を学ぶその方法論の中に、グレゴリオ聖歌の旋法機能を意識した効果的な学習システムが確立され、実施されることを期待したいところである。

音楽史の観点からは、古典・ロマン派の音楽が様式的に頂点に達した段階で、作曲家たちが注目した音楽様式に、教会旋法の音楽の世界が再登場することになった。ドビュッシー（一八六二―一九一八年）や、ラベル（一八七五―一九三七年）や、レスピーギ（一八七九―一九三六年）の作品には、典礼音楽ではないけれども、グレゴリオ聖歌の旋法的要素や素材を作品に反映させた優れた作品が創作されている。更に、ジャズの音楽の世界で用いられているモードと言う言葉は教会旋法のことである。この様にグレゴリオ聖歌の音楽は、近・現代音楽の中に脈々と生き続けているのである。

メリスマに見る自立的音楽観

（譜例四）の一六番のキリエの曲は、一段目の譜面の右上に、（XI—XIII.S）と記されているが、これは一一世紀から一三世紀頃に作曲された作品であるという意味である。冒頭の第四線に音部記号のCが付いているので、第四線がドになる。頭文字のKの上に3とあるのは、これは、第三旋法のフリギア旋法のシステムで作曲されていることを示している。歌詞のKyrie eleisonもChriste eleisonも旋律の動きは少なく、朗唱的で素朴だけれども、最後のKyrie eleisonの最後のシラブルのsonがシソラソファミと比較的長々と六つの音で引き延ばして歌われている。この様に一母音で長々と歌われる母音唱はメリスマ唱法と呼ばれている。こうして言葉から独立した音そのものに依って思いを表現する自立的な音の世界が出現するようになったのである。音だけで表現する自立的な音楽観の芽生えであるとも言えよう。

（譜例五）のアンブロシウス聖歌についても触れたい。このグロリアの楽譜を見ると、朗唱的な部分とメリスマ的な部分に分かれている。譜面の一段目の右上の（XII.S）は、作曲年代を示し、この曲が一二世紀頃に作曲されたことが分かる。音部記号のCが第四線に付いているので、第四線がドの位置になる。冒頭の頭文字Gの上の4の数字は、このグロリアは第四旋法のヒポフリギア旋法のシステムで作曲されていることを示している。ヒポフリギア旋法のドミナントはラの音なので、歌い出しはラの朗唱によって始められている。テキストのGratias agimus tibiのbiで歌われるメリスマの旋律と、Qui tollis peccata mundiのdiのメリスマは、全く同じテキストのメリスマとしても（シラソドーレドシドラシラソー）と歌われ、Jesu Christeのteのメリスマも、言葉のアクセントに合わせたかのようにドラの二音で先ず歌われ、ドラに続くメリスマ唱法は、他のメリスマと同じメロディーラインで歌われている。

最後のAmenのメリスマは、最終解決音のミに収めるために、Amenの旋律の（ラソラソラ）の歌い出しに続いて、他のメリスマの要素を取り込みながら、しかし安定性を求めて最終解決音のミに一旦下がり、（ミファソーーーファミー）とソの音を四拍延ばして安定させ、（ファミー）と終結させているのは見事である。単旋律でありながらも構成が美しく、実に見事な構造の音楽になっていると言えよう。

先述したように、このグロリアは一二世紀頃の作品である。しかし、アンブロシウス（三四〇年頃―九七年ミラノ没）は四世紀頃のミラノの司教であった。アンブロシウス聖歌として知られているアンブロシウス典礼の音楽は、現在も西方の特別地区扱いとなっているイタリアのミラノでは、ミラノ典礼の音楽として歌われている。

同時代のアウグスティヌスの『告白』第七章に「ミラノの教会においては、（略）兄弟たちはたいへん熱心に、声と心を一つにして合唱していました（略）そのとき東方の流儀にしたがって讃美歌と『詩編』とがうたわれるように定められた（以下略）」（山田晶訳『アウグスティヌス』世界の名著一四、三〇五頁）と手短に、しかし明確に記されているように、ミラノ典礼の音楽は東方起源のものが多いと言われている。このグロリアはアンブロシウスが生きていた頃の作品ではなく、六〇〇年後の一二世紀頃に創作された作品ではあるが、様式的に見て東方の典礼音楽様式の典型的な例を示しているのではなかろうか。

朗唱的要素にメリスマ唱法の混用されたグロリアからは、言葉と音の融合体の朗唱的な音楽と、メリスマからくる音楽の自立的な動きとが感じられるものである。メリスマは、心の思いを音によって表現したものであろう。しかし一二世紀頃から、音自体の自立的な表現の現われとして、鳴り響く音自体の自立的な音楽観が芽生え始め、単旋律でありながら、音だけで構成する新しい時代の鳴り響く形式としての音楽の鼓動をメリスマから察知されるものである。

素材としての音のモチーフを組み立てる古典派の音楽家のベートーヴェンが確立した構造的な作曲法に関しては、拙著「日本におけるカトリックの典礼音楽」（『人文研紀要』第五一号一〇二―一一一頁）で既に触れたので御参照下さい。前記拙論の中で紹介されている楽譜は、現代の五線譜に直した分析記号入り楽譜なので、(譜例六)は、視覚的に捉えるのには都合のよい四線譜のミサ曲一一番(Orbis factor)の一〇世紀頃の原典版と、その素朴なものが五〇〇年程経ってから恐らく編曲され、洗練されて、構造的に非の打ち所のない作品となったものであると言えよう。

三　時代様式と個人様式

グレゴリオ聖歌に見られる時代様式

グレゴリオ聖歌のソレム様式は、完結した典礼音楽の一様式として受け留めることが出来よう。しかし完結した典礼音楽様式になっているとしても、時代性を免れることは出来なかった。使用されている旋法の種類を見ると、時代性が如実に現われているものである。

グレゴリオ聖歌の聖歌集『リーベル・ウズアリス』に収録されている聖歌には、作曲年代が記されていないものも多いが、朗唱形態の単純な聖歌だからといって、必ずしも初期の作品として見なすことは出来ない。何故なら、典礼音楽のような言葉を伴う音楽は、言葉の意味内容に依って、音楽の表現形態が決まるからである。例えば、唱えるような朗唱形式の音楽として創作するか、或いは、旋律の豊かな歌謡形式の賛歌として作曲するかは、歌詞の内容によって決まるからである。

先述した『リーベル・ウズアリス』の中の作曲年代が記されているミサ曲を見ると、今でも世界各地で最もよく歌われているミサ曲八番(De Angelis)のキリエは、一五・六世紀に作曲されたものである。グロリアは一六世紀、アニュス・デイは一五世紀頃に作曲されたものである。今でもよく歌われ、『カトリック聖歌集』(公明社）の第五〇三番に収録されているので譜例は省略するが、このミサ曲八番のキリエとグロリアは、第五旋法に依って作曲されていると分類されているが、実質的にこれは現代の長音階の音楽である。

「パレストリーナ様式の対位法」として知られている作曲技法が、一六世紀には、多声音楽（ポリフォニー）の声楽的な要素を持っている対位法の作曲技法として既に確立されていた。ミサ曲八番の作曲年代は丁度この時代に当っている。パレストリーナ（一五二五—九四年）やヴィクトリア（一五四八—一六一一年）他多くの作曲家たちに依って多声的な典礼音楽が相当作曲されていた時代に、敢えて、素朴な単旋律に依る典礼音楽として作曲されたことは、崇高な典礼音楽の様式として単旋律聖歌が意義付けられていたことの現われなのではなかろうか。

単旋律でありながら、極めて構造的な作曲法が導入されている例は、一〇世紀頃に作曲されたミサ曲一一番（Orbis factor）の素朴な原曲のキリエのメロディーが、五〇〇年程経って編曲され、ベートーヴェンの構造的な音楽に見られる、モチーフの要素の動きが、構造的な様式の洗練された形式の曲として練り上げられたことに関しては、拙論「日本におけるカトリックの典礼音楽」（『人文研紀要』第五一号、一〇五—一一〇頁）の中で既に指摘してあるので触れないが、構造的な作曲法はベートーヴェンから始まったのではないのである。

構造的な楽曲の構成法は、フーガ的な楽曲に見られるモチーフやテーマを積み重ねる手法を、むしろベートーヴェンが自作のソナタ形式の構成法として採用したものとして捉えることが出来るのではなかろうか。更に、この構成法が、単旋律聖歌の中にも見られるのは、単旋律でありながらも、様式的には完結していると言うことが出来よう。

単旋律でミサ曲を作曲したルイ一四世時代の王室聖歌隊の指揮者の一人で、作曲家のデュ・モン（H.du Mont, 1610-84）のミサ曲についても触れておきたい。デュ・モンの単旋律のミサ曲は五曲あることが知られている。この内、ヴァチカン版の『リーベル・ウズアリス』には付録の形で、三曲収録されている。この聖歌集に収録されているミサ曲は作曲者が全て匿名になっているが、デュ・モンだけは例外で記名されているので不思議である。

因みに音楽史で作曲者名が知られるようになったのは、ギョーム・ド・マショー（一三〇〇？―一七七年）の作品当りからである。付録とは言え、前記聖歌集の中で作曲者名が記されているのは、デュ・モンの三曲のミサ曲だけである。このミサ曲には、他のものとは違う特徴がある。先ず、四つ（キリエ、グロリア、サンクトゥス、アニュス・デイ）の通常文にクレドがセットになっていて、この五つの通常文が同一旋法に依って作曲されていることである。最初のミサ曲は、第一旋法で統一され、二曲目は、第二旋法で統一。三曲目は、第六旋法に統一して作曲する手法が採られていることである。

デュ・モンのミサ曲の一セットが、同一旋法によって統一されている譜例は、ヴァチカン版の『リーベル・ウズアリス』の索引の後に付録として収録されているので御参照いただきたい。各通常文の始めの歌い出しのテーマが、キリエ、グロリア、クレド、サンクトゥスとも同じメロディー・ラインの同一テーマになっている構成に対して、アニュス・デイではメロディーを一転して展開させ、ミサの最後に歌うイテ・ミサ・エストでは、テーマを印象付けるかのように、キリエと同じテーマで結ぶ構成になっている。

このアイディアは、一七世紀当時としては斬新なものであったに違いない。このアイディアは、セザール・フランク（一八二二―九〇年）が、フーガ形式やベートーヴェンのソナタ形式の楽曲構成法を、循環形式と呼んだことと同じである。単旋律聖歌様式でありながら、デュ・モンは既に循環形式的な手法を導入していたことになる。

デュ・モンは、オラトリオ「魂の対話」（一六六八年）の作曲家として知られていたが、一七世紀当時、フランスでは通奏低音の和声技法に関してはあまり知られていなかったので、彼は自作品に用いて、その使い方を広めた人としても知られていた。ミサ曲に旋法の統一性や循環形式を考案する等のアイディアマンであった。

『フランス古典音楽』（ジャン・フランソワ・パイヤール著、渡辺和夫訳、白水社クセジュ文庫、七二頁）の中で「単旋律聖歌による五つのミサ曲（一六六九年）の幾つかは、未だある教区では歌われているが、日本では、一九三一年（昭和六年）に長崎カトリック司教館から発行された『カトリック羅典聖歌集』に、第一旋法と第六旋法で作曲されている二曲のミサ曲が収録されているのを見ると、日本でも歌われていたのは確かである。

これまでに取り挙げて来たグレゴリオ聖歌の東西文化の融合における東とは、ローマ帝国内の東方のことを意味している。グレゴリオ聖歌は東方典礼の、特にギリシャ教会の典礼音楽の要素と古代ギリシャ文化の古典音楽の旋法理論を導入する等して発展し、ポリフォニー音楽の様式を始め、長・短音階の調性的な機能和声理論に依る音楽へと進んでいった。

グレゴリオ聖歌の単旋律様式が、様式として完結したものになったことに関しては、概観して来た通りである。しかし、グレゴリオ聖歌は、ある意味ではトリエント公会議（一五四五—六三年）の段階で一時停止してしまったと言えよう。

プロテスタントの宗教改革、社会制度の変革、特にフランス革命によってカトリック教会は相当な打撃を受けた。教会の姿は目に見える典礼に如実に現われるものである。一九世紀になって、漸くローマ典礼の復興への兆しが見られるようになった。フランスのベネディクト会のソレム修道院から、一八三三年三月二一日の聖ベネディクトの祝日（現在の記念日は七月一一日）を期に起こって来た。

ソレムにおいて研究が積み重ねられ、理論的にも実践的にも典礼は深められ、二〇世紀になって、ピオ十世教皇が即位された年の一九〇三年一一月二二日に、『モトゥ・プロプリオ』（Motu Proprio）と呼ばれている典礼音楽に関する法典と位置付けられていた回勅が公布された。一九〇四年四月二九日にはヴァチカン版聖歌製作委員会が組織され成立。一九四七年にはピオ一二世教皇の典礼に関する回勅『メディアトル・デイ』(Mediator Dei)が発布され、ローマ典礼における公式言語はラテン語であり、「これは、一致の明白で美しいしるしであり、真の教義の歪曲に対する有効なくすりである」(ローラン修士『小教区のスコレ及び聖歌隊』、一五頁)と強調された。

ところが、この回勅が発令されて二〇年を待たずに、第二ヴァチカン公会議(一九六二—六五年)において『典礼憲章』が発布され、カトリック教会は、典礼言語のラテン語路線から自国語を使用する路線へと、歴史的一大転換を成し遂げたのである。神を賛美する多様な自国語の使用は、分裂ではなく、賛美の言語の豊かさとして捉え、意味付けすることが出来るようになったのである。こうして、カトリックの典礼音楽の東西文化融合の問題を具体的に取り挙げることが出来るようになったのは、第二ヴァチカン公会議以降のことである。

個人様式の時代性

前記三節一款の「グレゴリオ聖歌に見られる時代様式」で触れることは出来なかったけれども、連続している歴史の中に、明確な様式の移行が判明出来る事柄について補っておきたい。

対位法の時代様式には、一六世紀における三和音中心の、声楽的なパレストリーナ様式の対位法の音楽から、一八世紀前半のバロック音楽における七の和音を使用する器楽曲的なバッハ様式に依る対位法の作曲技法の変化を通して見られる時代様式の推移がある。バッハの音楽は、対位法的作曲技法の時代から、和声法の作曲技法への移行期と時代的に重なっていることは、平均律ピアノ曲集のプレリュードとフーガの楽曲構成法に見ることが出来る。プレリュードは和声的音楽であり、フーガは対位法的音楽である。

使用されている楽器に拠って時代様式が分かることもある。平均律の調律法が採用されるようになり、管楽器類の楽器が改良され、半音階の演奏が可能になり、オーケストラの音楽の表現領域が拡がったのは一九世紀以降のことである。打楽器類の楽器に民族楽器等が導入されるようになると、更に表現領域が拡がり、言葉と音楽が一体となっていた音楽様式から言葉が離れて音だけで自立するようになった。言葉を抜きにした音だけの世界である純粋音楽（絶対音楽）が確立され、標題音楽や描写音楽も創作されるようになり、音楽の表現領域が拡大されていった。森本哲郎氏は、「音楽とは、静寂と言うカンヴァスの上に描かれた絵」（『音楽への旅』音楽之友社、二頁）のようなものだと言っている。

ミサ曲の演奏時間に関する観点からも指摘しておきたい。モーツアルトのミサ曲の長さは約三〇分強くらいである。バッハの優に二時間を超えるロ短調ミサの長さは例外としても、悠長な時間を過ごしていた時代とは言え、六〇分前後のミサ曲が創作されていた時代にあって、三〇分は短い。ザルツブルグの司教からの時間指定があったからではあるが、祭儀と音楽の進行の一体化が求められていたからと言えるのではなかろうか。

典礼と音楽の一体化は、フォーレのミサ曲においても意識されていたに違いない。グロリアが作曲されていないとはいえ、「小ミサ曲」（Messe Basse）の構造から見えるのは、一体化が意識されていたことが予見されることである。

悠久の時代を過ごしていたような時代に、ある何か、或いは誰かの記念ミサのような特別な日のために作曲されたものは、主日のミサの長さと比較する観点から論評する訳にはいかない。このようなミサ曲を、現代の自国語化された主日の典礼で歌う訳にはいかないけれども、作曲者の信仰告白の作品として意味付けることによって、コンサートで演奏し、作品に触れることは出来よう。合唱音楽の大作であるミサ曲の演奏を通して、作曲家からのメッセージに触れる意義は大きい。

四　自国語化の意味と形

神の子が人となった意味と重なる自国語化

ラテン語に代わって、カトリックの典礼は、自国語を使用するようになった。その自国語とは何か。この問題に関する考察は、既に拙著『賛美、それは沈黙のあふれ』の冒頭の「心に響く言葉」の項と、第二章の「自国語とは何か」において触れているので御参照いただきたい。端的に言えば、自国語とは母語のことであり、心に奥深く染み込んで離れない言葉、「心に応え、心に残り、痛みを覚え、とっさの判断に素早く反応し、心が動く言葉。」（前掲書、四頁）のことではなかろうか。

教会が自国語を使用することになった背景には、みことばを宣べ伝える教会の原点に立ち戻り、相手の立場に立って、互いに交流を進める方針を取ることに、時のしるしを感じとったからに違いない。神の子が人となった出来事の、所謂、キリストの誕生から生涯の終わりに起こった受難と復活の出来事の意味は、有限で不完全な人間に、「わたしは真理について証しをするためにこの世に来た」（ヨハネ一八・三七）と、ピラトの尋問に答えたイエスの言葉には、教育学の原点を見る思いがする。

この神の子が人となった出来事を、弟子たちは確信を持って受け止めていたことについて、パウロとテモテからフィリピの信徒に当てた手紙で確認しておきたい。「キリストは神の身分でありながら、神と等しい者であることに固執しようとは思わず、かえって自分を無にして、僕の身分になり、人間と同じ者になられました。人間の姿で現われ、へりくだって、死に至るまで、それも十字架の死に至るまで従順でした。このため、神はキリストを高く上げ、あらゆる名にまさる名をお与えになりました」（フィリピ二・六—九）と。

自国語化された言葉と音楽が融合され、一体になった歌は、言葉の思いを強烈に人の心に訴えるものである。死語のラテン語にはもうそのような力はない。意味が分からないので、物理現象としての音声が耳に聞えるだけで、心に響き、魂にまで届く言葉としての機能は失われてしまっている。意味の世界を正確に伝える言葉としてのラテン語は、意味を伝達する言葉としては機能しているに違いないが、人間にとって、心を交流させる最も大切な領域が失われてしまったのはどうしようも無いことである。

日本の典礼音楽に見る融合化

典礼で表現される言葉や出来事には、先ず始めに意味の世界が在ることは言うまでもない。その意味の世界を、それぞれ違う言葉で表現するには、どのような要因が含まれるのだろうか。この考察に先だって二つの記事を紹介したい。

一つは、アメリカ人でありながら、日本語も日本人同様に使いこなしていて、日本語で小説やエッセーを書いているリービ英雄氏の言葉である。「バイリンガルになるというのは、その言葉に伴う感性を自分のものにすることだと思うんだ。自分のものとしての日本語がほんとうに生まれてくるか、どうか。僕は日本語で文章書いていると、アメリカ人が書かないようなことを書いちゃう。自分でも、どうしてそうなったか分からないけど、アメリカ人の中にない感性やものの見方が自分の中に生まれてくるんだ。」（言葉に向かってシリーズ（一）評価された万葉集の訳業「感性を自分のものに」リービ英雄）と言うのである。

次に、詩人の大岡信氏とフランス文学者の小海永二氏の対談の記事である。

小海氏「翻訳というのは一種の解釈ですよね。（略）読むということの中には解釈すると言うことがある（略）原作者の立場から、自作の解釈のされ方についてどう思われますか。」

大岡氏「―その訳文を読むけれども、読んでいるときは、英語の作品として読んでいて、日本語の原文はどうしてもうまく思い出せなくなっちゃうのね。というのはその訳されたものが英語の作品としていいからなんだろうと解釈しているんですがね。（略）もしこういうふうに英語でいい換えた場合、日本語の原詩と極端に離れてしまってだめとか、そういうこと一々聞いてくる。（略）原作よりいいよ、ということもあるわけ。訳者と連絡ができる場合は、相談の上で新しく何かをつくり出せるということがあるわけですね。」（大岡信、小海永二対談「現代詩を読む眼」、『國文學』第二四巻一一号、昭和五四年九月号）

リービ英雄氏と大岡氏の言葉からは、言葉の感性の違いの差異を感じてはいるものの、表現する言葉のないもどかしさをどのように克服すればよいか、リービ英雄氏は「アメリカ人が書かないようなことを書いている」と言い、大岡氏は「新しく何かをつくり出せることがある」と言うのである。「異文化の融合」とは、「新しい文化の創造」に他ならないのではなかろうか。

グレゴリオ聖歌日本語様式

日本における音楽文化の融合に関しては、融合を意識して創作してきた筆者の作品を取り挙げて、具体的に記して見たい。日本語に依る拙作の二〇〇曲近くの典礼音楽の中から、六曲のミサ曲に限定して振り返って見ると、典礼音楽の歴史における志向性が、私なりの方法で漠然と予感し、想定されていたものが、作品を通して実現しているのではないかと思えてならない。

グレゴリオ聖歌が、単旋律聖歌の様式としては完結していることに関しては既に触れた。拙作の最初に作曲したミサ曲は、琉球旋法のシステムに依って作曲したものではあるが同時に、「グレゴリオ聖歌日本語様式」とし

て作曲したものである。参考までに、グレゴリオ聖歌の特質を挙げると、

（一）「言葉と音楽が」融合され一体になっている。

（二）パルスのような等間隔の連続拍を基盤にした二拍子と三拍子の自由な組み合わせのリズムの音楽である。

（三）第一から第八旋法までの教会旋法システムによって作曲されている。

（四）テキストがラテン語である。

この四点である。ヴァチカン版の聖歌集『リーベル・ウズアーリス』に収録されている一六世紀頃に作曲された、第八番のミサ曲（de Angelis）のキリエとグロリアは第五旋法、サンクトゥスとアニュス・デイは第六旋法のシステムで書かれていると分類されているけれども、実質的には、一六世紀に追加された一二旋法システムの、前者は第一一旋法であり、後者は第一二旋法で出来ていて、現代の長音階のことなので、旋法的観点から言えば、非グレゴリオ聖歌のミサ曲と言えるのではなかろうか。このミサ曲が現代よく歌われているのは、調性的に現代的な長音階の音楽で創られているからであろう。ミサ曲八番がグレゴリオ聖歌であると言えるのは、前記四特質の（三）を除いた（一）と（二）と（四）の特質をもっているからということになる。

「グレゴリオ聖歌日本語様式」は、この四特質の（四）のラテン語が日本語に代わったものと言えよう。更に「琉球旋法のミサ曲」は、四特質の（三）の教会旋法の代わりに、琉球旋法が使われているミサ曲ということになる。これはグレゴリオ聖歌様式に琉球旋法が融合したものと言えよう。今のところ沖縄のカトリック教会だけで歌われているミサ曲である。琉球旋法は極めて地域性が強いため、沖縄でしか歌われていない。日本人の感性として受け入れられるには時間が掛かるに違いない。これは日本の中の異文化体験の問題とも重なるものであ

る。

二曲目は、日本の作曲家が西洋の教会旋法を使って作曲した「神の母聖マリア」(『典礼聖歌』第二一一―一四番) である。前記四特質の (四) のラテン語が日本語になっていることを除けば、新作のグレゴリオ聖歌そのものである。日本の作曲家が西洋の教会旋法を身に付け、マスターし、使いこなしているかどうかに成否の鍵があるであろう。三曲目と四曲目については後で触れたい。五曲目はミサ曲「主の招きに応えて」である。これは教会旋法で作曲したレクイエムである。従って栄光の賛歌が含まれていない。六曲目は琉球旋法以外の日本の旋法で作曲したミサ曲「アッバ父よ」である。拙作の六曲のミサ曲の中、第三と第四以外の四曲とも単旋律の「グレゴリオ聖歌日本語様式」に依って創られている。このパルスのような等時間の連続拍を基盤にした、二拍子と三拍子の自由な組み合わせによるリズムの音楽様式に意味があり、言葉と音楽が一体化された音楽によって、心を聖なる祈りの空間へと誘うところに、この典礼音楽創作の意義があるのではなかろうか。グレゴリオ聖歌様式は完結したものとして意義付けたけれども、日本語を導入することに依って「グレゴリオ聖歌日本語様式」としてグレゴリオ聖歌が再生されたことになる。

さて、三曲目はミサ曲「平和の願い」である。一、二曲目の単旋律の内的なグレゴリオ聖歌様式のミサ曲に対して、祝祭的な喜ばしい混声四部合唱に依る長音階のミサ曲として作曲した。ところが長音階のミサ曲を書き上げると、短音階システムでも作りたくなった。思いは実現するもので、フランシスコ・ザビエル来日四五〇年記念に、当時、山口教会の主任司祭であったヴィータリー神父から委嘱を受けて、作曲のチャンスが与えられた。それが四曲目の「聖フランシスコ・サビエル」である。日本人が演歌調や「荒城の月」のような哀調のある短調の音楽に親しみを覚えるように、スペイン人であるザビエルに思いを馳せ、スペイン的な雰囲気をもった混声四部合唱のミサ曲に仕上げたものである。

これで六曲のミサ曲が出来上がった。教会旋法に依る二曲、それに琉球旋法のものと、日本の旋法に依る四曲のミサ曲は単旋律のグレゴリオ聖歌様式で作曲した「グレゴリオ聖歌日本語様式」の作品である。長調と短調のミサ曲は、華やかな混声四部合唱のミサ曲となった。これで一応日本で体験出来る主な音楽のシステムを使ってミサ曲は創作出来たことになる。拙編著『日本のミサ曲』（サンパウロ）を御参照願いたい。

おわりに

第二ヴァチカン公会議以前に、自国語でミサ曲が歌われた画期的な出来事があったことに関しても記しておきたい。ミハエル・ハイドンとシューベルトの「ドイツ・ミサ」である。この二曲は、典礼式文の正式な訳ではなかったとしても、重要な出来事であったことに変わりはない。

この公会議以来、ラテン語に代わって、自国語の使用に道が開かれた。この変革はカトリック教会だけではなく、世界の多様化に意味をもたらした歴史的一大変革でもあった。典礼の意味の世界をラテン語だけで表現する統一的な志向を、あらゆる言語で表現することの意味を、分裂ではなく、表現の豊かさとして捉えることが出来るようになったのは成熟した志向性の現われである。

この変革を予想出来なかった日本のカトリック教会は、典礼文の翻訳から始めるという程準備に遅れを取っていた。ヘブライ語やギリシャ語やラテン語で表現されている意味の世界を、日本語で表現する典礼式文は固より、聖書の翻訳も、日本人が作曲したオリジナルな典礼聖歌等も無に等しかった状態から出発したのである。

キリスト教を理解し受容したものの、自分の言葉で信仰を表明することを始めたばかりの日本のカトリック教会は、公会議以降、僅か四〇年余しか経っていない。解決しなければならないインカルチュレーションの課題は多い。異文化の接触によって文化の融合化がなされ、そこから新しい創造の世界が広がり、日本人の魂を揺り動かす典礼の祈祷文や典礼音楽の誕生を期待したいところである。キリスト教の意味の世界を日本語で表現することは、新しい文化を創造することに他ならない。

参考資料

フレデリック・ドルーシュ総合編集、木村尚三監修、花上克己訳『ヨーロッパの歴史—欧州共通教科書—』東京書籍、一九九四年。

『新明解国語辞典』第三版、三省堂、一九九七年。

『聖書新共同訳』日本聖書協会、一九七八年。

今道友信『美について』講談社現代新書、一九七三年。

新垣壬敏『賛美、それは沈黙のあふれ』教文館、二〇〇一年二月。

ジャン・ド・ヴァロワ（水嶋良雄訳）『グレゴリオ聖歌』文庫クセジュ、白水社、一九九九年。

J・ハーパー（佐々木勉・那須輝彦訳）『中世キリスト教の典礼音楽』教文館、二〇〇〇年。

ジャン・フランソワ・パイヤール（渡辺和夫訳）『フランス古典音楽』文庫クセジュ、白水社、一九六一年。

テ・ラローシュ（岳野慶作訳）『グレゴリオ聖歌の歌い方』中央出版社、一九五一年三月。

水嶋良雄『グレゴリオ聖歌』音楽之友社、一九六六年。

ローラン修士（岳野慶作訳）『小教区のスコレ及び聖歌隊』キリスト教学校修士会、一九五三年。

J・A・ユングマン（石井祥裕訳）『古代キリスト教典礼史』平凡社、一九九七年。

新垣壬敏『言葉と音楽—朗読は音楽のはじまり—』教文館、二〇〇五年。

新垣壬敏「歌になった児童詩」（『児童詩歌』創刊号1第三号　白百合女子大学児童文化研究センター、二〇〇五—七年）。

アウグスティヌス（山田晶訳）『告白』（『世界の名著一四　アウグスチヌス』中央公論社、一九六八年）。

森本哲郎『音楽への旅』音楽之友社、一九八四年。

新垣壬敏「日本におけるカトリックの典礼音楽」(『人文研紀要』第五一号、中央大学人文科学研究所、二〇〇四年)。

新垣壬敏「グレゴリオ聖歌日本語様式の新区分のリズム」(『白百合女子大学研究紀要』第三一号、一九九五年)。

楽譜資料

"LIBER USUALIS" MISSAE ET OFFICI
EX EDITIONE VATICANA ADAMUSSIM EXCERPTO 1956 Printed in Belgium.
『カトリック羅典聖歌集』長崎カトリック司教館、一九三一年。
『カトリック聖歌集』光明社、一九六六年。
新垣壬敏編著『日本のミサ曲』サンパウロ、二〇〇二年。
新垣壬敏編著『ミサ曲・賛歌集』聖母の騎士社、二〇〇六年。

（譜例１）

V. DE PRIMA PARTE LITANIARUM

K Yri- e, e-lé- i-son. Chríste, e-lé- i-son. Ký-ri- e,

e-lé- i-son. Chríste, áudi nos. Chríste, exáudi nos.

Pá-ter de caé- lis, **Dé**-us, mi-se-*ré-re* **nó**bis.
Fíli Redémptor múndi, **Dé**-us, mi-se-*ré-re* **nó**bis.
Spíri- tus Sán-cte, **Dé**-us, mi-se-*ré-re* **nó**bis.
Sáncta Trínitas, únus **Dé**-us, mi-se-*ré-re* **nó**bis.

Sáncta Ma- **rí**- a, *óra pro* **nó**bis.
Sáncta Dé- i **Gé**-nitrix, *óra pro* **nó**bis.
Sáncta Vírgo **vír**ginum, *óra pro* **nó**bis.
Sáncte Mícha-ël, *óra pro* **nó**bis.
Sáncte **Gá**bri-el, *óra pro* **nó**bis.
Sáncte **Rá**pha-ël, *óra pro* **nó**bis.

Omnes sáncti Ange-li et **Archánge**-li, orá-*te pro* **nó**bis.
Omnes sáncti beatórum Spiríttuum **ór**dines, orá-*te pro* **nó**bis.
Sáncte Joánnes Bap**tí**sta, *óra pro* **nó**bis.
Sáncte **Jó**seph, *óra pro* **nó**bis.
Omnes sáncti Patriárchae et Pro**phé**tae, orá-*te pro* **nó**bis.

Sáncte **Pé**- tre, *óra pro* **nó**bis.

（譜例２）

Modus cantandi Alleluia Tempore Paschali

SECUNDUM OCTO TONOS.

Ad Introitum.

1. A Lle-lú- ia, alle- lú- ia.
2. A L-le-lú- ia, alle- lú- ia.
3. A Lle-lú-ia, alle- lú- ia.
4. A Lle-lú- ia, alle- lú- ia.
5. A Lle- lú- ia, al-le- lú- ia.
6. A Lle-lú- ia, alle- lú- ia.
7. A Llelú- ia, alle- lú- ia.
8. A Lle-lú-ia, alle- lú- ia.

（譜例３）

八種の教会旋法

正格旋法

第１旋法（ドリア）

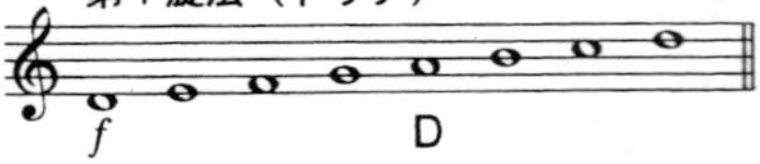

第３旋法（フリギア）

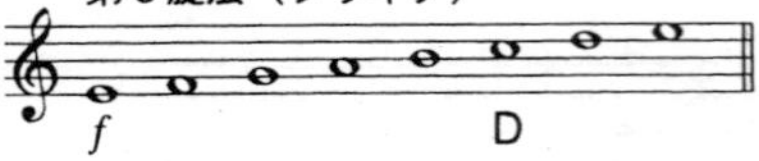

第５旋法（リディア）

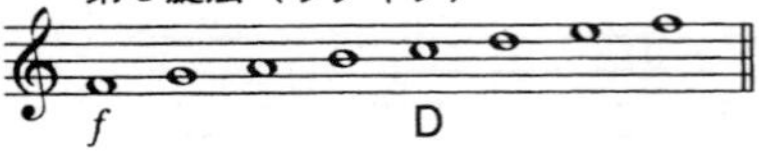

第７旋法（ミクソリディア）

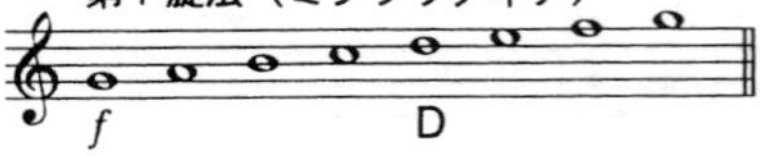

変格旋法

第２旋法（ヒポドリア）

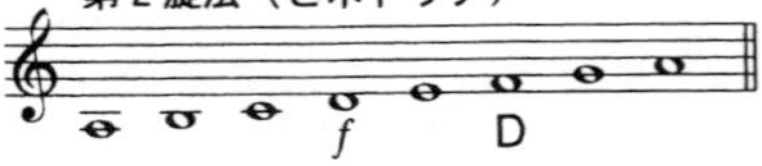

第４旋法（ヒポフリギア）

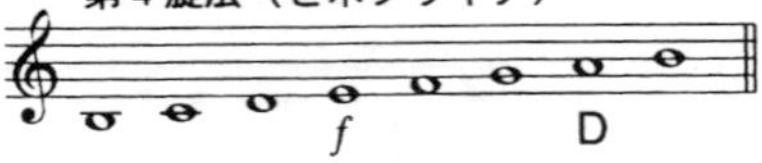

第６旋法（ヒポリディア）

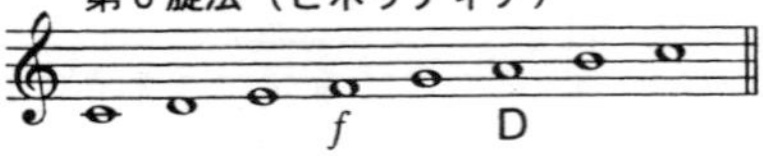

第８旋法（ヒポミクソリディア）

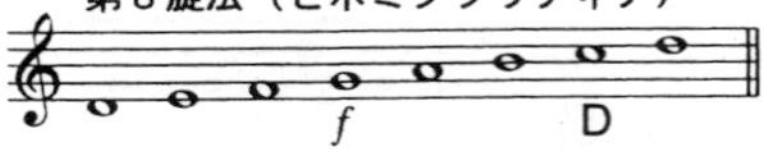

第９から第12までに拡大された教会旋法

第９旋法（エオリア）

第10旋法（ヒポエオリア）

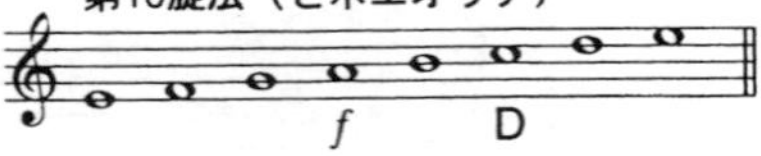

第11旋法（イオニア）

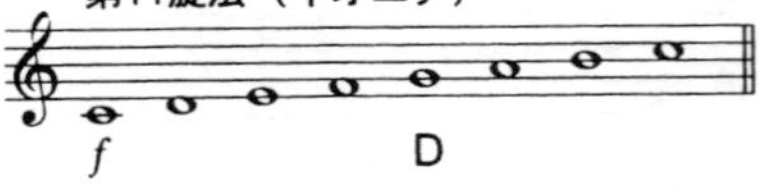

第12旋法（ヒポイオニア）

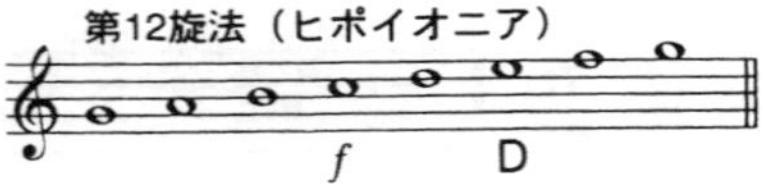

（注）*f* ＝ finalis　終止音
D ＝ dominator　支配音

（譜例４）

XVI. — In Feriis per annum.

XI-XIII. s.
3.
Kyri- e * elé- i-son. iij. Christe elé- i-son. iij. Ký-
ri- e elé- i-son. ij. Kýri- e * elé- i-son.
XIII. s.
2.
Sanctus, * Sánctus, Sánctus Dóminus Dé- us Sá-
ba-oth. Pléni sunt caéli et térra gló-ri- a tú- a. Hosán-
na in excél-sis. Benedíctus qui vé-nit in nómi-ne
Dómi-ni. Hosánna in excél-sis.
X-XI. s.
1.
Agnus Dé- i * qui tóllis peccá-ta mún- di : mi-se-
ré- re nó- bis. Agnus Dé- i, * qui tóllis peccáta múndi :
mi-se-ré-re nó-bis. Agnus Dé- i, * qui tóllis peccá-ta

（譜例5の1）

IV.

(more Ambrosiano.)

XII. s.

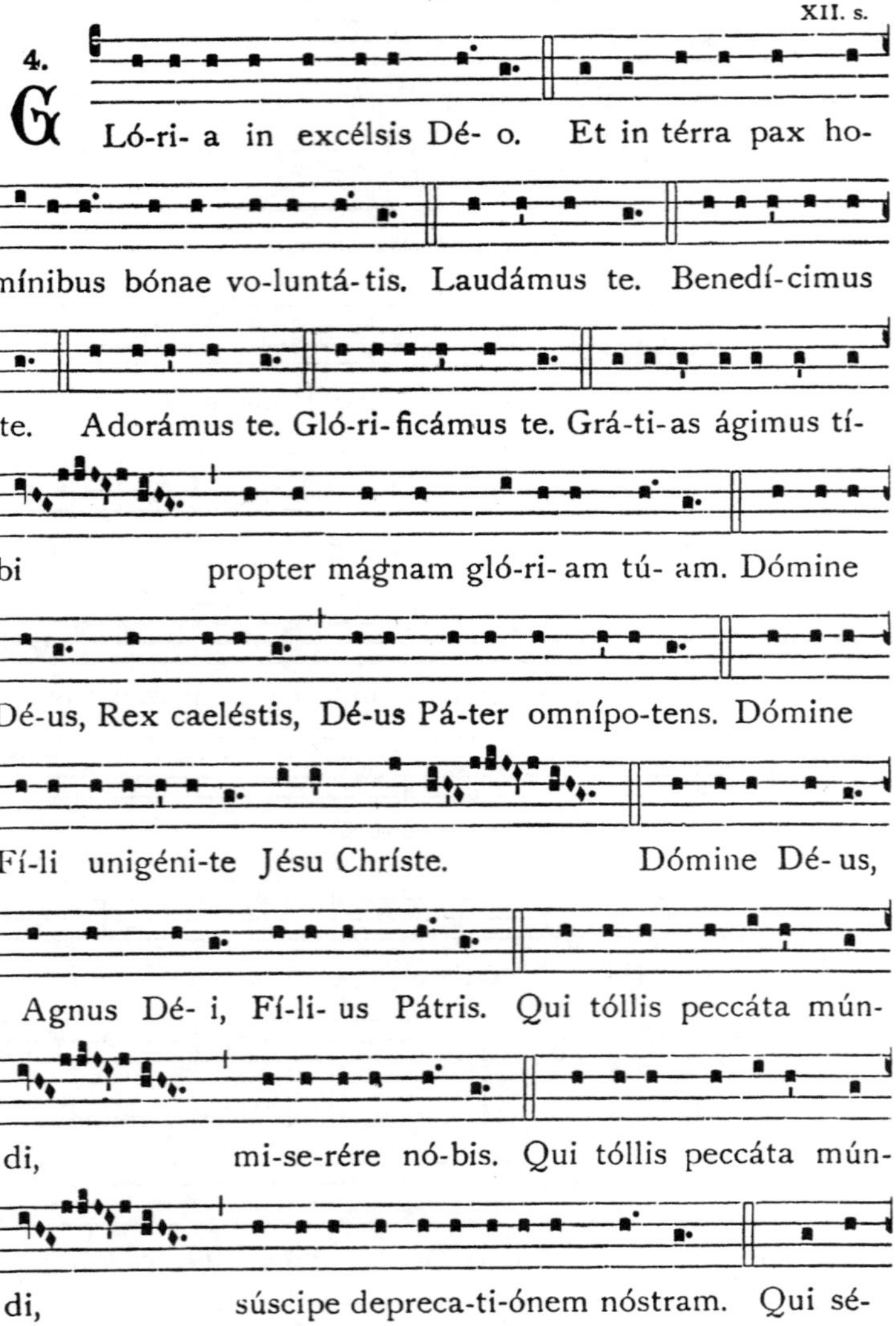
4.
GLó-ri- a in excélsis Dé- o. Et in térra pax ho-
mínibus bónae vo-luntá-tis. Laudámus te. Benedí-cimus
te. Adorámus te. Gló-ri-ficámus te. Grá-ti-as ágimus tí-
bi propter mágnam gló-ri- am tú- am. Dómine
Dé-us, Rex caeléstis, Dé-us Pá-ter omnípo-tens. Dómine
Fí-li unigéni-te Jésu Chríste. Dómine Dé- us,
Agnus Dé- i, Fí-li- us Pátris. Qui tóllis peccáta mún-
di, mi-se-rére nó-bis. Qui tóllis peccáta mún-
di, súscipe depreca-ti-ónem nóstram. Qui sé-

(譜例5の2)

des ad déxteram Pátris, mi-se-ré-re nó-bis. Quóni- am tu
só-lus sánctus. Tu só-lus Dóminus. Tu só-lus Altíssimus,
Jésu Chríste. Cum Sáncto Spí- ri-tu, in gló-ri-
a Dé- i Pátris. ** Amen.

（譜例６）

(In Dominicis per annum.)

[Orbis factor]

(x.) s.
1.
KYri- e * e- lé- i-son. iij. Chríste e-
lé- i-son. iij. Ký-ri- e e- lé- i-son. ij. Ký- ri- e *
e- lé- i-son.

XI. — In Dominicis infra annum.

(Orbis factor)

(x) XIV-XVI. s.
1.
KY-ri- e * e- lé- i-son. iij. Chríste
e- lé- i-son. iij. Ký-ri- e e- lé- i-son. ij. Ký-
ri- e * e- lé- i-son.

第Ⅱ部

インド・ケーララ州の「聖トマス・キリスト教徒」
――「聖トマスの道」と「聖ペトロの道」――

高橋英海

はじめに

二〇〇六年九月のことである。サン・ピエトロ広場で行われた教皇の一般謁見での使徒聖トマスについての講話の中で次のような発言があった。

「最後に、古代の伝承によれば、トマスはまずシリアとペルシアで福音を宣べ伝え、後に西インドにまで至ったことを思い起こしたいと思います。キリスト教は、後にこの西インドから南インドにまでもたらされました。」(1)

この発言がインドのキリスト教徒の間で反発を呼んだ。この文言では聖トマスがインド南部でも宣教し、インド南部で殉教したとする伝承を否定することになるからである。ローマの教皇立東方研究所で教えるネドゥンガート教授が中心となってインドのカトリック系メディア等で展開された抗議を受けて、教皇庁の公式サイトに掲載された記録では一一月末に最後の部分が「(トマスは)そこから最終的に南インドへ到達した」と修正された。[2]

些細なことのようにも思えるかもしれないが、インド、特に南インド・ケーララ州のキリスト教徒の多くにとって聖トマスが南インドで伝道したことは譲ることのできない「史実」であり、その先祖がポルトガルからの宣教師が伝えた教会のあり方を「聖ペトロの道」、自分たちの古来の伝統を「聖トマスの道」と呼んで区別した彼らにとって聖ペトロの後継者であるローマ教皇が聖トマスについての「史実」を否定することを見過ごすわけには行かなかったのである。

二〇〇一年実施の国勢調査によると、ケーララ州のキリスト教人口は六〇五万人余、州人口の一九・〇%に相当する。信者の総数ではインドの諸州および直轄領の中で随一、人口比でも旧東北辺境地区および島嶼部を除いたインドの主要部分ではゴアの二六・七%に次いで高い割合である。[3] さらに特徴的なのはケーララのキリスト教徒の多くは近世以降の西欧からの宣教によって改宗した人々ではなく、それ以前からの信者である点である。ケーララのキリスト教徒の約七割は中東からの宣教によって成立し、シリア語を伝統的な典礼用語としてきた諸教会に属しており、彼らを総称して「聖トマス・キリスト教徒」という。

「聖トマス・キリスト教徒」の教会史について日本語で紹介した文献は多くはない。他方、インドでは「聖トマス・キリスト教徒」の歴史や典礼に関する文献が毎年数多く出版されており、玉石混淆ではあるが、中にはローマのグレゴリオ大学に提出されたケーララ出身の研究者の学位論文等を中心に、ローマ、リスボン等に残る古文書を利用した詳細な研究書等も含まれるほか、[4] ケーララで行われた教会史に関する研究会の成果等も頻繁に活字化されるようになっている。同時に、近年の通信手段の発達のおかげでこの種の出版物も以前より格段と入手しやすくなった。ここではこのような研究の紹介も兼ねて主に最近の出版物を用いながら、[5] 紙幅および本書のテーマとの関係から一六世紀以降に重点を置いて、「聖トマス・キリスト教徒」の歴史の概略を記すことを試み

写真１　ムラントゥルティ。聖トマス教会（シリア正教会）。1994年にモスールの教会から分骨された聖トマスの遺骨を納めた櫃。

たい。

一　ポルトガル人の到来まで

聖トマス伝承

キリストの弟子たちがそれぞれの宣教地を決めたときにトマスにはインドが割り当てられたとする伝承は教父時代のシリア語、ギリシア語、ラテン語の著作にしばしば見出されるが、その中で重要な位置を占めるのが三世紀初めに成立したと考えられる新約聖書外典『トマス行伝』である。『行伝』で聖トマスが宣教したとされる国の「グドナファル（グンダファル）」[6]という王は紀元一世紀中頃に実在したインド・パルティア王国の支配者と同定することができる。しかし、そもそも『トマス行伝』の史料としての信頼性は低い上、そこで聖トマスが宣教したとされる地はインド北西部（現在のパキスタン）であって南部ではない[7]。

これに対して聖トマス・キリスト教徒の伝承は

聖トマスが南インドで宣教し、殉教したと伝える。この種の伝承としては一六、一七世紀にポルトガル人宣教師らが記録したものやキリスト教徒の間で歌い継がれてきた歌謡等があるが[8]、広く受け入れられている伝承によると聖トマスは紀元五二年にインド南部西岸（マラバール海岸[9]）、現在のケーララ州中部のコドゥンガルール（クランガノール）に上陸、一帯で宣教して七つの教会[10]を設立した後に、東岸（コロマンデル海岸）へも赴き、七二年に現在のチェンナイ（マドラス）南郊のマイラープールで殉教したとされる[11]。

「クナーイ・トーンマン」伝承とシリア教会との関係

一五世紀以前の聖トマス・キリスト教徒の歴史について語ろうとする者がまず直面する壁が現地で記された文字史料の欠如である[12]。特に初期の歴史についてはギリシア語、シリア語等による外部の史料と口伝の伝承に頼らざるを得ない。このうち外部の文献からは遅くとも四世紀頃にはインド各地にキリスト教の教会が存在していたことや、それらの教会がメソポタミアのセレウキア＝クテシフォンに総司《カトリコス》教座を置く教会（現在の「アッシリア東方教会」、所謂「ネストリオス派教会」）、その中でも特にペルシアの教会と繋がりをもっていたことが知られるが、これらの文献は現地の教会の制度や歴史の詳細について多くを語ってはくれない[13]。

聖トマス・キリスト教徒の伝承の中で聖トマスによる宣教に続く出来事として言及されるのがクナーイ・トーンマン（クンナーイ／カナのトマス[14]）の渡来である。この伝承にも様々な形のものがあるが、一般的に受け入れられているものによると、三四五年にメソポタミア出身のトマスという商人が司教ヨセフと七二家族を引き連れてコドゥンガルールに来航、その地の王に[15]よって貿易に従事する特権を与えられ、定住したとされる。ケーララのキリスト教徒の中には現在でもトマスとともに移住した家族の子孫と称する人々がおり、「クナーナーヤ」もしくは「テッキュンバーガル（南派）[16]」という集団を形成して、内婚制を守るなど独自の伝統を維持している。

クナーイ・トーンマン伝承で象徴的なのがトマスがメソポタミアからヨセフという司教を連れて渡来したとされる点である。いつの時代からかは定かではないが、ケーララのキリスト教徒は自分たちの間から司教を選出するのではなく、メソポタミアのアッシリア東方教会から派遣された「全インド大司教」を教会の長として戴くのが習慣となった[17]。ただし、メソポタミアから派遣された司教の役割は司祭の叙階や聖油の祝別などの儀礼的な職務に限られ、実際の教会の管理は現地の有力氏族出身の「全インド助祭長《アルキディヤコン》」に委ねられていた[18]。

写真2　コータヤム。ヴァリヤパッリ教会（シリア正教会、1550年建立）。中世ペルシア（パフラヴィー）文字の刻まれた十字架。

サポルとプロトの伝承

第一千年紀後半にもしばしば中東から司教が派遣されたものと考えられるが、その中で長く人々の記憶に残り、聖人として崇められるようになったのが「サポル」と「プロト」[19]という二人である。一六世紀のケーララにはこの二人を守護聖人とする教会が多くあった。後述のウダヤンペールール教会会議の決議ではこの二人に奉げられた教会の名を「諸聖人教会」に改めるようにと定められており、[20] 一六〇四年にフランシスコ・ロスが記した報告書によれば、会議を主催したゴア大司教メネゼスは「名前が似ているから」との理由でこれらの教会の名を「聖ジェルヴァシオと聖プロタシオ教会」とするよう命じたという。[21] この結果、現在でもケーララの古い教会の中にはインドとはもともと縁のないこの二世紀ミラノの殉教者の名を冠したものがある。[22]

「サポル」と「プロト」の伝承は現存する銅版碑文と関連付けることができるという点でも興味深い。ロスの報告には「サポル」と「プロト」がコッラムに建てた教会に与えられた特権が記された銅版についての記述があるが、[23] これらの銅版は現存し、「タリサー教会銅版」として知られている。[24] 銅版にはスターヌ・ラヴィ王（マ Sthāṇu Ravi, 在位844?–885?）の治世第五年にヴェーナード（コッラムを中心とするケーララ南部）の支配者アイヤン・アディガル（マ Ayyanaṭigaḷ Tiruvaṭikaḷ）がキリスト教商人サブリーショー[25]が設立した教会と商人組合に与えた土地や特権が列挙されているほか、末尾には立会人の名がパフラヴィー文字、アラビア文字（クーフィー書体）、ヘブライ文字で記されており、当時のケーララの港湾都市には中東から渡来したキリスト教徒商人のコミュニティーがあり、イスラム教徒やユダヤ教徒、ゾロアスター教徒の商人と競合関係にあったことが窺われる。[26]

二　ポルトガルの時代

一六世紀前半

一三世紀後半以降、モンゴル帝国の拡大によって東西の往来が盛んになった「パクス・モンゴリカ」の時代にはフランシスコ会士やドミニコ会士のケーララ訪問が記録されているが、これらラテン教会の托鉢修道会の活動が聖トマス・キリスト教徒に大きな影響を与えることはなかった。[27]

中世末期のケーララでは北部のコーラトゥナード、中部のコーリコード（カリカット）およびコチ（コーチン）、南部のヴェーナードの四大勢力を初めとする数十の小国が割拠していたが、一五世紀末に最も有力であったのはイスラム商人との交易で栄えたコーリコードである[28]。喜望峰を回る航路の開拓に成功したヴァスコ・ダ・ガマは一四九八年五月にこのコーリコードに到達した。ヴァスコ・ダ・ガマは一度目のインド滞在中にコーリコードのヒンドゥー寺院を教会と思い、女神カーリ像を聖母像と勘違いしてその前で祈ったという逸話が伝えられているが[29]、聖トマス・キリスト教徒との接触があったかは定かではない[30]。早くもその二年後の一五〇〇年にインドに到達したカブラルはコドゥンガルールでローマとエルサレムへの巡礼のためにポルトガルへの渡航を希望するヨハネとマティアというキリスト教徒と出会い、二人をヨーロッパに連れ帰っている[31]。

以後、ポルトガルは一五〇二年の第二次ヴァスコ・ダ・ガマ隊、一五〇三年のアルブケルケ隊など、ほぼ毎年インドへ船団を派遣するようになる。一五一〇年のアルブケルケによるゴア攻略以降、ポルトガルのインド支配の中心はゴアに移っていくが、ケーララではポルトガルは諸侯国の間の敵対関係を巧妙に利用しつつ、コーリコードと対抗するコチを主な拠点として、コドゥンガルールやコチ周辺のケーララ中部を主な居住地域とし、香辛料の生産に携わる者が多かった聖トマス・キリスト教徒との係わり合いも強めていく[32]。そのような中で、当時の記録からは、少なくとも初期には、ケーララのキリスト教徒がポルトガル人の来訪を同じキリスト教徒として歓迎した様子が窺われる[33]。

ケーララの聖トマス・キリスト教徒が中東のアッシリア東方教会から派遣された司教を霊的指導者としたことは前述のとおりだが、ポルトガル人が訪れ始めた頃のケーララにいたトマス、ヨハネ、ヤブ＝アラーハー、デンハーという四人の司教については詳しいことは知られていない[34]。これに対して、一五〇四年に来印し、四〇年以上インドに滞在した司教ヤコブ（一五五〇年頃没）については一六世紀前半のポルトガル側の記録に頻繁に言及がある。[35] ヤコブはイスラム商人を介さずに香辛料を手に入れようとするポルトガル人と聖トマス・キリスト教徒との間の仲介役としてポルトガル国王からの報償を受けているほか、ヨーロッパ人宣教師の提案する改革を一部受け入れるなど、宣教師たちとしばしば協力し、その晩年をコチのフランシスコ会修道院で送っており、そこで出会ったフランシスコ・ザビエルの書簡では「たいへんに高齢、高徳で、聖なる」人物として言及されている。[36] しかしながら、この時期にもケーララの教会にラテン教会の制度やしきたりを導入しようとする宣教師と聖トマス・キリスト教徒との間に摩擦がなかったわけではなく、ヤコブが晩年をフランシスコ会修道院で送った背景にもヤコブが行った改革に対する信徒の反発があったと考えられる。一六世紀前半の「ラテン化」の試みとして重要なのが一五四一年頃にフランシスコ会士ヴィンセンシオ・デ・ラゴス（Vicente de Lagos O.F.M., 1538来印、1552没）がコドゥンガルールに開校した神学校《コレジオ》であるが、ここで宣教師たちによる教育を受け、シリア語の典礼を行えない聖トマス・キリスト教徒の子弟は聖トマス・キリスト教徒の間では受け入れられず、新たにキリスト教に改宗したラテン典礼の信者の間でしか活動できなかったという。[37]

一六世紀後半

一六世紀後半には宣教師たちによる「ラテン化」の傾向と聖トマス・キリスト教徒と中東の教会との関係を断とうとする動きが徐々に強まっていく。その背景として、まずはトリエント公会議（一五四五―六三年）に代表される、より画一化された「中央集権的」な体制を目指すカトリック教会内の動きがある。同時に、ポルトガル当局は、ポルトガル国王の聖職者叙任権（パドロアド）[38]が及ばない中東の教会から派遣された司教がポルトガルの支配地で活動することを警戒した。さらには、その教会の本拠地がポルトガルがインド洋貿易の競合相手としてその台頭を脅威と感じていたオスマン・トルコ領内にあったこともポルトガルの政策を左右する要因であったろ

写真3　コータヤム。聖母（チェリヤパッリ）教会（マランカラ正教会、1579年建立）。

う。

この間、中東の「ネストリオス派」教会では総大司教の世襲制に反対する一派によってヨハネ・スラーカー（シ）Yōḥannān VIII Sullāqā, 1510頃-55）が一五五一年に対抗総大司教に選出され、一五五三年にはローマで教皇ユリウス三世によって祝聖されて、ここに合同教会としてのカルデア・カトリック教会が成立するが[39]、ポルトガル当局はこのカルデア教会から派遣された司教さえもケーララに入れようとはしなかった。

一五五六年、カルデア教会総大司教アブディーショー（シ）'Abdīšō' [羅 Ebedjesu] IV Mārōn, 総大司教1555–70）は初代総大司教ヨハネの兄弟のヨセフ[40]をインド大司教として派遣した。ヨセフには同僚の司教エリヤの他に教皇庁から派遣された二人のマルタ人ドミニコ会士[41]が同行していたが、一行は一年以上ゴア近辺で留め置かれ、一五五八年にようやくケーララ入り

写真４　コータヤム。聖母（チェリヤパッリ）教会。祭壇脇のポルトガル人を描いた壁画。

を許された。その後もヨセフは一五六二年と一五六八年に二度異端の嫌疑でインドを追われて、ヨーロッパへ送られている。一度目はリスボンでの裁判で無罪を認められ、一五六四年にインドに戻っているが、二度目の旅ではローマでの裁判で無罪が認められた後、一五六九年にローマで他界した(42)。

ヨセフの不在中の一五六四年にカルデア教会総大司教アブディーショーが派遣した司教アブラハム（一五九七年没(43)）もインド行の前にローマを訪れて、教皇ピオ四世によって大司教に任ぜられ、教皇の他にフランシスコ会、ドミニコ会、イエズス会の総長からの推薦状を手にしていたにもかかわらず、ケーララへ向かう途中、一五六八年にゴアで捕らえられ、当地のドミニコ会修道院に抑留された。その後、ゴアからの脱出に成功してケーララに到達したアブラハムは当初はポルトガル人との接触を避けて主にケーララの内陸部で活動したが、一五七〇年代後半には新たに中東から到着した「司教」シモンを牽制する目的もあって、(44)主にイエズス会の宣教師たちと協力するようになる。アブラハムは一五七五年には第二回ゴア管区教会会議への出席要請を拒絶しているが、一五八三年にはイエズス会巡察師ヴァリニャーノ（Alessandro Valignano S.J., 1539–1603）の提案に従って教区会議を開催し、司祭の結婚禁止やグレゴリオ暦の採用などの改革を導入、さらに一五八五年には第三回ゴア管区会議に出席し、ラテン語祈禱書のシリア語への翻訳などの改革に合意している。ただし、アブラハムの合意が宣教師たちの圧力に屈してのものであったことは、例えばゴア管区会議がイエズス会士フランシスコ・ロス（Francisco Ros [Roz, Rodríguez] S.J., 1557–1624）を補佐役、すなわち事実上の目付役に任命していることからもわかる。この後、アブラハムとイエズス会士との不和はアブラハムがイエズス会がヴァイピコッタに設立した神学校《セミナリオ》への協力を拒否したことなどで表面化し、一五九五年には教皇クレメンス八世も宣教師からの異端容疑の告訴を受けてゴア大司教アレクシス・デ・メネゼス（Alexis [Aleixo] de Menezes O.S.A., 1559–1617, ゴア大司教1595–1612）(45)に調査を命じている。

ウダヤンペールール「教会会議」

聖トマス・キリスト教徒の間で中東から派遣された司教とともに現地の助祭長が指導者の役割を担っていたことは前述のとおりだが、宣教師たちはインドの聖トマス・キリスト教徒と中東のカルデア教会の関係を断つ手段として助祭長を司教とすることも考えたようである。一五八〇年にはヴァリニャーノらの提案によって助祭長キリストのジェオルジオ（ギーヴァルギース、英 George of Christ, マ Kristuviṉṟe Gīvargīs, 1585/1591没）が協働司教に任命されており、(46)一五九五年にもイエズス会士たちはその甥の十字架のジェオルジオ（英 George of the Cross, マ Kurisiṉṟe Gīvargīs, 助祭長1594–1640）を司教アブラハムの後任とすることを提案している。(47)一五九七年にアブラハムが他界したとき、聖トマス・キリスト教徒たちは十字架のジェオルジオの下に集結し、ヨーロッパ人宣教師が後任司教に任命された場合には受入を拒否し、教皇に再考を求めることを誓い合った。[48]ポルトガルの国益のためにも聖トマス・キリスト教徒をカルデア教会から切り離してゴアの管轄下に置こうとする大司教メネゼスはここで自らケーララに乗り込むことを決意する。

一五九九年初めにケーララに到着したメネゼスはコチの藩王《ラージャ》を始めとする諸侯を懐柔、聖トマス・キリスト教徒の間でも自らの支持者を増やすために一〇〇人以上の司祭を叙階するなどして十字架のジェオルジオを孤立させた上で、自らに忠誠を誓わせ、教区会議を招集させる。[49]会議の開催地には教区の伝統的な中心地である内陸のアンガマーリではなく、ケーララにおけるポルトガルの拠点であるコチに近いウダヤンペールール（ディアンペル）が選ばれた。一五九九年六月二〇日に始まった会議には一五三人の現地司祭と六六〇人の信徒代表が参加したと伝えられる。会議はメネゼスが事前に執筆してマラヤーラム語に翻訳させた決議文を読み上げる形で進行し、二七日までのわずか八日の間に教会の教義や聖餐式の典礼、洗礼、結婚などの秘蹟や習俗の改正に関する二〇〇余りの決議がなされたが、教義に関する決議では「ネストリオス派」の異端が排斥され、聖餐式で「バビロンの総大司教」すなわちカルデア教会の総大司教の名を唱えることが禁止されるなどして中東の教会との繋がりが断たれたほか、典礼の様々な要素もラテン式に改められ、ラテン式の小教区制も導入された。[50]

ウダヤンペールールでの会議の評価は時代と評価者の立場によって大きく異なる。会議の直後にもメネゼスが会議終了後に決議文を改竄したことがイエズス会士たちによって報告されているが、[51]会議の経緯と内容が広くヨーロッパに知られたのは一六〇六年にコインブラで出版されたゴウヴェア（António de Gouvea O.S.A.）[52]の報告を通してであり、同僚のアウグスティノ会士としてメネゼスの行動を賞賛するゴウヴェアの記述によってカトリック教会内では「ネストリオス派」の異端に対する勝利として、そしてほぼ同時期のブレスト合同会議と同様の教会合同会議[53]としてのウダヤンペールール教会会議のイメージが定着した。これに対して一六九四年に会議の決議文の英訳を含む『マラバール教会史』を出版したゲデス（Michael Geddes, ca. 1650–1713）[54]を始めとするプロテスタントの著者はウダヤンペールールでの会議をローマの教会による聖トマス・キリスト教徒に対する暴挙として非難してきた。[55]聖トマス・キリスト教徒の中で一七世紀以降にカトリック教会から離れた集団に属する人々がウダヤンペールールでの会議に対して否定的であるの言うまでもない。[56]ケーララのカトリック教会の中でもラテン典礼教会ではメネゼスに対して肯定的な評価が見られるが、[57]シリア・マラバール教会の研究者の間では現在ではウダヤンペールールでの会議は否定的に捉えられ、教会法に照らしても教区司教不在時に行われたウダヤンペールールでの会議の決議は無効であるとの見解が一般的である。[58]しかしながら、これは会議後四世紀を経て到達した見解であり、歴史的にはウダヤンペールールでの会議とその決議がその後のケーララにおける教会のあり方を決定付けることとなる。

会議の後、メネゼスは一五九九年一一月までケーララに滞在し、各地の教会を巡回した。訪問先ではシリア語の書物が集められて同行したイエズス会士によって検査され、修正によって異端的要素を除去できるものは修正され、そうでない多くの本はメネゼス自らの手で火にくべられたという。[59]

「斜め十字架の誓い」と聖トマス・キリスト教徒の分裂

メネゼスがケーララを離れた後の一五九九年一二月にはフランシスコ・ロス[60]がアンガマーリの新司教に選出された。アンガマーリ教区（セッラ教区）[61]はパドロアドの管轄下に置かれ、ゴアの属司教区となるが、この「降格」に対する司教ロスや信徒の抗議に応えて、教皇パウロ五世は一六〇八年にアンガマーリを再び「大司教区」としている。ほぼ同時期に司教座は内陸部のアンガマーリから沿岸部のコドゥンガルールに移された。[62]

一七世紀前半にはロス、ステファノ・デ・ブリト（Estevão de Brito [Britto] S.J., 大司教1624–41）、フランシスコ・ガルシア（Francisco Garcia S.J., 協働司教1637–, 大司教1641–59）と三代に亘ってイエズス会士大司教が聖トマス・キリスト教徒を治めることとなるが、この時代にはラテン教会の慣習に従って「専制的」な統治を行おうとする大司教と従来の慣習による自らの権限を主張する助祭長との間での衝突が繰り返される(63)。ケーララでの滞在も長く、シリア語とマラヤーラム語にも通じていたロスは一六〇三年に開催された第二回アンガマーリ教区会議ではウダヤンペールールでの会議の行き過ぎを是正するなど、当初は助祭長ジェオルジオと協力することが多かったが、すでに一六〇九年にはジェオルジオを破門し、ゴアの異端審問官に告訴する事態に至っている。続くブリトの時代にはジェオルジオがイエズス会と対立するドミニコ会やアウグスティノ会に接近したことから軋轢が生じた時期もあったが、両者の関係は概ね良好であった。事態が悪化したのはジェオルジオが一六四〇年に、ブリトが一六四一年に他界し、ガルシアとパランビル・トマス（マ Paṟanpil Tōmmā, 英 Thomas Parambil, Thomas de Campo, 1670没）がそれぞれ大司教、助祭長となってからである。大司教と助祭長の権力争いや教会の「ラテン化」に対する一般信徒の反発のほかにも、この時期にはポルトガル国庫の財政難によって司祭への給金の支払いが滞っていたこともあり、司祭の間でも体制への不満が高まっていた。

「斜め十字架の誓い」（マ Kūnan Kriśu satyam, 英 Coonan Cross Oath）(64)の名で知られる出来事の直接の引金となったのは司教アターー＝アッラー（アラ [Qūrillūs?] ʻAṭāʼ Allāh ibn ʻĪsā, 欧 Atallah, Ahatalla, Adeodatus, ca. 1590–1654）の到来である。シリア正教会のダマスカス大司教であったアターー＝アッラーは一六三一年にフランシスコ会宣教師の影響でカトリックに改宗、一六三二年にはローマを訪問、一六三三年に中東に戻って教会合同の推進に努めるが、各地で迫害に遭い、一六四〇年代半ば以降エジプトのカイロに滞在していた。この時期に助祭長トマスは中東各地の教会指導者に司教派遣を要請する書簡を送ったが、そのうちの一通を受け取ったコプト正教会総大司教の勧めでアター＝アッラーはインド行きを決心し、一六五二年八月にスラト（スーラト）を経由してマイラープールに到着した[65]。マイラープールでイエズス会修道院に監禁されたアター＝アッラーはケーララからの聖トマスの墓所への巡礼者との接触に成功し、自らを「教皇《バーバー》」イグナティオスにより派遣された全インドおよび中国総大司教《パトリヤルカー》イグナティオスであると称する書簡を託した[66]。

ポルトガル当局はアター＝アッラーをケーララのコチを経由してゴアに護送することとしたが、アター＝アッラーを乗せた船がコチ沖に停泊した際、せめてアター＝アッラーと面会してその主張の真偽を確かめたいという助祭長トマスを始めとする聖トマス・キリスト教徒の願いは大司教ガルシアの強い反対のために聞き入れられなかった。これにアター＝アッラーが海に落とされて溺死したという噂も加わり[67]、憤慨した信徒は一六五三年一月三日にコチ南郊マッターンチェーリの聖母教会に集まり、以後大司教ガルシアとイエズス会士には従わないことを誓い合った。この宣誓は当時の記録によれば聖母教会の中で立てられたとされているが、ケーララで広く受け入れられている伝承では集まった群集は教会に入りきれなかったため、屋外で、教会の前に立てられた十字架に結ばれた紐を手にして誓いを立てたとされており、この十字架に因んで「斜め十字架の誓い」の名で知られている[68]。

続いて二月五日にイダパッリで開かれた集会では助祭長トマスと四人の補佐役が聖トマス・キリスト教徒の指導者に選ばれ、さらに、アター＝アッラーがゴアからポルトガルに護送された後の五月二二日には、アター＝アッラーからと称される書簡の指示に従って[69]、アーランガードで一二人の司祭がトマスに按手し、トマスを司教に「叙階」した。この直後には聖トマス・キリスト教徒たちは、わずか二つの教会を除いて[70]、「司教」トマス一世に従ったとされる。

聖トマス・キリスト教徒によるこの「反乱」はもともとは大司教ガルシアとイエズス会に対するものであり、

ローマ教皇とカトリック教会全体に対するものではなかった。ゴアの異端審問所による調停の試みが失敗に終わった後、教皇庁布教聖省はカルメル会士を教皇特使として派遣することを決定した。この中で中心的な役割を果たすことになるヨセフ・セバスティアニ（Giuseppe di Santa Maria Sebastiani O.C.D., 1623–89, 代牧 [Hierapolis 名義司教] 1659–63）[71] は一六五七年にケーララに到着、一度報告のためにローマに帰り、マラバール代牧として司教に叙階された後、一六六〇年に再びインドに戻って一六六三年までケーララで活動した。セバスティアニらはトマスとの和解には失敗したが、トマスの従兄弟に当るパランビル・チャーンディ（マ Paṟanpil [Paḷḷivīṭṭil] Cāṇṭi, 英 Chandy Parambil, Alexander de Campo, 代牧 [Megara 名義司教] 1663–87）らの有力司祭やコチの藩王《ラージャ》ら諸侯の支持を得て、多くの教会を管轄下に置くことに成功した。しかしながら、カルメル会士の活動はオランダの進攻によって中断を余儀なくされる。一六六一年にコッラム、一六六二年にコドゥンガルール、一六六三年にコチを攻略したオランダは征服地でのカトリック宣教師の活動を認めず、退去を迫られたセバスティアニは一六六三年三月にチャーンディを後任の司教として、そして、明確な記録の残る史上初のインド人司教として叙階し、ケーララを後にする。

この結果、ケーララの聖トマス・キリスト教徒の間ではパランビル・トマス（一世）とパランビル・チャーンディの二人の従兄弟同士が勢力争いをすることとなるが、正式な司教叙階を受けていないトマスの立場は弱く、一時はかつての敵であるイエズス会との接近も試みている。しかし、シリア正教会から派遣された大司教グレゴリオス・アブド＝アル＝ジャリール（アラ Ġrīgūriyūs ʻAbd al-Ǧalīl al-Mauṣilī, 1671没）[72] の到来で状況は一転する。ケーララの聖トマス・キリスト教徒が従来繋がりを持っていたのはシリア正教会（「単性論派」、「ヤコブ派」）とは敵対するアッシリア東方教会（「ネストリオス派」）なのだが、ヨーロッパ人宣教師による支配からの解放を求める聖トマス・キリスト教徒の多くはアッシリア東方教会と同じく中東を本拠地とし、同じシリア語を典礼用語とするシリア正教会の司教を歓迎した。グレゴリオスの到来によってトマスは勢力を盛り返し、ここにカトリック教会内に残り、現在のシリア・マラバール教会に繋がる「パラヤクール」（「旧派」の意、マ Paḻayakūṟ, Paḻayakūṟṟukār, 英 Pazhayakur, Pazhayacoor）と、徐々にシリア正教会との繋がりを強めていく「プタンクール」（「新派」、マ Puttankūṟ, Puttankūṟṟukār, 英 Puthenkur, Puthencoor）の分裂が決定的となる。(73)

三　パラヤクールからシリア・マラバール教会へ

パドロアドとプロパガンダ

聖トマス・キリスト教徒の多くはパランビル・チャーンディの後継者として引き続きインド人司教が任命されることを期待したが(74)、布教聖省がオランダ当局の同意を得て派遣したカルメル会士たちが選んだのはラファエル・フィゲレド（Raphael [Raffael] Figueredo de Salgado, 1630頃–95, 協働代牧1677–, 代牧1687–94）という「インド生まれのポルトガル人」（混血）であった(75)。しかし、フィゲレドは後にカルメル会士たちとも衝突し、一六九四年には教皇庁は大ムガール代牧クストディオ・デ・ピーニョ（Custódio de Pinho, 代牧1669–97）の報告に基づいてフィゲレドを聖職停止処分に付している(76)。

オランダ東インド会社は神聖ローマ皇帝レオポルト一世を通しての教皇庁からの働きかけを受け、一六九八年に、出自をイタリア、ドイツ、ベルギーに限るなどの条件付きでマラバールでのヨーロッパ人宣教師の司教任命を承認する。これを受けて布教聖省は一六七七年以来ケーララに滞在していたカルメル会士アンジェロ・フランシスコ（Angelo Francisco di Santa Teresia O.C.D. [世俗名 Giovanni Battista Vigliotti], 1650–1712, 代牧 [Metellopolis 名義司教] 1700–）を、聖トマス・キリスト教徒の本来の司教であるコドゥンガルール大司教が着座するまでの「臨時処置」

としてマラバール代牧に任命した(77)。これによってケーララでの既得権を侵されることを恐れたポルトガルのパドロアド当局はアンバラカードの神学校(78)で教えていたイエズス会士ヨハネ・リベイロ（João Ribeiro S.J., 1657–1716, 大司教1701–）を一六五九年以来事実上空位となっていたコドゥンガルール大司教の座に任命する。しかし、かつて「斜め十字架の誓い」でイエズス会士への不服従を誓った聖トマス・キリスト教徒の多くはリベイロに従うことを拒否した上、ポルトガルを敵視するオランダ当局による妨害もあって、リベイロは思うように活動することができなかった(79)。このため、リベイロの着任を受けて一七〇四年に一旦は身を引いたアンジェロ・フランシスコは教皇庁の許可を得て再び活動を開始し、この後数十年にわたってケーララではポルトガル・パドロアド管轄のイエズス会士と教皇庁布教聖省《プロパガンダ》管轄のカルメル会士が競合、反目しあう状態が続く(80)。

カリヤーティルとパーレーンマーカル

一八世紀後半には一七五九年のイエズス会のポルトガルからの追放、一七七三年の世界的なイエズス会禁止令を受けてインドでもイエズス会の活動は停滞、コドゥンガルール大司教座も一七七七年を最後に再び空位となるが、この時期には聖トマス・キリスト教徒の不満はカルメル会士に向けられるようになる。不満の理由としてはカルメル会内でのイタリア人会士とドイツ人会士の対立やカルメル会士によるインド人司祭の虐待などもあったが、一七七三年に起きた「反乱」の直接の原因はカルメル会士がこの年の七月に行われた代牧フロレンティオ（Florentius a Jesu Nazareno O.C.D.［世俗名 Nicholas Szostak, 1711–73, 協働代牧1746–, 代牧［Areopolis 名義司教］1750–）の葬儀にインド人司祭を参加させなかったことであるとされる(81)。これを不満とした司祭たちの呼びかけで八月にアンガマーリで開かれた集会では宣教師側が聖トマス・キリスト教徒の要求を受け入れて、一旦事は収まる(82)。しかし、ドイツ人カルメル会士フランシスコ・サレジオ（Franciscus Salesius a Matre Dolorosa O.C.D.［世俗名 Eustachius

Federl/Föderl], 1732?–87, 代牧 [Germanicia 名義司教] 1774–77）が新代牧としてケーララに帰任した後、カルメル会内の対立が悪化した。フランシスコ・サレジオは聖トマス・キリスト教徒の指導者的存在となっていたヨセフ・カリヤーティル（Joseph Cariattil/Cariati [マ Kariyāṟṟil/Kariyāṭṭil], 1742–86）らを味方に付けて信徒のイタリア人会士に対する反発を煽り、この結果、一七七六年二月にアーランガードで開かれた集会に集まった信徒たちはフランシスコ・サレジオと仲間の一名を除くカルメル会士への不服従を宣言する。[83] さらに、この後間もなく有力信徒マトゥー・タラカン（Thachil Mathoo Tharakan, 1741–1814）[84]らの呼びかけによってアンガマーリで開かれた集会はケーララの教会の現状について直訴するためにローマのウルバノ大学[85]の卒業生でもあるカリヤーティルをローマに派遣することを決定した。

カリヤーティルの旅行については同行したトマス・パーレーンマーカル（Thomas Paremmakkal [マ Pārēmmākkal Tōmmā], 1736–99）が記した『ヴァルタマーナプスタガム』（Vartamānappustakam）[86]に詳しい。一七七八年にケーララを出発した一行はリスボンを経由して一七八〇年にローマに到着、神学校の改革や宣教師の行動の改善などを求める嘆願書を教皇ピオ六世に提出しているが、布教聖省の抵抗もあり、ローマでの成果は果々しいものではなかった。[87] しかし、その帰路、一七八二年にリスボンに到着した一行を待っていたのはポルトガル女王マリア一世（在位一七七七—一八一六年）がカリヤーティルをコドゥンガルール大司教に任命したという彼らが予想もしていなかった知らせであった。布教聖省管轄からパドロアド管轄に移籍、所属典礼もシリア典礼からラテン典礼に変更するなどの条件を受け入れた上で、翌一七八三年二月に前ゴア大司教ダ・アスンサン（Francisco da Assunção e Brito O.S.A., 1726–1808, 大司教1775–82）によって叙階されたカリヤーティルは宣教師らの工作もあってポルトガルに二年以上留め置かれた。一七八五年四月にようやくリスボンを出発し、一七八六年五月にゴアに到着するが、同年九月、その帰還を待ち焦がれるケーララの信者たちのもとに到達することなく、ゴアで他界する。[88]

カリヤーティルの死因についてはいまだに謎が残るが、ケーララではカリヤーティルが宣教師たちによって毒殺されたとの噂が広まった。ゴア大司教[89]によってコドゥンガルールの教区管理者に任命されたパーレーンマーカルがケーララに戻った後の一七八七年二月にアンガマーリで開かれた信徒集会では、カルメル会士を糾弾し、パーレーンマーカルを大司教に任命することをマリア一世に求める「アンガマーリ宣言」（英 Angamali Padiyola, マ Aṅkamāli paṭiyōla）が採択される[90]。この要求が聞き入れられることはなかったが、パラヤクールのほぼ全ての教会はパーレーンマーカルに忠誠を誓った。これによって長く布教聖省管轄とパドロアド管轄に分割されていたパラヤクールの聖トマス・キリスト教徒は、しばしの間、一人のインド人教会指導者の下に統一されることとなる。

「アンガマーリ宣言」にはポルトガル・パドロアドによるパーレーンマーカルの大司教任命が実現しなかった場合には「司教叙階のためにカルデア教会総大司教からの司教派遣を求める」という項目が盛り込まれていた。パーレーンマーカル自身はこれを実行に移すことはなかったが、一七九六年、四人の聖トマス・キリスト教徒がカルデア教会のヨハネ八世ホルミズド（John [東シリ Yōkhannān] VIII Hormizd, 総大司教1830–38）[91]を訪れ、その中の一人のパウロ・パンダリ（Mar Abraham Paulos Pandāri）[92]が司教に叙階されて帰国した。パーレーンマーカルの死後、パンダリは有力者マトゥー・タラカンらの支持を得て一部の教会を配下に置き、教会分裂が生じる。一八〇〇年にコドゥンガルール教区の管理者として再びインド人司祭シャングーリカル・ギーヴァルギースが任命されたことなどによってパンダリは間もなく支持を失い、分裂は短期間で解消するが、この一連の経緯は一九世紀中に繰り返されたカルデア教会のケーララの教会への介入の先例として重要な意味を持つ[93]。

現地人司教の任命まで

一八世紀末のケーララでは英国の影響が強まり、北部は英国の直轄領（英領マラバール）、南部および中部のティルヴィターンクール（トラヴァンコール）、コチ両藩王国は英国の保護国となるが、教会制度上は、一七九九年のパーレーンマーカルの死後、パラヤクールの聖トマス・キリスト教徒は再び布教聖省管轄のヴァラープラ代牧区（旧マラバール代牧区）とパドロアド管轄のコドゥンガルール大司教区に分割されることとなった。一八三四年のポルトガルでの革命の後、一八三八年の教皇勅書でコドゥンガルール、コチなどに対するポルトガルの聖職者叙任権《パドロアド》が停止されたことにより、(94) コドゥンガルール教区の聖トマス・キリスト教徒、すなわちシリア典礼の信徒はコチ教区の管轄下にあったラテン典礼の信徒とともにヴァラープラ代牧区の下に統一されるが、(95) 一部のパドロアド擁護派は抵抗を続け、一八五七年のヴァティカン＝ポルトガル政教協定によってコドゥンガルール教区も復活、一八八六年まで再び両管轄の並存状態が続く。(96)

一九世紀後半にはシリア（カルデア）典礼の信徒の間で独自の司教を求める声が高まり、これがインドでの管轄権を主張するイラクのカルデア教会の思惑と合致して、二度カルデア教会から司教が派遣されて教会分裂が生じている。この一度目の司教招聘の遠因は代牧ベルナルディノ・バチネリ（Bernardino di Santa Teresa [Giuseppe] Baccinelli O.C.D.（1807–68, 教区管理者1853–, 代牧 [Pharsalia 名義司教] 1859–）がこの時期のケーララではまだ主流であった「マルパーン」と呼ばれる教師による伝統的な徒弟制の司祭養成制度を廃止したことにある。(97) 伝統的な「マルパーン」でもあり、聖アントニオの会則による修道会を設立していたアントニオ・クーダカチラ（Antony Kudakachira, 1819–）はバチネリに弟子の司祭叙階を拒否された後、司祭アントニオ・トンダナート（Mar Abdisho [Oudheesho] Antony Thondanatt, ca. 1827–1900, 司教1862–）らとともにイラクに渡り、カルデア教会総大司教ヨセフ六世アウド（Joseph VI Audo, 1793–1878, 総大司教1848–）に司教の派遣を要請した。クーダカチラ自身は渡航先で他界したが、トンダナートは一八六〇年にヨセフ六世によって叙階された司教トマス・ロコス（Mar Thomas Rokos [Rocos, Roccos] Khanjarkhān, バスラ名義司教1860–）とともに帰国する。ロコスは教皇ピオ九世からの破門命令を受けて一八六二年にはイラクに戻るが、この間に一〇〇人以上の司祭を叙階し、一時期はパラヤクールの教会の過半数がロコスに従ったとされる。[98]

ロコスのケーララ滞在中の一八六一年にバチネリは信徒の不満を鎮めるために、インド人司祭クリアコス・エリアス・チャーヴァラ（Bl. Kuriakose Elias Chavara T.O.C.D.［マ Cāvaṟa Kuryākkōs Ēliyās］, 1805–71, 列福1986）を司教総代理に任命した。一八二八年に創設された現地修道会[99]の総長でもあったチャーヴァラはバチネリの下で典礼の改革（ラテン化）等を推し進めることとなるが[100]、バチネリが当初考えたチャーヴァラをシリア典礼信徒担当の補佐司教とする案はロコスが帰国して事態が沈静化したことにより立ち消えとなった。[101]

第一ヴァティカン公会議（1869–70）で東方典礼教会の自治拡大を求める立場から教皇不可謬説に反対する少数派に組したヨセフ六世アウドはインドの信徒からの要請に応えて一八七四年に再びケーララに司教を派遣する。司教エリアス・メルス（アラ Yūḥannān Īliyās Mīlūs［欧 Mellus］, 1831–1908[102]）はティルヴィターンクール藩王国領内での活動を禁止されたためにコチ藩王国領のトリシュールを拠点として一八八二年までインドに滞在したが、インド到着後にアントニオ・トンダナートらの支持を得て、パドロアド管轄の教会を中心に、ヴァラープラ代牧区の全教会・信徒の約一割に当る二六教会の二万五〇〇〇人の信徒を配下に置いた。[103] これらの信徒の一部はメルスの帰国後もトンダナート[104]の下で独立した教会を形成し、一九〇八年にはアッシリア東方教会総大司教シモン一九世（Mar Simon [Shimun] XIX Benjamin, 1886–1918, 総大司教1903–）によって派遣された司教ティモテオス・アビメレク（Mar Timotheos Abimalek, 1878–1945, インド［トリシュール］大司教1908–）を受け入れて、アッシリア東方教会の傘下に入ることとなる。[105]

メルスがケーララに到着した後の一八七五年にはインド人司教の任命を求める嘆願書を教皇庁に提出した七名の跣足カルメル会第三会の修道士が代牧メラノ（Leonardo di Aloisio [Giuseppe Antonio] Mellano O.C.D., 1826–97, 代牧

1868–, ヴァラープラ大司教1886–）によって退会処分に処せられるという事件が起きている。(106) このような状況を受けて教皇庁は巡察使を派遣、その報告に基づいて一八七七年に古参の宣教師ベラルディ（Marcellino di Santa Teresa [Antonio Giovanni] Berardi O.C.D., 1829–）を代牧メラノの下でシリア典礼信徒を担当する協働代牧に任命する。(107) さらに、インドに正式な教区制が導入された翌年の一八八七年にはシリア典礼の信徒をヴァラープラ大司教区から分離して、トリシュール代牧区とコータヤム代牧区（後にチャンガナーシェーリに移転）が設立され、これまでのカルメル会士に代わってインド生れの英国人メドリコット（Adolph Medlycott, 1835–1918）(108) とフランス人イエズス会士ラヴィーニュ（Charles Lavigne S.J., 1840–1913）がそれぞれの代牧に任命される。(109) しかし、これによってシリア典礼の信徒をラテン典礼の司教の下に置くことから生じる矛盾が逆に明確化し、一八九〇年代前半には一時期チャンガナーシェーリ代牧区の司教総代理でもあったエマヌエル・ニディリ（Emmanuel [Mani, マ Māṇi] Nidhiri T.O.C.D., 1842–1904, 司教総代理1889–92）を中心にシリア典礼の司教を求める動きが再び高まりを見せた。このような状況の中、一八九六年三月に布教聖省長官レドゥホフスキ（Mieczysław Card. Ledóchowski, 1822–1902）(110) は在インド教皇使節ザレスキ（Ladislas Zaleski, 1852–1925）(111) らの反対を押し切って、インド人司教の任命を決定する。トリシュール代牧区にはヨハネ・メーナーチェーリ（John Menacherry [マ Yōhannān Mēnāccēri], 1857–1919）、チャンガナーシェーリ代牧区にはマタイ・マーキル（Mathew Makil [マ Mattāyi Mākkil], 1851–1914）(112)、そして新設のエラナークラム代牧区には一八七五年に跣足カルメル会第三会を退会させられた一人でもあるアロイジオ・パレーパランビル（Aloysius Pazheparambil [マ Lūyīs Paḷēpaṟampil], 1847–1919）が任命されて、一八九六年一〇月二五日にセイロン（スリランカ）のキャンディでザレスキによって叙階された。(113)

　中東や東欧の他のカトリック東方典礼（合同）教会が合同当初から現地人司教の下にあったことを考えるとケーララでの現地人司教任命までには長い時間を要したが、他方、同じインドでもラテン典礼教会ではこの半世紀後の一九四七年の独立時まで殆どの教区の司教はヨーロッパ人宣教師であったことを考えるならば、一八九六年のケーララでの現地人司教任命はその後のアジア、アフリカなどのカトリック教会での現地人司教任命の先例として重要な意味を持つ。

自治教会への道

無論、シリア典礼の現地人司教の任命によってヨーロッパ人宣教師による管理がただちに終結したわけではない。この四半世紀後の一九二三年には、エラナークラムを大司教区とし、トリシュール、チャンガナーシェーリ、コータヤム（一九一一年にクナーナーヤを管轄する教区として再度設立）[114]を属司教区とする教区制が導入されて、シリア・マラバール教会[115]が正式に成立するが、この間も司祭の養成はもっぱらラテン教会の宣教師の下で行われ[116]、典礼の「ラテン化」も進行し続けたほか[117]、一九五〇年頃まではシリア・マラバール典礼の領域はバーラタプラ川からパーンバ川までのケーララ州中部に限られ、シリア・マラバール典礼の司祭がこの外で活動する場合にはラテン典礼への変更を強いられるという「不公平」な状態が続いた[118]。

一八九六年のシリア典礼司教任命によってシリア語の司教用定式書《ポンティフィカレ》が必要となったとき、ザレスキはカルデア教会などのシリア典礼の定式書を参考にするのではなく、単にローマ式定式書をシリア語に翻訳することを提言した。一度目に教皇庁に提出された翻訳はシリア語の質に問題があったために却下され、一九三〇年代に至っても翻訳作業は未完のままであったが、一九三四年、東方教会聖省[119]は東方典礼保全の立場からラテン典礼の翻訳という手法自体を却下する決議を出し、ここにようやくシリア・マラバール典礼の「脱ラテン化」が始まる[120]。

聖餐式典書の改訂についてもシリア・マラバール教会の司教団は消極的で、むしろ教皇庁の方が積極的であったが、東方教会聖省次官ティスラン枢機卿（Eugène Card. Tisserant, 1884–1972）[121]らの推進によって一九五〇年代半

写真5　コータヤム。王なるキリスト教会（シリア・マラバール教会司教座聖堂）。

ばに改訂が始まる。[122] この作業には第二ヴァティカン公会議後の現地語訳の問題も加わって多くの紆余曲折があったが、[123] 一九八〇年代以降、「シリア・カルデア典礼復古」推進派と反対派の対立が先鋭化し、一九九〇年代にはケーララ主要都市の街頭で信徒がデモを繰り広げる事態となった。[124] 一九九六年にエラナークラム上級大司教パディヤラ枢機卿（Mar Antony Card. Padiyara, 1921-2000, エラナークラム大司教1985-96, 枢機卿1988-）が辞任、現上級大司教のヴィタヤティル師（Mar Varkey Card. Vithayathil C.Ss.R.［マVarkki Vitayattil], 1927-, エラナークラム上級大司教1999-, 枢機卿2001-）が教区臨時管理者に任命されて以来、事態は沈静化しているが、対立はまだ完全に解消してはいない。

この間の一九九二年にはシリア・マラバール教会の自治《スイ・ユリス》教会化の一環として、エラナークラム教区がかつての司教座所在地の地名を加えてエラナークラム・アンガマーリ教区と改名した上で上級大司教区[125]に昇格した。この際、通常は自治教会に与えら

写真6　コータヤム。王なるキリスト教会（シリア・マラーバール教会）内部。見た目にはラテン典礼の教会との区別がつかない。

れる権限の一部が留保されたが、一九九八年には典礼に関する決定権、二〇〇四年には司教選出権も付与されている。[126] これによって名実ともに自治教会となったシリア・マラバール教会は合計二六教区[127]に四〇〇万人弱の信徒と約五六〇〇人の司祭、三万五〇〇〇人の修道者[128]を有し、カトリック信徒の数ではインド全体の四分の一に満たないながら、全国のカトリック司祭・修道者の約七割を提供しており、カトリック東方教会の中でも最大規模かつ最も活発な教会となっている。

四　プタンクールのその後

パカローマッタム家の時代

一七世紀半ば以降、プタンクールの間ではトマス一世からトマス九世まで、指導者の座は通常叔父から甥へと受け継がれ、パカローマッタム家の支配が続く[129]。トマス一世とグレゴリオスは当初シリア正教式（アンティオキア式）の典礼その他の慣習の導入には慎重であったが、その後、シリア正教会から派遣された司教の影響などによりプタンクールの間では「アンティオキア化」が徐々に進んでいく[130]。司教派遣の初期の例としては一六八五年の東方総司教《マフリヨーノー》バセリオス・イェルドー（西ジリ Mor Basiliyos Yeldo, 在位1678–85）[131]と司教イヴァニオス（ヨハネ）・ヒダーヤト＝アッラー（ジリ・アラ Iwannis Hidāyat Allāh）の来印がある。バセリオス・イェルドーは到着後間もなく病死したが、イヴァニオスは一六九三年に他界するまでインドに滞在し、トマス三世および四世の司教叙階を執り行ったほか、所謂「単性論」を説くなど、プタンクールの教義にも影響を与えた[132]。

トマス四世（在位一六八八―一七二八年）の時代、一七〇八年にガブリエル[133]というアッシリア東方教会の司教が到来、多くの教会を配下に置いた。これに対抗するためにトマスはシリア正教会総大司教に司教派遣要請の書簡を送ったが、オランダ東インド会社に託されたシリア語の書簡はライデン大学の東洋言語教授カール・シャーフ（Karl Schaaf, 1646–1729）によって翻訳、公表されるなどしてヨーロッパで知られたものの、本来の名宛人のもとに届いた形跡はない[134]。

トマス五世（在位一七二八―六五年）の代には一七四七年にヨハネ（イヴァニオスもしくはユハノン）という司教が来印したが、間もなくトマスと仲違いし、教会財産の横領などのかどで一七五一年にはバスラに送還されたという。その一七五一年には反カトリックの立場からシリア正教会を支援するオランダ当局の仲介もあって、総司教《マフリヨーノー》バセリオス・シュクル＝アッラー（アラ Basīliyūs Šukr Allāh Qaṣṣābğī, 在位1746–64）がコチに到着するが、トマスは一行の渡航費の支払いを拒否、それぞれの司教としての権限についての見解の違いもあり、両者は一七五四年にようやく対面、和解した。[135]

トマス六世は一七五一年に総司教シュクル＝アッラーに続いてインドに来ていた大司教グレゴリオス（アラ Ġrīġūriyūs Ḥannā Bāhdīdī [Bait-Ḥudaidī], 1774没）によって一七七〇年に司教に叙階された後、ディオニシオス一世と名のった（Palliveettil/Panakuzhakkal Joseph Mar Dionysius I [Dionysius the Great], 1728–1808）。カトリックの家に生まれ、幼い頃にはカトリック信者として育てられていたディオニシオスは即位後間もなくカトリック教会との合同の交渉を開始している。三〇年以上に及ぶ交渉の結果、一七九〇年代には合同成立の目前に至るが、ポルトガルのパドロアド当局とローマの布教聖省の互いに対する牽制、反対の結果、合同は実現しない。一七九九年六月にはディオニシオスはカルデア教会総大司教によって叙階されたインド人司教アブラハム（パウロ）パンダリ[136]によってカトリック教会に迎え入れられ、一時的に合同が成立するが、この合同も半年も経たないうちに解消した。[137]

この間の出来事でもう一つここに記しておくべきものとしてはプタンクールの小規模な分裂がある。ディオニシオス一世を叙階した大司教グレゴリオスはディオニシオスと不和になっていた一七七二年にカートゥマンガート・アブラハム・ランバーンという司祭をクリロス（キュリロ）の名で司教に叙階した（Kattumangatt [マKāṭṭumaṅṅāṭṭ] Abraham Mar Koorilose I, 1802没）。[138] クリロスは自分こそが正当なプタンクールの指導者であると主張したが、コチでの裁判で敗訴、ケーララ北部のコーリコード領（後に英領マラバール）に逃れて、トリシュール北西のトーリユールという村に落ち着いた。[139] この流れを引く集団は現在ではマラバール独立シリア教会（通称トーリユール教会）と称する信徒数一万人ほどの教会を成し、後述のマールトーマー教会や聖公会と近い関係にある。

写真７　コータヤム。マランカラ正教会神学校（オールド・セミナリー）。中庭。

このトーリユール教会の司教はプタンクールおよびマールトーマー教会で司教の使徒継承を維持する上でもこの後しばしば重要な役割を果たした。

聖公会の関与とマールトーマー教会の成立

前述のとおり一八世紀末にはケーララは英国の影響下に置かれ、一八〇〇年にはコリン・マコーリー（Colin Macaulay, 1760–1836, 総督代理1800–10）[140]がティルヴィターンクール、コチ両藩王国駐在の初代総督代理《レジデント》として着任しているが、英国人宣教師としてはマドラス知事ベンティンク卿（Lord William Henry Cavendish-Bentinck, 1774–1839, マドラス知事1803–06, インド総督1828–35）に派遣されたカー（Richard Hall Kerr, 1769–1808）とインド総督ウェルズリー卿（Richard Colley Wesley/Wellesley, 1st Marquis Wellesley, 1760–1842, インド総督1798–1805）に派遣されたビューカナン（Claudius Buchanan, 1766–1815）がともに一八〇六年にケーララを訪れており、ビューカナンはディオニシオス一世とも対面して聖書のマラヤーラム語への翻訳やプタンクールの聖公会との合同の可能性などについて話し合っている。[141]

ディオニシオス一世（トマス六世）の没後、甥のトマス七世もわずか一年の治世の後に一八〇九年に他界したが、病床のトマス七世によるトマス八世の叙階を無効と主張する一派はヨセフ（イトゥープ）・ランバーンを推し、「親英派」として総督代理マンロー（John Munro, 総督代理1810–19）の支持も取り付けたヨセフは一八一五年にトーリユール教会のフィロクセノス二世（Kidangan Geevarghese Mar Philoxenos II, 在位1811–29）から司教叙階を受けて、ディオニシオス二世（Pulikottil［マ Pulikkōṭṭil］Joseph［Ittoop/Ouseph］Mar Dionysius II, 1742–1816）として、プタンクールの指導者となった。[142]

このディオニシオス二世と続くディオニシオス三世（Punnathra［マ Punnatara］Geevarghese Mar Dionysius III, 在位1817–25）の下では一八一五年に総督代理マンローの肝煎りでコータヤムに神学校[143]が開設され、翌一八一六年以降英国聖公会宣教協会（ＣＭＳ）の宣教師が教師として着任するなど、英国人宣教師との協力関係が強まっていくが、ディオニシオス四世（Cheppad［マ Cēppāṭṭ］Anjilimoottil Philippose Mar Dionysius IV, 在位1825–46, 1855没）の代になると、教会のプロテスタント化に反対する動きが強まり、聖公会主教ウィルソン（Daniel Wilson, 1778–1858, コルコタ［カルカッタ］主教1832–）によって提示された改革案が一八三六年にマーヴェーリカラで開かれたプタンクールの教会会議で否決されたことなどにより、プタンクールのＣＭＳとの協力関係は終わりを迎える。[144]

マーヴェーリカラ教会会議後にＣＭＳと行動を共にした一部の聖トマス・キリスト教徒は聖公会に組み入れられ、インド南部のプロテスタント諸教会の合同によって一九四七年に成立した南インド教会（ＣＳＩ）の一部となって現在に至っているが、[145]この他にもコータヤムの神学校でシリア語教師として宣教師たちとともに教鞭を執っていたパーラクンナト・アブラハム（通称アブラハム・マルパーン、Palakunnathu［マ Pālakkunnatt］Abraham Malpan, 1796–1846）が数名の同志とともに教会改革を宣言する声明を発表、神学校を辞職して出身地のマーラーマンに戻り、改革運動を続けた[146]。さらに、プタンクール内部に留まって改革を続けるためには司教が必要であることを認識したアブラハムは甥のマタイをチェンナイ（マドラス）のミッション・スクール[147]で学ばせた後、シリア正教会総大司教イグナティオス・エリヤ二世（アラ Iġnāṭiyūs Iliyās II ʻAnkaz, 在位1838–47）のもとに派遣した。二年近く総大司教のもとで過ごしたマタイは一八四二年にアタナシオス（Palakunnathu Matthews [マ Mātyūs] Mar Athanasius, 1818–77）[148]という司教名で叙階されて、自らをマランカラ大司教《メトロポリタン》[149]とする任命状《スタティコン》を携えて帰国、ディオニシオス四世とマランカラ大司教の座を巡って争うこととなる。ディオニシオス四世はアタナシオスの説く教えがシリア正教の教義に反するものであることをエリヤ二世に訴え、一八四六年にエリヤ二世に派遣されたクリロス（Yuyakim [Joachim] Mar Koorilose, 1818–74）に大司教の座を譲ってアタナシオスと闘うが、一八五二年にティルヴィターンクール藩王国の裁判所が出した判決では英国総督代理の支持を得たアタナシオス側が勝訴、ディオニシオス四世の没後、一八六五年に総大司教イグナティオス・ヤコブ二世（アラ Iġnāṭiyūs Yaʻqūb II b. Yūsuf, 1800–71, 在位1847–）がマランカラ大司教として叙階したディオニシオス五世（Pulikottil Joseph Mar Dionysius V, 1833–1909, 司教叙階1865, 在位1876–）も政府の承認を得ることはできなかった。一八七五年には総大司教イグナティオス・ペトロ四世（アラ Iġnāṭiyūs Buṭrus IV, 在位1872–94）自身が訪印してアタナシオスを破門、最終的には一八八九年のアタナシオス側[150]の裁判での敗訴によって「改革派」のプタンクールの主流からの分離が決定的となる[151]。「改革派」はその後「マランカラ・マールトーマー・シリア教会」（通称マールトーマー教会）と名のるようになり、現在ではケーララ中部を中心に一一の教区に約七〇万人の信徒がいる[152]。

さらなる分裂とシリア・マランカラ教会の成立

一八七五年に来印した総大司教イグナティオス・ペトロ四世はこれを機にプタンクールのシリア正教会との結

び付きの強化を図り、制度的にもケーララの教会をシリア正教会の一部とするために、翌一八七六年の六月にムラントゥルティで教会会議を開催、これまで一つの教区を成していたケーララの教会を七つの教区に分けてそれぞれを総大司教の直接の管轄下に置くなどの改革を行った。(153)

この三〇年後に訪印した総大司教イグナティオス・アブドゥッラー二世（アラ Iġnāṭiyūs ʻAbd Allāh II Saṭṭūf, 1833–1915、在位1906–）(154)は大司教ディオニシオス六世（Vattasseril［マ Vaṭṭaśśēril］Geevarghese Mar Dionysius VI, 1858–1934, マランカラ大司教1908–）と互いの権限、特に教会財産についての権限を巡って対立し、一九一〇年にはディオニシオス六世を破門して、代わりの大司教(155)を任命する事態に至り、この後、かつてプタンクールと呼ばれた集団は総大司教派《バーヴァー・カクシ》と大司教派《メトラーン・カクシ》(156)と呼ばれる二派に分かれて争うことになる。(157)

ディオニシオス六世らは、従来シリア正教会の中で総大司教に次ぐ地位であったが、一八五九年以来空位となっていた東方総司教（マフリヨーノー、カトリコス）(158)の位をインドにおける教会の指導者の位として復活させることを考案し、オスマン・トルコ当局によって廃位されていた前総大司教イグナティオス・アブド＝アル＝マシーフ（アラ Iġnāṭiyūs ʻAbd al-Masīḥ b. Iliyā Mīkā'īl, 1854–1915）(159)を呼び寄せ、一九一二年八月にカンダナード大司教パウロス・マール・イヴァニオス（Murimattathil Paulose Mar Ivanios, 東方総司教として Moran Mar Baselios Paulose, 1836–1913）をバセリオスの名で東方総司教《カトリコス》とする着座式を行った。(160)マール・バセリオス・パウロスの没後、総司教の座はしばらく空位のままとなったが、総大司教派《バーヴァー・カクシ》との再統合の交渉が失敗に終わった後の一九二五年にはギーヴァルギース一世（Vakathanathu Karuchira Geevarghese Mar Philoxenos, 総司教 Moran Mar Baselios Geevarghese I, 1870–1929）が、一九二九年にはギーヴァルギース二世（Kallacheril Geevarghese Mar Gregorios, 総司教 Moran Mar Baselios Geevarghese II, 1874–1964）が即位、ディオニシオス六世の没後には東方総司教《カトリコス》がマランカラ大司教《メトロポリタン》も兼任する形となった。シリア正教会から事実上独立した大司教派《メトラーン・カクシ》は現在では「マランカラ正統シリア教会」、「マランカラ正教会」[161]と称し、ケーララを中心に二五の教区と一〇〇万人強の信徒を擁する教会となっている。

一九一二年以降、総大司教派《バーヴァー・カクシ》と大司教派《メトラーン・カクシ》は教会財産を巡って訴訟を続ける一方で、しばしば和解・再統合の交渉も行った。特に一九六四年には総大司教イグナティオス・ヤコブ三世（アラ Iġnāṭiyūs Ya'qūb III Tūmā, 1912–80, 在位1957–）がケーララを訪問して、新総司教《カトリコス》バセリオス・アウゲン（Thuruthi Chettakullathumkara Augen Mar Timotheos, 総司教 Moran Mar Baselios Augen I, 1884–1975）の着座式を執り行うに至ったが、[162] その後対立が再び表面化、総大司教は一九七五年六月には総司教を破門し、同年九月には対立総司教としてバセリオス・パウロス二世（Puthussery [P.J.] Paulose Mar Philoxenos, 総司教 Mor Baselios Paulose II, 1914–96）を任命した。[163] 二〇〇二年に即位したバセリオス・トマス一世を指導者とするケーララのシリア正教会（マランカラ・シリア正教会）には現在一四の教区にマランカラ正教会とほぼ同数の一〇〇万人強の信徒がいる。

プタンクールから派生した教会としてはもう一つ合同教会のシリア・マランカラ（カト

写真8　コータヤムのマランカラ正教会神学校にある墓所の上に掲げられたディオニシオス六世の肖像。ディオニシオス六世はマランカラ正教会では2003年に列聖された。

リック）教会がある。この合同への動きはディオニシオス六世が一九二三年に総大司教派との裁判に敗訴した後に始めたカトリック教会との合同交渉に端を発する。この際に交渉を任されたギーヴァルギース・マール・イヴァニオス（Panickerveetil [マ Paṇikkaruvīṭṭil] Thomas [P.T.] Geevarghese Mar Ivanios O.I.C., 1882–1953）(164) はマドラス・クリスチャン・カレッジで修士号を取得した後に、一九一三年から一九一九年までコルコタ郊外のプロテスタント・ミッション系の大学であるセランポール・カレッジで教会史を教えていた。イヴァニオスはプロテスタント系の教育機関で学び、教えていたにもかかわらず、あるいはそれ故に、カトリックに傾倒し、一九一九年にはセランポールでの職を辞してケーララに戻り、カトリックの修道会に倣ったベタニア会（Bethany Ashram, 正式名 Order of Imitation of Christ, O.I.C.）という修道会を創設していた。一九二八年に今度は大司教派が裁判に勝訴した後には(165) ディオニシオス六世らの合同への関心は薄れるが、イヴァニオスは交渉を継続し、一九三〇年九月に同僚の司教テオフィロス（Jacob Mar Theophilos Kalapurackal O.I.C., 1891–1956, Bethany 司教1929–, ティルヴァッラ司教1932–50）を含むベタニア会の数名の会員とともにコッラム司教ベンツィガー（Aloysius Maria Benziger O.C.D., 1864–1942, 協働司教1900–, コッラム司教1905–31）によってカトリック教会に迎え入れられた。(166) その後展開された「再合同《リユニオン》」運動によって教勢を増したシリア・マランカラ教会は現在では六の教区に約四〇万人の信徒がいるとされ、二〇〇五年二月にはティルヴァナンダプラム大司教区が上級大司教区に昇格している。

おわりに

ポルトガル人が到来した頃、ケーララのキリスト教徒はアラビア語で「ナザレ人」を意味し、転じて「キリスト教徒」を指す「ナスラーニー」(167) の名で知られていた。これに聖トマスの名を冠して「マールトーマー・ナスラーニガル（聖トマス・キリスト教徒）[168]という名称を頻用するようになったのはポルトガル人たちの伝えたキリスト教と自分たちの古くからの伝統を区別するためであったかもしれない。一六世紀後半にはケーララのキリスト教徒は自分たちの伝統や習慣を「聖トマスの道」[169]と呼んで、これを宣教師たちがもたらした「聖ペトロの道」と対比させたことが知られており[170]、ウダヤンペールールでの会議の決議ではこのようにキリスト教に複数の「道」（あるいは「法」）があるとする考え方が危険なものとして非難されている。[171]ここで、「聖トマスの道」をインドの古来のキリスト教の伝統を、「聖ペトロの道」を宣教師たちがもたらした制度や様式を象徴するものとして捉えるなら、一六世紀に西欧のラテン教会と密接な係わり合いを持つようになってからのケーララの聖トマス・キリスト教徒の歴史は「聖トマスの道」と「聖ペトロの道」の間の緊張と葛藤の歴史として見ることができよう。

「聖トマスの道」と「聖ペトロの道」の出会いがもたらした結果の評価は容易ではない。この出会いは西欧列強の思惑などの政治的な要因も絡んでケーララの教会に混乱と分裂をもたらした一方で、「ペトロ」からの刺激と援助がなければ、ケーララにおける神学の発展や教会施設の整備も遅れていたであろうし、より広い範囲では、例えば、インド諸州の中で随一の識字率を誇るケーララの教育の発展における宣教師たちの貢献も忘れてはならない。しかしながら、インドが西欧列強の政治的な支配を脱した二〇世紀半ば以降の大きな流れは過去の植民地支配との結びつきの強い「聖ペトロの道」を否定的に捉え、「聖トマスの道」に象徴される伝統を再評価する方向に向かっている。

現在聖トマス・キリスト教徒の約半数が所属するシリア・マラバール教会は一六世紀以降の殆どの期間は「ペトロ」の支配下にあり、典礼は「ラテン化」され、ヨーロッパ人司教の統治が続いた。その中でケーララの信徒がシリア語の典礼を守り、自分たちの間から選ばれた司教を求めていく際の力となったのは聖トマスによって創設された自分たちの教会が聖ペトロによって創設されたローマの教会と対等であるという誇りであった。

シリア・マラバール教会で「聖トマスの道」が再評価され、「脱ラテン化」（delatinisation）が本格的に開始したのは二〇世紀半ばになってからであるが、そこでは「聖トマスの道」が指し示す方向についての模索が続いている。シリア・マラバール教会のアイデンティティーについてはケーララのキリスト教史の権威で、長く東方教会聖省顧問を務めたポディパーラの「文化はヒンドゥー、宗教はキリスト教、礼拝は東方的《オリエンタル》[172]」という言葉がしばしば引用される。特に教会としてのアイデンティティーの根幹を成す典礼については東方典礼としての「シリア・カルデア典礼」の復古を目指す方向と、「カルデア化」（Chaldeanisation）もまた「ラテン化」と同様に外来者による「植民地化」であったとしてこれとは異なったインド独自の典礼の発展を目指す方向があり[173]、これが先に触れた典礼についての論争にも反映されている。この論争はカトリック教会全体における典礼の改革や現地化を巡る論争との共通点も多いが、「ローマ」と「現地」のみではなく「ローマ」、「シリア」、「インド」という三つのベクトルが働いていることや[174]、かつてラテン典礼至上主義の立場からシリア典礼を軽視した「ローマ」の教会が逆にシリア典礼の復古を推奨する立場に移行していることなど[175]、より複雑な構造を有している。

「聖トマスの道」と「聖ペトロの道」の緊張関係はかつて一つの教会共同体を成していた聖トマス・キリスト教徒に度重なる分裂ももたらした。一七世紀半ばのパラヤクールとプタンクールの分裂がその始まりであるが、聖公会宣教師の影響下で生じたプタンクールからのマールトーマー教会の分離や、ラテン教会による支配への抵抗から生じたパラヤクールからのカルデア・シリア教会の分離でもこの力学が作用している。また、マランカラ正教会とシリア正教会の分裂は一九世紀後半以降に西欧ではなく中東のシリア正教会がインドの教会に対する統制を強めようとした結果生じたものだが、ここでもシリア正教会の長がアンティオキア総大司教として聖ペトロの後継者を自任するのに対して、マランカラ正教会総司教は聖トマスの後継者としてアンティオキアからの独立を主張している。[176] これらの分裂から生じた多様性と競合関係が現在のケーララの教会に活力を与えているという側面があることも確かであるが、教会の分裂自体は「ペトロ」がもたらした功罪のうち「罪」の部類に含まれるべきものであろう。そして、近年のエキュメニズムの流れの中でケーララの諸教会が分裂の傷を癒していく上では彼らが共有する「トマス」の伝統が重要な役割を果たしている。[177]

「聖トマスの道」と「聖ペトロの道」との本格的な出会いから五世紀を経て「聖トマスの道」に象徴される伝統の見直しが進んでいることはアジアの教会全体にとっても重要な意味を持つ。ここで西域と中国を含むアジアの広い地域に最初にキリスト教を伝えたのが聖トマスの弟子アダイとマリを通して聖トマスの系統を引くとされるアッシリア東方教会の宣教師であったことを思い起こすなら、アジア全体がある意味では聖トマスの領域であり、ホルムズ海峡以東の諸教会の長姉としてのケーララの教会における「聖トマスの道」と「聖ペトロの道」の係わり方やそこでの「トマス的」な典礼のあり方についての考察はアジア全体における典礼や教会のあり方を考える際にも重要な視点や示唆を提供してくれるはずのものだからである。

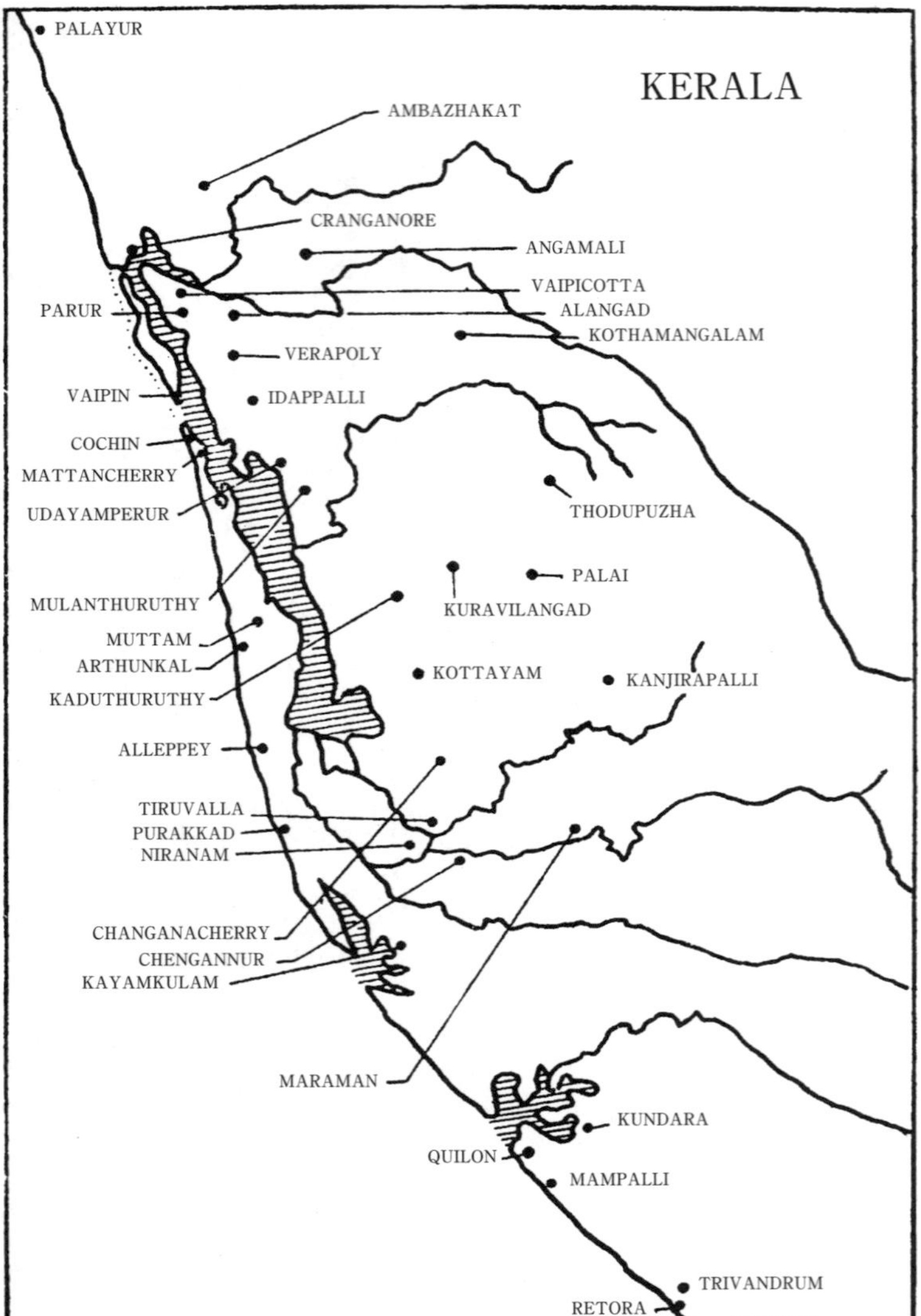

図　ケーララ州中南部（Thekkedath［2001], p.18より）

表 聖トマス・キリスト教徒の諸教会

	信徒数＊	指導者および本部所在地（2007年6月現在）
シリア・マラバール・カトリック教会 英 Syro-Malabar Catholic Church マ Sīrō Malabār Kattōlikkā Sabha	3,886,000[a] 3,753,000[b]	エラナークラム・アンガマーリ上級大司教 Mar Varkey Card. Vithayathil C.Ss.R.（1927–, 在位1999.12.18–） エラナークラム
シリア・マランカラ・カトリック教会 英 Syro-Malankara Catholic Church マ Sīrō Malaṅkara Kattōlikkā Sabha	327,000[a] 405,000[b]	ティルヴァナンダプラム上級大司教 Mor Baselios Cleemis Thottunkal（1959–, 在位2007.3.5–） ティルヴァナンダプラム
アッシリア東方教会（カルデア・シリア教会） 英 Chaldean Syrian Church マ Kaldāya Suṟiyāni Sabha	15,000[a] 30,000[c]	インド大司教（Metropolitan）Mar Aprem [George Davis Mooken],（1940–, 在位1968.9.30–） トリシュール
シリア正教会（マランカラ・シリア正教会） 英 Malankara Syrian Orthodox Church マ Malaṅkara Suṟiyāni Ōrttaḍōks Sabha	1,000,000[a] 1,200,000[b]	インド総司教（Catholicos）Mor Baselios Thomas I [Cheruvillil]（1929-, 在位2002.7.26–） プタンクリシュ（エラナークラム地区）
マランカラ正統シリア教会（マランカラ正教会） 英 Malankara Orthodox Syrian Church, Malankara Orthodox Church マ Malaṅkara Ōrttaḍōks Suṟiyāni Sabha	1,000,000[a] 2,500,000[b]	東方総司教（Catholicos）兼マランカラ大司教（Metropolitan）Baselios Mar Thoma Didymos I（1920–, 在位2005.10.31–） デーヴァローカム（コータヤム近郊）
マラバール独立シリア教会 英 Malabar Independent Syrian Church（通称 Thozhiyur Church） マ Malabār Svatantra Suṟiyāni Sabha（通称 Tōḻiyūr Sabha）	10,000[a] 21,000[c]	大司教（Metropolitan）[Alathoor Panakkal] Joseph Mar Koorilose IX 」（1951–, 在位1986.8.27–） トーリユール（トリシュール地区）
マールトーマー教会 英 Malankara Mar Thoma Syrian Church（通称 Mar Thoma Church） マ Malaṅkara Mārttōmmā Suṟiyāni Sabha	700,000[a] 900,000[c]	大司教（Mar Thoma Metropolitan）Philipose Mar Chrysostom（1918–, 在位1999. 10.23–） ティルヴァッラ（パタナムティッタ地区）
インド聖トマス福音教会 St. Thomas Evangelical Church of India	30,000[c]	総裁主教（Presiding Bishop）Dr. D.C. Cherian ティルヴァッラ（パタナムティッタ地区）

＊信徒数の典拠は以下のとおり：a. Roberson（1999）, b. Roberson（2007）, c. Mundadan（2003）. ―なお、マランカラ正統シリア教会の欄の「2,500,000」という信徒数はマランカラ・シリア正教会の信徒も含めた数と推測される。

（1）ベネディクト一六世（2006b）（二〇〇六年一二月二五日閲覧。文中の注は省略。日本語版もその後訂正された。英語版は Benedict XVI [2006a] 参照）。

（2）事の顛末については Akkara（2006）、ネドゥンガート師の主張については Nedungatt（2006）参照。

（3）Office of the Registrar General, India（2004），杉本（2007）pp.401f. ただし、州の総人口に対するキリスト教徒数の比率はここ数十年来減少傾向にある。また、州内でも地域ごとにキリスト教徒の占める割合に差があり、ケーララ州の北半分の諸地区（jilla, district）ではキリスト教徒の割合は一割未満なのに対し、中南部では四割を超える地区もある（Kariyil [1995] xv; Government of Kerala [ca. 2002], no. 1.14 "District-wise and religion-wise population of Kerala–1991" によれば、キリスト教徒が三割を超すのは次の四地区。Kottayam 45.83%, Idukki 42.23%, Pathanamthitta 40.35%, Ernakulam 37.83%）。

（4）欧文文書の研究に対してケーララに残るシリア語、マラヤーラム語写本やケーララ各地の教会の碑文等の研究は遅れており、新たな発見が期待される領域である（ケーララのシリア語写本については Briquel-Chatonnet 他 [1998/9] pp.142–151, Perczel [2002], 同 [2006], Thekeparampil [2006b] pp.141–149、碑文については Briquel-Chatonnet 他 [1998/9] pp.135–142, Thekeparampil [2006b] pp.133–141, 同 [2006c] pp.492–497, John, "Syriac Inscriptions ... " 等参照）。

（5）ここで用いた主要参考文献の中ではシリア・マラバール教会の聖職者・教会史研究者を中心とするグループによるものが最も大きな割合を占める（Church History Association of India による History of Christianity in India 叢書の中でケーララに関わる既刊の三巻である Mundadan [2001], Thekkedath [2001], Hambye [1997]、ローマのグレゴリオ大学に提出された学位論文が基となっている Pallipurathkunnel [1982], Perumthottam [1994], Puliurumpil [1994], Varicatt [1995], Thonippara [1999] 等。ただし、Édouard R. Hambye S.J. [1916–90] はベルギー出身）。このグループの歴史観は Bernard of St. Thomas T.O.C.D. や Placid J. Podipara T.O.C.D./C.M.I. の流れを汲むものだが、残念ながら両者の主著は未見（Bernard, *Mārttōmā Kristyānikaḷ*, Palai, 1916; Podipara, *The Thomas Christians*, London/Bombay, 1970等）。その他では、ラテン典礼カトリック信徒によるものとして John（1999）、マランカラ正教会の立場から見た通史として Daniel（1986）および

Cheriyan（2003）、一世代前の著者によるものとして戦前から戦後にインドに滞在した聖公会宣教師による Brown（1982）および Neill（1984）, 同（1985）を用いた（Leslie W. Brown [1912–99] は一九二六―五二年に宣教師としてケーララに滞在、後にウガンダ主教1953–60, 同大主教1960–66, St. Edmundsbury & Ipswich 主教1966–75. Stephen Neill [1900–84] は一九二四―四四年にインドに滞在して、一九三九―四四年に聖公会ティルネルヴェーリ主教）。

（6）シリ ܓܘܕܢܦܪ [gwdnpr]（Wright 編 [1871] シリア語テクスト p.173, 英訳 p. 147）。

（7）『トマス行伝』および『トマス行伝』を巡る論争については Brown（1982）pp.43–48, Mundadan（2001）pp.21–28, Neill（1984）pp.26–30, John（1999）pp.5–12, Cheriyan（2003）pp.12–38, 杉本（2007）pp.312–325, 340–343等、『行伝』の背後にある史実についての詳細な考察としては Tubach（2006a）参照。

（8）これらの歌謡については Brown（1982）pp.49–51, Vellian（2001a）pp.45–112, Cheriyan（2003）pp.6f., 杉本（2007）pp.366f. 等参照。歌謡以外にも、聖トマスが設立したとされる七教会の所在地（注10参照）を中心にケーララ各地には聖トマスに纏わる伝説や儀式が数多く伝えられているほか、現在でも聖トマスの出現がしばしば報告されるなど、聖トマスはケーララのキリスト教徒にとって身近な存在となっている（Visvanathan [1999] pp.viii, 72, 232–242）。

（9）中東および古い欧文の資料では現在のケーララ州にほぼ匹敵する地域を「マラバール」と呼ぶことが多い。これはマラヤーラム語で「山」を意味する mala と「土地」を意味する pār もしくはペルシア語語尾 -bār（"an affix implying conflux or multitude and forming names of countries and regions", Steingass p.141, s.v. بار; cf. "Zanzibar"）の合成語とされる。（一九世紀には英国の直轄領となった地域を Malabar District と称したため、現在ではケーララ州北部のみを指して「マラバール」ということが多い）。これに対してマラヤーラム語での古来の名称としては、古代の「チェーラ」王朝もしくはマラヤーラム語 kēra（ココ椰子）に由来するとされる「ケーララ」（Kēraḷam）の他に、「マラヤーラム」、「マラナード」、「マランカラ」（Malayāḷam, Malanāṭ, Malaṅkara）等があり、いずれも mala ＝「山」と関連付けられる（Andronov [1996] p.15, Puliurumpil [1994] pp.2f., n.3, 4, 注61参照）。

（10）七教会の所在地として通常名が挙げられるのは北から①パーラユール [Pālayūr, Palur]、②マーリヤンカラ [Māḷyaṅkara,

＝コドゥンガルール」、③パラヴールもしくはコータカーヴ[Paravūr, North Parur; Kōṭṭakāv]、④コッカマンガラム[Kokkamaṃgalam]、⑤チャーヤルもしくはニラーキャル[Cāyal; Nilāykkal]、⑥ニラナム[Niraṇam]、および⑦コッラムである(Bernard [1998] p.294, Brown [1982] pp.51–54, Mundadan [2001] pp.30f., Daniel [1985] pp.5–12, 杉本 [2007] pp.336f.)。これにマラヤートゥール(Malayāṟṟūr, エラナークラム地区)もしくはティルヴィターンコード(タミルナード州カニヤークマリ地区)の教会を加えて「七教会半」(マ ēḻarappaḷḷikaḷ)とすることもある。

(11) Brown (1982) pp.48–64, Mundadan (2001) pp.29–64, Neill (1984) pp.30–36, Cheriyan (2003) pp.1–12, 杉本(2007).

(12) これは古代インド史研究全般に当てはまることだが、ケーララの教会史の研究ではこれに加えて後述のウダヤンペールール教会会議後の焚書が史料散逸の理由としてしばしば挙げられる。ここで史料の欠如がどこまでそもそもその種の史料が少なかったことに起因し、また、存在した史料の散逸についてもどこまでが焚書により、どこまでがケーララの高温多湿の気候によるものかは俄かには判断しがたい。

(13) Brown (1982) pp.66–70, Mundadan (2001) 78f., pp.98–102, 116–120, Cheriyan (2003) pp.44–84, Neill (1984) pp.36–44 等参照。一六世紀以前の聖トマス・キリスト教徒についての最近のシンポジウムの記録としては Puthur 編 (2000)、同(2003)参照。

(14) 資料により名前の表記は異なる(マ Knāy [Kināyi, Kinān] Tōmman, 英 Kinayi Thomas 等)。トマスの出身地をパレスチナのカナと関連付けて「カナのトマス」(葡 Thome Cananeo 等)とする資料もあるが、Kollaparambil (1992) pp.1–21はメソポタミアのクンナーイ(シリ Qunnāy)の出身とする。クナーイ・トーンマン伝承についてはBrown (1982) pp.71–74, Kollaparambil (1992), Mundadan (2001) pp.85–98, John (1999) pp.12–18, Tubach (2006b), Appassery (2006)、クナーナーヤの伝統についてはBrown (1982) pp.175–177, Vellian (2001a), Kulathramannil (ca. 2001), Mathew (2001) 等参照。

(15) この王の名は、例えば一六〇四年に記されたポルトガル語の記録(Ros [2001] pp.306–310)では"Xaram Perumal"となっており、チェーラマーン・ペルマール王(マ Cēramān Perumāḷ)と同定される。ケーララのイスラム教徒の間では晩年にイスラムに改宗したと伝えられ、ヒンドゥー教徒の間ではシヴァ派の聖人ともされるチェーラマーン・ペルマールは伝説に包まれた人物だが、通常はクラシェーカラ朝（ca. 800–1102）の王とされるため（Menon [1967] pp.124, 135–137, 148–149 はラージャシェーカラ・ヴァルマン王 [820–844] との同定を提案、他に Raja [1953] pp.1–14, John [1999] pp.14 参照）、いずれにせよ、三四五年という年代とはかなりの齟齬がある。

（16） マ Knānāya, Tekkuṃbhāgar, 英 Knanaya, Thekkumbhagar, Southist. これに対して多数派は「北派」（Vaṭakkuṃbhāgar, Northist）という。クナーナーヤの数は約二〇万人。教会制度上もシリア・マラバール教会ではコータヤム教区、シリア正教会ではチンガヴァナム教区がクナーナーヤのための教区として設けられており（ともに一九一一年設立）、クナーナーヤは居住地に関わらずこれらの教区の管轄となる（Kollaparambil [1992] p. xxiii, Daniel [1986] pp. 225f.）。

（17） このように遠方から派遣された司教を霊的な指導者とし、実際の教会の運営には現地出身者が当るという制度は一九五九年に独立するまでコプト教会から派遣された司教（アブーナ）を霊的指導者としながら、現地の修道院長（エチェゲ）が実際の教会の運営を行っていたエチオピア正教会の制度（Ullendorff [1973] p.103参照）と類似している。小林（2001）p.24でも指摘されているように、キリスト教会の中心から遠く離れて孤立していたケーララの信徒にとってこの制度は他の教会との繋がりを維持する上で重要であったと同時に、中東地域との交易の利権を維持する上でも有用であったものと思われる。

（18） 小林（2006）pp.305f. ―「助祭長」（シリ arkīdiyaqōn d-kōll Hendō）については、一六世紀のマラヤーラム語貝葉資料に jātikku karttavyan という名称が見られ（Zachariah [1994] p.44, Mundadan [2003] p.19）、カースト集団（ジャーティ）としての聖トマス・キリスト教徒の長という位置づけがなされていたことがわかる。この助祭長は少なくともポルトガル人の到来した一六世紀には聖トマスに洗礼を授かった家族の一つと伝えられるパカローマッタム（マ Pakalōmaṟṟaṃ）家の出身者とするのが慣わしとなっていた（四節、および Pakalomattom Family [2003–04] 参照）。このように教会の指導者を特定の一族の出身者に限定する慣わしは東方教会では初期のアルメニア教会（四二七年まで啓蒙者聖グレゴリオスの子孫）や近世のアッシリア東方教会（バル・マーマー家）にも見られる。

（19） 両者の名の表記は Xaor, Xabro, Sapor; Aproito, Aprot, Parut, Prodh など、資料によって大きく異なるが、「サポル」はペ

ルシア語名シャープール（中期ペルシア語形 Šābuhr, シリア語形 Šābōr）、「プロト」はファルハード／アフラハト（中期ペルシア語形 Frahāt, シリア語形 Aprahaṭ）が転化したものと考えられる（Mundadan [2001] p.103, n. 67, Tubach [1994] p.71）。

（20） ウダヤンペールール教会会議決議八・二五（Geddes [1998] 93, Zacharia [1994] p.194）。

（21） Ros（2001）p.320.

（22） エラナークラム教区の Akaparambu 教会、Udayamperur 教会、パーラー教区の Kothanalloor 教会等。

（23） Ros（2001）pp.318–320.

（24） マ Tarisāpaḷḷi śāsanaṅṅaḷ/cēppēṭukaḷ, 英 Tharisapalli Copper Plates. 厳密には三枚ずつ二組、計六枚あった銅版のうち、五枚が現存（二枚はティルヴァッラのマールトーマー教会、三枚はコータヤムのマランカラ正教会所蔵）。これらの銅版および「サポル」と「プロト」との関係については Brown（1982）pp.74–76, 87–89, Mundadan（2001）pp.103–107, Cheriyan（2003）pp.84–86, 444–447（同119–127に銅版の図版あり）, Tubach（1994）, 三津間・青木（2006）p.98, Baumer（2006）29f.（ティルヴァッラ蔵二枚のカラー写真）参照。「タリサー」はロスの一六〇四年の報告書に聖トマス・キリスト教徒のかつての名称として言及されている "Tarijanes" と同定することができ（Ros [2001] p.320; Nedungatt [2001c] p.258参照）、Tubach（1994）73f. はこれを中央アジアでキリスト教徒（およびゾロアスター教徒）を指す言葉として用いられたペルシア語 tarsā（ソグド語 tarsāk, 大秦景教流行中国碑の「達娑」）と同定する。（「達娑」については佐伯 [1935] p.600, l. 10, Tang [2002] p.131, Wang [2006] p.154等、隋代の翟突娑墓誌の「突娑」も同じ語の音写とする意見については龚 [1983] p.3, 杨 [2004] p.12, Wang [2006] 154f. 参照）。

（25） 名前が記された部分の文字の読み方についても研究者によって見解が異なるが、一般に受け入れられている読みでは銅板の一組目には Eśō dā Tapīr、二組目には Sapīr Īśō とあり、ともにシリア語の Sabr-Īšō' の転化と考えられる。この「サブリーショー」を「サポル」と同定する研究者もいるが、一七三〇年にシリア語で書かれた記録（Land [1862] シリア語 p.27, 羅訳 p.125）では、「サポル（シャーボール）」、「プロト」と並んで「サブリーショー」という人物にも言及があることなどから、Tubach は別人物と考えている。

(26) ケーララには現在でも州北部を中心に多くのイスラム教徒が在住し、州人口の二割強を占める(二〇〇一年の国勢調査では二四・七%。キリスト教徒の比率が減少しているのに対し、イスラム教徒の比率は増加傾向にある)。—ユダヤ教徒はイスラエル建国後に激減し、一九九〇年代には州全体で六〇人という数字が報告されているが、コドゥンガルール周辺やコチ南郊のマッターンチェーリ等には古くからユダヤ人居住地があった(ケーララのユダヤ教徒について詳しくは Katz & Goldberg [1993] 参照)。マッターンチェーリのシナゴーグにはキリスト教徒に与えられたものと同様の銅板が保存されているほか(Katz & Goldberg [1994] pp.42–45, Jussay [2003] pp.129f.)、聖トマスがケーララで宣教したかについての論議ではその可能性を高める要因として当時すでにケーララにユダヤ人コミュニティーが存在した可能性がしばしば指摘される(Brown [1982] pp.62f., Moraes [1964] pp.38–40, Puthiakunnel [2001], Mundadan [2001] pp.19f., Thadikkatt [2004] pp.58f. 等)。—中東との交易を通してケーララにもたらされたキリスト教、イスラム教、ユダヤ教のケーララにおける歴史やそれぞれの信徒の社会的地位等には共通点も多く(Katz & Goldberg [1993] pp.16f., 小林 [2001] p.23)、このことはマラヤーラム語でこれら中東起源の一神教徒を総称する māppiḷa/māppiḷḷa という単語にも表れている(現在では単に māppiḷa というとイスラム教徒を指すことが多い。三者を区別する場合にはそれぞれ nasrāṇi-māppiḷa [キ], cōnaga-/jōnaga-māppiḷa [イ], jūta-māppiḷa [ユ] などという [Gundert (1872) 810b, Warrier 他 (2001) p.426, 867])。māppiḷa の原義は「大いなる子」(梵 mahā + マ piḷḷa)とされ、現在では「娘婿」の意でも用いられるが(Gundert, ibid., Katz & Goldberg [1993] p.10)、この語が「キリスト教徒」を指すようになった理由として、一八世紀末に記された『ヴァルタマーナプスタガム』(三節参照)にはチェーラマーン・ペルマール王(注15参照)がキリスト教徒を優遇して与えた称号に由来するとの説明が見られる(Paremmakkal [1971] p.255)。

(27) Brown (1982) pp.82–85, Moraes (1964) pp.85–105, Mundadan (2001) pp.120–144, John (1999) pp.55–72, Vadakkekara (2001) pp.47f., 杉本(2007) pp.350–352等参照。—一二九一年頃にはフランシスコ会士モンテコルヴィーノのヨハネ(Giovanni da Montecorvino O.F.M., 1246–1328, 大都大司教1307–)が元の大都(北京)への途上で一年余りインド南部に滞在しているほか、一三二〇年代にはドミニコ会士ヨルダヌス(Jordanus Catalanus [Catalani] de Séverac O.P., 1336頃没)が

ケーララで活動して、一三二九年にはアヴィニョン教皇ヨハネ二二世によってコッラム（キーロン）の司教に任ぜられており、その一七年後の一三四六年にはフランシスコ会士ヨハネ・デ・マリニョリ（Giovanni de' Marignolli O.F.M., 一三世紀末-1358頃）が大都からの帰路コッラムに寄航、一年以上インド南部に滞在して、マイラープールの聖トマスの墓などについての報告を残している。

（28） Cheriyan（2003）pp.137–139, Menon（1967）pp.169–219, Panikkar（1960）pp.18–27.

（29） Brown（1982）p.12, 小林（2001）p.37. ― 現在のケーララの教会にはほぼ例外なく立派な欧風のファサードがある。これはヒンドゥー寺院と教会を間違えたポルトガル人がファサードの設置を義務付けたためだとの説明を現地ではしばしば耳にする。

（30） Mundadan（2001）pp.248–252.

（31） マティアはポルトガルへの途上もしくは到着直後に死亡。ヨハネのローマおよびヴェネツィアでの口述に基づくインドの記述は一五〇七年にヴィチェンツァで出版された Paesi novamente retrovati et Novo Mondo da Alberico Vesputio Florentino intitulato に収録された後、ラテン語、オランダ語にも翻訳されてヨーロッパに知られた（Brown [1982] pp.12f., Mundadan [2001] pp.261f., より詳しくは Vallavanthara [2001] 参照）。

（32） この時期に関する研究の中でポルトガルの宗教政策と香辛料貿易の関係が強調されている箇所としては Malekandathil（2003）xxviii–xxxii 参照。

（33） Brown（1982）pp.13f., Mundadan（2001）pp.263–282, Cheriyan（2003）pp.139–146, Houtart（1981）pp.202–204.

（34） Brown（1982）pp.14, 16–18, Mundadan（2001）pp.283–286, Pallath（2005）pp.35–37.

（35） ヤコブとその時代については Brown（1982）pp.18–20, Mundadan（2001）pp.286–347, Cheriyan（2003）pp.163–167, Houtart（1981）204f., 207f., p.210, Vadakkekara（2001）pp.52–66, Thadikkat（2004）pp.82–84, Moffett（2005）pp.6–8, Pallath（2005）pp.35–38, 小林（2001）pp.25f. 等参照。

（36） ザビエル（1985）373f.（書簡七七・四）。

（37） Ros（2001）p.340（§23), Gouvea（2003）pp.30f., Houtart（1981）p.210, Mundadan（2001）pp.340f., Malekandathil（2003）p.xxxi, Pallath（2005）pp.104f. ― 主にケーララ州の沿岸部で一六世紀以降のヨーロッパ人宣教師の活動によって改宗した人々の中には漁民などの低位カーストの人々が多かったが、彼らは高位カーストの扱いを受ける聖トマス・キリスト教徒とは別の教会を形成し、現在に至っている（ケーララのラテン典礼教会の起源と初期の歴史についてはMundadan [2001] pp.348–390, Thekkedath [2001] pp.110–135, John [1999] pp.72–102, Houtart [1981] pp.229–233, Podipara [1986] 等参照）。

（38） 葡 padroado, 羅 ius patronatus. ポルトガル国王は一五世紀半ば以降その征服地の教会を財政的に支援する義務とともに、征服地において司教を任命する権利を与えられており、インドではパドロアド管轄の教区として一五五三年にゴア教区が設立され、一五五七年には同教区が大司教区に昇格、属司教区としてケーララのコチ教区が設立されている（同年にマラッカ教区、一五七六年にはマカオ教区、一五八八年には日本の府内教区設立）。

（39） カルデア教会成立の経緯および一六世紀中のカルデア教会とインドの教会との関係について詳しくはBeltrami（1933）参照。ただし、この合同は安定したものではなく、ヨハネ・スラーカーに始まる総大司教の系統は後に合同から離脱して（シモン九世デンカー[在位1580–1600]を最後にそれ以降はローマ教皇からの正式な承認はなし）、現在のアッシリア東方教会の系統に繋がっており、現在のカルデア教会総大司教の系統は一八三〇年に教皇庁に正式に承認されたヨハネ八世ホルミズドに端を発するものである（Murre-van den Berg [1999] 参照）。

（40） ヨセフについてはBeltrami（1933）pp.36–55, 80–94, Brown（1982）pp.20–23, Thekkedath（2001）pp.40–47, Cheriyan（2003）pp.168–171, Houtart（1981）pp.208, 212–214, Thadikkat（2004）pp.85–87, Pallath（2005）pp.42–47, 小林（2001）pp.26f. 等参照。

（41） Ambrosius Buttigeg O.P.（Auria in Phoenicia 名義司教、一五五八年にコチにて没）および Antoninus Zahara O.P.（一五六一年離印）。

（42） ヨセフがローマへの旅の際に持参したシリア語写本はヨセフの没後にヴァティカン図書館の所有となり、同図書館所蔵のシリア語写本コレクションの最も古い層を成しているが、これらはウダヤンペールール以前のケーララでの典礼の詳細を知る上で貴重な資料となっている（Levi della Vida [1939] pp.179–181, 184, 187–190, 192, 197, 441, van der Ploeg [1983] pp.10–11, 174–202, Kollaparambil [2001] p.160, Vellian [2001b] pp.178–184, Thadikkat [2004] p.87）。

（43）アブラハムとその時代については Brown（1982）pp.22–26, Thekkedath（2001）pp.47–63, Cheriyan（2003）pp.170–174, Houtart（1981）pp.208–218, Vadakkekara（2001）pp.67–74, Thadikkat（2004）pp.87–89, Pallath（2005）pp.47–53 et passim, 小林（2001）27f. 等参照。

（44）一五七六年頃よりヴァダックンクール藩王国のカドゥトゥルティを中心に活動。一五八四年にローマに送られて、司教であるとの主張が偽りと判断され、一五九九年に没するまでリスボンのフランシスコ会修道院に幽閉された（Thekkedath [2001] pp.50f.）。

（45）同時期にインド総督1607–09. 後にブラガ大司教1612–17, ポルトガル副王1612–15.

（46）Beltrami（1933）pp.196f., Thaliath（1958）pp.14f, Thekkedath（2001）p.31, Houtart（1981）p.217, Vadakkekara（2001）p.43, Pallath（2005）p.76.

（47）Nedungatt（2001a）p.29, Thaliath（1958）p.79.

（48）Thekkedath（2001）p.64, 小林（2001）p.28.

（49）Gouvea（2003）pp.69–236, Thaliath（1958）pp.19–27, Brown（1982）pp.28–32, Thekkedath（2001）pp.64–69, John（1999）pp.127–143, Houtart（1981）pp.218f., 小林（2001）pp.29–31等参照。

（50）Gouvea（2003）pp.260–292, D'Orsey（1893）pp.212–231, Thaliath（1958）pp.27–31, Brown（1982）pp.32–37, Thekkedath（2001）pp.69–73, John（1999）pp.148–174, Houtart（1981）pp.219–226, Zacharia（1999）pp.19–36, 小林（2001）pp.31f., 同（2006）pp.304–306. — 決議文の様々な禁止事項は逆にウダヤンペールール以前の教会制度や習俗について知る上での貴重な資料でもある（この点については Zacharia [1999] pp.42–59参照）。

（51）実際にヨーロッパで公表された決議文にはマラヤーラム語写本にはない項目が含まれている。ただし、現存するマラヤーラム語写本は会議から一世紀半を経た一八世紀半ばのものであり、マラヤーラム語で欠落している部分全てがメネゼスによる追加であるとは断定できない（Thaliath [1958] pp.141–143, 175–228, Zacharia [1999] pp.9f., Nedungatt [2001a] pp.19–21参照）。

(52) 後に在ペルシア教皇使節（Malekandathil [2003] p.xxii）。

(53) 一六世紀末の聖トマス・キリスト教徒はすでにカルデア・カトリック教会の管轄下にあったため、ウダヤンペールールでの会議を「合同会議」として位置づけるのは正しくないことは言うまでもない。一五九四年のブレスト教会合同とウダヤンペールールの比較としてはNedungatt（2001b）参照。

(54) 一六七八―八八年に英国商館付の牧師としてリスボンに滞在。本稿末尾の参考文献リストのGeddes の項参照。

(55) 典型的な例としては D'Orsey（1893）pp.230f., 232 参照。

(56) ウダヤンペールールでの会議についての最近のケーララの諸教会の見解の比較としてはHermes（1995）参照。

(57) John（1999）がその典型的な例だが、その前書きではヴァラープラ教区（ラテン典礼）のアチャルパランビル大司教（Daniel Acharuparambil O.C.D, 大司教1996–）もメネゼスを「ケーララにおけるカトリック教会成立の恩人」と評している。ゴウヴェアの報告の英訳に付された巻頭メッセージ（Gouvea [2003] pp.ix–xiii）でメネゼスの後継者に当るゴンサルヴェス前ゴア大司教（Raul Nicolau Gonsalves, 大司教・東インド総大司教1978–2004）がJohn（1999）を引用してメネゼスを擁護しているのも面白い。

(58) 会議の有効性についての考察としてはThaliath（1958）が重要である。最近の考察としてはPallath（2001）参照。

(59) Gouvea（2003）pp.293–457, Thaliath（1958）pp.31–33, Brown（1982）pp.37–39, Thekkedath（2001）pp.74f.

(60) 八五頁参照。

(61) 葡 Serra、「山地」（注9参照）。

(62) Brown（1982）p.92, 94, Thekkedath（2001）p.75, Pallath（2005）pp.134f.

(63) イエズス会士大司教の時代についてはBrown（1982）pp.92–99, Thekkedath（2001）pp.75–90, Cheriyan（2003）pp.191–

198, Houtart（1981）pp.226f., 小林（2001）pp.32f., 同（2006）pp.306f. 等参照。

（64）この「誓い」を巡る一連の経緯については Thekkedath（2001）pp.91–96, Cheriyan（2003）pp.198–199, Kollaparambil（1981）, Daniel（1986）pp.110–117, 125–126, Pallath（2006a）pp.15–29, 小林（2001）pp.32f., 同（2006）pp.307f. 等参照。

（65）アター＝アッラーのインドに到達するまでの足取りについては Kollaparambil（1981）pp.191–216参照。

（66）布教聖省古文書庫にアター＝アッラーのものとして保管されているシリア語書簡三通（Kollaparambil [1981] pp.252–255［写真］, pp.108–112［英訳］, Pallath [2006a] pp.16–19参照）のうち二通目と三通目は偽造とされるが、アター＝アッラーが総大司教を名のる一通目は正真である可能性が高い。―シリア正教会の総大司教は伝統的に「イグナティオス」と名のった。アター＝アッラーの書簡にある「教皇イグナティオス」は、アター＝アッラーの意図としてはシリア正教会の総大司教を指すものと思われるが（シリア正教の最高指導者は「教皇」と名のることはないが、コプト正教会の指導者は「教皇《バーバー》」と称する）、ケーララの信徒はこれを教皇イノケンティウス一〇世（在位1644–55）のことと理解した可能性が指摘されている（Pallath [2006a] p.18）。アター＝アッラーが中東のいずれかの教会指導者によって「全インドおよび中国総大司教《パトリヤルカー》」の称号を与えられていた可能性は低く、これは信徒の関心を集めるためのアター＝アッラーの偽称と考えられる。

（67）実際にはアター＝アッラーはこの後ゴアからリスボンへ送られ、さらにローマへと向かう途中に経由したパリで他界し、パリのフランシスコ会修道院（Couvent de Cordeliers）に埋葬された（Kollaparambil [1981] pp.168–176）。

（68）Thekkedath（2001）p.93はまず少人数の指導者たちが屋内で誓いを立て、その後、集まった群衆が屋外で誓いを立てたと考える。

（69）この書簡も現存するが（注66参照）、これはイダパッリで任命された補佐役の一人、カッリシェーリのアンニリムーティル・イッティトーマン（マ Aññilimūṭṭil Iṭṭitōmman, 英 Anjilimoottil Itty Thomman, 1659没）による偽書と考えられる（Thekkedath [2001] p.94）。

（70）Cheriyan（2003）p.199によれば、二〇万の信徒のうち、大司教ガルシアの下に残ったのは四〇〇人のみ。他に司祭一五一二五人、信徒二〇〇人、あるいは司祭一五人、信徒一〇〇〇人などとする記録もある（Thekkedath [2001] p.94）。

（71） セバスティアニらカルメル会士の活動については Brown（1982）pp.101–108, Thekkedath（2001）pp.97–100, Cheriyan（2003）pp.206–212, Pallath（2006a）pp.29–42（同53–224はセバスティアニの二度の旅行についての報告書の主要部分の英訳）, 小林（2001）p.33, 同（2006）p.308参照。

（72） 来印以前にエルサレム大司教1654–55（Kiraz [1987] p.50参照）。

（73） Brown（1982）pp.110–112, Thekkedath（2001）pp.100–103, Pallipurathkunnel（1982）pp.148–153, Cheriyan（2003）pp.212–214.

（74） チャンーディ自身は甥のマタイ（Mathew de Campo/Parambil/Pallil, 1637–1706, 助祭長1678–）を後継者とすることを望んだ。

（75） Thekkedath（2001）pp.104–107, Pallipurathkunnel（1982）pp.23–37, 小林（2001）pp.33f., 同（2006）p.308.

（76） Hambye（2001）106f., Pallipurathkunnel（1982）pp.37–72.

（77） Thekkedath（2001）p.107, Hambye（1997）p.21, Pallipurathkunnel（1982）pp.73–78, 小林（2001）p.34. この際、パドロアド管轄のゴア大司教 Agostinho da Anunciação（在位1690–1713）とコチ司教 Pedro Pacheco O.P.（在位1694–1714）はともにアンジェロ・フランシスコを司教に叙階することを拒否、アンジェロ・フランシスコは一七〇一年に来印したアダのシメオン（Simon of Ada/Adda, 一七二〇年没）というカルデア教会の司教によって叙階されるが、その後、カルメル会士たちは「恩人」であるシメオンをプドゥチェーリ（ポンディシェリー）に送り、幽閉した（Paremmakkal [1971] p.36, 249f., Hambye [1997] p.23, Pallipurathkunnel [1982] pp.78–80, pp.90–101, Thonippara [1999] pp.22f.）。

（78） オランダの侵攻後にヴァイピコッタからの退去を余儀なくされたイエズス会士たちはこの時期にはオランダの影響が及ばないコーリコード藩王国領のアンバラカードをケーララでの活動の拠点としていた（Perumthottam [1994] 75f., Thonippara [1999] p.40）。

（79） Hambye（1997）23f., Pallipurathkunnel（1982）pp.84–89, 102–109, 小林（2006）p.308.

（80）Hambye（1997）pp.24–27. 一八世紀前半の状況については Pallipurathkunnel pp.109–136および Perumthottam（1994）に詳しい記述があるが、Perumthottam はその著書の題名で研究対象の一七二二年から一七五二年までを聖トマス・キリスト教徒の「衰退」（decline）の時期と呼んでいる。

（81）Paremmakkal（1971）pp.31f., Hambye（1997）p.28, Thonippara（1999）pp.20–32.

（82）Paremmakkal（1971）pp.33–47, Hambye（1997）p.28, Thonippara（1999）pp.31f.

（83）Paremmakkal（1971）pp.50–55, Hambye（1997）p.29, Thonippara（1999）pp.33–40.

（84）マトゥーについて詳しくは Thonippara [1999] pp.59–64参照。

（85）ウルバノ大学で学んだことが知られている最初の聖トマス・キリスト教徒でもあるカリヤーティルは一七五五年、一三歳のときにローマに送られ、哲学および神学の博士号を取得した後に一七六七年に帰国した（Thonippara [1999] pp.46f.）。

（86）「日々の出来事の書」の意。英訳：Paremmakkal（1971）. マーラヤラム語散文文学の早い時期の例としても重要なこの本は（Chaitanya [1971] pp.207–209, Chummar [2001] pp.161f.）、一九世紀にはヨーロッパ人宣教師からの自立を求めるケーララの信者の間で広く読まれ、一八六二年のヴァラープラ代牧区の教区会議では宣教師たちによって禁書とされた（Kanjirathinkal [1984] pp.124–157, 163, Thonippara [1999] pp.57f.）。

（87）Hambye（1997）pp.30–32, Thonippara（1999）pp.104–112.

（88）Hambye（1997）pp.32–34, Thonippara（1999）pp.114–131, 206–211.

（89）Manuel de Santa Catarina O.C.D.（ゴア大司教1784–1812）.

（90）Hambye（1997）34f., Thonippara（1999）pp.211–231. Thonippara（1999）pp.272–278に宣言のマラヤーラム語原文の複写および伊訳あり。

（91）この時期には別の総大司教の系統（ディヤルバクル系統）がローマと合同関係にあったため、ラッバン・ホルミズド系統のヨハネは一七九六年の時点ではまだ教皇庁の正式な承認は得ていなかったが、事実上カルデア教会の最高指導者として活動していた(Murre-van den Berg [1999] § 20, Puliurumpil [1994] p.51 n. 264)。

(92) Dair Mār Bahnām 名義司教。モスール近郊の聖ベヘナーム修道院は従来はシリア正教会、現在ではシリア・カトリック教会の所属で、一七九〇年代には両者の間で所有権が争われていた(Fiey [1965] p.588)。この修道院がカルデア教会の所属であったことはないが、それが名義教区として選ばれたのはシリア正教会との繋がりを強めていたプタンクールとの和解を視野に入れてのことではないかとの意見がある(Puliurumpil [1994] p.13 n. 54)。

(93) Hambye (1997) 36f., Puliurumpil (1994) pp.5–52, Tisserant (1941) pp.3131f.

(94) 一八三八年の教皇勅書 Multa praeclare の発布に至るまでの経緯についてはPuliurumpil (1994) pp.205–244参照。

(95) 一八四五年にはコッラム、マンガルール(マンガロール)両代牧区が新設され、ヴァラープラ代牧区から独立するが、聖トマス・キリスト教徒の居住地の殆どは新ヴァラープラ代牧区内にあった。

(96) 一八八六年に廃止されたコドゥンガルール教区は名目上はダマン教区に合併されたこととなり、一九二九年にダマン教区がゴアに合併された後はゴア大司教が名義上コドゥンガルール大司教も兼ねている。

(97) マルパーン制およびバチネリによる司祭養成制度の改革についてはKanjirathinkal (1984) pp.88–123, Tisserant (1941) coll.3129, 小林 (2001) p.35, 同 (2006) p.310参照。"Malpan" (マ malpān) はシリア語で「教師」を意味する malpānā に由来する。

(98) Kanjirathinkal (1984) pp.20–31, Varicatt (1995) pp.5f., Tisserant (1941) coll.3132–3135, Habbi (1980) pp.92–99. Kanjirathinkal (1984) p.27によれば、一五〇の小教区のうち、八六が完全に、三六が部分的にロコスに従った。

(99) 一八二八年に Thomas Palackal (1841没) および Thomas Porukara (1846没) が創めた修道会は Servants of Mary Immaculate と称していたが、代牧バチネリの下でカルメル会式の会則を与えられ、一八六一年には跣足カルメル会の管轄下に置かれて跣足カルメル会第三会(T.O.C.D.)となった(Kanjirathinkal [1984] pp.63–87)。この会は一九五八年に Carmelites of Mary Immaculate (C.M.I.) と改名、現在ではケーララを中心にインド国内外に七人の司教を含む三〇〇〇人以上の会員がいる。

(100) バチネリの下での典礼の「ラテン化」とその中でのチャーヴァラの役割については Thadikkat (2004) pp.107–109, Vellian (2001b) pp.191f. 参照。

(101) Kanjirathinkal (1984) pp.31–62, Koodapuzha (1998a) p.103.

(102) アクラ司教1864–. インドから帰還した後、一八八九年にカトリック教会と和解して一八九〇年以降マルディン大司教。メルスの文人としての活動については Graf (1951) pp.112f., Macuch (1976) p.402, Takahashi (2004) p.27 n. 44参照。

(103) Varicatt (1995) pp.14–22, Tisserant (1941) pp.3135–3138, Habbi (1980) p.103.

(104) トンダナートはイラク渡航時の一八六二年に、アッシリア東方教会(ネストリオス派)の総大司教シモン一八世ルーベン(在位1861–1903)より司教叙階を受けていた(Habbi [1980] p.98, Varicatt [1995] 274f., Aprem [2003] p.70)。

(105) Aprem (2003) pp.78f., Koodapuzha (1998a) p.129. インドでのこの教会の名称は「カルデア・シリア教会」。その後、アッシリア東方教会本体での新暦派(総大司教世襲制擁護派、シカゴ総大司教府派)と旧暦派(世襲制反対派、バグダード総大司教府派)の対立の中で一九五二年から一九六八年までインド大司教であったトマス・ダルモ(Mar Thoma Darmo, 対立総大司教1968–69)が旧暦派の指導者であったこともあり、インドでも分裂が生じたが、インドでは一九九五年に和解が成立した(Aprem [2003] pp.168–191)。

(106) Koodapuzha (1998a) pp.103f.

(107) Tisserant (1941) coll.3140f., Koodapuzha (1998a) pp.104f., Varicatt (1995) pp.33–36.

(108) 厳密には現バングラデシュ領のチッタゴン生れ。

(109) Tisserant (1941) p.3141, Koodapuzha (1998a) p.105, Varicatt (1995) pp.70–202.

(110) グニェズノ・ポズナニ大司教1866–96, 枢機卿1876–, 布教聖省長官1896–.

(111) 在インド教皇使節 [Thebae 名義司教] 1892–1916, アンティオキア [ラテン典礼] 総大司教1916–.

(112) 一九一一年にコータヤム代牧区に移転。

(113) Tisserant (1941) coll.3141f., Koodapuzha (1998a) p.108, Varicatt (1995) pp.362–503.

(114) 注16参照。

(115) 教会および典礼の名称としての「シリア・マラバール」(Syro-Malabar)という名は一八〇〇年頃に現れ、一九世紀末頃から公式に用いられるようになったが、当初から“Syro-Chaldean”等の他の名称も併用されていた。最近では典礼様式を巡る論争の中で「シリア」という言葉を外そうとする動きがあるほか、「マラバール」も教会の領域をマラバール(=ケーララ)のみに限定するものとして適切でないとする意見があり、様々な新たな名が提案されている(Thadikkat [2004] pp.15–29参照。Thadikkat 自身は“Mār Tōmā Nazrāni Church”という名を提唱する)。

(116) Koodapuzha(1998a)p.124.

(117) Thadikkat(2004)pp.110f.

(118) Koodapuzha(1998a)p.109, Thadikkat(2004)p.21. 現在でもシリア・マラバール典礼の固有の領域(territorium)はケーララ州にほぼ匹敵する地域に限られ、他の東方典礼教会の場合と同様に、領域外での上級大司教および司教団の権限(教区設立権、司教任命権等)には制限があるが、これについてもせめてインド国内における制限は撤廃すべきであるとの主張がある(Chediath [1999], Pallath [2006b])。

(119) 一九一七年に布教聖省(現在の福音宣教省)から東方教会聖省(現在の東方教会省)が独立した際、シリア・マラバール教会も後者に移管された。

(120) Thadikkat(2004)pp.114–117, Vellian(2001b)pp.194–196. この後も様々な遅延が生じ、シリア・マラバール典礼の新司教用定式書は一九五八年にようやく正式に公布された。

(121) 東方教会聖省次官1936–59, 枢機卿1936–, 儀礼聖省長官1951–67, 枢機卿会長1951–, ヴァティカン図書館長1957–71, アカデミー・フランセーズ会員1961–. なお、東方教会聖省は一九六七年までは教皇が長官兼任のため次官が事実上の責任者。

(122) Thadikkat(2004)pp.116–119.

(123) Thadikkat(2004)pp.119–160.

(124) Thadikkat (2004) pp.161–168, 小林 (2001) pp.35f.

(125) 羅 archiepiscopus major（英 major archbishop）の権能については『東方諸教会法典』（Codex Canonum Ecclesiarum Orientalium）第一五一条参照。歴史的、政治的な理由から「総大司教（patriarcha）」を名のれないカトリック東方教会の長に与えられる称号で、エラナークラムの他にウクライナのキイフ（一九六三年以降、当初はルヴィフ）、ルーマニアのファガラシュ・アルバ＝ユリア（二〇〇五年より）、シリア・マランカラ教会のティルヴァナンダプラム（二〇〇五年より）の大司教がこの扱いとなっている。カトリック中央協議会に確認したところ日本語の定訳はないようだが、韓国語では「上級大主教（상급대주교）」という訳が定着している模様のため、これに倣ってここでは「上級大司教」と訳しておく。

(126) Union of Catholic Asian News (2004).

(127) このうち一三はケーララ州内（上級大司教区一、大司教区四）。残る一三のうち、二は隣接地域の教区、九はシリア・マラバール典礼の宣教師に委託されたその他のインド国内の教区で、この他にケーララからの移民の司牧のための教区として（Koodapuzha [1998a] pp.115–123, Thadikkat [2004] p.22参照）、ムンバイのカルヤーン（Kalyan）教区（一九八八年設立）とシカゴの使徒聖トマス教区（二〇〇一年設立）がある。

(128) Roberson (2006).

(129) 通常シリア語で聖人および司教に付される称号を冠して、マール・トーマー一世～九世（英 Mar Thoma I–IX）と称する。パカローマッタム家については注18参照。Cheriyan (2003) pp.205–227, Daniel (1986) pp.125–140によると、それぞれの在位期間は以下のとおり。トマス一世（1653–70）、二世（1670–86）、三世（1686–88）、四世（1688–1728）、五世（1728–65）、六世（＝ディオニシオス一世、1765–1808）、七世（1808–09）、八世（1809–16）、九世（1816–17）。

(130) ただし、この「アンティオキア化」は比較的ゆっくりと進んだようで、例えば一八〇〇年頃に書き写された写本でもシリア正教式の洗礼の典文と旧式（シリア・ラテン式）の告解および終油の秘蹟の典文が混在しているほか、司祭の妻帯も一八世紀末までは受け入れられなかった（Hambye [1997] pp.61–64, Mundadan [2003] pp.121f.）。シリア語を書く際の書体も東シリア教会（アッシリア東方教会およびカルデア教会）と西シリア教会（シリア正教会、シリア・カトリック教会等）では異なるが、プタンクールの間では一九世紀前半まで東シリア書体が用いられ続けた（van der Ploeg [1983] p.30）。

（131）シリア語、アラビア語では司教の名は称号「Mār（西シリ Mor）」・司教名・修道名・（名字）の順に表記するのに対し、インドの文献ではマラヤーラム語の語順に倣い、（名字）・修道名・称号・司教名の順とするのが慣例なので、この場合も Yeldo Mar Baselius [Baselios, Baseliose] となる。―「東方総司教」（西シリ mafryono d-madnho, 英 Maphrian of the East）はシリア正教会で総大司教に次ぐ地位の高位聖職者。かつてはシリア地方から見て東方の現在のイラク、イラン等を管轄地域としたが、中東では一八五九年を最後に廃止。

（132）Brown（1982）pp.112f., Thekkedath（2001）pp.103f., Pallipurathkunnel（1982）pp.156f., Cheriyan（2003）pp.214f., Daniel（1986）pp.127f.

（133）一七三一年にコータヤムにて没。東シリア教会（アッシリア東方教会およびカルデア教会）はこの時期、それぞれコジャニス（現トルコ東南端）、ディヤルバクル（トルコ東部）、ラッバン・ホルミズド（イラク北部）を拠点とする三派に分かれていた（Murre-van den Berg [1999] §17, 30, 35参照）。イラン北東部のウルミア出身で、コジャニス（「ネストリオス派」）のシモン一三世デンカー（在位1662–1700）によって司教に叙階されたと考えられるガブリエルはローマと合同関係にあったディヤルバクルのヨセフ二世スリーバー（在位1696–1712）によってカトリック教会に迎え入れられていたが、ラッバン・ホルミズド（「ネストリオス派」）のエリヤ一〇（一一）世マール・アウギーン（在位1700–22）の推薦状も持参しており、インドで説いた教義も「ネストリオス派」のものであったとされる（Hambye [1997] pp.47–48, Pallipurathkunnel [1982] pp.136–147, Perumthottam [1994] pp.82–92）。

（134）Neill（1985）pp.62–65, Hambye（1997）pp.47–49, Cheriyan（2003）pp.216f., Daniel（1986）pp.128f. トマスの書簡についてはこの他に Van der Ploeg（1983）pp.28–29, 248–253, 255–264, Witkam（2006）pp.73–75, Tamcke, “A Letter of Mar Thomas...” 参照。

（135）Brown（1982）pp.115–121, Neill（1985）pp.65–67, Hambye（1997）pp.49–52, Cheriyan（2003）pp.217–219, Daniel（1986） pp.128–131.

(136) 九四頁参照。

(137) Brown (1982) pp.121–124, Neill (1985) pp.67–70, Hambye (1997) pp.52–61, Thonippara (1999) pp.64–68, 132–169, Cheriyan (2003) pp.219–222, Daniel (1986) pp.134f.

(138) "Ramban" (マ ṟanpān) はシリア語で通常修道士を呼ぶときに用いられる rabban に由来する称号。蛇足ながら、ここに見られる濁音二重子音の鼻音化は（パラヤクールの間では今でも一般的な）インドでの伝統的シリア語発音の特徴の一つ（もう一つの大きな特徴としては š および有気音 ṯ の s ないし ś への転化がある。例えば、古典シリ qaddīšā［聖なる、聖人］, ma'mōdīṯā［洗礼］→パラヤクール qandīsā, māmmōdīsā. これに対してプタンクールの間では現在では西シリア発音に準じて qadišo, ma'mūdīṯō と発音することが多いようである）。

(139) Brown (1982) pp.129f., Neill (1985) p.70, Hambye (1997) pp.53f., Daniel (1986) pp.132f., Cheriyan (2003) pp.224f., Thomas (1993) pp.64f., Koodapuzha (1998a) p.160.

(140) 歴史家・政治家として知られるマコーリー卿（Thomas Babington Macaulay, 1800–59）の伯父。このマコーリーとそれに続いたマンローはロンドン宣教協会（London Missionary Society, LMS）や英国聖公会宣教協会（Church Missionary Society, 後に Church Mission Society, CMS）の宣教師の活動を積極的に支援した（Kawashima [1998] 56f.）。

(141) D'Orsey (1893) pp.303–318, Brown (1982) pp.125f., Neill (1985) pp.238f., Daniel (1986) pp.135f., Cheriyan (2003) p.223, 235f., 小林 (2001) p.39. ビューカナンのケーララ訪問の報告としては Buchanan (1811) pp.148–170参照（Cheriyan [2003] pp.455–458にも抜粋あり）。ビューカナンが推進した聖書翻訳事業については Varghese (2006) pp.67–80、ビューカナンがケーララで収集し、英国に持ち帰ったシリア語写本については Wright (1901) pp.xiii–xv, Buchanan (1812) p.88参照。

(142) Brown (1982) pp.127–129, Daniel (1986) pp.138f., 145, Cheriyan (2003) pp.225–227, 233f., Puliurumpil (1994) pp.197f.

(143) 現在のマランカラ正教会の Orthodox Theological Seminary, 通称 Old Seminary.

(144) Brown (1982) pp.132–139, Neill (1985) pp.241–247, Daniel (1986) pp.142–154, Cheriyan (2003) pp.234–262, Chediath

（2003）pp.70–75. 一九世紀末の聖公会側から見た記述としては D'Orsey（1893）pp.321–339参照。

（145） Brown（1982）pp.139f., Neill（1985）pp.249–251, Daniel（1986）p.155, Cheriyan（2003）pp.262f., Koodapuzha（1998a）pp.249–255, Thekeparampil（2002）p.11. 南インド教会はケーララ州では四教区に信徒約二〇万人がおり（Thomas [1993] p.83）、ケーララ中南部の中央ケーララ（Madhya Kerala）教区では信徒総数約五万五千人のうち約六割が「聖トマス・キリスト教徒」の子孫（Chediath [1999] p.84）。

（146） アブラハムが行った典礼の改革についての考察としては Tovey（1997）pp.7–27参照。

（147） John Anderson's School, General Assembly School. 一八三七年にスコットランド人宣教師 John Anderson が設立。現在の Madras Christian College の前身。

（148） マールトーマー教会の数え方ではトマス［マールトーマー］一三世。

（149） 「マランカラ」という名称については注9参照。

（150） 当時の指導者はアブラハム・マルパーンの息子で、Mathews Mar Athanasius の従弟に当る第一四代マールトーマー Thomas Mar Athanasius（1837–93, 在位1877–）。以後も第一六代 Titus II（在位1909–44）までの指導者はアブラハムの家系から。

（151） Brown（1982）pp.140–149, Neill（1985）pp.251–254, Daniel（1996）pp.162–170, 186–193, Cheriyan（2003）pp.263–267, 297–302, Koodapuzha（1998a）pp.156–158, Chediath（2003）pp.76–78. マールトーマー教会の立場から見た記述としては Juhanon Mar Thoma（1998）pp.419f., Alexander Mar Thoma（1985）pp.24–32, Kanisseril & Kallumpram（2003）pp.19–84参照。

（152） マールトーマー教会の「改革」が不十分であるとして一九六一年に分かれた分派として St. Thomas Evangelical Church of India がある（Daniel [1986] p.199, Koodapuzha [1998a] p.159, Mundadan [2003] p.131f.）。さらに、この教会内の「フェローシップ」として始まった団体が二〇〇〇年以降 St. Thomas Evangelical Church of India（Fellowship）として独立した教会を形成している（St. Thomas Evangelical Fellowship of India [2000–04] 参照）。

(153) Brown（1982）pp.145–147, Daniel（1986）pp.172–179, Cheriyan（2003）pp.288–296, Chediath（2003）pp.79–81.

(154) 総大司教就任前には一時カトリックとなり、シリア・カトリック教会のホムス大司教（司教名グレゴリオス、Fiey [1993] p.214, Chediath [2003] p.83）。

(155) Kochuparambil Paulose Mar Kurilose（1850–1917, マランカラ大司教1911–）.

(156) マ Bāvā kakṣi; Metrān kakṣi, 英 Patriarch's Party; Metropolitan's Party, 後者は後に Catholicos Party.

(157) Brown（1982）pp.151–153, Daniel（1986）pp.203–219, Cheriyan（2003）pp.302–312.

(158) 「マフリヨーノー」については注131参照。「カトリコス」は本来はシリア正教会の聖職名ではなく、アッシリア東方教会の長の称号だが、歴史的にはシリア正教会のマフリヨーノーが管轄地域が重なるアッシリア東方教会の長に対抗して「カトリコス」を称したこともあった（Takahashi [2005] p.48参照）。

(159) シリア正教会の公式の見解（Dolabani [1990] pp.276–282参照）では在位1895–1904.

(160) Brown（1982）153f., Daniel（1986）pp.221–225, Cheriyan（2003）pp.312–322, 356–359, Chediath（2003）pp.82–88.

(161) この他に「インド正教会」（Orthodox Church of India, Indian Orthodox Church）という名称も散見される。

(162) Brown（1982）pp.160f., Daniel（1986）pp.365f., Cheriyan（2003）p.385.

(163) Brown（1982）pp.161–163, Daniel（1986）pp.377f., 411f., Cheriyan（2003）pp.398–404.

(164) Bethany 司教［司教名 Ivanios］1925–, 大司教1929–, Phasis 名義司教1932.2–, ティルヴァナンダプラム大司教1932.6–. マール・イヴァニオスの伝記としては Gibbons（2002）, Moolaveetil（1987）, Abraham（2001）参照。

(165) 裁判の経緯については Daniel（1986）pp.247–252参照。

(166) Chediath（2003）pp.89–104, Koodapuzha（1998a）p.164. Daniel（1986）p.231, Cheriyan（2003）pp.354f. はマランカラ正教会の立場からこのイヴァニオスの行為を「裏切り」（betrayal）と見なす。

(167) アラ naṣrānī, マ nasrāṇi（複数 nasrāṇikaḷ）. Thadikkat（2004）pp.24–27参照。

(168) マラヤーラム語ではこの形はウダヤンペールール教会会議決議のマラヤーラム語版に登場する（Zacharia [1999] p.17,

Thadikkat [2004] pp.27f.)。欧文では「聖トマス・キリスト教徒」という名称は一四世紀のヨハネ・デ・マリニョリの記述にすでに見られ(杉本 [2007] p.351)、一六世紀中の文献に christãos [cristãos] de S. Thome 等の形で頻見される。

(169) マ Mārttōmmā mārggaṃ, Tōmmāyuṭe mārggaṃ. Zacharia (1999) p.42によれば Mārttōmmāṭe mārggavuṃ vaḻipāṭuṃ とも。"mārggaṃ" (梵 mārgaḥ) の原義は「道」("way", "path")。"vaḻi-pāṭ" は「系統」("race, lineage") の意があり、この場合は「伝承、伝統」に近い意味で用いられているものと思われるが、構成要素の "vaḻi" はやはり「道」の意(Gundert [1872], Warrier 他 [2001] s.vv.)。欧文では一六世紀の文献でも「法」と訳されており(e.g. "la legge del'apostolo Tommaso", Poggi [2001] p.115)、ここにインドと西洋の宗教観の違いを垣間見ることもできるが、ここでは以下のような意見に従って「道」と訳しておく。Koodapuzha (2006) p.8: "Margam means the Way, i.e. the way of life introduced and initiated by St. Thomas. ... For the Thomas Christians *Mar Thoma Margam* means their Christian faith, liturgical tradition, ecclesiastical system, discipline, ascetical practices, administration, spirituality, theological tradition etc. Its translation into *Law of Thomas* does not convey the depth of the meaning of the term '*Margam*'.

(170) Kollaparambil (2001) pp.160–162, Zacharia (1999) p.42等参照。

(171) ウダヤンペールール教会会議決議三・七(Geddes [1998] pp.62f., Zacharia [1994] p.93)。

(172) "Hindu in culture, Christian in religion, Oriental in worship" (Podipara [2001]). — ポディパーラ(Placid J. [Placid of St. Joseph] Podipara C.M.I., 1899–1985, 聖省顧問1953–80)については Koodapuzha (1998b) 参照。

(173) 後者の主張のやや極端な例としては Pulikunnel (1997) 参照。「脱植民地化」の論理をさらに一歩進めたものとしては南インドのドラヴィダ主義と相俟って、アーリヤ文化やヒンドゥー教もキリスト教より後にケーララに到達したものとして、「アーリヤ化」以前のケーララの社会にキリスト教の理想像を求める主張もある(Kallarangat [2001] pp.213–215)。

(174) シリア・マラバール教会ではなくシリア・マランカラ教会(ティルヴァッラ教区)の管轄下ではあるが、シリア典礼とインドの伝統を融合させる試みとして西ガート山中のヴァガモンにあるクリシュマラ修道院(Kurisumala Ashram)での試みが興味深い。ベルギー出身の厳律シトー会士フランシス・マイウー (Francis Mahieu O.C.S.O., 通称 Francis Acharya,

1911–2002)が一九五八年にビード・グリフィス(Bede Griffiths O.S.B., 1906–1993)とともに創設したこの修道院では、ヒンドゥー式の修道衣を採用し、シリア典礼の聖務日課に "Seeds of the Word" としてウパニシャドやヴェーダからの朗読を取り入れる等の試みがなされている(クリシュマラ修道院については Kurisumala Ashram [ca. 1999]、そこで使われている典礼書の例としては Francis Acharya [1996]、マイウーについては Thekkeparambil [2002] 等参照。このほかに、M. Mahieu-De Praetere, *Kurisumala: Francis Mahieu Acharya, Pioneer in Christian Monasticism in India*, Collegeville (MN): Cistercian Publications が二〇〇七年中に刊行予定)。

(175) この変化にはレオ一三世の勅書「オリエンタリウム・ディグニタス」(一八九四年)から第二ヴァティカン公会議文書「東方教会教令《オリエンタリウム・エクレシアルム》」(一九六四年)に至る文書に見られるような、「ローマ」の東方典礼ないし東方教会に対する理解の変化とともに、かつてケーララの教会を管轄していた布教聖省と東方典礼の保護と促進を存在意義とする東方教会省との立場の違いも反映されており、このため、「脱カルデア化」を主張する Pulikunnel (1997) 等の攻撃の矛先はしばしば東方教会省に向けられている。

(176) シリア正教会とマランカラ正教会の立場の相違が信徒の聖トマスを巡る歴史観の相違にも反映されている例の紹介としては Visvanathan (1999) pp.34f., 62参照。

(177) ただし、聖トマスの伝統の重視はラテン典礼教会等のこの伝統に属さない教会の阻害につながるというジレンマもある上、カースト制度の名残で聖トマス・キリスト教徒と他のキリスト教徒の多くとの間には社会的な地位の差があることがこの問題を複雑なものとしている。

地名について

ケーララ等の地名は読者には馴染みの薄いものが多いものと思われる。また、近年は欧文でもインドの地名を現地語の発音に近い形で表記する文献が増えているが、いまだに現地語とかけ離れた従来式の表記が用いられている場合も多い。参考までに、文中に現れる主な地名の現地語形と新旧の英語形(一部従来のポルトガル語形も)を示しておく。

アーランガード：マ Āḷaṅṅāṭ（ആലങ്ങാട്），英 Alangad
アールヴァ：マ Āluva（ആലുവ），英旧 Alwaye, 英新 Aluva
アンガマーリ：マ Aṅkamāli（അങ്കമാലി），英 Angamali, Angamaly, Angamalé
イダパッリ：マ Iṭappaḷḷi（ഇടപ്പള്ളി），英 Edapally
ヴァイピコッタ：マ Vaippikkoṭṭa（വൈപ്പിക്കോട്ട），英 Vaipicotta
ヴァラープラ（ヴェラポリ）：マ Varāppuḻa（വരാപ്പുഴ），英旧 Verapoly, 英新 Varapuzha
ヴェーナード：マ Vēṇāṭ（വേണാട്），英 Venad
ウダヤンペールール（ディアンペル）：マ Udayampērūr（ഉദയംപേരൂർ），英旧／葡 Diamper, 英新 Udayamperur, Udayamperoor
エラナークラム：マ Eṛaṇākuḷaṃ（എറണാകുളം），英 Ernakulam
カドゥトゥルティ：マ Kaṭutturutti（കടുത്തുരുത്തി），英 Kaduthuruthy, 葡 Carturte
カンダナード：マ Kaṇṭanāṭ（കണ്ടനാട്），英 Kandanad
カニヤークマリ：タ Kaññiyākumari（கன்னியாகுமரி），英旧 Comorin, 英新 Kanyakumari
コータヤム：マ Kōṭṭayaṃ（കോട്ടയം），英 Kottayam, 葡 Cottette
コチ（コーチン）：マ Kocci（കൊച്ചി），英旧 Cochin, 英新 Kochi, 葡 Cochim
コッラム（キーロン）：マ Kollaṃ（കൊല്ലം），英旧 Quilon, 英新 Kollam, 葡 Coulão
コドゥンガルール（クランガノール）：マ Koṭuṅṅallūr（കൊടുങ്ങല്ലൂർ），英旧 Cranganore, 英新 Kodungallur, 葡 Cranganor(e)
コーラトゥナード：マ Kōlattunāṭ（കോലത്തുനാട്），英 Kolathunadu
コーリコード（カリカット）：マ Kōḻikkōṭ（കോഴിക്കോട്），英旧 Calicut, 英新 Kozhikode, 葡 Calecut(e)
チャンガナーシェーリ：マ Caṅṅanāśśēri（ചങ്ങനാശ്ശേരി），英 Changanassery
ティルヴァナンダプラム（トリヴァンドラム）：マ Tiruvanantapuraṃ（തിരുവനന്തപുരം），英旧 Trivandrum, 英新

Thiruvananthapuram

ティルヴィターンクール（トラヴァンコール）：マ Tiruvitāṅkūr, Tiruvitāṃkūr（തിരുവിതാങ്കൂർ, തിരുവിതാംകൂർ），英旧 Travancore

トリシュール：マ Tṛśūr（തൃശൂർ），英旧 Trichur, 英新 Thrissur

トーリユール：マ Tōḻiyūr（തോഴിയൂർ），英 Thozhiyur

ニラナム：マ Niraṇaṃ（നിരണം），英 Niranam

パーラー：マ Pālā（പാലാ），英旧 Palai, 英新 Pala

プドゥチェーリ（ポンディシェリー）：タ Putuccēri（புதுச்சேரி），英 Pondicherry; Puducherry

マイラープール：タ Mayilāppūr（மயிலாப்பூர்），英 Mylapore, 葡 Meliapor（e），Meliampor

マーヴェーリカラ：マ Māvēlikkara（മാവേലിക്കര），英 Mavelikara

マッターンチェーリ：マ Maṭṭāñcēri（മട്ടാഞ്ചേരി），英 Mattancherry

マーラーマン：マ Mārāmaṇ（മാരാമൺ），英 Maramon

ムラントゥルティ：マ Muḷanturutti, Muḷaṃturutti（മുളന്തുരുത്തി, മുളംതുരുത്തി），英 Mulanthuruthy

略　号

アラ：アラビア語、欧：ヨーロッパ諸国語、梵：サンスクリット語、シリ：シリア語（東シリ：東シリア発音、西シリ：西シリア発音）、タ：タミル語、マ：マラヤーラム語

Harp: *The Harp. A Review of Syriac and Oriental Ecumenical Studies*, Kottayam: St. Ephrem Ecumenical Research Institute（SEERI）.

Hugoye: *Hugoye. Journal of Syriac Studies* [http://syrcom.cua.edu/Hugoye].

ICHC: George Menacherry 編，*Indian Church History Classics*, vol. 1. The Nazranies, Ollur: The South Asia Research Assistance Services, 1998.

OCA: Orientalia Christiana Analecta.

OIRSI: Oriental Institute of Religious Studies India [Publications].

OLP: Orientalia Lovaniensia Periodica.

PIOS: Pontificium Institutum Orientalium Studiorum.

PUG: Pontificia Universitas Gregoriana.

Thomapedia: George Menacherry 編 , *The Thōmāpēdia. Apostle Thomas. Kerala. Malabar Christianity. Enlarged self–contained Millenium Edition of the Kerala Volume of the St. Thomas Christian Encyclopaedia of India. Incorporating Research/Study/Reference-Aid Materials*, Ollur: Thōmāpēdia, 2000.

Urha: Urha-The Way. A Journal of Theology, Changanassery: Marthoma Vidyanikethan.

参考文献

Abraham, Peter C. [Rebecca Thomas 訳]（2001）. *In His Master's Footsteps (Life Story of Archbishop Mar Ivanios),* Kottayam: Bethany Publications [原題 *Malaṅkara Sūryan*].

Akkara, Anto（2006）. "Vatican corrects remark on St. Thomas", *The Tablet*, 9 December 2006, p. 31.

Alexander Mar Thoma Metropolitan（1985）. *The Marthoma Church. Heritage and Mission*, Tiruvalla: CSS Books.

Andronov, Mikhail S.（1996）. *A Grammar of the Malayalam Language in Historical Treatment*, Wiesbaden: Harrassowitz.

Appassery, George（2006）. "Qnay-Thoma and Kaldaya Qurbana", *Harp* 21（2006）pp.263–321.

[Mar] Aprem [Mooken]（2003）. *The Assyrian Church of the East in the Twentieth Century*, Kottayam: St. Ephrem Ecumenical Research Institute.

Baumer, Christoph（2006）. *The Church of the East. An Illustrated History of Assyrian Christianity*, London: I.B. Tauris.

Beltrami, Giuseppe（1933）. *La Chiesa Caldea nel secolo dell'Unione*（Orientalia Christiana vol. XXIX, no. 83）, Roma: PIOS.

Benedict XVI [Josef Ratzinger] (2006a). "General Audience. Saint Peter's Square. Wednesday, 27 September, 2006". www.vatican.va/holy_father/benedict_xvi/audiences/2006/documents/hf_ben-xvi_aud_20060927_en.html

ベネディクト一六世[カトリック中央協議会司教協議会秘書室研究企画(岩本潤一)訳](2006b)、「教皇ベネディクト十六世の66回目の一般謁見演説」、カトリック中央協議会。www.cbcj.catholic.jp/jpn/feature/newpope/bene_message147.htm

Bernard of St. Thomas (1998). "A Brief Sketch of the History of St. Thomas Christians", *ICHC*, p.293–312 [原書 Trichinopoly, 1924].

Briquel-Chatonnet, Françoise, Alain Desreumaux & Jacob Thekeparampil (1998/9). "Syriac Written Heritage in Kerala: First Glances in the Enquiry", *Harp* 11/12 (1998/9) pp.135–151.

Brown, Leslie (1982). *The Indian Christians of St. Thomas. An Account of the Ancient Syrian Church of Malabar* (Reissued with additional chapter), Cambridge: Cambridge University Press [初版 Cambridge 1956].

Buchanan, Claudius (1811). *Two Discourses Preached before the University of Cambridge, on Commencement Sunday, July 1, 1810. And a Sermon Preached before the Society for Missions to Africa and the East; at their Tenth Anniversary, July 12, 1810. To which are added Christian Researches in Asia*, Boston: Samuel T. Armstrong [pp.87–264: "Christian Researches in Asia: with Notices of the Translation of the Scriptures into Oriental Languages"].

——,(1812). *Sermons on Interesting Subjects*, Edinburgh: J. Ogle, 1812.

Chaitanya, Krishna (1971). *A History of Malayalam Literature*, New Delhi: Orient Longman.

Chediath, Geevarghese [C. Krijnsen 訳] (1999). "Een stem in de woestijn... De situatie van de oosters-katholieke kerken in India", Het Christelijk Oosten 51 (1999) pp.83–98.

——,[A.J. Joy Angemadathil 訳] (2003). *The Malankara Catholic Church*, Kottayam: Bethany Sisters'Publication.

Cheriyan, C.V. (2003). *Orthodox Christianity in India. A History of the Malankara Orthodox Church AD 52–2002*, Kottayam:

Academic Publishers.

Chummar, T.M.（2001）. “Malayalam Literature and Thomas Christians”, *Thomapedia*, pp.159–165.

Daniel, David（1986）. *The Orthodox Church of India. History*, 2nd edition, New Delhi: Miss Rachel David.

Dōlabānī, Yuḥanon（1990）. *Maktbonuto d-faṭriyarkē d-Anṭiyōk d-Suryoyē Trīṣay Šubḥo*, Holland [Glane/Losser]: Bar-Hebraeus Verlag.

D’Orsey, Alex J.D.（1893）. *Portuguese Discoveries Dependencies and Missions in Asia and Africa*, London: W.H. Allen [復刻版 New Delhi: Asian Educational Services, 1998].

Fiey, Jean Maurice（1965）. *Assyrie chrétienne. Contribution à l’étude de l’histoire et de la géographie ecclésiastiques et monastiques du nord du l’Iraq*, Beyrouth: Imprimerie Catholique.

——,（1993）. *Pour un Oriens christianus novus. Répertoire des diocèses syriaques orientaux et occidentaux*, Beirut/Stuttgart: Franz Steiner.

Francis Acharya [Mahieu]（1996）. *Prayer with the Harp of the Spirit. The Prayer of Asian Churches*, vol. 1. A Weekly Celebration of the Economy of Salvation（Third Revised Edition）, Vagamon: Kurisumala Ashram.

Geddes, Michael（1998）. “A Short History of the Church of Malabar together with the Synod of Diamper”, *ICHC*, pp. 31–112 [原書 *The History of the Church of Malabar, from The time of its being discover’d by the Portuguezes in the Year 1501. Giving an Account of The Persecutions and Violent Methods of the Roman Prelates, to Reduce them to the Subjection of the Church of ROME. Together with the SYNOD of DIAMPER Celebrated in the Year of our Lord 1599. With some Remarks upon the Faith and Doctrine of the Christians of St. Thomas in the Indies, agreeing with the Church of England, in opposition to that of Rome*, London, 1694].

Gibbons, Margaret（2002）. *Archbishop Mar Ivanios*（1882–1953）. *Apostle of Church Union*, 2nd ed., Kottayam: Bethany Publications [初版 Dublin, 1962].

龔方震[龔方震](1983)、「唐代大秦景教碑古叙利亚文字考释」、『中华文史论丛』、一九八三年一輯、一–二五頁。

Gouvea, António de [Pius Malekandathil 編訳](2003). *Jornada of Dom Alexis de Menezes: A Portuguese Account of the Sixteenth Century Malabar (Jornada do Arcebispo originally written in Portuguese in 1603 by António de Gouvea)*, Kochi: LRC Publications.

Government of Kerala (ca. 2002). "Statistical Data. Vital Statistics. Statistics for Planning 2001. I. Population", www.kerala.gov.in/statistical/vitalstatistics/p_population.htm, 2007年7月1日閲覧.

Graf, Georg (1951). Geschichte der christlichen arabischen Literatur, Vierter Band (Studi e Testi 147), Città del Vaticano: Biblioteca Apostolica Vaticana.

Gundert, H[ermann] (1872). *A Malayalam and English Dictionary*, Mangalore: C. Stolz [復刻版 New Delhi: Asian Educational Services, 1992].

Habbi, Joseph (1980). «Les Chaldéens et les Malabares au XIXe siècle», *Oriens Christianus*, 64 (1980) pp.82–107.

Hambye, E.R. (1997). *History of Christianity in India*, vol. III. Eighteenth Century, Bangalore: The Church History Association of India.

Hermes, Karen (1995). „Countdown to 1999". Die Synode von Diamper (1599) im Spiegel der verschiedenen Kirchen der südindischen Thomaschristenheit, in: M. Tamcke u.a. (Hrsg.), Syrisches Christentum Weltweit. Studien zur syrischen Kirchengeschichte. Festschrift Wolfgang Hage, Münster: LIT Verlag, S. 325–340.

Houtart, François (1981). «L'implantation portugaise au Kerala et ses effets sur l'organisation sociale et religieuse des Syriens et sur le système des castes», *Social Compass*, 28 (1981) pp.201–235.

John, K.J. (1999). *The Road to Diamper. An Exhaustive Study of The Synod of Diamper and The Origins of Roman Catholics in Kerala*, Cochin: Kerala Latin Catholic History Association.

John, Zacharia, "The Syriac Inscriptions in Kerala", 6th Syriac Conference (St. Ephrem Ecumenical Research Institute [SEERI],

Kottayam, 2006年9月)にて発表, Harp に掲載予定.

Juhanon Mar Thoma (1998). "Christianity in India and the Mar Thoma Syrian Church", *ICHC*, pp.413–423 [原書 Madras, 1952].

Jussay, P.M. (2003). "The Jews in Kerala", Puthur 編 (2003), pp.126–137 [続く pp.138–141には Samuel H. Hallegua' pp.142–150には Matthias A. Mundadan による "Response" あり].

Kallarangat, Joseph (2001). *Reflections on Theology and Church* (OIRSI 254), Kottayam: OIRSI.

Kanjirathinkal, A. (1984). *A Church in Struggle*, Bangalore: Dharmaram Publications.

Kannisseril, Zac Varghese, & Matthew A. Kallumpram (2003). *Glimpses of Mar Thoma Church History*, [New Delhi]: Society of St. Thomas & St. Augustine.

Kariyil, Antony (1995). *Church and Society in Kerala. A Sociological Study*, New Delhi: Intercultural Publications.

Katz, Nathan, & Ellen S. Goldberg (1993). *The Last Jews of Cochin: Jewish Identity in Hindu India*, Columbia: University of South Carolina Press.

Kawashima, Koji [川島耕司] (1998). *Missionaries and a Hindu State. Travancore 1858–1936*, Delhi: Oxford University Press.

Kiraz, George A. [Ğūrğ Anṭūn Kīrāz] (1988). *'Iqd al-ğumān fī aḫbār al-Suryān*, Holland [Glane/Losser]: Bar-Hebraeus Verlag.

小林勝(2001)、「南インド・ケーララ地方におけるシリアン・カトリックとカトリック・ミッション」、『南アジア社会におけるキリスト教と社会文化変容に関する研究』、平成一一年度—平成一二年度科学研究費補助金(基盤研究B(2))研究成果報告書(研究代表者杉本良男)、国立民族学博物館民族文化研究部、平成一三年三月、二一一–四一頁。

——,(2006)、「文明化としてのキリスト教的制度性への改宗—インド・ケーララ地方におけるヒンドゥー教の再編成をめぐって」、杉本良男編『キリスト教と文明化の人類学的研究』(国立民族学博物館調査報告62)、二五三–三五一頁。

Kollaparambil, Jacob (1981). *The St. Thomas Christians' Revolution in 1653*, Kottayam: The Catholic Bishop's House.

——, (1992). *The Babylonian Origin of the Southists among St. Thomas Christians* (OCA 241), Roma: PIOS.

——,(2001).“The Impact of the Synod of Diamper on the Ecclesial Identity of the St. Thomas Christians”, Nedungatt 編 (2001), pp 147–172.

Koodapuzha, Xavier (1998a). *Christianity in India* (OIRSI 200), Kottayam: OIRSI, 刊行年不明 [1998頃].

——,(1998b).“11. Placid. The Syrian Church of Malabar” [解説], *ICHC*, pp.24–27.

——,(2006).“Mar Thoma Margam: Ecclesiology of St. Thomas Christians”, *Urha* 1 (2006) pp.8–23.

Kulathramannil, Joseph (ca. 2001). *Cultural Heritage of Knanaya Syrian Christians*, Sharjah: Youth Association, St. Mary's Knanaya Church.

Kurisumala Ashram (ca. 1999). *Kurisumala Ashram. A Cistercian Abbey in India*, Vagamon: Kurisumala Ashram.

Land, J.P.N. (1862). *Symbolae syriacae* [= *Anecdota syriaca* I], Lugduni Batavorum [Leiden]: Brill.

Levi della Vida, Giorgio (1939). *Ricerche sulla formazione del più antico fondo dei manoscritti orientali della Biblioteca Vaticana* (Studi e Testi 92), Città del Vaticano: Biblioteca Apostolica Vaticana.

Macuch, Rudolf (1976). Geschichte der spät- und neusyrischen Literatur, Berlin/New York: de Gruyter.

Malekandathil, Pius (2003). = Gouvea (2003), p. xx–lxxii, “Introduction”.

Mathew, E.P. (2001). “The Knanaya Community of Kerala”, *Thomapedia*, pp.74–75.

Medlycott, A.E., “India and the Apostle Thomas”, *ICHC*, pp.187–264 [原書 *India and Apostle Thomas. An Inquiry with a Critical Analysis of the Acta Thomae*, London: David Nutt, 1905].

Menacherry, George 編 (1998). *Indian Church History Classics*, vol. 1. The Nazranies, Ollur: The South Asia Research Assistance Services.

——, 編 (2000). *The Thōmāpēdia*, Ollur, 2000.

——,(2005). *Glimpses of Nazrany Heritage*, Ollur: The South Asia Research Assistance Services.

Menacherry, George, & Werner Chakkalakkal (2000). *Kodungallur. The Cradle of Christianity in India*, Kodungallur: Mar

Thoma Pontifical Shrine.

Menon, A. Sreedhara（1967）. *A Survey of Kerala History*, Kottayam: Sahitya Pravarthaka Co-operative Society.

三津間康幸・青木健（2006）、「ダーラーブギルドのマスジェデ・サンギー遺跡の碑文―中期ペルシア文字碑文と東方シリア教会史―」、『エイコーン』、第三四号、九五―一一〇頁。

Moffett, Samuel Hugh（2005）. *A History of Christianity in Asia*. Volume II: pp.1500–1900, New York: Orbis Books.

Moolaveetil, Louis（1987）. *The Spiritual Life of Mar Ivanios*, 2nd edition, Kottayam: Bethany Publications [初版 1977].

Moraes, George Mark（1964）. *A History of Christianity in India. From early times to St. Francis Xavier: A.D. 52–1542*, Bombay: Manaktalas.

Mundadan, A. Matthias（2001）. *History of Christianity in India*, vol. I. From the Beginning up to the Middle of the Sixteenth Century（up to 1542）, Revised Edition, Bangalore: Church History Association of India [初版 1982].

――,（2003）. *Indian Christians: Search for Identity and Struggle for Autonomy*（Placid Lecture Series 4）, 2nd edition, Bangalore: Dharmaram Publications [初版1984].

Murre-van den Berg, Heleen H.L.（1999）. "Patriarchs of the Church of the East from the Fifteenth to Eighteenth Centuries", *Hugoye*, vol. 2, no. 2（July 1999）.

Nedungatt, George 編（2001）. *The Synod of Diamper Revisited*（Kanonika 9）, Rome: Pontificio Istituto Orientale.

――,（2001a）. "Interpreting the Synod of Diamper", Nedungatt 編（2001）, pp.11–36.

――,（2001b）. "The Synod of Diamper and the Union of Brest. A Comparison", Nedungatt 編（2001）, pp.135–146.

――,（2001c）. "Return to Pre–Diamper Traditions", Nedungatt 編（2001）, pp.227–272.

――,（2006）. "St. Thomas the Apostle of India or of Pakistan?", *Sathyadeepam*, vol. 3, issue 24（16 November 2006）, http://english.sathyadeepam.org/Secondstory.asp?id=1577&volno=3&issno=24&catid=2, 2007年3月31日閲覧 .

Neill, Stephen（1984）. *A History of Christianity in India. The Beginnings to AD 1707*, Cambridge: Cambridge University Press.

——,(1985). *A History of Christianity in India. 1707–1858*, Cambridge: Cambridge University Press.

Office of the Registrar General, India (2004). “Census of India 2001. Data on Religion”, www.censusindia.net/religiondata 2007年3月31日閲覧.

Pakalomattom Family (2003–04). “Pakalōmaṟṟaṃ mahākuṭuṃbacaritraṃ” [പകലോമറ്റം മഹാകുടുംബചരിത്രം], www.pakalomattamfamily.org/index.htm, 2007年3月31日閲覧.

Pallath, Paul (2001). “Synod of Diamper: Valid or Invalid?”, Nedungatt 編 (2001), pp.199–226.

——,(2004). *Important Roman Documents concerning the Catholic Church in India* (OIRSI 273), Kottayam: OIRSI.

——,(2005). *The Provincial Councils of Goa and the Church of St. Thomas Christians* (OIRSI 285), Kottayam: OIRSI.

——,(2006a). *The Grave Tragedy of the Church of St. Thomas Christians and the Apostolic Mission of Sebastiani,* Changanassery: HIRS Publications.

——,(2006b). “The Principle of Territoriality according to the Eastern Code with Special Reference to the Catholic Churches in India”, *Urha* 1 (2006) pp.24–49.

Pallipurathkunnel, Thomas (1982). *A Double Regime in the Malabar Church (1663–1716)*, Alwaye: Pontifical Institute of Theology and Philosophy [学位論文 PUG, 1975].

Panikkar, K.M. (1960). *A History of Kerala 1498–1801* (Annamalai University Historical Series No: 15), Annamalainagar: The Annamalai University.

Paremmakkal, Cathanar Thomman [Placid J. Podipara 訳註] (1971). *The Varthamanappustakam. An account of the history of the Malabar Church between the years 1773 and 1786 with special emphasis on the events connected with the journey from Malabar to Rome via Lisbon and back undertaken by Malpan Mar Joseph Cariattil and Cathanar Thomman Paremmakkal* (OCA 190), Roma: PIOS.

Perczel, István (2002). “Syriac Manuscripts in India: The Present State of the Cataloguing Process”, *Harp* 15 (2002) pp.289–

297.

——,(2006). "Have the Flames of Diamper Destroyed All the Old Manuscripts of the Saint Thomas Christians?", *Harp* 20 (2006) pp.87–104.

Perumthottam, Joseph (1994). *A Period of Decline of the Mar Thoma Christians (1712–1752)* (OIRSI 171), Kottayam: OIRSI [学位論文 PUG, 1989].

Podipara, Placid (1986). *The Latin Rite Christians of Kerala*, Kottayam: Denha Services.

——,(1998). "The Syrian Church of Malabar", *ICHC*, pp.363–377 [原書 Changanassery, 1938].

——,(2001). "Hindu in Culture, Christian in Religion, Oriental in Worship", *Thomapedia*, pp.106–112.

Poggi, Vincenzo (2001). "Gesuiti e Diamper", Nedungatt 編 (2001), pp.105–133.

Pulikunnel, Joseph (1997). *Identity of Nazrani Church of Kerala*, Kottayam: Indian Institute of Christian Studies.

Puliurumpil, James Abraham (1994). *A Period of Jurisdictional Conflict in the Suriani Church of India (1800–1838)* (OIRSI 166), Kottayam: OIRSI [学位論文 PUG, 1993].

Puthiakunnel, Thomas (2001). "Jewish Colonies of India Paved the Way for St. Thomas", *Thomapedia*, pp.26–27.

Puthur, Bosco 編 (2000). *The Life and Nature of the St. Thomas Christian Church in the Pre-Diamper Period* (LRC Publications 1), Kochi: Liturgical Research Centre of the Syro-Malabar Church.

——, 編 (2003). *St. Thomas Christians and Nambudiris, Jews and Sangam Literature. A Historical Appraisal* (LRC Publications 7), Kochi: LRC Publications.

Raja, P.K. (1953). *Mediaeval Kerala* (Annamalai University Historical Series No. 11), [Annamalainagar]: Annamalai University.

Roberson, Ronald (1999). *The Eastern Christian Churches. A Brief Survey* (*6th edition*), Roma: Edizioni Orientalia Christiana.

——, [compiled by] (2006). "The Eastern Catholic Churches. Source: *Annuario Pontificio*", www.cnewa.org/source–

images/Roberson–eastcath–statistics/eastcatholic–stat06.pdf, 2007年3月31日閲覧.

——, (ca. 2007). = Catholic Near East Welfare Association (CNEWA) ホームページ (www.cnewa.org) 掲載の Roberson (1999) の改訂オンライン版, www.cnewa.org/generalpg–verus.aspx?pageID=182, 2007年3月31日閲覧.

Ros, Francisco [Vincenzo Poggi & Jacob Kollaparambil 編 ; J. Kollaparambil 訳] (2001). "Relação sobre a serra/A Report on the Serra", Nedungatt 編 (2001), pp.302–367.

佐伯好郎 (1935)、『景教の研究』、東方文化學院東京研究所、昭和一〇年。

St. Thomas Evangelical Fellowship of India (2000–04). "Our Church History", www.evangelicalchurch.info/churchhistory.html 2007年6月30日閲覧.

Steingass, F[rancis] (2005). *A Comprehensive Persian-English Dictionary*, New Delhi-Chennai: Asian Educational Services [復刻版, 原書 London, 1892]

杉本良男 (2007)、「天竺聖トマス霊験記」、『国立民族学博物館研究報告』、三一巻三号、三〇五–四一七頁。

Takahashi, Hidemi (2004). *Aristotelian Meteorology in Syriac. Barhebraeus, Butyrum sapientiae, Books of Mineralogy and Meteorology*, Leiden/Boston: Brill.

——, (2005). *Barhebraeus: A Bio-Bibliography*, Piscataway: Gorgias Press.

Tamcke, Martin, "A Letter of Mar Thomas from 1728 as Source for the History of the Syrian St. Thomas Christians", 6th Syriac Conference (St. Ephrem Ecumenical Research Institute [SEERI], Kottayam, 2006年9月) にて発表, *Harp* に掲載予定.

Tang, Li [唐莉] (2002). *A Study of the History of Nestorian Christians in China and Its Literature in Chinese. Together with a New English Translation of the Dunhuang Nestorian Documents*, Frankfurt 他 : Peter Lang.

Thaddikat, Geo (2004). *Liturgical Identity of the Mār Tōmā Nazrāni Church. A Study Based on the Historical Developments of the Eucharistic Celebration, the Influence of Romanization and the Attempts for Restoration and Renewal* (OIRSI 278),

Kottayam: OIRSI [学位論文 Bangalore, Dharmaram Vidya Kshetram, 2003].

Thaliath, Jonas（1958）. *The Synod of Diamper*（OCA 152）, Roma: PIOS [復刻版 Bangalore: Dharmaram Vidya Kshetram, 1999].

Thekeparampil [Thekkeparambil], Jacob（2002）. "Obituary. Fr. Francis Mahieu of Kurisumala Ashram", *Hugoye*, vol. 5, no. 2（July 2002）.

——,（2006a）. Lebendiges Syrisches Erbe in Indien, in: Hallesche Beiträge zur Orientwissenschaft 33（2002）[2006刊行] pp.7–47.

——,（2006b）. SEERI: Ökumenisches Forschungsinstitut St. Ephräm in Kottayam, Kerala（Indien）, in: Hallesche Beiträge zur Orientwissenschaft 33（2002）[2006刊行] pp.131–149.

——,（2006c）. "Vestiges of East Syriac Christianity in India", Roman Malek 編 , *Jingjiao. The Church of the East in China and Central Asia*, Sankt Augustin: Institut Monumenta Serica, pp.485–497.

Thekkedath, Joseph（2001）. *History of Christianity in India*, vol. II. From the Middle of the Sixteenth Century to the End of the Seventeenth Century（1542–1700）, Revised Edition, Bangalore: Church History Association of India, 2001 [初版 1982].

Thomas, Anthony Korah（1993）. *The Christians of Kerala. A brief profile of all major Churches*, Kottayam: A.K. Thomas.

Thonippara, Francis（1999）. *Saint Thomas Christians of India: A Period of Struggle for Unity and Self-Rule（1775–1787）*, Bangalore: Center for Eastern and Indian Christian Studies [学位論文 PUG, 提出年不明].

Tisserant, E[ugène] Card[inal]（1941）. «Syro-Malabare（Église）», *Dictionnaire de Théologie Catholique*, T. 14/2, coll. 3089–3162.

Tovey, Philip（1997）. *Essays in West Syrian Liturgy*（OIRSI 199）, Kottayam: OIRSI, 刊行年不明 [1997頃].

Tubach, Jürgen（1994）. Tarisāpalli, in: OLP 25（1994）pp.69–79.

——,（2006a）. Historische Elemente in den Thomasakten, in: Hallesche Beiträge zur Orientwissenschaft 33（2002）[2006刊行] pp.49–116.

——,(2006b). “Thomas Cannaneo and the Thekkumbhagar (Southists)”, *Harp* 19 (2006) pp.388–412.

Ullendorff, Edward (1973). *The Ethiopians. An Introduction to Country and People*, Third Edition, Oxford: Oxford University Press.

Union of Catholic Asian News (2004). “Pope Grants Syro-Malabar Church Power to Elect Bishops in Kerala State”, January 8, 2004, www.ucanews.com にて検索, 2007年3月31日閲覧.

Vadakkekara, Benedict (2001). “The Synod of Diamper in Historical Perspective”, Nedungatt 編(2001), pp.37–75.

Vallavanthara, Antony (2001). *India in 1500 AD. The Narrative of Joseph the Indian*, Piscataway (NJ): Gorgias Press [originally published Mannanam: Research Institute for Studies in History, 1984].

van der Ploeg, J.P.M. (1983). *The Christians of St. Thomas in South India and their Syriac Manuscripts* (Placid Lecture Series 3), Bangalore, Dharmaram Publications.

Varghese, Baby (2001). “Syriac Bible in India”, Harp 14 (2001) pp.63–80.

——,(2006). “The CMS Missionaries and the Malankara Church (1815–1840)”, Harp 20 (2006) pp.399–446.

Varicatt, Cherian (1995). *The Suriani Church of India. Her Quest for Autochthonous Bishops (1877–1896)* (OIRSI 175), Kottayam: OIRSI [学位論文 PUG, 1992].

Vellian, Jacob (2001a). *Knanite Community. History and Culture* (Syrian Church Series XVII), Kottayam: Jyothi Book House.

——,(2001b). “The Synod of Diamper and the Liturgy of the Syro-Malabar Church”, Nedungatt 編 (2001), pp.173–198.

Visvanathan, Susan (1999). *History, Belief and Ritual among the Yakoba*, Delhi: Oxford University Press.

Wang Ding [王丁] (2006). “Remnants of Christianity from Chinese Central Asia in Medieval Ages”, Roman Malek 編, *Jingjiao. The Church of the East in Central Asia*, Sankt Augustin: Institut Monumenta Serica, pp.149–162.

Warrier, M.I., E.P. Narayana Bhattathiry & K. Radhakrishna Warrier (2001). *Malayāḷaṃ-Iṃgliṣ nighaṇṭu* [മലയാളം-ഇംഗ്ലീഷ് നിഘണ്ടു, *Malayalam-English Dictionary*], Kottayam: D.C. Books.

Witkam, Jan Just (2006). *Inventory of the Oriental Manuscripts of the Royal Netherlands Academy of Arts and Sciences in Amsterdam*, Leiden: Ter Lugt Press.

Wright, William 編 (1871). *Apocryphal Acts of the Apostles. Edited from Syriac Manuscripts in the British Museum and Other Libraries with English Translations and Notes*, London: Williams & Nothgate [復刻版 Amsterdam: Philo Press, 1968].

Wright, William [& Stanley Arthur Cook] (1902). *A Catalogue of Syriac Manuscripts Preserved in the University Library of Cambridge*, Cambridge: University Press [復刻版 Piscataway: Gorgias Press, 2002].

ザビエル、フランシスコ [G. Schurhammer & J. Wicki 編, 河野純徳訳] (1985)、『聖フランシスコ・ザビエル全書簡』、東京、平凡社。

杨晓春 [楊曉春] (2004)、「二十年来中国大陆景教研究综述(1982–2002)」、『中国史研究动态』、二〇〇四年第六期 一一–二一頁(www.eurasianhistory.com/data/articles/b01/1167.html にも掲載)。

Zacharia, Scaria (1994). *The Acts and Decrees of the Synod of Diamper 1599*, Edamattam: Indian Institute of Christian Studies.

フランシスコ・ザビエルのコミュニケーション原理の先進性について

吉村謙輔

物質主義と成功崇拝に取り囲まれ、終わりのない競争に駆立てられ、美への感動を奪われ、日々の生活の繰り返しの中で「自分らしさ」を見失いかけている人々に、ザビエルは静かに語りかける。

はじめに

昨年、世界各地でフランシスコ・ザビエルの生誕五〇〇周年を記念する催しが行われ、多くの人々が参加した。ザビエルが日本に初めてキリスト教を伝えた宣教師であることは広く知られている。しかし彼がどのような人であったのかについては、少なくとも日本ではあまり知られていないと思われる。彼は二年半ほどしか日本に滞在せず、日本語がほとんど話せず、その宣教活動は全く計画通りに進まず、日本を去ってから一年後には中国への入国を目前にして病死してしまった。多くの観点から見て彼の布教そのものは失敗であった。それではなぜ、彼の残した足跡は消え去ることなく、彼の伝えたメッセージは今日まで生き続けて来たのであろうか？　約二七〇年間に及ぶ鎖国と三世紀にも及ぶキリスト教弾圧にもかかわらず、日本のキリスト者達は脈々と次の世代に信仰を伝えて来たのである。ローマ時代の初代教会に対する迫害よりもさらに徹底した残酷な迫害(1)にもかかわらず、しかも外からの支援を絶たれた孤立状態の中で、彼の伝えた信仰は生き続けて来た。それには成功や失敗という概念を超えた不思議な力があったに違いない。戦国時代の日本人達に、彼は何を伝えたのであろうか？

ザビエル到着（一五四九年）から関が原の戦いまでの約五〇年の間に、日本人のキリスト者の数は、ほぼゼロから約七〇万人にまで増えたと言われる。これは当時の日本の人口の一割に匹敵し、驚異的な数と言える。明治時代にようやく信教の自由が認められるまで、キリシタン達は信じがたいほどの犠牲を払い、苦難に堪え、あらゆる方法で逞しく信仰を守り抜いて来た。日本人のどこにそのような不屈の信念と粘り強さがあったのであろうか？

本稿は、ザビエルの行動原理の中に、彼と日本人達との出会いの不滅性の手がかりを求めるものである。彼の行動原理を見ると、そこには「現代的」とさえ言える「異文化コミュニケーション」の姿勢が見られる。「どうぞ、我らの主なる神が、早く私たちを日本語のできる人間にして下さるように、と私達は祈って止まない。私達はもうすでに日本語の勉強を始めたのであって、四〇日間の進歩ぶりは、神の十戒を説明しうる程度になった。(2)」という言葉には異文化コミュニケーションの第一歩としての言語学習への情熱が現れている。一日も早く日本語を習得せねば！　しかしフランス語、スペイン語、イタリア語、ポルトガル語など多くのヨーロッパ言語を自由に操るザビエルにとっても日本語の習得は容易ではなかった。「日本人が頗る熱心に私たちのことを話しているのが判るが、その言葉を私たちは理解することができないから、（木像のように）沈黙しているしかない。(3)」という嘆きはリスニングの難しさを吐露したものである。しかしこの「日本語が充分にできないことが、たまらないほど苦痛だ。」という気持にこそザビエルのコミュニケーターとしての優れた資質が現れているのである。子供のように単純に意欲に燃える学習者の姿がここにある。本稿では異文化コミュニケーションの視点からザビエルと戦国の日本人達との「不滅の出会い」を紹介する。

一　被抑圧民族の目

一五〇六年四月七日、ザビエルはイベリア半島北部のナヴァラ王国に生まれた。スペインからの独立運動で知られるバスク地方である。ザビエルが少数民族として圧迫され続けてきたバスク人であることは日本では意外に知られていない。ザビエルの母語であるバスク語はヨーロッパで唯一の系統不明の言語である。スペイン語や、ポルトガル語、フランス語など周囲のインド・ヨーロッパ語族の言語とは文法も語彙体系も全く異質な言語なのである。バスク人は、インド・ヨーロッパ系の民族であるケルト人やローマ人が移住して来るはるか以前から西ヨーロッパに住んでいた先住民であり、独特の文化を持つ人々である。今のスペインとフランスの国境にある美しいピレネー山脈で牧畜を営むと同時に、一部はビスカヤ湾から波猛る北海まで、はるばる舟を繰り出して鯨を追った勇敢な海洋民族でもあった。彼らの社会は独特の性格を持っていた。そこでは、遺産相続など様々な面で男女が平等に扱われていたのである。また家族の絆が非常に強く、親族の団結が常に大切にされた。彼らには多くの仕事を村全体の共同作業で行う習慣があった。共に労働し、汗を流すことに喜びを見出していた人達である。バスク人の共同体では政治的な問題について住民達が大きな集会を開いて討議し、スイスのように直接民主主義によって決定を下した。(4) ザビエルの父はバスク人の有力な貴族である。ナヴァラ国王に仕えた宰相でもあった。彼の祖国はフランスとカスティリア（後のスペイン）の間に挟まれ、この二つの大国の激しい対立の中で、常に圧迫を受ける。そしてナヴァラは一五一二年、ついに西の強国カスティリアに占領されてしまうのである。その後、フランスの支援を得てなんとか独立を維持しようとするが、結局一五一五年、ナヴァラはカスティリアに併合され、主権を喪失してしまう。ザビエルの父はその年に心労で亡くなり、ザビエルが生まれ育った城は、その翌年、彼と残された家族の目の前で占領軍の兵士によって無残に解体されてしまうのである。父を失い、祖国を失って亡国の人となった六歳のザビエル。その後、家族の財産も没収されてしまい、経済的にも困窮する日々を送る。その試練は彼に何を教えたのであろうか？

それから三十数年後、パリ大学で当時のヨーロッパで最高の学識を身につけ、イエズス会ではイグナチウス・ロヨラに次ぐ高い地位を得たザビエルはポルトガル国王の命を受けて、リスボンを後にし、アフリカ南端の喜望峰を越えて、インド洋を渡り、南シナ海を越えて「東の果ての国」に辿り着いた。そこでヨーロッパとは全く異質な文化と出会った時、彼がそれを謙虚に、畏敬の念をもって受け止め、温かい目で見ることができた背景には、幼い日に身をもって知った、マイノリティーとしての「痛み」があったに違いない。パリ大学で論理学、認識論、存在論、倫理学から雄弁術に至る幅広い教養を身に付け、卒業してすぐにそこで哲学の教鞭をとるほどの秀才であり、急速に支持者が増えつつあるイエズス会ではイグナチウス・ロヨラの補佐官として、すでに強い宗教的影響力を行使できる立場にあり、さらに当時の超大国であるポルトガルの国王の尊敬すら得ている程の人物でありながら[5]、彼には高圧的な態度というものが少しも見られない。自分の価値観を押しつけるのではなく、自己を相対化し、異文化を新鮮なものとして見、そこに真の喜びを見出す人であったことが彼の書簡の言葉の端々から伝わって来る。

大国の人間は現在でも往々にして自己の文化を絶対視しがちである。他者への洞察力を欠くのである。ましてや一六世紀のヨーロッパではそれがあたりまえであった。それが西洋中心主義を生み出し、世界の歴史に惨禍を残した。それに対して、地方出身者、少数民族、そして母子家庭など何らかのマイノリティーに属す人は、主流の人達とは違った感性を身に付けながら育つ。彼らは自己を相対化して見ることができる。そして同時に好むと好まざるとにかかわらず、一つの選択を迫られる。つまり自らの素性について、それを恥じそれを隠そうとするか、または堂々と自らのアイデンティティーを打ち出すかの難しい選択を社会から必然的に迫られるのである。ザビエルは後者の人であった。そのことは彼が一五四四年一月にインドのコモリン岬から書いた手紙にはっきりと現れている。

私は彼等の住んでいるこの海岸に到着すると、直ちに住民がキリスト教について、どれだけのことを知っているかを確めることに勤めた。彼等に信仰箇条について質問し、信者である現在、不信者であつた時に比べて何を信じ、どれだけの事を知ったのかを確めて見ようと思って訊いてみたところ、彼等はキリスト教信者である、との返事の外に何も得るところがなかつた。彼等には私の言葉が解らないし、私たちの教え、つまり彼らの信ずべきことも知らないし又、私は彼等の言語が解らないので、――彼等の国語はマラバル語であり、私のはバスク語だ――私は彼等の中で最も才智ある者ばかりを集めて見た。(6)こういう集会を幾度となく行って私達の言葉と彼等の言葉のわかる人々を探し出し、色々の苦心を重ねてようやく祈りを彼等の言葉で書くことができた。(7)

ザビエルは自分のバスク人としての素性を少しも恥じることのない人間であった。カトリック教会の中心地であるローマのイエズス会の全会員に宛てたこの書簡、大聖堂で声高く読み上げられるに違いないこの書簡の中で「私の言語はバスク語だ。」と堂々と、幾分ユーモアを籠めながら宣言している。異文化コミュニケーションの第一歩は健全な自己認識である。「異質な他者」を温かく見る力はそこから生まれるのである。

二　勇気と謙虚さ　Mut und Demut

一五四九年六月二日の午後、ザビエル一行はマラッカから日本に向けて出発した。当時の船旅は冒険以外の何物でもなかった。マラッカから日本までの旅には南シナ海の暴風と海賊の難を覚悟せねばならず、四艘のうち二艘が日本に辿り着けば良い方であるとされていたほどである。船は三〇〇トン程度で、大海を渡るには恐ろしく小さなものであった。しかもザビエル一行を運んだのは、海賊から身を守るための武装を施したポルトガル船団ではなく、迷信深い船長の操る中国の一艘のジャンクだったのである。それ以前にもザビエルは灼熱のアフリカ沿岸で長期の悪天候と船酔い、そして体を蝕む無風状態の苦痛を経験し、インド洋では激しい暴風雨の中で船が座礁しそうになる危機を体験している。そのような状況にあって、彼は自分に与えられた船室を病人のために提供した。指揮官達と共に食事をするように招かれたが、それも断って水とパンだけで食事を済ませ、自分も船酔いに苦しみながら、病人の看護にあたったのである。(8)

私達がリスボンで乗船したのは、一五四一年四月七日であった。それから二ケ月にわたり、私は続けざまに船酔いに苦しみ、ギネアの沿岸を航行中は、四〇日の間、甚だしい苦痛に悩んだ。(9)これは恐らく、悪天候と異常な無風状態とに原因したことと考へられる。しかし有難いことには、私達は終に一つの島に上陸することを得て、今日に至るまで、この島に留まつて居る。

神は、その下僕等を助けるため、私達を御使用になる御思し召しであつたということを、諸兄が聞かれたら、我等の主にあって、喜んで下さることは私の確信するところである。到着するや否や、私達は艦隊の中で病気になつた可哀想な病人の看護を引受けた。彼等の告解を聴き、彼等に聖体を拝領せしめ、よき最期を遂げる様に、彼等を助けることが、私の一日の仕事であった。[10]

インド洋で激しい暴風雨を体験した時の心境をザビエルは綴る。

マラッカから印度へ渡る時、三日三晩の間、怖しい暴風雨に見舞われた。こんなことは私は未だかつて海上に於て、経験したことがない。船上の無数の人々は、まだ生きているのに、己の死を泣き悲しみ、若し我等の主なる神が自分等を救って下さるなら、決して再び航海しないといふような、大いなる誓いを立ててゐた。人々は生命だけを救ひたいために、無くて済むものは、全て海中へ投げ込んだ（以下略）。

被造物からの助力を期待していたりする限り、私たちは如何に無力なものであるかを悟ることを神はお望みになった。同時にこのような無駄な頼りを捨て去って万物の創造主にのみ信頼すると、如何に力強くなるかを私達にお教えになった。（中略）

それから危険が過ぎ去り、驚愕が治まると、人間は危機にあたつて、どんな事を経験したかを、言葉で言い表わすことも出来なければ、書くことも出きない。しかしその時の記憶は、心の中に焼きつくように残り、これほど至善なる主に奉仕することを、現在は勿論、将来に於ても、決して止めないと決心すると同時に、限りなき主の慈愛に依り頼めば、神に奉仕するための力を与へて下さるに違いないといふ確固たる希望を持つのである。[11]

マラッカから日本への旅は順風に恵まれた。しかしそれは別の意味で冒険であった。その中国船での航海の様子をザビエルは次のように記している。

西紀一五四九年、洗者聖ヨハネの祝日[12]の午後、私達は船に乗り込んだ。船は不信者[13]のシナ商人のジャンクで、此のシナ人は、私達を日本へ渡すことを、マラッカの長官にまで申出た者である。出帆の後、神は、私達に、よい天気と順風とをお与えになった。然し、心の不安定なのは不信者の常で、船長は進路を日本に取ることを止め、何の理由もないのに、あちこちの島に寄つて、錨をおろした。此の航海の間に、私達は二つのことに苦しんだ。一つは、折角神が与へて下さつた好天と順風とを、利用することができなかつたことである。既に季節風が終り始めていた。これが原因となつて、もう少しで、シナに寄つて越冬することと、次の季節風が吹くまで、一年間、停泊することとを余儀なくされる処であつた。その二は、船に積み込まれた偶像を、船長が水夫等と共に、尊崇することひと方ならず、絶えず行われる偶像崇拝の所作を、見ていなければならないことは、実に私達を苦しめた。私達はどうすることもならず、これを傍観している外はなかつた。彼等は何よりも、始終くじを引き、私達が日本に達し得るかどうか、風は今後も順調なりや否や等を、偶像に尋ねるのであつて、くじは、彼等が信じて私達に与える数々の宣言に見ても解るごとく、今好いかと思うと、次には悪いのである。(14)

心の定まらない船長のお陰でザビエル一行は危うく中国の港で越冬しなければならないところであった。そうすれば日本到着は一年近くも遅れていたのである。(15)その当時の船の小ささを見たことがある人は、それに乗って大洋を渡ることがいかに勇敢な行為であったかを知る。船はマレー半島を後にし、広大な南シナ海を北上する。北極星に向かって音もたてずに進む小さな帆船を、夜は深い闇で包む。月明かりで仄かに照らされた波しぶきの下には、底知れなく深海が横たわる。甲板を吹き抜け、帆を膨らませる風。この風だけが頼りの船。この風が大切なメッセージを旅人達に託し、彼らを憧れの国に運んで行く。

海は人を謙虚にする。その大きさと美しさ、激しさと静かさは人を圧倒し、それに包まれて人は「自分」を意識することを止める。狭い自我は消え、自己は「永遠」の一部になる。そこでザビエルは、神に奉仕するものにとって「謙遜さ」がいかに大切であるかを痛感する。

人間は、言うにも足りない非常に貧弱な者であるが故に、自分自身の力のみに頼むなら僅かなことしかできない。従って、自分の力よりも、遥かに偉大な力の必要を、しみじみと感じる時が来る。その時、人は、神に絶対的に信頼せずには居られない気持になるが、この大切な機会において、このような人達は、我等の主なる神が、御自分に信頼させるために与えへて下さる恵みを、正しく使うだけの勇気が、不足している。その一方に於ては、己について幾らか誇りを有し、己の為し得る以上に、己の力を頼む人々がある。このやうな人達は、低い事物を軽蔑し、そんな軽蔑心の起らないやうに自己を克服したり、訓練したりすることを怠るので、一旦大いなる危険や困難に遭遇すると、意気地のない人間よりも、更に貧弱な態度を示すものである。(16)

ザビエルの全書簡において最も頻繁に現れる概念は「謙遜」である。そしてそれが常に「勇気」と表裏をなしているのである。海上で危機に瀕する時、人は無力である。しかしその無力感は、神に信頼することを学ばせるための恵みである。そして神への信仰は、行動として現れる。それは自信家達の自信満々の行動とは本質的に違う。自分の弱さを知り、全能者に信頼を置く者のみにできる行動。ザビエルは後に続くべき若者達にもこれを身に付けるように教える。そしていかなる土地においても「謙遜」は必要であるが、特に日本において不可欠であると強調するのである。

貴兄らは、準備をしていて頂きたい。二年も経過しない内に、貴兄らの一団を、日本に招くことは、あり得ることだからである。謙遜の徳を身につけるように、励んで頂きたい。自己を放棄し、自分が何者であるかを識るために、神がお与えになった悉くの意志の力を動員して、内心に好まないようなことに於いても、自己に克つ訓練に勉めて頂きたい。それによっていっそう強く神への信頼、神への愛、隣人への愛に、成長するだろう。何となれば、自己に対する不信頼から、神への誠の信頼が生まれるからである。また、この方法をもってすれば、何処でも必要だが、この地方に於いて特に貴兄らが想像するより以上に必要な、内面的な謙遜の徳を得るであろう。貴兄らを尊敬する人々からの讃辞は、これが貴兄ら

に慚愧の念を起こさしめるのでない限り、利用してはいけない。(17)

この鹿児島からの第一信においてザビエルは「謙遜からこそ真の勇気と行動力が生まれる」と断言する。鏡に映すように自分をありのままに見れば自分の弱さを知ることができる。しかし自分の弱さを知る人が全能の神を信じる時、そこから本物の強さが生まれる。その強さは「強がり」や「空元気」とは違う。無知から来る自信とは違う。果てしない海では、いかに航海術を身に付け、羅針盤を備え、海図を揃えたとしても、目的地に無事到着できるという保証はどこにもない。人間の力ではどうにもならない巨大な不確定要因が無数に存在する。それを承知でなお恐れない心。迷いのない視線。揺るぎのない足取り。ザビエルのあらゆる行動にその「勇気」が漲っている。無邪気で人なつっこいザビエルは時に、驚くほど激しい闘争心を見せる。謙虚で質素な神の僕は、必要とあれば国王にでも鋭い批判の言葉を浴びせる。インドでポルトガル人達が現地人のキリスト教徒を脅かし、搾取している現実に対し、インド統治のために派遣されている官僚達が縄張り主義に陥り、何の対策もとらずに放置しているのを見たザビエルは炎のような言葉をポルトガルの国王にぶつけているのである。(18)「自分を捨てた人間は、必要とあらば超大国の国王に対してでも自分の信念をぶつけることができる。」とザビエルは語っているかのようである。まるで戦国武将のような勇猛さ。そして荒れ狂う海で身に付けた謙虚さと、子供のように純真な神への信頼。戦国時代の日本人達はそんな一人のキリスト者と出会ったのである。

（謙遜を身に付けた人は）海上の暴風雨にも、海陸の凶悪なる輩や野蛮人にも、更に他の如何なる被造物にも、そして又、如何なる妨害にも、全然おそれなくなる。何となれば、神に信頼し切つているが故に、神の思し召しと、その許可とが無くては、何者も自分を害し得ないことを、確実に知っているからである。(19)

現代人に最も欠けている美徳が「謙遜」である。一九世紀は科学技術崇拝の時代であった。人々は科学が進歩することによって人間の生活がどこまでも向上し、貧困は消滅し、人類は幸福に至ると信じていたのである。人々は自然を征服しようとした。国家は他国を支配し、自らの秩序を世界に広めようとした。そしてもはや神に頼らなくても人類は自らの英知で理想郷を作り出せると多くの人が考えていたのである。しかし二〇世紀は幻滅をもたらす。科学技術の成果がもっぱら破壊のために使われ、戦争では一般市民までもが殺戮され、人々は毒ガスや核兵器の驚異に怯える。さらに自然破壊が加速度的に進み、海洋汚染、温暖化、砂漠化、黄砂などの深刻な環境問題が発生する。科学技術に対する盲目的な信頼は消える。そして「神」になろうとした巨大な大脳皮質と爬虫類そのままの古代脳との、「内なるアンバランス」が表面化する。自分でコントロールできない、巨大で恐ろしい不確定要因が自分の内面にも存在することを思い知らされるのである。理性の声は弱い[20]。歴史の教訓に学ぶことすらできない「水爆と毒ガスを手にした猿」としての悲喜劇的な人間の姿が浮き彫りになったのである。「人類は、外なる自然のあらゆる力をコントロールする能力を身に付けた。しかし内なる自然である自分自身についてあまりにも無知であるため同種内淘汰の悪魔的な威力の前に、なす術もなく破滅に向かって突き進んでいる。[21]」とオーストリアの動物生態学者コンラート・ロレンツは強い警告を発している。そして滅亡に先立つ兆候として、競争社会と物質主義によって「美しい物」や「人間らしさ」に対する感性が喪失すると予言している。とすれば二一世紀は何よりも「謙遜」の時代でなければならないはずである。自然を征服するのではなく自然と共に生き、科学を理性の手に取り戻して、科学の本来あるべき姿、つまり人と自然とに仕える科学のあり方を模索すべき時である。際限のない所有欲ではなくて感謝の心を、独占することではなくて分かち合うことを、はかない成功ではなく、人としての尊厳を取り戻し、他者からの名声や賞賛ではなく他者と共に奉仕することを追求する時なのである。つまり「神に立ち返る」べき時なのである。忘れかけていた「畏敬の念」を取り戻す時である。創造主への畏敬、人の命を支え、人の心を癒す、多様で繊細で偉大な自然への畏敬。そして人が謙遜になるとき、それは一つの新たな出発点を意味する。その時、それまで見えなかった事が見えてくる。例えば他者の美しさ。そして他者の可能性。ザビエルは貧しく、誇り高く、学ぶことが大好きな「不信者」である日本人達の中に可能性を見たのである。

三　観察者の目

一五四九年、困難な航海の末、鹿児島に到着し、初めて日本人と出会った時の印象を伝える彼の言葉には驚きと尊敬の気持ちがあふれている。

こうして神は、私達があんなに憧れていたこの国に、導いて下さったのである。悪魔も、その協力者も、私の到着を妨げようと思つても、最早手の施しようがない。(22)他の日本の港に寄ることもなく、西紀一五四九年八月の聖母の祝日に、私達は鹿児島に上陸した。ここは、聖信のパウロの故郷であって、私達は直ちにその家族や知人達から、心からなる歓待を受けた。そこで私は、今日まで自ら見聞し得たことと、他の者の仲介によつて識ることのできた日本のことを、貴兄等に報告したい。まず私達が今までの接触によって識ることのできた限りに於ては、此の国民は、私が遭遇した国民の中では、一番傑出している。私には、どの不信者国民も、日本人より優れている者は無いと考へられる。日本人は、総合的に、良い素質を有し、悪意がなく、交つて頗る感じがよい。彼等の名誉心は、特別に強烈で、彼等にとっては、名誉が凡てである。日本人は大抵貧乏である。しかし、武士たると平民たるとを問はず、貧乏を恥辱だと思っている者は、一人もいない。(中略)

日本人の生活には、節度がある。ただ飲むことにおいて、いくらか過ぐる国民である。彼等は米から取った酒を飲む。

葡萄は、ここにはないからである。賭博は大いなる不名誉と考えているから、一切しない。何故かと言へば、賭博は自分の物でないものを望み、次には盗人になる危険があるからである。彼等は宣誓によつて、自己の言葉の裏づけをすることなどは稀である。宣誓する時には、太陽に由つている。住民の大部分は、読むことも書くこともできる。これは、祈りや神のことを短時間に学ぶための、頗る有利な点である。日本人は妻を一人しか持つていない。窃盗は極めて稀である。死刑を以て処罰されるからである。彼等は盗みの悪を、非常に憎んでいる。大変心の善い国民で、交はり且つ学ぶことを好む。

日本人の高潔さと善良さ、そして向学心の強さを伝えるザビエルの第一信。ここには出会いの喜びと、そして一九世紀のフンボルトを思わせるような鋭い観察者の目がある。同時に、この手紙には独善的なヨーロッパの非理性的な体質への皮肉が籠められている。「金銭よりも名誉を重んじる」のは本来キリスト教国の騎士道であるはずである。にもかかわらず、スペイン人やポルトガル人達は植民地で民衆を抑圧し、一攫千金のために血眼になっている。そして欧州列強の国王はそれを黙認している。ここには、そのような欧州の体質への痛烈な批判が籠められているのである。

ザビエルは九州各地や山口で、街頭に立って民衆に不自由な日本語でキリストの教えを伝える。彼にとっては民衆に直接福音を語ることはごく当然のことであった。日本に来る前には香料諸島（現在のインドネシアのマルク諸島）の島々で農村や漁村を回り、民衆に語りかけていたのである。そこでは幼い頃の敵であり、自分の国を滅ぼし、自分の城を破壊したカスティリアの入植者達にも献身的に尽くし、島の住民と共に生活し、彼らの中に溶け込んで民衆の言葉で語りかけている。伝えようとすることが相手に伝わるように語る。彼らの目線で考える。ザビエルが日本に到着した時、彼にはすでにこれが身に付いていたのである。観察者が非観察者の目線に立てるように全力を尽くすこと。観察者が対象の文化の中に、生活の中に入り、彼らと一つになること。共感が観察力を高め、観察力が共感を高めるプラスのフィードバック。室町時代の日本の学者達はもちろん、西洋の知識人にとっても、これは決してまだ当然の事ではなかった。

四　民衆の言葉で

ザビエル達は日本語を一日も早く習得するために全力を尽くした。また「住民の大多数は読むことも書くこともできるのだから、印刷という方法で私たちの信仰をすぐに他の地方にも広めることができると思っている。」という報告に伺えるように、当時のハイテク技術であった活版印刷を活用したコミュニケーションを目指した。「翻訳すること」を非常に重視し、日本語を学びながら、それと並行して教義を日本語に翻訳することを最優先の仕事として位置づけていたのである。しかも教義を体系的に訳すのではなく、「日本人にとって最も重要な事柄だけ」を簡素化して訳すべきであるとしている。これは当時のヨーロッパのキリスト教では考えられないほど柔軟なアプローチである。この意味で、ザビエルの翻訳観は、旧教・新教の壁を越えており、「民衆に解る翻訳」を目指した「異端者」マルチン・ルターの翻訳観に通じるものさえ持っていたのである。

ザビエルにとってキリスト教の重要な文献を解りやすい日本語に翻訳することはごく自然なことであった。ザビエルが生まれ育ったイベリア半島は西洋における翻訳活動の中心地の一つだったのである。否、さらに遡れば、イベリア半島のキリスト教徒達の宿敵であったイスラム教徒達が偉大な翻訳の伝統を脈々と築いてくれていたのである。

五　イスラムの翻訳者達

イラクのバグダッドは九世紀と一〇世紀には世界の学術の中心地であった[23]。そしてそこでは優れた翻訳者達が養成され、古代ギリシアの学術書が、初期には主にシリア語訳から、そして後には直接ギリシア語から次々とアラビア語に翻訳された[24]。その頃ヨーロッパはまだ中世の暗黒時代にあり、狭いキリスト教教義に縛られ、相対的に知性に対して否定的であり、古代ギリシアの文献への関心はごく一部の人に限られていた。古代ギリシア人達の「知の遺産」を救ったのはシリア人とアラブ人達だったのである[25]。ギリシアの数学や天文学、医学などの貴重な知識とその背景にある哲学や文学の伝統、いやそれどころか人間が自由に思考するという発想そのものを伝えてくれたのは学術を重んじたイスラム教徒達である。カリフ（王）を初めバグダッドの人々はマニアックなほどの情熱を文献の収集に注いだ。世界の隅々にまで人を遣って古代インドやギリシアの文献の写本を探し、惜しみなくお金を使ってそれを手に入れたのである。そしてバグダッドの「知者の家」で養成された優秀な翻訳者達に次々にアラビア語に翻訳させたのである。翻訳者達の多くはシリア・キリスト教徒達であった。宗教や詩歌の言語としては優れたものを持ちつつも、哲学や自然科学を扱うための学術語としてはいまだ貧弱であったアラビア語は、その過程で徐々にギリシアやインド、ペルシャの進んだ思想、新しい概念、知識を的確に表す表現力を身に付け、力強く勢力を広げつつあるイスラム世界の共通語にふさわしい知的な深みと豊かな文学性を身に付けた。翻訳活動は創造的な作業として捉えられ、訳書には要約、注釈、説明などが丁寧に施された。訳の解りやすさと明確さが重視され、有名な翻訳者であるフナイン（Hunayn 八〇八年頃―八七三年頃）は医学書の翻訳の場合でも、「医学者でもなく哲学者でもない人にも理解できる表現を心がけた。」と記している[26]。

六　トレドの翻訳者達

イベリア半島南部の都市トレドに設けられた翻訳学校は、一二世紀から一三世紀にかけて、科学技術の知識とギリシア哲学を中世のヨーロッパに伝える上で中心的な役割を果した。そこでは、医学、数学、天文学、占星術などの文献がアラビア語からラテン語とカスティリア語に翻訳された。トレドで制作された注釈書はアリストテレス哲学の再発見をもたらした。トレドの翻訳者達の活動は西洋の知性を飛躍的に向上させたのである。古典ギリシアの学術がアラビア語を通じて伝わった際に、アラビア語の数字体系も西洋に伝わった。ギリシアとアラブの数学、医学、そして宇宙観が西洋にもたらされたのである。これは西洋にとって一つの精神革命であり、「一二世紀のルネッサンス」と称されるほどである。それまでは同じイベリア半島で共存／抗争していたにもかかわらず、アラブ世界の知的水準と、野蛮な十字軍の時代のスペインの知的水準の間には天と地ほどの隔たりがあった。それはイスラム建築の粋を極めたアルハンブラ宮殿の圧倒的な美しさを見れば一目瞭然である。キリスト教圏最大のクリュニー修道院の図書館の蔵書数が数百冊に過ぎなかった時に、アラブ支配下のトレドのアラビア語の書物の数は三〇万冊にも上ったと言われている。[27] トレドを占領したスペイン人達は、この膨大なアラビア語の文献を思いがけず手中に収めたのである。しかしその文献をラテン語に翻訳するには膨大な労力が必要であった。しかもそれ以前に先ず、翻訳を受容する社会条件が不備であった。西洋では教育を受けた知識階層の人々の数は非常に限られており、それが新しい知識の普及を妨げる要因の一つとなっていたのである。しかし、一三世紀に入ると状況は急速に変わる。読者の層も広まり、教会外の人々も次第に翻訳活動に従事し始めるようになる。アルフォンソ一〇世（一二二一-八四年）は信仰の篤い国王であると同時に学術を強く奨励し、体系的に翻訳を推し進めた。そこではユダヤ人の翻訳者達も活躍の機会を与えられた。カスティリア国王アルフォンソ一〇世の奨励策のもと、多くの貴重な文献がカスティリア語に翻訳された。翻訳者達はギリシアとアラブの知識・思想を吸収すると同時にそれを自らの文化に置き換えていくという重要な作業を進めた。一三世紀には、教会と学術の言語であるラテン語だけではなく、世俗の言語であるスペイン語（カスティリア語）への翻訳も行われるようになる。これは非常に重大な変化である。また一二世紀のトレドでの翻訳では、対応する概念がない場合には、日本のカタカナのように外来語がそのまま用いられたが、その後、外来語は次第に造語や略語に置き換えられるようになる。そして一三世紀には読者層を意識して文体を工夫する努力が始まるのである。「翻訳は何よりも読みやすくなければならない。」というアルフォンソ一〇世の強い要求により、スペインの新しい読者層を対象とした革新的な翻訳が現れ始めるのである。(28) こうしてスペイン語は次第に広範な知性を具現化し、世界言語としての資質を身に付ける。トレドの翻訳学校はカスティリアが、国としてのアイデンティティーを形成する過程で計り知れないほど大きな役割を果した。

七　マルチン・ルター

キリスト教会において、一六世紀に入ってもまだ依然として支配的だった硬直的な翻訳観に真っ向から戦を挑み、革命的な翻訳理論を提示したのがドイツの宗教改革者・聖書翻訳者のマルチン・ルター（一四八三―一五四六年）であった。ルターは聖書を「民衆の言語」としてのドイツ語に翻訳する際、自らの翻訳手法を“verdeutschen”（ドイツ語化）と呼び、そのアプローチを次のように描いた。

家事にいそしむお母さん達に、道で遊ぶ子供達に、市場で出会う普通の男達に尋ねるのだ。そして彼らのしゃべるのを、その口の動きをよく見て、その通りに訳すのだ。そうすれば彼らに解る訳ができる。そして彼らは、その訳を聴いた時、まさに自分たちの言葉で語りかけられているのだと感じる。(29)

当時のヨーロッパでは、ラテン語に精通していたのは、先ず聖職者階級であり、次に一部の支配的貴族階級であった。貴族の多くは、必ずしもラテン語に精通しておらず、市民階級はほとんどラテン語が読めなかった。これは教典を読むという行為が聖職者の特権であり、民衆は聖職者の口を通じてしか教典に接する事ができないことを意味した。ルターの宗教改革はヨーロッパの近代化の幕開けを意味した。そしてルターの聖書翻訳は社会変革の地均しとしての新しい言語観を提示するものでもある。ルターが最も重視したのは、「訳」のドイツ語らしさ、ドイツ語としての「自然さ」である。字面に捕われるのではなく、その文化的背景と文脈から「聖書が何を言おうとしているか」を汲み取り、それを生きたドイツ語で語れ！ 子供にもわかる言葉で！ "rem tene, verba sequentur!" つまり「内容をつかめ、そうすれば言葉はひとりでに湧き出てくる！」これがルターの立てた翻訳論の中核である。ルターの聖書翻訳は現代ドイツ語の基礎を築いた。また欧州各地で連鎖反応的に聖書を母語に訳す運動を引き起こすのである。

八　ウィリアム・ティンダル

ウィリアム・ティンダル（William Tyndale, 1498-1536）は聖書を直接、原典から英語に翻訳した最初の英国人である。オックスフォードで言語、論理学、神学などを学んだ後、ケンブリッジに移り、そこでルネッサンス精神に触れながらエラスムスが開拓したギリシア語研究に励む。その後、ティンダルは聖書を英語に翻訳する志を立てる。しかし英国において彼の計画は疑惑の目をもって見られ、異端視さえされる。そこで彼はドイツに渡り、マルチン・ルターと出会うのである。そしてルターの翻訳論から強い影響を受け、直ちに新約聖書をギリシア語の原典から翻訳し始める。「誰もが理解できるような英語版の聖書を実現する」ことが彼の目標であった。そして「畑で鍬を引く少年にも解る聖書を!」という理想を掲げたのである。しかしドイツにおいても官憲は彼の仕事への妨害を強める。一五二五年にライン地方のヴォルムスで出版されたティンダルの英語新訳聖書の多くはイギリスの港に着くやいなや没収されて焼かれた。英国の当局は、彼の聖書を入手して読んでいる者を見つけると厳重に処罰し、その聖書を公衆の面前で焼却した。このような徹底した取り締まりにより、ティンダルの聖書の初版で現在まで残っているのは世界に一冊しかないと言われている。このような弾圧にもめげず、彼は亡命先のアントワープで英語新約聖書の改訂版を出すとともに、ヘブライ語を習得して旧約聖書の翻訳に取り掛かった。しかし一五三五年、ついに神聖ローマ帝国皇帝カール五世の派遣した工作員に逮捕され、ブリュッセル北方の要塞に投獄される。そしてその翌年の一〇月六日、火刑に処せられるのである。皮肉なことにティンダルが処刑されてからほんの数カ月後、イングランドはカトリック教会から離脱し、国王ヘンリー八世(一四九一—一五〇九年)は英語の聖書を国内の全ての教会に置くように命じる。ティンダルの聖書はこうして生き続けることになるのである。彼には、天賦の才があったと言われる。彼は言語体系の違うギリシア語やヘブライ語の言葉の意味を、どうすれば生きた英語にできるのかが直感的に解ったのである。彼の英語は非常にクリアで独創性に溢れ、現存の全ての英語訳聖書はティンダルの聖書翻訳の影響下にあるとさえ言われる。ジェームズ一世(一五六六—一六二五年)のもとで完成した有名なキング・ジェームズ訳もティンダルの聖書に負うところが非常に多いとされている。彼の残した優美な文体と、心を打つ詩的な世界は四〇〇年近く英語圏の全ての国々において生き続けて

きたのである。(30)

限られた人しか読めないラテン語ではなく土地の言語へ！　普通の人が読んで解る聖書を！　そして民衆が聴いて理解できるメッセージを！　何世紀もの時代を経、多くの人の命がけの努力と貴い犠牲によって西洋の知性は、ようやくこの認識に到達できたばかりだったのである。ようやくこの「自然の理」に目覚めたのである。こうしてザビエルの民衆への宣教のための言語理論面での基盤は整って来ていた。敵であるイスラム教徒達や、異端者であるプロテスタント達の先進的なアプローチをザビエルは少しもためらうことなく活用した。大衆運動としての福音宣教のためには、彼にとってそれが唯一の「理性的」アプローチであったからである。

九　日本語学習、翻訳そして暗唱　Lernen, Uebersetzen und Rezitieren

ザビエルは日本に渡航する以前から、すでに日本語での宣教の準備にとりかかっていた。マカオで出会った薩摩出身の武士であるアンヘロがポルトガル語能力をさらに磨き、ポルトガル人と交際することで西洋の生活様式を知り、そしてインドのゴアでは西洋的な空間のなかで西洋の文化に触れるように配慮しているのである。言語能力というものが生活様式を知ることや文化体験と不可分であることを深く知った上での周到な計画である。そして日本に到着する時にはすでに宣教に不可欠な文献の日本語訳が完成していなければならない！

ザビエル達は日本に到着すると直ちに日本語を学び始めた。そして短期間で一定の運用能力を身に付ける。

もし私達が日本語に堪能であるならば、多数の者が、キリストへの聖教に帰信するようになることは、絶対に疑いを入れない。どうぞ我らの主なる神が、早く私達を日本語のできる人間にして下さらんことを、祈ってやまない。私達はもう

その習得を始めたのであって、四十日間の進歩ぶりは、神の十戒を説明し得る程度になった。(31)

しかし語学の天才と言われたザビエルにとっても、西洋の言語とは全く異質な日本語を習得することは決して容易ではなかったのである。すでに四三歳になっていたザビエルは日本語が不自由なことの苦悩を隠そうともせず語る。

パウロは、親族と言はず友人と言はず、誰でも心から歓迎して、昼も夜も、熱心に信仰の話をしている。従つて、今では、早くも、彼の母と妻と娘とを始め、彼の親戚や友人の中から、男も女も、多数のキリスト者ができてしまった。此の地では信者になることを、今まで誰も変には思つていない。また既に述べた如く、こゝは殆ど全部の者が、読み書きを識つているので、祈りを覚えることも、実に早い。何卒我等の主なる神が、主のことを話すために、私達に言葉を下さらんことを、切に折り奉る。そしたら私達は、神の助力と恩寵とのもとに、間もなく有効に働くことができるであらう。

今私達は、日本人の前に、あたかも木像の如く立っているに過ぎない。日本人が頗る熱心に、私達のことを、話し合つているのが解るけれども、言葉を了解することができないから、所詮私達は、沈黙している外はない。(32)

母語にない音を聞き分ける能力は生後六カ月の幼児には備わっている。その年齢において人間は世界のあらゆる言語の全ての音を聞き分けることができるのである。人間は、どんな言語でも母語として身につけることができる、とてつもない潜在力を持って生まれて来るのである。しかし生後八ヶ月では言語能力はすでに母語に特化してしまっていて、母語にない音は聞き取れない。しかし適切な訓練をすれば言語習得の可能性はある。たとえ個々の音そのものが完全に聞き取れなくても、アクセントやイントネーションなどの音楽的な流れと語彙や文法とを照合することで音を特定することが可能である。豊富な語彙と生きた文法力も音を推定するのに役立つ。さらに視覚情報も有効である。人は相手の唇の動きからだけでもかなりの情報を得ているのである。読唇を含め、視覚情報を無意識に音声情報に変換しているのである。膨大なデータを瞬間的に処理している。「無」の領域での高度な精神活動。理屈に頼る人は語学が身につかない。日々の無心の練習しかないのである。謙虚になれさえすれば、とらわれない心さえあれば、「子供になれさえすれば」語学習得は可能である。

ザビエル達は日本語の学習と並行して、翻訳をすすめる。彼らにとっては言語学習と翻訳活動、そして宣教は常に一体だったのである。

冬の間の作業としては、信仰箇條を日本の言葉で印刷するため、いくらか細かい説明を作るつもりである。私達は、全ての地方に行くことは、不可能である。ところが住民の大多数は、読むことも書くこともできるのであるから、印刷の方法によって私達の信仰を、一挙に諸方へ弘布せしめることかできると思っている。私の愛する兄弟パウロは、救霊に必要な教義を、忠実に日本語に訳する筈だ。(33)

しかし実際には言語学習と同様、翻訳活動も困難を極めた。例えばパウロ（アンヘロ）は日本の文化や仏教のことをあまりよく知らなかったので「神」を「大日」と翻訳し、ザビエルもこれを用いて説教したが、「大日」は真言宗で使われている言葉であり、それを聞いた真言宗の僧は喜び、自分達と同じ宗旨であると言ったので、ザビエルが驚いて調べて見ると、真言宗の「大日」の意味は、全く「神」とは異ったものであったので、ザビエルはその時から、ラテン語の「デウス」を用いたと言われている。(34) この事件は、翻訳の際に、すでに日本語にある概念を借用した場合、大きな誤解を招く危険があることを示している。翻訳者は日本の文化や宗教的背景を熟知し、例えば「大日」という言葉に対して、どういう人がどういう反応をするかを予想できなければならないのである。ザビエルが「デウス」という外来語を用いたのは翻訳理論的にもまさに苦渋の策であり、最後の手段である。解りやすさを犠牲にしてでも「デウス」でなければ表現できない実体を伝えたかったのである。アニミズムの言葉である「神」が「天地創造の主」を指して使われるようになり、それが定着するには、日本語という宇宙における「時限の変化」が必要であった。ザビエル達の翻訳は不完全なものであり、日本人の嘲笑をかうこともしばしばであった。しかし彼らの苦悩は同時に日本語の「生みの苦しみ」でもあったのである。

ザビエルは現代の基準をもってしても卓越した教育者の資質を備えていた。インドにいる頃からすでに、子供達に直接、神の言葉を伝えたが、その時の彼の教授法は次のようなものであった。

> 私はその祈りを彼らの言葉で筆記し、それを全て暗記してから鐘を手に持ち、村中を走り回ってできる限り多くの子供や大人を私の周りに集めた。こうして私は彼らを一日に二回ずつ集め、一ケ月の間、欠かさずこの祈りを教へ、それを適度に分割しては、子供が家へ帰って、私に教はつたことを父や母、または隣人等に伝えるように計らった。日曜日には老若男女を問はず村の全員を集めて、一緒に彼等の言葉で祈りを唱えた。彼等は之を殊の外喜び、大きな感激を以て集まって来る。私は先ず神を父と子と聖霊の名に於て呼び、それから大きな声で使徒信経を唱えた。私が先に唱え、全部の者がそれを繰返して唱えるのだ。使徒信経が済むと、今度は私一人でもう一度それを唱えた。信経の各箇條を一つ一つ唱え、十二箇條の各條毎に区切る。それから、キリスト信者であるといふことは、信経の中にあるこの十二信條を、厳然として少しの疑もなく確信してゐることだ、と説明して聞かせた。(35)

また日本に到着する前年の一五四八年にはマラッカでの日常的な布教活動について次のような報告をローマに書き送っている。

日曜日や祝日には、彼等は、群をなして聖体の拝領に来る。午後は毎日公教要理を教えた。これにはポルトガル人の子女や新信者の土民の男女などが、澤山集まつて来た。それは私の考えるには、私が常に使徒信経の一部を説明したからである。印度に居る闘争的なポルトガル人は、すぐ喧嘩をするので、私はそれを和睦させるのに、随分時間を取られた。公教要理がすむと、子供等や土地の信者に、皆のわかる言葉で信仰箇條の説明を教えた。此の説明は、我が信仰に新しく帰信した土民の理解に適するように、やさしく書いてある。（中略）毎日少しずつ、即ち二十語位ずつ暗誦して行きさえすれば、一年以内に信仰箇条の説明を全部覚えることができるような組織になつている。こうしてキリスト降臨の歴史は、使徒信経に就いての説明を何度も反復している内に、しまいに、頭に入つてしまふ。（中略）

この一五四八年四月には、イエズス會の神父二人がそこに迭られるように、できるだけ努力するつもりである。四月には、印度からマラッカとマルコ地方とへ、船が出る。(36)

この報告にはザビエルの革新的な教育理念と教授法が明確に示されている。

第一はポルトガル人、現地人、奴隷を差別することなく教育する普遍性

第二は皆のわかる言葉を使い、その集団に適した教授法を使う個別性

第三は学習の機会を毎日設け、一日二〇語を暗記し、一年で全文を通して暗誦させるなどの計画性。

第四は単発で終わらせるのではなく必ず後任者を手配する継続性である。

暗誦することは特に重要である。言葉は人の前で発することで生きたものになる。「記号はそれ自体としては全て死んだものである。それに命を吹き込むのは何なのか？　記号は人が口から発することで生き返るのだ。記号には魂が宿っているのであろうか？　あるいは人の息吹が記号に魂を吹き込むのか？」オーストリアの哲学者ヴィトゲンシュタインのこの言葉は、言語の本質を見事に看破するものである。(37) 言語的な記号は全て、特定の文脈のなかで使われること、つまり実際に音声化されることで意味を持つのである。記号としての文字そのものの

情報量は数バイトに過ぎない。化石の破片のようである。しかし人の発声器官、調音器官を通して「音」になるだけでたちまち命を吹き返し、生命体にふさわしい巨大な情報量を身に付ける。しかもその音は我々が「文脈」と呼ぶ無限の情報量からなる「生きた宇宙」の中で、その宇宙の、なくてはならない有機的構成要素の一つとして響くのである。一つ一つのフレーズに意味を籠めながら何度も大声で朗読し、常に暗誦することで、イエスの言葉を身近に感じるようになり、それが自分の一部になり、現実の生活の中でいつでも必要に応じて引き出せる。同時に、集団の中で同じテキストを共に暗誦することでその集団の結束は強固になるのである。語学学習にも信仰生活にも暗誦は不可欠である。

ここに現れているもう一つの要素は、ザビエルのヴィジョンの特徴である継続重視の姿勢である。自分の方法を受け継いでくれる適材を捜し、周到な引き継ぎをした後でなければ絶対にその土地を離れないのである。この土地には中期的に何名の神父が必要であり、それはどのような能力と資質を備えた人でなければならず、何年の何月にインドから船が出発するのであるから何月から彼らはマラッカで配置に着くことができるというように非常に具体的な人事計画を立てている。ザビエルは現地の子供達にイエスの生涯の話をする毎日のなかでも、同時に緻密な中長期的人事計画を温めていたのである。彼にとって神への奉仕は決して単発的なものではなく、自己満足でもなく、まさに「神の国の建設」であった。

一〇　夢と緻密な計画

マラッカからインドに戻ったザビエルの心はすでに日本に飛んでいる。

私がまだマラッカに居る時、ポルトガルの信頼すべき商人達が、私に重大な報知をもたらした。それは大きな島々のことで、東方に発見されてから未だ日も浅く、名を日本諸島と呼ぶのだという。商人達の意見によると、此の島国は、印度の如何なる国々よりも、遙かに熱心にキリスト教を受け入れる見込みがあるという。何故かと言へば、日本人は学ぶことの非常に好きな国民であってこれはインドの不信者に見ることのできないものだという。(38)

ここには日本での布教を、子供のように夢見る「夢想家」の姿がある。しかしこの夢想家は同時に冷徹な研究者でもある。そして発見されて数年にしかならない日本についてのあらゆる情報を集めようとしているのである。

日本に就いての詳しい報告も、私の手もとに着いた。日本は、シナの直ぐ近くに横たはる島である。日本人は、みな不信者である。そこには回教徒もユダヤ人もいない。克己心が強く、神やその他の自然の事物に就いて、非常に知識を求めている。イエズス会員たる私達が、その活動によつて結ぶことのできる成果は、日本人の自力で培われていく希望がある。以上のような理由により、私は非常に深い慰を以て、日本へ往くことを固く決意した。ゴアの聖信学院では目下三人の日本人が勉強している。彼等は私がこちらへ来た西紀一五四八年に、マラッカから来た者である。日本に関する私の重要な知識は、みなこの三人から来ている。彼等は道徳的に気高く、才能の豊かな若者であるが、特にパウロに於て然りで、彼は既に、自ら父公にシモン神父を通じて、詳細な手紙を差上げている。八ケ月も経過しない中に、彼はポルトガル語を話し、書き、読むことを覚えてしまつた。今は黙想中であるが、その得る所は、極めて大なるものがある筈だ。彼は、信仰のことを深く理解している。日本はキリストのために、よく獲得することができるという大なる希望が、我等の主なる神に於て、私に満ちている。日本へ往けば、第一に、国王のいる処へ往き、次に諸大学を訪ねるつもりでいる。我が主キリストが、私を助けて下さるという大きな希望を持っている。(39)

ザビエルは日本についての詳細な情報を商人達から引き出すと同時に、アンヘロ達を研修のためにゴアの学院に送り、イエズス会の本部とも連絡を取らせているのである。異文化の学習者にふさわしい周到な事前準備である。事前情報があってはじめてその世界を実際に自分の目で見た時に、「何を見るべきか」が解るのである。しかもザビエルは事前調査に基づいて、日本ではキリストの教えは日本人自身の手によって培われていくであろう、つまり日本人は外からの支援に依存せずに自立的に信仰を維持できる国民であるという驚くべき総合判断さえ下しているのである。その翌年の鹿児島からの報告にはその着眼点の鋭さが読みとれる。

私は今日まで旅した国に於てそれがキリスト教徒たると異教徒たるとを問わず、盗みに就いて、こんなに信用すべき国民を見たことがない。獣類の形をした偶像などは祭られていない。大部分の日本人は、昔の人を尊敬している。私の知り得たところに依れば、それは哲学者のような人であったらしい。国民の中には、太陽を拝む者が甚だ多い。月を拝む者も居る。しかし、彼等は、皆、理性的な話を喜んで聞く。また、彼等の間に行はれている邪悪は、自然の理性に反するが故に、罪だと断ずれば、彼等はこの判断に、両手を上げて賛成する。私は、一般の住民は、彼等が坊さんと呼ぶ僧侶よりは、悪習に染むこと少なく、理性に従うのを識った。(40)

この「理性」を共通のコミュニケーション基盤とし、ザビエルは知的好奇心の旺盛な日本人達との対話に挑むのでる。

一一　対話と友情

「彼らは神のことを聞く時、特にそれが解る毎に大いに喜ぶ。」これは鹿児島に着いたばかりのザビエルの言葉である。彼が出会った日本人達は、決して受動的で無表情な聴衆ではなく、何かが解った時の喜びを素直に体で表現していた。そして語る者も、その喜びを共有しているのである。ザビエルは語りながらも聴衆の反応を見、聴衆を分析している。彼が相手の反応をいかに注意深く観察しながら対話に臨んでいたかは彼の書簡の多くの箇所に現れている。そしてその場で最も適切なアプローチを模索するのである。

異文化との対話には非言語的な要素も重要である。日本の仏教の僧は魚や肉を食べずに精進していると知ったザビエルは、同じよう菜食主義に徹する事を決心した。これは当時の西洋人には大きな犠牲である。しかし彼は日本人の心をつかむにはこれが必要であると判断したのである。ザビエルは日本人の小食の習慣を、学ぶべき美徳としている。彼は無意識に非言語的コミュニケーションを使っている。質素な服をまとい、粗食に甘んじ、自分の船室を病人に明渡し、鐘を鳴らしながら、村中を走り回って子供達を集める。そのような態度や行いは人の心を開かせ、人との距離を縮め、対話のための条件を整える。

ザビエルは、「日本人は談論に長じ、質問には際限がないほど知識欲に富んでいる。」(41)と報告している。彼は深夜まで日本人達とのディベートに没頭した。仏教の僧とは対立する局面もあるが、それでもある一人の高僧のことを「親友」と呼んで親しく交際し対談するなど、驚くほど先入観のない自然な接し方をしているのである。

私は既に最も知識の高い二三の坊さんと、度々話したことがある。特にその中の一人とよく会ったが、この坊さんは、その知識と精進の生活により、この国で非常に尊敬されている。もう八十歳にもなる老人である。その名はニンクシット(Ninxit)[42]といい、これを私達の国語で書くと、「真理の心」となり、ほぼ私達の司教に相当する地位を占めている。もしこの坊さんが、実際その名に値するならば、彼は幸福である。いままで度々言葉を交えたけれども、その所見は動揺している。霊魂は不滅であるか、それとも身体と共に死ぬかについては、何らの定見もなく、ある時にはこれを肯定し、またある時にはこれを否定する。他の知識僧も、此については定見がないのではなかろうか。ニンクシットは、もう私の非常な友である。全く驚くばかり親密である。他の坊さんも民衆も、皆、喜んで私達と親しくなる。[43]

ザビエルのコミュニケーションの基本は相手に耳を傾ける「対話」である。これは日本で始めたわけではなく、彼はインドですでにバラモン僧と本格的な対談をしている。そしてそれを通じてサンスクリットの深遠な世界に出会っているのである。ヒンズー教徒達が唯一神に祈りを捧げていることを知り、そこにキリスト教との意外な共通性を見いだしている。その時の彼の言葉には発見の喜びが感じられる。もちろんインド密教と日本の禅との間にある繋がりも、日本の仏教徒達が唱えるお経がサンスクリット語から翻訳されたものであることも彼は知らない。計らずしてザビエルはインド文化圏の東の果てに到着していたのである。しかし彼はバラモン僧の時と同じように禅僧にも一人の人間として接し、彼らの言葉に注意深く、本物の興味を持って耳を傾け、友情を交わしているのである。ザビエルは何度も、日本人は「理性的」な国民であると書き送っている。道徳についても、宗教上の問題についても日本人は「理」にかなっていれば納得したと。当時は禅仏教が強い力を持っており、「問答」によって思索を深めていく手法が定着していた。これはザビエルにとってはパリで身につけた西洋の知性を発揮できる場であり、ギリシアの弁論法を生かせる機会であったのである。彼は時の経つのを忘れ、夜が更けるまで日本人達との議論に熱中した。

そして（彼らは）私に、或は施し、或は祈りをもって死んだ人を助ける方法はないだろうかとたづねる。私は助ける方法はないと答えるばかりである。この悲歎は、頗る大きい。けれど私は、彼等が自分の救霊を忽がせにしないように、また彼らが祖先と共に、永劫の苦しみの処へは堕ちないようにと望んでいるから、彼等の悲嘆については、別に悲しく思わない。しかし、「何故神は地獄の人を救うことができないか」、とか、「何故いつまで地獄にいなければならないのか」、というような質問が出るので、私はそれに彼等の満足の行くまで答える。彼等は、自分の祖先が救われないことを知ると、泣くことを止めない。私がこんな愛している友人達が手の施しようのないことに就いて泣いているのを見て、私も悲しくなってくる。(44)

宣教師であるザビエルは当然キリスト教の教義の正しさを論じるが、彼が日本人と対話する時、そこには常に「共感」があった。日本人の心には祖先を敬う気持ちが強く、それがキリスト教の教義とぶつかって日本人のキリスト者達が苦悩するのを見るとき、ザビエルは宣教師でありながら、あたかもそのキリスト教の教義の限界を自ら感じているかのようである。そして感情移入により、日本人と悲しみを共有したのである。宗教の壁を超えた「人間性」を求める兆しさえ感じさせる。ここにこそ彼と日本人との出会いを不滅にした理由が感じられる。

おわりに

ザビエルが時代を完全に超越した超人であったかと言えば、その答えは否である。一六世紀の一人の正統派のカトリック教徒であることには違いがなく、プロテスタンティズムを否定し、イスラムや仏教と対峙したことも事実である。しかしそのような時代的制約にもかかわらず、彼の生き方、人々への接し方は二一世紀に通じる何かを確かに暗示している。相手が誰であろうと、理性に根ざした「対話」を決して拒もうとせず、あらゆる人に一個の人間として誠実に接したザビエル。弱者の痛みを知る者として謙虚に語り、聴き、そして多くの人と厚い友情を結んだ一個の人間。白髪になったザビエルは、一五五二年にインドのコーチンで日本での宣教を振り返りつつ書いた書簡のなかで、日本で出会った人達のことを「私のこんなに親しい友」と呼んだ。それがフランシスコ・ザビエルの没年である。

ヨーロッパで抑圧され続けてきたバスク民族としてのアイデンティティーが、欧州の文化を相対的に見る目を養い、欧州とは全く異質な文化を持つ日本の人々の生き方への深い洞察力を養った。その洞察が謙虚さを生み、不信者である日本人への尊敬の念に根ざした、第二ヴァチカン公会議までの四〇〇年に及ぶ時代を先取りする、希な高次元の「コミュニケーション」を実現し、それがヴァリニャーノやフロイスなど後続の宣教師にも受け継がれて、「不滅の出会い」が実現した。ザビエルの優しい目を通して見た日本の姿は、今も私たちに多くのことを語る。

（1）片岡弥吉、相賀徹夫『探訪　大航海時代の日本』三八頁。
（2）『聖フランシスコ・ザビエル書簡抄』（アルーペ神父・井上郁二訳）下巻、三〇頁。
（3）前掲書、四三頁。
（4）渡辺哲郎『バスクとバスク人』一八頁。
（5）ザビエル、前掲書、上巻、七頁。「ポルトガル王ジョアン3世は、ザビエルからの書簡が届くと、まずこれを頭上高くおしいただき、これに接吻してから読んだ。それから全国の教会に対し、これらの書簡を説教壇の上から朗読するように命じた。」
（6）タミル語のこと。

(7) ザビエル、前掲書、一二一頁。

(8) 前掲書、七〇頁。

(9) 現モザンビーク共和国北部のモザンビーク島のこと。

(10) ザビエル、前掲書、七三頁。

(11) 前掲書、二四二頁。

(12) 六月二日。

(13) カトリック教徒でもプロテスタントでもイスラム教徒でもユダヤ教徒でもない人達全てを指す。必ずしも蔑称ではない。

(14) ザビエル、前掲書、下巻、一九頁。

(15) 「心が不安定だ」ということが神を信じない人間のひとつの特徴であるとザビエルは見ている。

(16) ザビエル、前掲書、下巻、二三頁。

(17) 前掲書、三〇頁。

(18) 前掲書、上巻、二八二頁。

(19) 前掲書、下巻、三二頁。

(20) Sigmund Freud.

(21) Konrad Lorenz : Acht Todsuenden der Zivilisierten Menschheit. S. 33.

(22) マカオで出会った日本人の侍、アンジローのこと。

(23) Jean Delisle and Judith Woodsworth : Translators through History. S. 112.

(24) アラム語の一種。シリア、メソポタミア一帯でキリスト教徒の言語として発展した。

(25) 八—九世紀の「カロリング朝ルネッサンス」や一〇—一一世紀ドイツの「オットー朝ルネッサンス」など、ヨーロッパでも一定の先駆的な動きは芽生えていた。

(26) Hunayn Ibn Ishaq.
(27) C.H. Huskins, 1970, p. 43.
(28) Jean Delisle and Judith Woods : a.a.O., S. 119.
(29) Werner Koller : Einführung in die Übersetzungswissenshaft. S. 39.筆者訳。
(30) Jean Delisle and Judith Woodsworth, a.a.O., S. 175.
(31) ザビエル、前掲書、下巻、三〇頁。
(32) 前掲書、四三頁。
(33) 前掲書、五四頁。
(34) 前掲書、一二五頁。
(35) 前掲書、上巻、二六〇頁。
(36) 前掲書、二六四頁。
(37) “Jedes Zeichen scheint allein tod. Was gibt ihm Leben? –Im Gebrauch lebt es. Hat es da den lebenden Atem in sich?– Oder ist der Gebrauch sein Atem?” Ludwig Wittgenstein : Philosophische Untersuchungen S. 432.
(38) ザビエル、前掲書、上巻、二六四頁。
(39) 前掲書、三一一頁。
(40) 前掲書、下巻、二八頁。
(41) 前掲書、一〇八頁。
(42) 鹿児島福昌寺住持の「忍室」という僧を指すと言われる。
(43) 前掲書、三〇頁。
(44) 前掲書、一二〇頁。

参考文献

アルーペ神父・井上郁二訳『聖フランシスコ・ザビエル書簡抄』、岩波文庫、一九九一年。

G. Bergstraesser : Ueber die Syrischen und Arabischen Galen Uebersetzungen, FA Brockhaus, Leipzig, 1925.

Jean Delisle ; Judith Woodsworth : Translators through History, John Benjamins Publishing Company/Unesco Publishing, Amsterdam, 1995.

C.H.Haskins : Studies in the History of Medieval Science, Harvard University Press, Cambridge, Mass., 1924.

片岡弥吉、相賀徹夫『探訪　大航海時代の日本』（3　キリシタンの悲劇）、小学館、一九七八年。

Werner Koller : Einführung in die Übersetzungswissenshaft, Quelle und Meyer, Heidelberg, 1992.

Konrad Lorenz : Acht Todsuenden der Zivilisierten Menschheit, Serie Piper, R. Piper & Co. Verlag, Muenchen Zuerich, 1985.

Radegundis Stolze : Übersetzungstheorien, Gunter Narr Verlag, Tübingen, 2001.

渡辺哲郎『バスクとバスク人』平凡社新書、二〇〇四年。

Ludwig Wittgenstein : Philosophische Untersuchungen, suhrkamp taschenbuch wissenschaft, Frankfurt am Main, 1967.

外交史料集『通航一覧続輯』の特質
――フォルカード神父来琉記事の側面から――

木﨑弘美

はじめに

『通航一覧続輯』とは、その書名から窺われるように、近世外交史料集『通航一覧』の続編である。[1]すなわち、『通航一覧』の収録記事下限である一八二五年の異国船打払令につづく時期における外交関係の史料集であり、『通航一覧続輯』収録記事の下限はペリー来航までとなっている。その編纂時期は『通航一覧』の序文日付が嘉永六年（一八五三年）一〇月のことで、同書が完成に近づいた時期にペリーが浦賀に来航するという大事件が起こり、『通航一覧』に収められる以降の事件について、それまでの経緯をまとめることを企図して『通航一覧続輯』編纂が開始されたものと思われる。[2]この『通航一覧』および『通航一覧続輯』は、いずれも編纂時期における幕府の外交姿勢を反映していると考えられる。

したがって、ペリー来航以前と以後における幕府外交をめぐる国際情勢が急変した以上、両書それぞれの編纂時期における、編纂者の見解の相違がみられる箇所もあろう。すなわち、『通航一覧続輯』は『通航一覧』の編纂方針を踏襲していると考えられるものの、その内容の細部については、検討の余地がある。そこで小稿では、まず『通航一覧続輯』の書誌的な説明を行い、次に同書編纂期におけるキリスト教に対する幕府の姿勢の変容を論ずることとする。具体的には、琉球国の異国船来航に対する応接情況を概観したうえで、それらが『通航一覧』でどのように扱われているか考察を加え、それをふまえて『通航一覧続輯』所収フォルカード神父来琉記事の検討を行う。そして、両書の比較やキリスト教対策記事をとおして、ペリー来航以後に編纂された『通航一覧続輯』の有する特質の一端を明らかにしてみたい。

一　『通航一覧続輯』の概略

『通航一覧続輯』は、全五冊で活字化、公刊され、その第五冊に箭内健次氏による解題が付されている。まず、箭内氏の業績との重複をできるだけ避けつつ、小稿を理解するうえで必要な『通航一覧続輯』の書誌的解説を行っておきたい。

最初に同書の形式であるが、国別、編年体で近世における対外関係史料を多数収録し、附録として海防部が設けられている。その具体的な構成は以下のごとくである。

琉球国部　一～四	巻之一～四
朝鮮国部　一～二	巻之五～六
南蛮総括部同呂宋国部	巻之七
唐国総括部　一～二五	巻之八～三二
唐国部　一～一四	巻之三三～四六
阿蘭陀国部　一～一七	巻之四七～六三

諳厄利亜国部　一〜一七　巻之六四〜八〇
暹羅国部　巻之八一
巴旦国部　一〜二　巻之八二〜八三
魯西亜国部　一〜二〇　巻之八四〜一〇三
北亜墨利加部　一〜三九　巻之一〇四〜一四二
佛朗西国部　一〜三　巻之一四三〜一四五
弟那瑪尓加国部　巻之一四六
異国部　一〜二　巻之一四七〜一五二
海防部　一〜二六　附録巻之一〜二六

すなわち、国別一五二巻、附録二六巻で構成されている。前述のごとく『通航一覧』の収録記事下限は異国船打払令であり、『通航一覧続輯』収録記事下限はペリー来航までとなっているために、この両書間における国別史料の比率の相違は、それぞれの時期における幕府外交の大筋を示すものである。『通航一覧続輯』においては、北亜墨利加国部が計三九巻に及ぶが、『通航一覧』の段階では、同部は安問島部および異国部と併せて一巻にすぎない。このことは、ペリー来航で頂点に達するアメリカの急接近を物語っている。

また、書式をみると、各巻毎に綱文をたて、その後に関連史料を掲げる方式を採っている。これは『通航一覧』と同様である。そして、『通航一覧続輯』は『通航一覧』に引き続いて、昌平坂学問所の史局で編纂されたことが、草稿本の記録から判明する(3)。

『通航一覧続輯』編纂の背景を探ると、『通航一覧』正編は一八二五年（文政八年）の異国船打払令記事を下限として終わっている。このことから、まず正編は、天保の薪水給与令という穏便策をとっていた対外政策を、再度打払令発令などの鎖国推進策に転ずることを想定し、打払令発令に至る経緯を探ることを眼目としていたと考えられる。ところが、箭内氏も述べているごとく、正編完成直前に起きたペリー来航の衝撃は大きかった。すなわち、打払令復活をも視野に入れた幕府の対外政策は、ペリー来航によって、開国へと転換を余儀なくされたとみることができる。したがって、『通航一覧続輯』ではペリー来航に至る経緯を示す記録が収録されることとなったのではなかろうか。ここに、『通航一覧続輯』編纂の意義があるものと考える。

二　琉球国における異国船への対応

寛永五年（一六二八年）九月一〇日付けで、琉球に対して、薩摩藩の喜入摂津守名で「南蛮船、いきりす、おらんだ船、曾而許容有間敷事」と、ヨーロッパ船の来航を厳禁している。(4) かつてヨーロッパ船を来航禁止にしたという記述内容は、一六一六年（元和二年）に幕府が老中連署で発令した、ヨーロッパ船来航を長崎と平戸に制限したいわゆる二港制限令を指した方針とみられる。(5) 換言すると、二港制限令は、琉球に対しても適用されることを薩摩藩が琉球に対して表明したことになる。

他方、唐船に対しては、寛永鎖国政策の一環として唐船長崎集中令が出されている。すなわち、寛永一一年五月二九日付で老中酒井忠世、忠勝連名で島津家久宛に、①キリシタン乗船渡来禁止、②日本人海外渡航禁止、③海外の日本人渡来禁止、④武器輸出禁止、⑤異国船積載の糸は長崎の取引値決定後に商売すること、が令せられた。(6) この中の⑤に関連して、長崎奉行榊原職直、押尾元勝が八月二二日付で、島津家久に「従今年薩領内応禁遏異国船著岸之旨有台命、宣奉得其意云云」と伝えており、薩摩藩領内における唐船貿易が禁止されたことがわかる。(7) そして時期を同じくして、次のごとく島津氏に対する領知判物が出されている。

薩摩、大隅両国并日向国諸県郡都合六拾万五千石余　目録在別紙、此外琉球国拾弐万三千七百石事全可有領地之状如件、

寛永十一年八月四日　　家光（花押）

薩摩中納言殿(8)

すなわち、琉球は領知判物において島津領とされ、琉球にも寛永鎖国政策が準用される結果をもたらしたに相違ない。寛永鎖国政策はキリスト教対策を基軸としていたとみられるが、これを裏付けるごとく、一六三八年、宮古島に唐船が漂着したさいには、次掲史料にみられるごとく、キリシタン詮議が行われている。

一宮古島長浜与申所ニ、寅（寛永一五年）之九月十七日唐船一艘、人数四拾四人乗候て流着候条、番衆所之役人ニ而相尋候へハ、大明国南京之者福州へ商買ニ罷渡候ニ付而、逆風ニ相、洋中にて、檝柱損流着候由申候間、（中略）宮古島より帆柱、檝道具等見候而、出船させ申様ニ申付候、（中略）

右此舟南蛮宗なと無之哉、若不審成者於有之者、早々可被召上候、自今以後も不及尋候、不審成者ハ可被召上候、(9)

さらに、「南京船積荷大和之御用ニ可罷立物共御座候者、可有買渡由申付候」とされ、藩の御用物があれば買い上げることを令しており、薩摩藩が唐船長崎集中令下、琉球において漂着船に対するキリスト教の取調べを行う一方、同船積載貨物の取引を行っていたことが判明する。(10)また、明清時代をとおして、中国に進貢船が派遣され、反対に冊封船が琉球に来航していたことはよく知られている。ただし、『通航一覧』および『通航一覧続輯』にはこれらについて詳述されていない。一つには、隠密裡に行われた進貢貿易という事情からである。したがって、キリシタン問題については寛永鎖国政策にしたがうものの、薩摩藩の関わる貿易に関しては琉球の立場を異なるものとして位置づけているようである。そして、『通航一覧』および『通航一覧続輯』に、琉球と明清

との冊封関係が詳述されない今一つの理由として、同書はあくまでも幕府に視座を置いた書であったからと考えられる。

さて、寛永一五年の宮古島漂着唐船記事から、琉球国における具体的なキリシタン対策について指摘したが、それ以前の寛永一〇年三月二〇日付「覚」で、薩摩藩は琉球国に南蛮人について「致許容之儀曲事ニ候」と令達している。[11]さらに、島原の乱終結とともに、薩摩藩は琉球国に対し、キリスト教を厳禁する一方で、南蛮人に対する取締規定も「今度就有馬之儀、きりしたん宗弥稠御法度之事」と発せられている。[12]

寛永二〇年（一六四三）二月一四日付、薩摩藩家老連署による「条々」の第二条には次のごとくある。

一異国船於来着は、南蛮人共以計策陸へをろし、皆々搦捕、如此方可被召上候、被搦捕儀難成候ハヽ、被打果、可成程は生捕候て可被遣事、付雑物少も不相散やうニ入念、南蛮人同前ニ可被召上事、[13]

すなわち、異国船が来着した場合の対応がうたわれている。具体的には、計策でもって南蛮人を上陸させ、できるだけ生け捕りにしたうえで、その船の雑物も念を入れて召し上げるようにということが令せられたのである。また、ここに「南蛮人」と明確にうたわれているので、キリシタンと唐船さらにはオランダ船とを区別していたものと思われる。

これを裏付けるごとく、翌寛永二一年九月朔日付けで、薩摩藩から琉球国に対して、オランダ船、南蛮船、唐船の絵図が送られ、絵図を写して、八重山その他の島々にも配布するように伝えられた。そして、オランダ船については、「毎年九月二〇日に長崎を出船するのであるから、自然と寄港した場合は薪水その他を給与するように」、南蛮船の場合は、「水汲み等にはし船を用いて上陸することもあり、これを取り除くことが肝要で、上陸してきた場合は違法である」、唐船が接岸してきたならば、「唐人内にもキリシタンがいる場合があるので、船中荷物小道具等の調査をせよ」と、それぞれ対象船によって別内容の指令が出されたのである。[14] これらの諸点から も、寛永鎖国令はキリスト教禁教を基軸として発令されたことが明らかになる。[15]

その後も、薩摩藩から琉球国に対する異国船取扱規程は種々の改定をみたが、宝永元年（一七〇四）九月一八日付「覚」を境に、幕末まで確たる通達が出されることはなかったのである。すなわち、宝永元年「覚」は、一八世紀～幕末期の琉球国における異国船取扱規程と言い換えることもできる。[16]

同「覚」の内容を摘記すると、以下のごとくである。①南蛮船漂着の時、船中の者を上陸させない。②住民を船に近寄せないように、海上に番船、陸地に人数や武器を配置。③南蛮船の出帆は黙許。④破船の場合、人里離れたところに木造家屋を準備し、人と荷物を収容して、食物は希望どおりに与え、その外側は二重三重に囲み、番所を多く設け、昼夜番人を配し、薩摩および琉球の役人で近辺を警固する。⑤収容者を鹿児島に送るには、薩琉の役人が警固し、死体は塩詰めとし、抵抗した時は捕えて縛り上げ、打首の者は首を塩詰めとし、一緒に送る。⑥南蛮船でなくとも、キリシタンの疑いがあれば、これらと同じ扱いに処すべし。

この内容は、琉球国の近世日本における立場を示唆するものである。すなわち、琉球使節が外国使節として遇される一方で、琉球は先にみた島津氏への領知判物に「此外」として明記され、さらに琉球の異国船取扱規程においてキリシタンに対する取締まりは厳格なものが看取できるからである。では、『通航一覧』および『通航一覧続輯』においては、こうした琉球国に渡来した異国船に対する取扱いについて、どのように記されているのであろうか。

三　『通航一覧』および『通航一覧続輯』にみる琉球渡来船

『通航一覧』と『通航一覧続輯』の両書は、一口に対外関係史料集といっても、あくまでも幕府に視座を置いたものであった。よって、琉球国と薩摩藩との関係のみで解決し得る問題であれば、もとより幕府に情報が齎らされるとは限らず、当該諸藩で処理しきれない重大な問題が生起した場合に限り幕府に報告され、それらが史料として記録され、『通航一覧』や『通航一覧続輯』といった対外関係史料集にも収録されたのである。(17)

ここで、『通航一覧』『通航一覧続輯』の両書が文字通り正続の関係にあったということを確認しておきたい。第一に、書名である。これは、『続輯』が当初は『続編』と称されていたことが草稿本から確認される。第二に、編纂の時期である。『続輯』編纂は、正編に引き続いて着手されている。第三に、編纂員の作業分担状況である。すなわち、正編における担当者がその分担経験を考慮されたうえで、『続輯』編纂担当になっているとみられることである。たとえば、内海範儀が正編で諳厄利亜および海防部の担当者であり、『続輯』でも内海がそれらの編纂担当者となっている。第四に、全体の構成である。両書ともに国(地域)別に編年体で関係史料が収められ、附録として海防部が配されている。これらから、基本的には両書が同一の編纂形式や理念を有していたことになる。(18)

さて、これら両書に琉球渡来の異国船がどのように記されているか、まず『通航一覧』について触れておきたい。同書巻之二四琉球国部の「漂流并異国人漂到」項には、一六三七年(寛永一四年)南蛮船、一七〇六年(宝永三年)阿蘭陀・諳厄利亜人、一七三五年(享保二〇年)朝鮮船、年代不詳唐船、の琉球近海への漂着が記されている。(19)

また、同項冒頭には、「本邦の船、琉球に漂流の時は薩摩に送り、唐国及ひ朝鮮の船は、其本国に送れる御規定なり、［割注］自余の異国船は、薩摩に送り、それより長崎に送れる例なるへし、長崎覚書に載る寛永一四年漂到の黒船にてしられたり」と記されている。[20]つまり、「本邦」および唐、朝鮮以外の漂着船は薩摩に送り、唐船と朝鮮船は直接送還するという一般規程が記され、具体的な異国人漂着例記事がつづいて収録されている。これらから、「本邦」と「琉球」とが明確に区分されていたことが判明する。

この場合の「本邦」と「琉球」とを区分する概念は、『通航一覧』編纂時の考え方であって、当該記事の時期まで遡れるか否かは慎重に考えなければならない。これは、近世日本における琉球の位置づけの問題と関連している。すなわち、琉球から幕府に対して将軍襲職の賀慶と琉球国王襲封の恩謝を名目とした使節派遣が行われており、その一方で、前章で掲げた島津氏に対する領知判物には「此外」の扱いではあるが、琉球が明記されているからである。さらに、琉球の位置づけに関して、『通航一覧』の序文においては、「琉球は我附庸」という扱いになっている。そのため、『通航一覧』は各国別に交渉を有した順番を原則として関係史料を収録するが、「附庸」の国琉球と「隣好」の国朝鮮を冒頭に配し、長崎貿易関係史料を収めたうえで、原則にしたがった国順の史料がまとめられている。[21]総じていえば、近世日本における琉球の位置づけは曖昧なものがあり、仮に「本邦」と「琉球」とを区分する概念があったにせよ、ここでは『通航一覧』編纂時のしかも同書編纂に関与した人々の考えに限定されることになる。

次に、一八四四年（弘化元年）にフランスのアルクメーヌ号が琉球に来航した事件について、『通航一覧続輯』にはどのように記されているだろうか。まず、同書編者は、アルクメーヌ号琉球渡来に関連して、「いにしへ本邦に渡来の事聞かす、今弘化元年をもて始とす」と同号を「本邦」へのフランス船最初の渡来と位置づけている。[22]よって、『通航一覧続輯』では、琉球を「本邦」の一部として取り扱っていることが明らかになる。

ところが、前述のごとく『通航一覧』においては、「本邦」と「琉球」とが区分されていた点を指摘したい。

すなわち、琉球をめぐる「本邦」の語義が『通航一覧』と『通航一覧続輯』とでは異なっていることが明らかになる。これに関して考えられることは、『通航一覧続輯』の編纂事情である。すなわち、ペリー来航を契機として、『通航一覧続輯』が編纂されることとなったものと考えられるが、それを契機に少なくとも幕府の史局においては、琉球を「本邦」の一部として扱う結果となったと思われる。その背景に、琉球帰属問題を視野に入れた考え方が反映しているといえないだろうか。

また、『通航一覧』琉球国部には「漂流并異国人漂到」項が設けられ、ここでも琉球国を「本邦」とは切り離して考えていることがわかる。一方、『通航一覧続輯』琉球国部においては、「来貢」項のみが全四巻でまとめられているだけである。もはや、琉球に漂着する異国人は、「本邦」に漂着する異国人として扱われるようになったことを意味している。(23)

したがって、『通航一覧続輯』では琉球を「本邦」の一部として位置づけるために、一八四四年のアルクメーヌ号琉球来航記事は、佛朗西国部に収録されるにとどまっているものと思われる。もし、『通航一覧』に準ずるならば、琉球国部にも同号来航の記載があってしかるべきであろう。『通航一覧続輯』琉球国部でも「来貢」とあるので、琉球を「附庸の国」として一応の距離はおいているものの、史局における琉球の政治的位置づけに対する揺らぎがみられる。では、アルクメーヌ号来航の際の琉球さらには薩摩藩の対応がどのようなものであり、『通航一覧続輯』に関係記事がどのように収録されているか、詳細にみていきたい。

四　アルクメーヌ号琉球来航と関係記事

一八四四年、フランスのアルクメーヌ号が琉球に来航した。同事件および同号で来琉したフォルカード神父をめぐる研究は数多くある。まず、根本史料でもあるフォルカード神父自身の日記を中島昭子氏・小川早百合氏が翻訳した『幕末日仏交流史』が重要である。同書には、地図、史料、研究書に分類された参考文献一覧が収められており、行き届いたものとなっている。以下、小稿で主に参照した研究を拾い上げるが、詳細な先行研究は同書所収参考文献一覧を参照されたい(24)。

琉球側の同事件に関する根本史料として『琉球評定所記録』があり、島尻克美氏による「幕末期における琉球王府の異国船対策――仏艦船来琉事件を中心に――」は、同記録所収記事に検討を加えた研究として挙げることができる。また、同氏は当時の首里王府に与えた衝撃と薩摩藩の貿易構想について、別稿の「仏船来琉事件と薩摩藩の貿易構想」で論じている。その他、生田澄江氏、真栄平房昭氏、横山伊徳氏の研究は、薩琉関係に考察を加え、幕府の対応にも論及している(25)。

これら先行研究に学ぶならば、アルクメーヌ号琉球来航を機に、薩摩藩は貿易開始の思惑から「交易は国禁」という鎖国政策と矛盾を生じないために琉球を国外に位置づけることを主張、幕府も仏琉間に軍事紛争が起こった場合の影響を考えて、これも琉球を異国あるいは「外地・外藩」とみることで危機回避を目論んだと説かれている。同様に、軍事力にまさる西洋との摩擦を恐れた幕府が、琉球に限って対フランス貿易を黙認する方針をとり、薩摩藩は商館を設けて貿易開始の計画を立てるに至った、とも説かれている。この説は、先述した薩摩藩の琉球における貿易方針に沿ったものとして首肯できる(26)。

よって、『通航一覧』編纂時にもそうした考え方が反映されたとみたい。他方、『通航一覧続輯』の場合、ペリー来航といった状況下に幕府が琉球は日本ではないと主張するならば、ヨーロッパ中心の国際法と照合すると、琉球が明確に日本に帰属しないこととなってしまうために、琉球を「本邦」とする記述がみられるのではなかろうか。かといって、幕府の姿勢は「事なかれ主義」であったために、揺らぎがみられる結果となっていると考える。ペリー来航後、老中阿部正弘が儒者である林大学頭と側近の筒井政憲に試問し、彼らから琉球は「唐土ノ属国」とすべしという見解を示された。他方、勘定掛は慎重な態度をとったが、海防掛はこれに真っ向から反対し、「悉く薩摩守之指揮ヲ受罷在」と主張した。阿部自身は、ペリー再来に備え、琉球を日本の属国であるとの結論を出しながらも、その場合、アメリカがフランス人やイギリス人の琉球逗留について尋ねてくるだろうといった想定問答を行っている。そして、琉球国はペリー来航後に米、仏、蘭と独自に条約を締結する。ところが、幕府は一八六二年（文久二年）に至り、イギリス代理公使ニールに対し、琉球は日本に属し、薩摩藩がその所務を行っていると回答し、ようやく琉球帰属をめぐるヨーロッパとの間における国際認識が決着するのである。(27)

さて、『通航一覧続輯』には、「或筆記」、「某手録」、「琉球往来」、「或留書」といった諸書から関係記事が引用されている。これらの中で、薩摩藩主島津斉興からの八月一六日付報告を収録する「或筆記」と、『琉球王国評定所文書』に収められる琉球から薩摩への報告集である「案書」関連記事とを比較検討してみたい。「評定所」とは、琉球王国の最高機関であり、同機関所蔵文書中の現存史料を活字化したものが『琉球王国評定所文書』である。まず、「或筆記」には、アルクメーヌ号来着に関して、次のごとく記されている。

弘化元甲辰年八月十六日松平大隅守御届
私領分琉球国之内那覇沖え当三月十一日異国船一艘漂来卸碇候ニ付、漂来之次第相尋候処、異国人は言語文字不通候得共、唐人壱人乗組居、仏朗西国之船人数弐百三拾人乗にて広東え相渡、帰帆の節洋中にて逢難風船具相損し、右修補并粮米為求方致来着候段申出、尤本船え石火矢・鉄砲・鑓・刀等段々乗せ付有之候得共、兵船之様子ニては無之候、且又船具修補用之木并粮食用之牛・豚・野菜等相求度申出候ニ付相与候処、船具修補は異国人共自分にて相調候、左候て右船頭頭より仏朗西国の儀二百年来中国通融、近来猶相親み候、仏朗西国皇帝之命をうけ中国隣近之諸国可致交通候間、琉球えも

其通問合致交易度旨申出候ニ付、（中略）申断候処、一円不致承知、此儀不相調候ハ、和を通し好を可結申聞候ニ付、是亦相断候得共落着無之、猶追々彼国大総兵船可致来着候ニ付、交易向等速ニ吟味難相遂候ハヽ、右大総兵船来着之上何分返答可致、且右船は通詞乗合無之候ニ付、異国人壱人・唐人壱人残置、本船は可致出帆旨申出候、(28)

すなわち、三月一一日、「私領分琉球国之内」那覇沖に異国船一艘漂来。これは二三〇人乗りのフランスの船で、広東に渡り帰帆中に漂流したものであり、武器を搭載するも兵船の様子ではなく、木材および食料を与えた。同船船長からフランス国皇帝の命により琉球と交易を希望する旨伝えられたが、琉球国は物産少なく、金銀銅鉄も全くなく、かつ琉球は清国の屏藩で度佳喇（薩摩）とも通交があるために交易はできないと断り、和親通交の申し入れも拒絶した。同船からは、そのうちに大軍兵船が来着する旨、また、通詞が乗船していないので、異国人一人、唐人一人を残置して出帆するという申し出があった。

これに対して、『琉球王国評定所文書』所収の「案書」には、次のごとく記されている。

一　先月十一日朝、那覇より南之方三四里程之沖え、異国船一艘相見得候付、（中略）仏朗西国之船、人数弐百三拾人乗込、広東え罷渡、廿五日以前同所出帆洋中逢難船、船具相損、右修補并粮食為求方致来着候段申出、本船え石火矢・鉄砲・鑓・刀等段々乗付有之候得共、兵船之様子ニ而は無之、（後略）

一　船具修補用として（中略）角木壱本相渡、且、粮食用申出之品々も時々見合を以相与申候。尤、船具修補之儀は異国人共自分ニ而相調申候。（後略）

一　右異国人、長船ニ而及退屈居候間、為保養着場浜辺より致歩行度旨申出、（中略）警固人相付、猶又役々詰居堅取締仕歩行させ申候。

一　同十二日、右船乗頭より通事を以申出候は、仏朗西国之儀、弐百年来、中国致通融事候付、国主之命を請、中国隣近

之諸国可致交通候間、当国えも其通取合致交易候様承付、（中略）商売不相調段相断候処落着無之、翌十三日又々交易一件同様申出、且、追々彼国大総兵乗船可致来着、（中略）右大総兵之船通事乗合無之候付、異国人一人・唐人一人爰元え留置、本船は可致出帆段申出有之候、(29)

すなわち、三月一一日、一二三〇人乗組のフランス船が、那覇より南方三、四里のところに現れた。その目的は、広東を出帆し難船したので、船具の修補および糧食を求めて来航したとされ、石火矢鉄砲などを載せてくるも兵船の様子ではない。船具修補用木材と糧食を与えたが、修補は自分たちで行う由、散歩の申し出は警固人をつけてこれを認める。翌一二日、船長から通事を介し、琉球との交易希望が伝えられるも拒絶。一三日に、またしても交易希望の申し出と、大軍が乗船して来航することを予告、そして異国人と唐人との留置が告げられている。

ここまでのアルクメーヌ号来着事件の経緯についてみると、薩摩藩から長崎奉行への報告は琉球国からの報告をほとんどそのままの内容で伝えたものであることが判明する。書誌的にみるならば、「或筆記」の文言で「案書」とまったく符合する箇所もあり、内容も抜書きとして位置づけられるところから、長崎奉行所関係の正式な文書を同所関係者がなんらかの形で筆記したものが「或筆記」の成立だったのではなかろうか。

さらに、琉球国からの報告がそのまま長崎奉行に伝えられたということを換言するならば、薩摩藩だけでは対応しきれない問題として、同藩がアルクメーヌ号琉球来航事件を捉えていたことが窺われる。また、「或筆記」にみられるごとく、島津斉興は「私領分琉球国」と明言しており、その領土意識が判明する。

以降の事件の経緯についても、瑣末な点では相違する記事もあるが、「或筆記」と「案書」の大略は同一内容である。引用した部分後の記事から、その後の琉球側の反応が明らかになるので摘記すると、琉球は清国の屏藩で度佳喇（薩摩）とも通交があり、勝手に外国と通商はできない、異国人の留置もできないと回答している。しかし、結局フォルカード神父が琉球に残ることとなる。(30)

こうした、フォルカード神父残置をめぐるキリスト教布教に関する記述に関して、『通航一覧続輯』の特質を知るうえで、なお検討を要する点があるので、次章では、この点を掘り下げてみたい。

五　キリスト教をめぐって

まず、「或筆記」では、三月二八日の記事として、「天主教」を伝えたいというフォルカード神父の意向が次のごとくみられる。

仏朗西国と致和好得保護候得者、おのつから英国より被奪候難も無之と申聞、其上強いて天主教を伝授可致旨之趣申聞候得共、琉球は中国の教化を受、孔孟の道を学ひ候ニ付、天主教と申は難成との趣にて相断置、(31)

すなわち、フランスとの和親によりイギリスの脅威がなくなると説き、そのうえで「天主教」布教の意向を示すも、琉球は中国の教化を受け、孔孟思想を学んでいることを理由に拒絶している。

この段階における「相残居候仏朗西人より機密之事申出候大意」では、フォルカード自身の派遣理由として、次のように述べられている。

西洋に於てハ真正主神を祀りし人甚多し。其中永く盟て不忘生涯専ら務て主神を「敬むを」栄とし、心身を捨て万民之救を求る者あり。我れ陋にして功徳なしといへとも、幸に上主之慈憫を蒙て亦此志を存候。[32]

すなわち、西洋において「主神」を祀る人が多く、「主神」を敬うことを栄えあることとし、万民の救済を求める人もおり、フォルカード自らもこの志を有している旨をうたっている。島尻克美氏は、あえて「天主教」と記さず、「主神」という言葉を使用したとする見解を示している。島尻氏によると、その後、フォルカードは、四月一七日に「希ハ、貴国明之天主之聖教を貴国各別府之地方ニ伝へ、諸人是を聞事を願ふ者ハ其聞を許し、随ふ事を願ふ者ハ其随を許さるへし」と布教の許可を求めていると指摘している。[33]

したがって、元来、フォルカードはキリスト教を指す語に気を使って言葉を用いていたが、「或筆記」の八月一六日段階における薩摩藩からの報告では、当初の言葉の使用状況に拘泥することなく、すでに三月二八日段階から、フォルカードが「天主教」布教許可を求めたとしていることになろう。ようするに、薩摩藩当局にとって、フォルカードが言葉を選んでいたことは些細なことであり、当初からキリスト教布教を眼目としていたとみて、その点を重視した証左と考えられる。

ともあれ、薩摩藩が幕府に対して、アルクメーヌ号琉球来航についてキリスト教布教問題も含めて報告したことが明らかになる。『通航一覧続輯』はあくまでも幕府に視座を置いた書であることは先述したとおりだが、幕府に対して隠密裡に展開され、直接関係がないと見做された事項は、同書に収録されなかった点についても留意する必要がある。すなわち、少なくとも、このアルクメーヌ号琉球来航およびフォルカードらの残置という事件は、幕府が直接関与した問題として捉えられたということになる。そして、キリスト教布教問題も包含していたために、同事件は鎖国体制の基軸であったキリスト教禁制という体制を根幹から揺さぶる事件であったと考えられる。

このことを裏付けるごとく『通航一覧続輯』所収の「琉球往来」は、『琉球王国評定所文書』所収の和訳文ではなく、原文（漢文）で記されている。これは、和訳の報告とともに、フランスからの漢文による原文書も幕府に届けられたことを窺わせる。(34)

ところが、その後の経緯について『通航一覧続輯』には触れられていない。実際は、アルクメーヌ号が出航後も、フォルカード神父が通詞役の中国人オーギュスタン・コウとともに琉球に残置されたのである。(35)これは、フォルカードらの行動に対して、幕府とは一線を劃す交流と判断され、幕府の史局にそうした経緯を示す関連史料が残存していなかった可能性を示すと同時に、先にみた『通航一覧続輯』編纂時期における「事なかれ主義」を反映して詳述に至らなかったと考えることもできよう。実際問題として、仏琉（薩摩藩）間の衝突といった事件が生起せず、幕府と関係のない問題として決着したという史的判断がなされたのではなかろうか。

幕府が、琉球の日本帰属と、その支配権が薩摩にあることを対外的に表明するのは一八六二年（文久二年）のことである。(36)

おわりに

一八五三年にペリーが浦賀に来航し、異国船打払令以降、開国に至る経緯をまとめることを企図して『通航一覧続輯』は編纂された。同書は幕府に視座を置いたものであり、琉球国と薩摩藩との関係のみで解決し得る問題であれば、幕府に情報が齎らされることもなく、当該諸藩で処理しきれない重大な問題が生起した場合に限り幕府に報告され、それらが史料として記録され、『通航一覧続輯』に収録されたのである。

フォルカード神父来琉事件記事を事例としてみると、琉球帰属に関しては揺らぎが看取され、キリスト教についてはその禁制を基軸とした鎖国体制との兼ね合いもあり、フランス艦来航事件は幕府外交に直結する問題として扱われた。それは、日仏関係の嚆矢として位置づけられるものでもあった。ところが、結果として、同事件が幕府に直接の影響を及ぼさなかったこともあり、当該期の幕府による「事なかれ主義」を反映して、フォルカード神父琉球滞在については『通航一覧続輯』では詳述に至らなかったと考えられよう。すなわち、『通航一覧続輯』においては、鎖国政策に反する宣教師滞在という歴史的事実があったにもかかわらず、それは幕府と関係のない問題として決着したという史的判断がなされたのではなかろうか。

（1）箭内健次編『通航一覧続輯』一―五、清文堂出版、一九六八―七三年。
（2）箭内健次「通航一覧続輯解題」（『通航一覧続輯』五、一九七三年）。ペリー来航情報は予告されていたと強調する傾向があるが、問題とすべきは対応の実情である。現代においても、予測される事態であったとしても、対策を講じておかなければ想定外の事態への対応とそれほど差がないように思われる。
（3）草稿本『通航一覧』『通航一覧続輯』国立公文書館所蔵。
（4）鹿児島県歴史資料センター黎明館編『旧記雑録後編』五、鹿児島県史料、一九八五年、六九―七〇頁。
（5）『旧記雑録後編』四、六三七―六三八頁。この二港制限令に関しては、木崎弘美『長崎貿易と寛永鎖国』東京堂出版、二〇〇三年、八三―一一〇頁。
（6）『旧記雑録後編』五、四二九頁。
（7）『旧記雑録後編』五、四四六―四四七頁。これらの経緯については、児玉太刀男「島津藩の中国貿易と鎖国」（箭内健次編『鎖国日本と国際交流』上巻、吉川弘文館、一九八八年）。
（8）『旧記雑録後編』五、四四四頁。
（9）『旧記雑録後編』六、六二頁。鎖国期の琉球来航船をめぐる概略は、『鹿児島県史』二、鹿児島県、一九三九年、六三九―六六七頁。

(10)『旧記雑録後編』六、六二頁。漂着という名目で来航する船も考えられ、たとえば、長崎貿易における差宿制とも関係する。木崎 前掲書、一三〇―一三六頁。

(11)『旧記雑録後編』五、三六一頁。

(12)『旧記雑録後編』五、七八八頁。

(13)『旧記雑録後編』六、二二八頁。

(14)『旧記雑録後編』六、三四七―三四八頁。

(15)木崎 前掲書。

(16)同「覚」については、従来、『鹿児島県史』二、六五三頁で「御条書写」を典拠とした概略が知られていた。その全文を豊見山和行氏が紹介し、考察を加えている。同「一七世紀における琉球王国の対外関係―漂着民の処理問題を中心に」(藤田覚編『一七世紀の日本と東アジア』山川出版社、二〇〇〇年)。

(17)この点について、「朝鮮国部竹島」項を事例に述べたものが、木﨑弘美「史料・文献紹介『通航一覧』」(『日本史の研究』第二一一号、山川出版社、二〇〇五年)。

(18)箭内前掲「通航一覧続輯解題」。

(19)山田安榮・伊藤千可良・文傳正興校訂『通航一覧』一、国書刊行会、一九一二年、二八八―二九一頁。

(20)『通航一覧』一、二八八頁。

(21)木崎弘美『近世外交史料と国際関係』吉川弘文館、二〇〇五年、一五五―一七九頁。

(22)『通航一覧続輯』四、七五三頁。

(23)『通航一覧』一、二八八―二九一頁。『通航一覧続輯』一、一―六八頁。

(24)フォルカード(中島昭子・小川小百合訳)『幕末日仏交流記』中公文庫、一九九三年。その他、次の注記に掲げる文献や岡部敏和「アルクメーヌ号の琉球来航に関する一考察」(『南島史学』第六四号、二〇〇四年)。

(25) 琉球王国評定所文書編修委員会編『琉球王国評定所文書』一―一八、浦添市教育委員会、一九八八―二〇〇一年。島尻克美「幕末期における琉球王府の異国船対策―仏艦船来琉事件を中心に―」(地方史研究協議会編『琉球・沖縄―その歴史と日本史像―』雄山閣、一九八七年)。同「仏船来琉事件と薩摩藩の貿易構想」(島尻勝太郎・嘉手納宗徳・渡口眞清三先生古稀記念論集刊行委員会編『球陽論叢』ひるぎ社、一九八六年)。生田澄江「幕末におけるフランス艦隊の琉球来航と薩琉関係」(『沖縄文化研究』一九、一九九二年)、真栄平房昭「一九世紀の東アジア国際関係と琉球問題」(溝口雄三・浜下武志・平石直昭・宮嶋博史編『アジアから考える〔3〕周縁からの歴史』東京大学出版会、一九九四年)、横山伊徳「日本の開国と琉球」(『新しい近世史2　国家と対外関係』新人物往来社、一九九六年)。

(26) 横山右掲「日本の開国と琉球」三六八―三八〇頁。真栄平右掲「十九世紀の東アジア国際関係と琉球問題」二四七―二四八頁。

(27) 生田前掲「幕末におけるフランス艦隊の琉球来航と薩琉関係」八三―九〇頁。横山前掲「日本の開国と琉球」四〇七―四一五頁。

(28) 『通航一覧続輯』四、七五四頁。

(29) 『琉球王国評定所文書』一、三七八頁。

(30) 『通航一覧続輯』四、七五四―七五五頁。『琉球王国評定所文書』一、三七九頁。

(31) 『通航一覧続輯』四、七五五頁。

(32) 『琉球王国評定所文書』一八、一二頁。

(33) 島尻前掲「幕末期における琉球王府の異国船対策―仏艦船来琉事件を中心に―」一三八頁。

(34) 『通航一覧続輯』四、七五七―七六七頁。

(35) 琉球に残ったフォルカードの行動については、中島昭子・小川小百合訳、フォルカード、前掲書。太田淑子「滞琉宣教師の動向について」(『キリシタン文化研究会会報』第一〇四号、一九九四年)。

(36) 幕末から明治期の琉球帰属問題をめぐる参考文献については、安岡昭男『幕末維新の領土と外交』清文堂出版、二〇〇二年、一九九―二〇三頁。

奉教士人王徴
——東林派と天主教——

葛谷　登

はじめに——同善会運動

明末期、一七世紀において中国では同善会運動が澎湃として沸き上がった。この動きは、星斌夫によれば、「都市部を中心に、地域の人士の間に、人間の命の尊厳に目覚め、地域を教化するかたわら、貧民を救済しようとする善意の人々が寄り集まって一つの団体を作って行動しはじめ、しだいに波及した」[1]ものである。同善会の先蹤は、夫馬進の大著『中国善会善堂史研究』によれば、楊東明が万暦一八年（一五九〇年）に河南省虞城県に設立したものに遡れるようである。[2]そしてこの同善会の支柱となった思想は、第一に生生の思想と呼ばれるべきもの、第二に応報思想であったとされる。[3]

前者の「生生」という語は、島田虔次によれば、「陽明以後の明代思想界の根本的情調を表す最も特徴的な言葉であった」[4]というものである。「生生」は「不容已」と合わさって「生生不容已」という形でも用いられ、それは「一体不容已之生機」を意味し、要するに「万物一体の仁」を指し示すことになった。[5]

明末には蘇州を中心に揚子江デルタ地帯の農村では手工業が発達し、商品生産が活発化した。明末社会に商品経済が華々しく展開する一方で、万暦二〇年（一五九二年）の寧夏のボハイの反乱、豊臣秀吉の朝鮮侵略、万暦二五年（一五九七年）の播州の楊応龍の乱という万暦の三大征の出費を満たすために重税が課され、民衆は経済的に窮迫した。(6)

この民衆の生活の窮乏に拍車をかけたのが銀経済の普及であった。市古尚三によれば、「とくに金花銀の公許によって、公然銀の使用を認めたので、民間における銀使用の傾向は堰を切った水のごとく急激に国内に拡大し、銀の価値はこの時をもって最高値にたっした。明末、内憂外患こもごも起こり国家財政の窮乏ははなはだしく、ときに銀の歳出は膨張して銀の需要はその極にたっした」(7)ほどであった。この明末中国の銀の需要を満たしたのが、百瀬弘によれば、スペイン及びポルトガルの東洋貿易であった。(8)それが可能であったのは「中国の外国貿易は明代後期に於て明朝の独占形態たる朝貢貿易が南方諸国に関しては全く破壊され、中国商人の出航貿易を発生せしめ、これはスペイン、ポルトガル両国人の進出によって、明朝の権力より独立した一の貿易形態に発展するに至った」(9)からである。

職人手工業者が一五世紀後半から農村に移り住み、高度の技術労働を農村の家内労働に導入し、農村の家内手工業は発展したが、現物納体系が崩壊し、貨幣経済が発達し租税銀納化が推進され、生産物の買上制が実施されるようになると、農民は主業の農業以外の副業の家内手工業をもって「貨幣への渇望」を満たす必要に迫られ、農地は荒廃するようになった。(10)農村は疲弊への一途を辿り、農民層分解が進行する。都市では富の偏在が起こり、市民は階層分化する。都市と農村を合わせて明末社会は苦吟の声を上げた。

明王朝体制の中間支配層を形成する郷紳と呼ばれる中小或いは中間地主たちは体制を支える土台の変化を敏感に察知した。そこで彼らは生生の思想をもって慈善活動を、応報の思想をもって教化活動を精力的に展開した。この慈善活動と教化活動を一体化させた組織が同善会であったのである。

この明末に出来た同善会という組織はそれ以前の慈善組織とは本質的に異なっていた。ハンドリンによれば、それ以前の宋代の組織は国家が飢饉などの災害に対処するために一時的に作ったものであるのに比して、明末の同善会は郷紳を中心とする有志者が集まって結成した永続的な民間団体であった[11]。この慈善組織は家族の成員の救済を目的とする血縁団体でもなかった。慈善の対象は親親差等の愛を旨とする儒教的道徳世界の周縁にある人々であった。そしてこの組織が永続的であったのは明末社会の困窮が自然災害によるものというよりは、銀経済の普及という社会経済的理由によるものであったからであろう。自らも銀経済体制への移行の中で社会的存在を脅かされる中間支配層の郷紳は儒教的道徳世界の周縁に住む民衆からの圧力を感じ取り、彼らに対して同善会を通して一方で慈善を行い、他方で応報思想に基づいて善書や功過格を用いて教化を施した[12]。加えて郷紳は銀経済進展の中で実力を蓄え、没落を免れただけでなく成長した商人や富農から財政的支援を得て、同善会運動を推進したのであった[13]。要するに、同善会運動は新興の商人、農民勢力を引き込み、自らの脆弱化した存立基盤を補強しようというものなのだろうか。

この同善会運動に積極的に参加したのが、郷紳の中でも東林派と称される人々であった。東林派は、ハインリッヒ・ブッシュによれば、「儒教保守派の中心」(Center of Conservative Confucianism)として王学左派の道徳的主観主義に反対した人たちである[14]。彼らはまたセオドア・ド・バリーによれば、「道徳の弛緩、社会の衰退及び政治の腐敗」(moral laxity social decay and political corruption)の流れに抗する人々であった[15]。つまり、彼らは銀経済の普及に伴い、旧来の秩序が大きく崩れ、貧富の格差が拡大し社会が安定性を失い、物質的、精神的に混乱を来たしている現実を目の当たりにしたのである。明末という時代は経済制度的には前近代から近代へ脱皮する呻吟の時であった。万明の研究がその辺りの事情を具に説明してくれるとおりである[16]。この現実を前にして彼らは経世済民の責務の自覚を新たにして、物質的及び精神的な両面での解決策を提出しようとして格闘し、その結果、同善会運動に一本の活路を見出そうとしたのであろう。もとより活路は一本では足りない。動揺しているのは郷紳とて同じことである。従って東林派士人は自らの属する階層の郷紳に対しては自らの拠って立つ思想の基盤固めのために、反王学左派の旗幟を鮮明にして一種の整風運動を書院を通して推進したのである。同善会運動の旗手と書院運動の旗手が重なるのは単なる偶然ではなかったと言えよう。

実際、小野和子によれば、「東林書院の建設に中心的な役割を果したのは、顧憲成・顧允成・高攀龍・安希范・劉元珍・史孟麟・陳幼学・葉茂才・張大受・銭一本・王永図などである」[17]らしく、また夫馬進によれば、「高攀龍・陳幼学らによって同善会が無錫県において開始されたのは、高攀龍の年譜によれば万暦四二年（一六一四年）のことであった。また同善会の普及に努めた陳龍正によれば、それはまず張夢次（張師繹）が提唱し、銭啓新（銭一本）が実施し、陳筋塘（陳幼学）が拡充したものだという。」[18]というから、高攀龍、銭一本、陳幼学は東林書院の建設に熱心であっただけでなく、同善会の設立にも積極的であったことが分かる。「同善会の普及に努めた陳龍正」は東林書院建設そのものには直接関わらなかったようであるが、高攀龍の門人として『東林書院志』に名を列ねていることからしても[19]、東林派の代表的人物の一人であると判断され得る。

以上のように、銀経済の浸透により体制が不安定化した明末中国において、中間支配層たる郷紳、とりわけ東林派と呼ばれる正義派官僚は同善会運動を通して銀経済の構造的矛盾の犠牲となった民衆を物質的に援助し、善書を普及させて道徳的に教化して体制への従順を促し[20]、他方自らの階層に対しては書院運動を興して無善無悪の王学左派に抗して道徳的覚醒を促し、体制の崩壊を助長するようなアノミーの進行を食い止めようとしたのであろう[21]。

天主教士人の中にこの同善会運動に呼応した人物がいる。天主教三柱石の一人の楊廷筠（一五五七―一六二七年）とそれより後れて入教した王徴（一五七一―一六四四年）である。本稿では東林派と天主教士人の思想的関係等の問題を明末の天主教三柱石の徐光啓・李之藻・楊廷筠と対比させながら王徴を軸に据えて考えてみたい。その過程で王徴の天主教振興の特質を明末思想史の座標軸により位置づけることが出来ればと願う。王徴には『仁会』という同善会関係の専論もあり、これらの問題を考えるうえで好適と考えるからである。(22)

一　仁会――天主教の同善会

仁会とは、ミゼリコルディア（Confraria de Misericordia）の中国名である。日本語では「慈悲の組」と訳されるものである。海老澤有道によれば、それは「慈悲の所作を実践する信徒による団体」であり、「早くから各種の信心会・修道会・第三会などで組織的に行われてきたが、一四九八年八月、ポルトガル王妃レオノーラ…らによって新たな組織として編成された」ものであり、「ポルトガル王室の保護下に多くの特権を与えられて、新発見の各地にも形成された(23)」ものである。

更に、川村信三によれば、「イエズス会とその仲間が謙遜におこなった『慈悲の業』は、やがて、この会のおこなう『司教活動』の中心におかれ、『会の通常の役務』となった。(24)」とあるように、イエズス会自身がミゼリコルディアによる慈善活動を強力に支持していたのである。こうしてポルトガル王室の保護とイエズス会の支持により、一六世紀から一七世紀初頭はアジアにおいてミゼリコルディアによる慈善活動は最盛期を迎えた。(25)そのうち、マカオにあるミゼリコルディアは現在に至っても尚、活動を続けているほどである。(26)

このマカオからイエズス会の宣教師を通して中国国内にミゼリコルディアの思想が導入紹介され、中国人天主教によって受容され具現化されたものが「仁会」なのである。王徴が崇禎七年（一六三四年）に著した『仁会約』には「西国には『仁会』という組織がある。それは俘虜を贖う費用の醵出を呼びかける働きをするものである。」

（傍点筆者注。以下同じ）[27]とある「西国の『仁会』」とはミゼリコルディアのことを指すであろう。王徴は同書の中でいみじくも「わたくしはここに西洋の学者ロー（Giacomo Rho 1593-1638）先生の『慈悲業解説』という書物に感銘し、この『仁会約』を設ける次第です。」[28]と述べるように、イエズス会宣教師のローが崇禎六年（一六三三年）に著わした『慈悲業解説』（原題は『哀矜行詮』）に触発される形で「仁会」を興したのである。

　この『慈悲業解説』には全部で一四項目の「身体的・精神的『慈悲の業』[29]（Opere misericordiae）についての詳しい説明が展開されている。この慈悲業は日本では『ドチリナ・キリシタン』の中で「慈悲の所作一四ヶ條」と規定され[30]、海老澤有道によれば、「各地に日本人信徒によるミゼリコルヂャの組、ゼズスの御名の御組、サンタ・マリヤの御組、勢数多講等の信心会が出来、信仰を互ひに錬磨すると共に『慈悲の所作』を行っている。直接それを主目的として最も活躍したものはミゼリコルヂャの組である」[31]とあるように、ミゼリコルディアが中心となって実践されて行ったのである。[32]日本と中国双方においてミゼリコルディア運動は信徒を主体として推進されたのである。

　さて「仁会」の「仁」は儒教の重要な徳目の一つであることは言うまでもないが、『仁会約』の中の「経云、仁必忍、必慈、必不妬、必不傲、必不妄行、不復讐。」[33]が新約聖書コリントの信徒への手紙一の一三章四節、五節を訳したものであり、「仁」はcharitas、すなわちキリスト教の教義の中心をなす「愛」の漢訳語でもあることが分かる。「他人の悲惨な境遇を見て可哀想に思っても行動に現さなければ、他人を救うことが出来ない。これは仁（＝愛）なきも同然である」[34]から、儒教の徳目である仁の実践―それはキリスト教の愛の実践にほかならない―のために設立した組織が「仁会」なのである。

　天主教士人としての楊廷筠の生涯が丁志麟によって書き記された『楊淇園先生超性事跡』（パリ国立図書館漢籍第七〇九七番）には、「仁会」を設立した後、楊廷筠は「ひもじい者には食事を与え、凍える者には着物を与え、旅人には金品を与え、俘虜を贖い、死者を葬った」[35]とあるから、「仁会」を通して楊廷筠は天主教の教える慈悲業を実践したものと思われる。しかも『超性事蹟』にはその直前の箇所で、「毎日『主堂』では『仁会』の会員から自発的に捧げられたものに基づいて、信頼すべき人物が『仁会』の運営に当たる」[36]と記されており、「仁会」の日常的な活動の拠点が「主堂」であったことから見ても、「仁会」設立の目的が慈悲業実践にあったことが推察される。

ところで「主堂」とは何を指すのであろうか。『超性事蹟』には、「朝晩の祈りの勤め、七日ごとの礼拝、大斎、小斎の日には、楊公は家の者を率いて屋敷内にある『主堂』において心と体を整えた後、『公堂』に出かけ、『公堂』ではかならず敬虔な心で主を礼拝し、主に祈りを捧げ、人々を教えて先導的な役割を果した」[37]とあるから、楊個人の敷地内にある「主堂」は私的礼拝堂（sacellum privatum）として、また他の信徒と共に主を礼拝する「公堂」は教会堂（ecclesia）として解することが許されるのではないだろうか。ただ、『超性事蹟』にはその一葉前の箇所で、「楊公はやがて人々が迷いに陥っていることを悲しみ、独りだけ目覚めた状態にあることを深く恥じ、正統の学問が衰えていることを痛み、邪説が流行していることを嘆いて、聖なる御教えを高く掲げて多くの人々を導こうと思った。そこで屋敷の傍らに『主堂』を建て、信徒が礼拝を守る場とし、かたがた西洋の宣教師の諸先生に『主堂』に住して日々人々に聖書の教えを解き明かすようにと願い出た」[38]とあるように、『主堂』には宣教師が常住したようである。楊個人の敷地内に建てられた天主教関係の建物を総称して「主堂」として用いているとも考えられる。広義には教会堂、狭義には私的礼拝堂と解すべきとして、「主堂」が天主教関係の建物を指すものであることは疑いの余地がない。[39]王徵の『仁会約』には活動拠点となる場所についての言及はないが、楊廷筠も王徵も「仁会」という名のミゼリコルディアを通して慈悲業の実践を志したものであろう。

ただ楊廷筠の場合、知られ得る限り、ミゼリコルディアの活動の中には包摂されない活動をしていることが特筆される。それは『超性事蹟』の中に、「郷里の経済的基盤の弱い科挙受験志望者のために、『義館』を設立して優秀な教師を採用して彼らに自由に学ばせた」[40]とあるように、楊廷筠は「義館」―「義学」の同義語と思われる―という授業料免除の私立学校の設立と運営に携わっていることである。同善会運動の創始者とも言うべき楊東明もまた「義学」の設立に関わっていることから見て[41]、楊廷筠が教育事業にまで活動の幅を広げていることは明末の同善会運動に連動するものではないだろうか。

それでは「仁会」の経済的基盤はどのようになっていたのであろうか。『楊淇園先生超性事蹟』には会費に関する詳細な記述はない（注36参照）。しかし「アレニ先生（Giulio Aleni, 1582-1689）は楊公に、『善業は継続を重んじます。長続きすればするほど、功績は大きいのです。今、「仁会」の収支はバランスが保たれています。しかし収入には限りがあり、寄附する者の数が増えるのも期待出来ません。利息を財源にするのが得策です。『義田』や『義宅』を設けて、そこから得られた利益を「仁会」の年ごとの活動費に充てることです。これが持続可能な方式です。』と言った。これを聴くと、楊公は深くうなずき、多額の収益の上がる『義田』と『義宅』を設けることにした。これにより現在に至っても「仁会」の活動は財政的に支障を来たしていないのである」[42]とあるように、楊廷筠は「義田」や「義宅」を設けて、これを「仁会」の恒常的な財源にした。会の運営費の創出のための「義田」や「義宅」の設置は、明末から清初に至る会費制から不動産制への移行という同善会運動の一つの流れであったから[43]、この点でも楊廷筠の「仁会」は同善会運動に連動していると言えよう。

同善会の原初的な財源に当たる会費に関する記述は、王徵の『仁会約』の中の「会之資」に見られる。それによれば、「各自、一日銀一分、一か月で三銭、一年にすれば三両六銭を積み立てるものと取り決める。」[44]とあるように、会費は一日当たり銀一分の定額であったようである。夫馬進『中国善会善堂史研究』に紹介する陳龍正の

『幾等全書』の中の事例では、会費は日割りすれば銅銭一文から銀一分まで幅を持たせている。(45) 日本の場合、海老澤有道によれば、府内のミゼリコルヂャの組では「或は毎日曜午後、信徒の家庭廻り持ちで集会をなし、各自一文銭（caxa）を醵出して貧者の葬式を補助したり、或は病院の費用にあてたりしたこと等が報ぜられている。」(46) とあるように、一人一日につき七分の一文である。当時、東アジアは中国の銅銭を共有する商業圏であったと思われる。(47) 経済規模を異にするとは言え、単純に比較すれば王徵の関わった「仁会」は日本の府内のミゼリコルジャの組の七〇倍であり、陳龍正の紹介する同善会の少ない会費の場合の一〇倍である。王徵の関わった「仁会」の会員は一定程度以上の経済的力量を持ち合わせた者であることが求められよう。しかも「会之資」の後の部分で、「銀は純銀でなければならない。銅銭一〇文を銀一分として換算する。米、布、着物、木等の物品の形で寄附された場合は、時価で銀や銅銭の単位で計算するものとする」(48) と規定しており、「仁会」は自らが組み込まれた銀経済体制を前提としてこれを肯定しているさまが窺われる。これは銀経済の浸透により生じた階層分化の問題の解決策の一つを銀の部分的な再配分に見出そうとするものではないだろうか。(49)

銀経済体制下の一定の力量以上の持ち主となると、「仁会」の会員は限定されるであろう。『仁会約』の中の「会之人」には、「天主を愛し人を愛することを発願し、本会会則の遵守を誓約する者は、郷紳、文武の官僚、王族、資産家及び農民、商人、手工業者たるを問わず、誰でも本会に入会することが出来る」(50) とあるように、「仁会」の会員は具体的には郷紳、官僚、王族、資産家、農民、商人、手工業者などである。会員は天主教徒たるを要さない。天主教の理念に共感することが最低限の条件である。これは信徒を構成員とする互助組織であるところの日本のミゼリコルディアとは大きく異なる。天主教の説く慈悲業の実践に対して会員が経済的支援をする能力があることが求められる。ヨーロッパのミゼリコルディアにおいても会員は信徒でなければならないであろう。中国の「仁会」においては会員は天主教の理念に共鳴し財政的負担をする者でなければならない。「仁会」

の中に占める天主教徒の比率は当然低くなろう。この点、中国の「仁会」は他の地域のミゼリコルディアと大きく様相を異にする。慈善活動の実践に共鳴しこれに経済的支援をする意志と能力のある者という点から見れば、これは同善会の範疇に括られるものであろう。ハンドリンによれば、同善会の首導権は官僚、郷紳から商人、富農の地方有力者に移行するらしいのだが[51]、この「仁会」の構成員はまさに官僚、郷紳プラス商人、富農、小工業者なのである。しかも銀への志向性の強さを考え合わせれば、この構成員のうち、後者の商人、富農、手工業者の比重が大きいのではないだろうか。その意味でも「仁会」は後期の同善会に近いのではないだろうか[52]。

以上見て来ると、「仁会」は天主教の説く慈悲業の実践を目的とするものであるが、慈悲業そのものは明末の同善会の行う慈善活動と重なり得、また会員は天主教徒であることを要せず、会の理念に共鳴し経済的負担をし得る富の所有者であることが求められ、或いは会の運営には義田や義宅を設置して、そこからの利益を充てることなどから、ミゼリコルディア本来の組織運営との隔たりは大きく、これは組織運営面からすればむしろ同善会の範疇に属するものではないかと思われる。

それならば「仁会」は明末の同善会の一種と言い切ってしまえるのだろうか。『楊淇園先生超性事蹟』には、「その時、武林では放生会が催され、毎年数千のお金を全部、魚類や鳥類の購入に充てて浪費した。それは魚や鳥を逃してやるためであった。楊公は入教して物を愛することは民を愛することに及ばないことを知っていたので、郷紳の中の慈善の志を同じくする者を集めて一緒に『仁会』を設立した[53]」とあるように、楊廷筠は放生会に対抗する形で「仁会」を設立している。武林のある杭州は万暦の三高僧の一人袾宏のお膝元である。宋代に盛んであり、元代から明代中頃まで下火になっていた放生会を明末に再び盛んにした人物が袾宏であった[54]。夫馬進『中国善会善同史研究』によれば、「明末に放生の流行をもたらした発端は、袾宏の『戒殺放生文』の出現であったし、同善会を創設した人々には、『生生の思想』が脈打っていた。両者はその組織と運営さらには思想においてもて、きわめて近似しているのである。」[55]とあるように、放生会と同善会は明末の生生思想という同一の根から分かれ出た枝であって、「両者は救済の対象として人と物とを互いに置き換えたものにすぎなかった」[56]と、いうことである。実際、同善会の創始者の楊東明も放生思想を有し、同善会の推進者の陳龍正も放生会を意識しこれを肯定していたのであり、「同善会の普及は、明らかに放生会の普及に影響を受けたものとみなければならない。」[57]ということになろう。

とすれば、楊廷筠による「仁会」の創設も放生会に触発されたものと考えられなくもない。しかし、「仁会」は当時、東洋におけるカトリック伝道の中のミゼリコルディア運動のうねりの中で中国に創設されたものである。それはまた明末中国の同善会運動を追い風としてはいるが、理念の根本にはキリスト教の価値体系が置かれている。楊廷筠は「物を愛することは人を愛することに及ばないことを知っていた」のであり、放生会には批判的であった。王徴の「仁会」も同様であった。彼は『仁会約』の中の「会之人」のところで、「ただ僧侶や道士は入会出来ない。思うに、彼らは人が施すことを願い、人に施す者ではないからである」[58]とあるように、僧侶や道士を入会させなかった。陳龍正の『幾亭全書』及び『幾亭外書』所収の会則には救済対象除外者の中に僧侶や道士が入れられているようだが、[59]「仁会」の場合、僧侶や道士は最初から会員の枠外に置かれたのである。

古代儒教においては『孟子』に「人之所以異於禽獣者幾希。」（「離婁」下）、すなわち人間は禽獣と殆ど同じというように、人間は他の動物と近似的な存在として捉えられた。宋代の新儒学においては人間と動物は気の集合体であると捉えたので、更に一歩進んで人間は他の動物と本質的に同一の存在と考えられるようになった。この人間は他の動物と同質の存在であるという新儒学の認識は、生生思想が広がった明末中国において仏教の放生思想への共鳴を呼び起こす基礎となったであろう。

しかし天主教において生命の原理は人間は他の動物と本質的に異なる。サンビアーゾ（Francesco Sambiaso

1582–1649）が天啓四年（一六二四年）に著わした『霊言蠡勺』[60]に詳述されるように、生命の原理は植物の「生魂」、動物の「覚魂」、人間の「霊魂」の三つに分類される。[61]そのうち、人間の「霊魂」は「神の像であるからには、尽きることのない善にして美なるものを包摂し得る」[62]から、人間は「生魂」と「覚魂」しか持たない動植物とは明確に一線を画す存在である。「霊魂」は階層的に「生魂」と「覚魂」の上位に置かれる。

明末の天主教士人もまたイエズス会の宣教師を通してこの人間―動物―植物の位階的生命原理を学び取って行ったことであろう。特に王徴はトリゴー（Trigault Nicolas 1577–1628）から中国人として初めてラテン語を学んだと言われるほどだから、[63]天主教の教義を漢文著作からだけでなく、ラテン語文献などからも学習した可能性があるように思う。王徴の『仁会約』には西洋の聖人名や聖書の中の一節も随所に見られ、他の天主教士人に比べて西洋思想への親近性が強く感じられる。「衣裸」の箇所には、「人が飲食を必要とすることは、『生魂』と『覚魂』を具えた禽獣の場合と同じである。人が禽獣と異なる理由は人には『霊魂』があることにほかならない。『霊魂』の本体は天使に近く、神の像を具えている。『霊魂』は肉体の中にありながら、肉体の主となっているのである。」[64]とあるように、さながらイエズス会の宣教師が天主教の教義を説き明かすように、天主教の霊魂観を的確に展開している。これは彼が等質的生命観を支柱とし放生会を挙行する仏教と本質的に相容れない立場に立つことを示すものである。

独り王徴のみではない。楊廷筠もまた然りであろう。明末の同善会運動に後押しされながら、天主教独自の慈善業の理念のために「仁会」を設立した天主教士人たちの思いは、「思うに、戦争で世の中が疲弊しているために、飢える者、病める者、死ぬ者が大勢出ている。だからこの三者に慈善の手を差し伸べることが今最も必要なことである」[65]とあるように、天主教の生命観に加えて、疲弊する現実への認識に根差した士大夫としての強烈な経世意識が「仁会」を通して人間に対する慈善活動に向わしめたのではないだろうか。

二　天主教士人と東林派

明王朝体制の中間支配層の東林派は銀経済の浸透により体制の土台が大きく揺らぎ始めたとき、同善会運動などを通して体制の建て直しを図った。天主教士人もまたこれに呼応する形で「仁会」を設立し、疲弊した民衆の生活の救済を試みた。両者は明末中国の社会への対応において全体として同一歩調を取っていたと言えるのではないだろうか。

それでは両者は思想的にどのような関係にあったのだろうか。ベルナールは「明末期（一五八〇－一六四〇年）における思想運動の由来」という論文の中にバルトリ（Daniello Bartoli 1608-85）の『イエズス会史』の一節を英訳して引用している。それによれば、「数年ほど前まで道徳の問題や民衆のための最適で有用な政府のあり方などをめぐって学者たちが議論するために集まっていた有名な学院が無錫に設けられていた。南京、浙江、福建、江西省の名の知れた学者はこぞってこの学院の構成員をなしていた。われわれの天主教士人たち、すなわちレオ（李之藻）、パウロ（徐光啓）、ミカエル（楊廷筠）は幾度もその会合で議長を務めた。神父たちは聖なる信仰がこの学院から多大の利益を得られるのでこの学院のこれらすべての学者たちは、神学的教義を説くだけでなく、彼らと同様の道徳的価値観を公けに告白し教えるところの天主教に強く引きつけられていたのである。[66]」とあるように、無錫の東林書院では江南の有力な知識人が集い、道徳や政治のあり方をめぐって議論を交していたことが記されている。東林書院には明末の天主教三柱石の李之藻、徐光啓、楊廷筠も積極的に参加し、他の知識人もまた天主教の揚げる道徳的価値観が自分たちの重んずる儒教道徳と符合するので天主教に対して共感を示したというのである。

ベルナールはこのバルトリの記述に関して、『中国の英知とキリスト教の哲学』の中で、「東林書院…の中にキリスト教哲学の影響を見出そうとするとき、残念ながら一般的見解以上のことを提示することが出来ない。知識人の著作はその知的源泉に関わることがらについては驚くほど曖昧だからである。」[67]とあるように、積極的な判断を控えている。これに対して、ブッシュは「東林書院とカトリック教会」（The Tung-lin Academy and the Catholic Church）と題する開拓者的な論文の中で、「東林書院に関してバルトリは定期的な集会の中での道徳と政治という特徴的な結合について正確に論及している。しかし増え続けるところの東林書院を模して作られた諸書院の連合体としての東林党の記述、及び東林党の構成員の学者としての性格規定などはやや正確さを欠くものである。というのは東林党の構成員が全員、書院活動に熱心だったわけではないからである。」[68]とあるように、バルトリの記述には批判的な見解を示している。実際、東林派の代表的人物である葉向高や鄭之標は天主教に友好的であったけれども、馮従吾のように「すべての儒教徒がかならずしも外来の儒教の競争相手（the foreign competitor of Confucianism）に好意的な態度を取ったわけではなかった。」[69]からである。徐昌治によって明末の反天主教関係の文章が編集されて成った『聖朝破邪集』巻二の「福建巡海道告示」の作者施邦曜や巻六の「闢邪管見録」の作者鄒維璉はいずれも東林派に属す[70]のを見ても、東林派が全体として天主教に好意的であったとは言い難いと捉える。

とはいえ、バルトリはイタリアで生まれイタリアで死去した説教家である。『イエズス会史』五巻は「確かな史料に基づき、美しい文体で書かれた」[71]ものではあるが、彼自身は中国を訪れ、中国で伝道した経験はないのだから、バルトリの記述に高度の正確さを期すること自体、難しいと言えよう。ブルーによれば「初期のイエズス会士の著作の主要な目標は中国での伝道活動の性格を紹介し、潜在的なヨーロッパの支持者の間に一般的な関心を喚起することであった。」[72]とあるように、今日の意味での客観的な精確性をこのような著作に求めること自体、無理があるのではないだろうか。

ブッシュは、「これまでのところ、西洋側の史料及び中国側の史料においても教会や宣教師と東林書院の学者との間の関係に関するものはまったく見つけられないでいる。[73]」と言明しているが、これは事実に即したものだろうか。これに対して、後藤基巳[74]は「明末儒教とカトリック伝道」という論文の中で、「これらの点でブッシュ師の議論の精核さはもとより敬服に値するが、それにもかかわらず私はむしろベルナール師とともに依然として肯定的見解を支持したい。…ベルナール師のいわゆる〈一般的見解〉以上に出ないけれども、リッチ師の交友には郭正城などのような東林的士人が少なくなく、…リッチ師の伝道地たる南京・北京はそのまままた東林的風気の発展地なのであるから、東林学あるいは少なくとも東林的風気の中にある士人が、伝道に積極的関心を持ったであろうことは容易に想像できる。」とあるように、天主教に好意的であった代表的な東林派士人の名を具体的に挙げながら、東林派士人が全体として天主教に対して受容的態度をとったと捉える。[75]

天主教士人と東林派との関係について後藤基巳とは異なる視角から具体的に見てみたい。明末の天主教三柱石の一人楊廷筠の専論であるスタンデルトの『楊廷筠、明末の儒教徒にして天主教徒―その生涯と思想』には、『東林書院志』の中に登場する楊廷筠について取り上げている。[76]万暦三二年（一六〇四年）に顧憲成、高攀龍等によって東林書院が再建された。その折、楊廷筠は周孔教、蔡献臣と共に食糧費（「佐餼」）という名目で銀二〇両を醵出している。[77]そして魏忠賢グループが東林派を弾圧した天啓五年（一六二五年）の二月には、『国榷』に「辛卯。偏浣巡撫右僉都御史李仙品大常寺卿李応魁応天府丞楊廷筠被劾罷。以南京給事中楊朝棟糾之」[78]とあるように、楊廷筠は罷免されている。彼と共に罷免された李仙品、李応魁は小野和子作成の「東林党関係者一覧」に記載されており、[79]いずれも東林派の人物と言ってよい。罷免の時期や同時に罷免された人物の顔ぶれから考えれば、楊廷筠もまた東林派に与する者であるという認識が当時の政府部内に存在していたのであろう。このように、楊廷筠は東林書院が顧憲成によって再興されたとき、また東林党が魏忠賢によって弾圧されたとき、表に出て来たのを見れば、東林書院の再興から東林派への弾圧に至る期間においても東林派と親しい関係にあったと考えるべきではないだろうか。

次に李之藻について見てみよう。ブッシュが指摘するように[80]彼の名は撰者不明『酌中志余』に収められた「盗柄東林夥」の中に、「李之藻工部加太僕少卿」として登場する。[81]単に名前が東林党の名簿に記載されているだけではない。[82]天啓二年（一六二二年）に広寧が陥落し北京が危殆に瀕したとき、東林派の領袖とも言うべき高攀龍は人心の動揺を鎮めるため、上疏して孫愷陽、董見龍、李之藻、鹿善継等を推薦した。[83]李之藻と共に推薦された鹿善継も「東林党人榜」と『東林列伝』に記載された東林派士人である。[84]李之藻は国家多難の折、東林派の指導的人物から解決に向けて推薦されるだけの信頼を東林派内部で得ていたと思われる。

広寧が陥落した天啓二年（一六二二年）には、東林派の馮従吾や鄒元標等が中心になって北京に首善書院が設立された。小野和子『明季党社考』には、首善書院創設時の状況が馮従吾の『都門稿』の「語録」の一部を訳出する形で紹介されている。[85]「万暦年間、各地で書院の活動に従事していた人びとが、一堂に会した」[86]形になった。書院に集まる人数が増え、講学の回数が増えたことについて、李之藻は「だれでも来なさい。人数が多いほど良い。」[87]と述べたようである。発言の内容から、李之藻は首善書院の講学に積極的に関わっていたと言えそうである。

以上のように、東林党の名簿に名前が記載されていること、東林派の領袖から厚い信頼を得ていること、首善書院の講学の内部関係者であることなどを見ても、李之藻は東林派士人の一つの典型をなすのではないだろうか。

では、三柱石の中心的存在に当たる徐光啓の場合はどうであろうか。徐光啓の周囲にも遼東の防衛に当たった熊廷弼、徐光啓の知遇を得た鹿善継、兵部尚書を務めた孫承宗などの東林派の人物がいた。[88] しかし、劉伯涵の「略論徐光啓与明末党争」という論文によれば、「事実上、徐光啓の政治的見解は東林党の人間と近接していたのだけれども、彼自身は東林党の人間ではなかった。彼は党派的行動をせず、極力中立を保とうとした。[89]」ようである。このことは天啓五年（一六二五年）に魏忠賢等が東林党を弾圧したとき、徐光啓も攻撃の対象になったが、病と称して休職し難を免れたこととも照応しよう。[90] そして熹宗が亡くなり毅宗が即位し、魏忠賢等による東林党への弾圧の嵐が静まると、徐光啓は崇禎五年（一六三二年）に礼部尚書兼東閣大学士になった。これは劉伯涵によれば、首輔の周延儒の推薦によるものであったようである。[91] 周延儒は東林党の名簿にも記載され、[92] 入閣前は東林派士人と親交を持ち、入閣後は東林派士人と敵対するようになったけれども、東林派には一定の理解があった人物である。[93]

以上見てみると、徐光啓は東林派士人と親しい関係にあり、政治的見解も共有していたようであるが、行動面で彼らとは一定の距離を保ち、自らにふりかかる東林と非東林の党争の害を最小限度に食い止めた。

さて、王徵について見ると、彼は東林党の名簿には記載されていない。とはいえ、彼が出版の面で主導的働きをした一七世紀中国言語学金字塔とも言えるトリゴーの『西儒耳目資』には巻頭に張問達の序が掲げられている。そればかりか、張問達は『西儒耳目資』の出版に当たり、経済的支援をしている。[94] 張問達の中に、「或る日、友人の王徵氏が本を携えわたくしを訪れて、『これが新訂「西儒耳目資」です。』と言った」[95] とあるように、張問達は王徵と親しい関係にあったようである。実際、王徵と張問達は陝西省涇陽県の同郷の士の間柄であり、張問達の次男張緟芳は霊名をパウロとする天主教徒であったから、緟芳を介しても両者の関係は相当親密となったと思われる。[96] 張問達は万暦三〇年（一六〇二年）には「李摯に対する儒教主義的護教運動を提起した者として名をあげ」[97] 礦税には断固反対し、宮廷内の三大事件を処理し、また戸部尚書と吏部尚書を務めた東林派の大物政治家である。[98]自由思想家の李卓吾を弾劾した政治家が天主教に対して融和的であるのは一見矛盾するようであるが、天啓二年（一六二二年）に広寧が満州族の手に陥ったとき、明王朝体制内を危機意識が駆けめぐり、イエズス会宣教師を軍事顧問とする対満州族軍事兵器製造計画が立案され、それが北京勤務の東林派士人から支持を得、当時吏部尚書であった張問達等によって推進されたのである。[99]計画の推進者として、他に内閣大学士の葉尚高、兵部尚書兼内閣大学士で徐光啓と信頼関係にあった孫承宗がいたから、この宣教師に助力を仰ぐ兵器製造計画は東林派士人によって支持され、東林派士人によって推進された形になろう。葉尚高、孫承宗、張問達等の東林派は明王朝体制の防衛という実用的観点から宣教師を必要としたのである。少なくとも王徴はこのような体制維持上、天主教に実用性を認める東林派士人の近くにいたのである。

天主教士人は東林派士人と人脈の面でつながっていただけではない。彼らは東林派士人と行動様式を同じくした。楊廷筠と王徴は「仁会」を通して慈善活動を展開して同善会運動と歩調を合わせ、李之藻は「京師の首善書院と江南の東林書院[100]」と並び称される首善書院で講学活動に参加した。徐光啓は『農政全書』を著わし、農業生産力の向上に努力を傾注した。天野元之助によれば、「『農政全書』六〇巻には、氏の農業・農政に関する大文章が所在にみられ、中国の古農書のうちでも、高く評価されて来た。[101]」とあるように、『農政全書』は中国農学史上、特筆すべき著述の一つであろう。徐光啓はその一部が『農政全書』巻一九、二〇に収められた『泰西水法』の序の中に、「昔の聖人は、（「周易繫辞上伝」の箇所で）『人間に必要なあらゆる物を具備してその効用を尽させ、完成した器物を作りあげて天下の利を供することは聖人より大なるものはない』と言っています。道具は形而下のものですが、世の中で大いに役立つものです。このことの意義は小さくありません[102]」とあるように、徐光啓は民生重視の観点から、道具、とりわけ農業技術の開発に心血を注いだと言えよう。東林派研究の記念碑的論文とも言うべき溝口雄三の「いわゆる東林派士人の思想―前近代における中国思想の展開（上）」という論文によれば、「農業振興に指導的な役割を果し、自然改造に対して積極的かつ科学的な意欲を示す」(103)のが東林派士人の特徴の一つであったから、徐光啓は東林派士人と政治的行動を共にすることにおいては慎重であったのであるが、東林派士人の精神を体現するうえで最も積極的であったと言えるのかも知れない。

王徵においても徐光啓の『農政全書』と同様の問題関心から出版に関わったと思われる書物がある。それは宣教師テレンツ（Johann Terrenz 1576–1630）が口述したものを王徵が訳し図を附した『遠西奇器図説録最』三巻（天啓七年〈一六二七年〉刊）である。その内容は動力装置の図とその説明である。ニーダムはウルシスの『泰西水法』、テレンツの『遠西器図説録』と王徵の『新製諸器図説』の三者が「初めて石炭と鉄の旧技術段階が中国技術の上に影響を及ぼすことになる。」(104)と述べたうえで更に、「イエズス会士とその共著者が記述した機械と装置は、その相当数が西洋でその仕様者が刊行されてまもないものであったことがわかる。つまり一六世紀中葉のカルダンやアグリコラ、同世紀末尾のベソンやウメリの著作に依拠していたのであり、ゾンガやツァシンのものに至っては中国に伝えられるわずか一、二年前に刊行されたものであった。」(105)と記している。『遠西器図説録最』は三著の中でも要となる重要な文献であり、西洋の言語に通じた王徵がテレンツの語る外国語を聴いて理解し、漢文に書き改めたものである。王徵は当時の西洋においても新しい部類に入る動力装置を明末中国に移植することによって農工業の生産力向上を意図したのではないだろうか。『遠西奇器図説録最』の序に当たる部分の中で、「学問はもともと詳しいの、粗いのとかは問題にならない。大事なのは結局、世の中に有益かどうかにある。人間もまた中国人だの、西洋人だのとかは問題ではない。大事なのは結局、天に従うかどうかにある。ここに記録するものは（儒教の価値観では）末節の技術に属するものであるけれども、人々が毎日生きて行くうえで実に有益なものであり、国家の発展のために欠かせないものである。」(106)と述べる王徵の言葉はそのことを裏書しよう。農業振興の重視は溝口雄三によれば、東林派の代表的特徴の一つであるが、実際、『泰西水法』の考訂校刻者十名の中に曹于汴、張鼐、李凌雲という三名の東林派士人が名を列ねているように(107)、東林派士人の間には農業政策力向上のためには動力装置の改良が必要であり、その技術は天主教の側に求めなければならないという認識が広がっていたように思われる。

更に天主教士人は思想的にも東林派士人と同じ方向を目指した。『東林書院志』の「院規」の中に、「『無善無悪』の説が伸びれば、『為善去悪』の説がかならず屈する。『為善去悪』の説が屈すれば、『親』、『義』、『序』、『別』、『信』を塵芥のように見なし、『学』、『問』、『思』、『弁』、『行』を障害のように見なし、古より聖賢がねんごろに教えてくれた戒めを棄て去る者がならず伸びる。その弊害は起きるべくして起きよう。(108)」と記すように、東林派は「為善去悪」、すなわち明王朝体制を擁護する既存道徳の遵守を志向したのであり、溝口雄三によれば「東林派の思想的立場は、いうまでもなくアンティ無善無悪だった。(109)」のである。

この「為善去悪」の東林派の立場に対して、天主教はどのような立場であったのだろうか。王徴の『仁会約』の「附録西国用愛二端」の中にも「為善去悪」という語が認められる。それによれば、「ことばによって『為善去悪』を勧めるだけでなく、覚えさせるために印刷した書物によって『為善去悪』を人に勧める(110)」とあるように、天主教は東林派と同じく「為善去悪」の立場に立つものである。この「為善去悪」の中味といえば、それは「神を愛し、君に忠節を尽くし、親に孝行し、年長者を敬う(111)」というものであった。ここで、「神を愛する」ことの次に「君に忠節を尽くす」こと、すなわち「忠君」が来ていることに注目すべきである。東林書院と双璧の首善書院の建設が、小野和子によれば「明らかに『忠君愛国』の思想を宣伝鼓吹する為であった。(112)」からである。実際、首善書院の主導者の馮従吾は、「都門稿」の「語録」の中で、「講学というのはまさに父子・君臣の義を明らかにするためであり、また忠君愛国の心を呼び醒ますためである。これこそが今日第一に着手すべき重要事項である(113)」と述べ、「忠君愛国」思想を唱導しているとおりである。

更に、『仁会約』では、「西洋諸国はことごとく神を信じ、異端を禁止して、広く教化する」(114)と述べるように、天主教はもともと「異端」に反対する立場にあったが、明末中国にあって「異端」は非儒教的イデオロギーであり、天主教は非儒教的イデオロギーに反対することによって儒教による支配を貫徹させることに貢献しようというものであった。

それならば、東林派内に反天主教の士人がいるべくもないのにいるのは何故なのだろうか。溝口雄三は「……馮従吾は外敵の侵入をなによりも問題にしていた」(115)と述べる。天主教に反対する東林派士人は宣教師を明王朝体制を揺り動かす外敵と捉えていたのであろうか。『聖朝破邪集』に収められた施邦曜の「福建巡海道告示」などはその例であろう(116)。ただ馮従吾は、「リッチの天主の教えは堯、舜、孔子、孟子を脇に置いて天主のことだけを言っている。これは天子を脅かして諸侯に命令するようなものである。これはわが中国の曹操、王莽と同じである」(117)とあるように、天主教が聖人の権威を至高の位置に置かないことを批判する。これは明王朝体制を支える儒教イデオロギーからすれば、「異端」と見なされる可能性が高いのである。

天主教が明王朝体制下にあって果たして徐光啓が「『泰西水法』序」の中で言うように「補儒易仏」(118)であったのだろうか。一君万民の明王朝体制の頂点に立つ皇帝は祭天の儀式を独占的に執り行う。天主教徒は理念的には祭天の儀礼に平等に参加し得る権利を持ち、これは皇帝の独占的な祭祀権を侵犯するものとなろう。天主教は皇帝の独占的な祭祀権を否定し、明王朝体制の土台を揺り動かす潜在力を秘めており、これは体制にとって本質的に危険な思想ではないだろうか。それはプロテスタント思想のように平等な市民社会の原理を明確に提示し得るものではないけれども、一君万民の明王朝体制の正当性を破壊し得る威力は持っていたのである。

天主教士人は人脈、行動の面で東林派士人とほぼ重なり合うように見えるが、正統と異端をめぐるような思想面では合同ではない。この思想の問題は神学思想と中国思想の二本の座標軸を駆使して掘り下げなければならない課題である。本稿では指摘するにとどめることしか出来ない深くて広い内容を持つ問題である。この問題が清初になって「典礼問題」として形象化したのではないだろうか。

三　王徴の信仰

最後に王徴の天主教信仰の特質を取り上げてみたい、特に崇禎元年（一六二八年）に彼によって書かれた『畏天愛人極論』（パリ国立図書館漢籍第六八六八番）に依拠しながら、明末の奉教士人の信仰の実体に迫ることが出来ればと思う。

国立中央図書館編『明人伝記資料索引』によれば、王徴は隆慶五年（一五七一年）に生まれ、崇禎一七年（一六四四）に世を去っている。字は良甫、葵心という。陝西省涇陽県の人で天啓二年（一六二二年）に五一歳で進士に及第している。官は登莱監軍僉事に至った。李自成により北京が陥落したと聞くと、七日間絶食して命を絶った。学者は私かに謚して端節先生と呼んだ。[119]

方豪『中国天主教史人物伝』によれば、王徴はスペイン人イエズス会士パントーハ（Didaco de Pantoja 1571–1618）との出会いを通して入教したようである。[120]王徴の自著『畏天愛人極論』によれば、王徴はまず友人からパントーハが著わした『七克』を送られ、それを熟読した後、北京に赴きパントーハを尋ね、疑問点を問い質し、パントーハから与えられた回答に得心し、入教したことになる。[121]パントーハが『七克』を著わしたのは万暦四二年（一六一四年）であり、南京教難が起きたのは万暦四四年（一六一六年）である。方豪は王徴がパントーハに会ったのは万暦四三年（一六一五年）の冬、或いは万暦四四年（一六一六年）の春とする。[122]王徴が四四或いは四五歳のときである。霊名は「斐理伯」（philippo）である。

王徵にとって天主教は求道の終着点であった。

自分はひたすら天が自分に与えた生存理由を追求したのだけれども得られなかった。だから学びの途上で、しばしば学びの門を変えた。つまるところ永遠不変の確かな真理を得ようとしたからにほかならない。そこで仏典を研究してみたが、その要諦は分からずじまいだった。人はわたくしのことを誤解して「悟りを得た」と言ってくれたけれども、自分はまったく悟りからは縁遠かった。どうして自分を欺くことができようか。そこでわたくしはやむを得ず、養生家の教えを尋ねた。或いはこれが真理への正しい道ではないかと考えたからである。……しかし肉体は（修行を積むことによって）快なる状態にならないわけではなかったが、精神は分散してしまい、まったく拠りどころにすべきものがなく、養生家に対してもやはり満たされないところがあった。[123]」

王徵は自らの生存理由（＝「天之所以命我者」）を求めて仏教の参禅に励み、また道家思想に傾倒した。実際、秘薬製造の書でもある朱熹の『周易参同契註』などを読み、自らそれに関する書物も著わした。[124] しかし魂の拠りどころ（＝「巴鼻」）は得られなかった。

王徵は『孟子』の中の「仰いでは天に愧じず、俯しては人に怍じざる」（尽心篇上）の境地を追い求めた。そのとき友人が彼に『七克』を送ったのである。彼は「内容の一つ一つが心に叶い、言葉の一つ一つが骨を突き刺すのを体験して、『これが「仰いでは天に愧じず俯しては人に怍じざる」境地を実現する基準であろう。』とひそかに喜び躍った[125]」ということである。王徵は『七克』の著者パントーハに会うと、彼から次のような説明を受けた。

天主教の書籍の要旨はまだ世の中の人が最初に天や地、人や物を生んだ大いなる主を認め、その命令を尊び違反せず、まごころをもって主を礼拝し、主が人を愛する心を自分のものにして互いに愛し合い、共に天の邦に遊ぶようにさせることにほかなりません。[126]

この言葉を聞いて、王徵は「この日、一つの魂の拠りどころが得られた感触を抱いて喜んだ」のである。[127]

神は人を創造した。それは「全能の父が無の中から天地万物を創造したとき、その中から土を取って『アニマ』という霊性を付与した。するとたちまちアダムという男が誕生した」[128]とあるように、人間は造られたとき、神から「霊魂」(アニマ)を付与された。これは万物の現象を気の集散の観点から捉える儒教の立場[129]とは異なる。「霊魂」は死後も滅びることのない善悪の報いを受ける実体であるからである。[130]自分が行った業に対する報いは子孫ではなく、自分の「霊魂」が引き受けるのである。[131]ここには知性と意志を持った道徳主体としての個に対する徹底した自覚がなければならない。

この地上においては悪がなくなることはあり得ない。だから役所の長官や君主が審判を下す。[132]しかしこの世の権力者の審判は公平を失している。[133]悪いことをしてもすぐには罰せられず、善はかならずしも栄えず、悪はかならずしも罰せられない現実がある。[134]しかし神の公正な裁きは地上での生を終えた後にある。[135]聖人が地上での善をなすのもこの世での報いではなく、天上での報いを求めるからである。[136]聖人とて全能の神に造られたものであり、他に抜きん出ているというにすぎない。[137]

陽明学において「満街聖人」というテーゼが打ち出された。広く民衆にまで聖人としての道徳能力を認めようというのである。しかしこの議論は聖人は別格の存在という前提の上に成り立っている。聖人は飽くまで儒教世界においては最高の人格的存在である。その聖人の絶対性が、天主教の世界では聖人を超越する人格的存在の神によって相対化されるのである。これは満街聖人より衝撃的な明末中国においては破天荒のもの言いではなかったろうか。

相対化されるのは聖人だけではない。

真正の審判は天上の主だけが行なうことが出来る。だから世の中で言うところの審判者はことごとく審判を受ける人なのである。(138)

世の為政者も神の審判を受ける者として相対化される。儒教世界において道徳的に絶対的な権威を持つ者が聖人なら、政治的に至高の権威を持つ者は皇帝である。だから王徴は皇帝も平等に神の審判を受けなければならないと言っているに等しく、これは儒教の有する政治的権威の体系への潜在的な挑戦ではないだろうか。

他人が貧しくならなければ、自分は富を得ることが出来ない。大勢の人が貧しくならなければ、自分独りの富を得ることが出来ない。……王は国を、大夫は家を、士庶は身を利することを考え、上も下も先を争う。そういう争いを経ないでは天下は治まらない。(139)

世の中は自己一身の欲望を充足させようとして互いに闘争が繰り広げられている。欲望と欲望の闘いは地上の生を絶対視するところから生ずる。しかしこの世は仮住まいでしかなく、無限の喜びは天上にある。(140) 天上での幸いを重視して生きれば、地上での幸いに捉われず、欲望充足のための闘争はやみ、地上に平和が訪れる。(141) 地上の権威、権力が相対化されるだけではない。最後に自分の心の中の欲望が相対化されるのである。何故ならわれわれ人間は創造主なる絶対者のもとで、地上での生の後に永遠の生を享受するように予定された存在であるからである。それゆえ、われわれは天上での無限の喜びを享受するために、地上での有限の楽しみか自由でなければならないのである。(142) 天の故郷を目指して旅するこの地上において、われわれは神を愛し人を愛して生きるものなのである。

以上が『畏天愛人極論』に即して見られた王徴の信仰の概略である。全部で五十葉、章立てもなく流れるように文章は展開されている。その中には王徴が深く影響を受けたパントーハの『七克』の文章を彷彿させるものがある。更に王徴は西洋の言語の心得があったようなので、西洋の言語で書かれた天主教関係の書物を直接読んで感銘し、その感銘した部分を漢文に置き換えて書き著わした部分もあるのかも知れない[143]。固より随所に儒教の古典に関する知識がちりばめられている。難解な文章ではないが、至極気骨の折れる読みづらい文章である。王徴は『山居詠』という詩集を編んだ詩人でもある。『畏天愛人極論』の文章も意味は表層に現れないで、深層に隠されているような印象を強く与える。

淡々と天主教の信仰について説明しているようでいて、一君万民の明王朝体制と明末社会の現状への根源的で痛烈な批判が内蔵されている。全能の創造者なる神の前では聖人も皇帝も相対化され、平等に神の審判を受けなければならない。地上での生を絶対視するところから欲望と欲望の空しい闘いが現出する。儒教の教えを身につけ士大夫もそれを知らない庶民も欲望に突き動かされて闘争するのはまったく同じである。

確かに士大夫も庶民も欲望の奴隷という点では同じであるけれども、神から霊魂を与えられている点でも同じである。聖人も庶民も差別はない。聖人であるがゆえに、道徳的能力があるのではない。道徳能力において聖人、庶民も同質で平等である。これは儒教の差別的な道徳の体系を本質的に真っ向から否定するものである。

思うに、畏れ人を愛するというのはすべての人がもともと持っている良心であり、これはまた愚夫愚婦も共に知り、共に行なうことの出来る普通のことなのである[144]。

道徳原理としての「霊魂」（アニマ）がすべての人間に平等に本源的に与えられているのだという天主教の教義は、銀経済が進展する明末中国にあって、一君万民の封建的王朝体制を内部から切り崩し、平等な市民社会の実現を志向する原理となり得たのではないだろうか。

王徴は、『畏天愛人』の最後の頁で、「自分はただ神を畏れ人を愛するというなにがしかの『已むを容れざる心』を尽くすのみである」[145]と述べている。溝口雄三によれば、「『已むを容れざる』というのは、人間の自然をその深層の衝動においてその原初態において見ようという点で、もっとも無作為の自然態を本来性をみなすものである。」[146]ということであるから、王徴にとって神から原理となる。その原初的、本来的な原理である「霊魂」の発現としての市民社会の実現を無限遠点の彼方に、王徴は秘かに見据えていたのではないだろうか。

おわりに――銀経済とイエズス会

東林派と天主教との間の関係を天主教三柱石の徐光啓、李之藻、楊廷筠と対比させながら奉教士人王徴を軸に見て来たが、この問題の明確な解答を見出すに至っていない。しかし東林派の出現が、有無を言わさず世界経済システムの中に組み入れられた明末中国が澎湃と展開する銀経済への対応を迫られたことと無関係ではないだろう。晁中辰『明代解禁与海外貿易』はその間の消息を剴切に説き明かしてくれている。[147]それによれば、銀は最初に港のある東南海の沿海地区より流通したとのことである。これらの地域は銀の流入により商品経済が加速し、都市として発展したのであった。[148]

東林派の拠点になった東林書院のある江蘇省の無錫もまた銀経済が早い段階に展開し、都市も賑わいを見せた場所ではないか。小野和子は「東林派とその政治思想」という論文の中で「二　東林派成立の社会的基礎」という項目を設けて、「彼等は、農村に於て没落しつつある中小地主として深刻に農村の支配体制の危機を感じると共に、商品経済の中にまき込まれていく江南の先進地帯に於て内官の政策に対して最も激しく矛盾を感じさせられることによつて政策の転換を要求し、新しい政治体制を模索していつたものとみることが出来よう。[149]」と述べている。しかし商品経済の発展は中国の国内経済の内発的な発展によるものではなく、既述のように、明末中国がまるごと世界経済システムに吸引され、銀本位制を実施せざるを得なかったところに原因があろう。一旦、銀本位制に転換したとなると、中国の最高権力者であった皇帝すらそれから自由ではなくなり、貨幣価値の増減を決定する権利を剥奪されるに至った。万暦帝が行った宦官を鑛税監に任命して税の徴収のために派遣した行為はその補償行為と見ることが出来るようである。[150] 言うなれば、明末中国下のすべての階層が銀経済の荒波に揉まれることになったのである。

東林派の指導者の顧憲成の父が米穀商人であったり、高攀龍の父が高利貸しを営んでいたことは、[151] 士大夫となった彼らの思想形成に大きく影響したことである。米穀商人や高利貸しは未曾有の銀経済の普及に有効に対処しない限り、没落は免れ難いからである。銀経済が市場を席巻し商業資本が成長すれば、農村も商業資本の支配下に置かれ、それに伴い商人の利潤追求の消費主義が農民の節約勤勉の生産倫理を圧倒するようになる。そしてこの社会に蔓延する物質主義の思想的現象形態が無善無悪思想ではないだろうか。中間支配層の東林派の治める郷村の経済的並びに道徳的秩序はこれにより動揺を免れない。商業資本を自らの出自として進士に及第してより中小地主となった東林派士人はその出自故に銀経済の破壊力を実地に目撃していたのである。

東林派士人は銀経済の市場の席巻という現実から出発し、「為善去悪」の旧道徳を鼓吹して自らの治める郷村の道徳秩序を維持し、新たな農業関係の技術に目を向けて農業生産性を向上させて、銀経済に翻弄させられる中小地主としての基盤を強化しようと試みたのではないだろうか。このように見て来ると、東林派の「為善去悪」は天主教の「補儒易仏」と通底し、東林派の農業生産性の向上への志向は天主教の『泰西水法』などの動力装置や天文暦法の重視と重なり得ると言えないだろうか。天主教の「補儒易仏」思想は無善無悪思想の温床となった仏教を徹底的に排撃する思想であり、西洋伝来の動力装置や天文暦法は農業生産性の向上への志向に応えるものであったからである。[152]

次に東林派士人が接した天主教がほかならぬイエズス会によって伝えられたことの意味について考えてみたい。崇禎一二年（一六三九年）に徐昌治によって編集された『聖朝破邪集』には東林派の施邦曜の「福建巡海道告示」（巻二）、及び同じく東林派の鄒維璉の「闢邪管見録」（巻六）が収められている。これからすると、東林派士人の中に天主教に対して敵対的な人物もいたように見える。実態はどうだろうか。

これには福建伝道の特殊事情を考えてみる必要がある。矢沢利彦の精確な説明によれば、「一六三〇年、フィリッピン総督は福建に向けて、ドミニコ会・フランシスコ会・アウグスティノス会士からなる多数の使節団を送り、この省に福音を伝え、同時にイスパニア植民地との政治通商関係を樹立させようとした。これらの司祭たちは布教にあたって、イエズス会士がやっているような慎重な態度を真似るべきであるとは思わなかった。そのため一六三八年には恐ろしい暴動が彼らに対して発生した。アレニと当時この省にいたマヌエル＝ディアス…はイスパニア人たちを助け、無事にマカオに帰らせた。一六三九年にはマニラからやって来た新たな宣教師たちが、またもや同じ布教方法をとったので、今度も迫害が発生した。役人たちのきびしい布告がはり出され、教会は没収され、信者たちは迫害を受けた。[153]」とある。施邦曜の告示は崇禎一〇年（一六三七年）一一月五日に出されているから、これは矢沢の説明と符合する。

福建はもともと東林派の大物葉向高の支援を背景にイエズス会士のアレニが教勢の発展に努めていた土地である。[154]そこに先来のイエズス会に加えてドミニコ会やフランシスコ会が入ったのである。ドミニコ会やフランシスコ会は「イエズス会の方針と異なって、とくに読書人の改宗に力点を置くこともなく、ヨーロッパで行なって来たままの親交方針をとったようである」[155]から、イエズス会並びに福建の地方権力の両者との間に軋轢を生じた。[156]ズュルヒャーの語を用いれば、それは「『異教の迷信』に対する呵責なき十字軍」(intransigent crusade against "heathen superstitions")[157]であったのだ。

当時福建左布政使であった施邦曜の告示は期せずしてドミニコ会やフランシスコ会によって引き起こされた伝道上の問題を照射してくれている。この告示によれば、問題は大略二つあった。第一の問題は生員の信者が多く、彼らはフィリッピン渡来のドミニコ会やフランシスコ会の宣教師によって天主教に導かれたことであり[158]、第二の問題はドミニコ会やフランシスコ会の宣教師は信者に中国の伝統的な葬礼の儀式への参加を禁止したことである[159]。

まず問題となった生員とは明王朝体制の下層支配層である。彼らは支配層に属したが、被支配層の民衆を支持して民変に参加し、中間支配層の郷紳に対抗する潜在的叛乱分子である[160]。その生員が天主教の信者となって、中国の伝統的な儒教儀礼を拒否するとなれば、明王朝体制の中間支配層はこれを黙視することが出来ない。ドミニコ会とフランシスコ会の宣教師によって伝えられた天主教は仏教同様に儒教をも否定する体制破壊のイデオロギーであり、これは「補儒易仏」と位相を逆にする。「闢邪管見録」を著した鄒維璉も同様の点を問題にする[161]。鄒維璉は崇禎五年（一六三二年）に福建巡撫となり、その後二年間その任にあったから[162]、ドミニコ会やフランシスコ会の伝道の実態を一定程度把握していたのであろう。

以上のように見て来ると、『破邪集』に載せられた文章を著した天主教士人が単純に天主教に反対していたと見なすことは難しい。施邦曜や鄒維璉が問題にしたのはドミニコ会やフランシスコ会はイエズス会と異なって適応方針を採らず、西洋で発展したキリスト教を中国にも変容させずに移植しようとしたことである。ドミニコ会やフランシスコ会はイエズス会と異なり中間支配層の郷紳ではなく、下層支配層の生員に伝道の比重を置いた。この下層支配層に位置する生員は非支配層の民衆と連係して明王朝体制に反抗する内部崩壊因子でもあったから、彼らが体制イデオロギーの基軸をなす儒教の儀礼を拒否する価値体系を奉ずることは明王朝体制の内面的基盤を揺り動かす一大事を意味したと思われるので、中間支配層の東林派士人がドミニコ会やフランシスコ会にによって伝えられた天主教を奉ずる下層支配層の生員を弾圧することは必定であった。

溝口雄三が「彼らは郷村における彼ら自身の権益のために反礦税などの民変に自らも参加して闘う一方、同じく彼ら自身の権益のために、大郷紳の横暴に対する民変には抑圧する側に回り特に奴変などには徹底した弾圧で臨むという、両面の態度をとっており、この両面性が東林派の行動の大きな特徴であるといえる。(163)」と述べるように、東林派にとって礦税は中間支配層の自らの経済基盤を、反郷紳運動はその政治基盤を切り崩すものであり、民変はその性格に従って一方で支持し、他方で弾圧したのである。他方、下層支配層の生員は被支配層の民衆の側に立ちこれを支持することはあっても、弾圧することはなかった。生員には自存のために民衆を抑圧する力量も必然性もなかった。生員と民衆は潜在的に連帯関係にあり、敵対関係にはなかった。生員も中間支配層の郷紳の重圧を感ずる点で民衆と位相を同じくしたのである。

結局のところ、銀経済の影響を多方面から受け安定を欠く東林派にとって肝心なことは、中間支配層としての自らの存立基盤を強固にすることであったから、彼らが受容することの出来る思想体系は体制イデオロギーである儒教思想を擁護し補強するもの以外はあり得なかったし、更にそのような思想体系は上から下へ教化し浸透して行く性質のものであり、下から上へ圧迫するような方向性はなかった。とすれば、イエズス会によって伝えられた天主教は当初から「補儒易仏」の体制補完的なイデオロギーの役割を付与され、これは中間支配層の東林派の意に適うことであったから、東林派士人に受容され得る素地は充分すぎるほどあったのである。とすれば、イエズス会士によって伝えられた天主教は東林派の思想との間に親近性があったように見える。しかしその親近性は東林派士人の天主教への理解可能性を示すものであっても、奉教に推し出すものではない。後藤基巳の言葉を用いれば、「容教」と「奉教」との間には狭いけれども超え難い隔たりがある。

「仁会」を設立し動力装置にも並々ならぬ関心を示し東林派に近い位置にあった王徴はこの隔たり踏み越えて「容教」から「奉教」に入った人物である。しかし王徴は徐光啓、李之藻、楊廷筠という天主教三柱石のように官僚として一廉の成功を収めたわけではない。彼は崇禎四年（一六三一年）、奉教士人孫元化の推薦により山東按察司僉事に任命され登莱に赴いた。その年の秋、孔有徳が叛乱を起こし、翌年崇禎五年（一六三二年）に孫元化とともに叛乱軍に捕らえられた。[164] その後、孫元化と王徴は賊から逃れることが出来たが、首輔周延儒と新たに入閣した徐光啓が孫元化の減刑に努めたが、孫元化は処刑され、王徴は充軍の処分を受けた。[165] 王徴は結局許されたが、官歴はこれにて終わる。[166] それのみならず王徴にとって自らを推挙した孫元化が処刑されたのは痛恨の極みであったに違いないであろう。明王朝権力の頂点に立つ皇帝の処断が公正を失したものであることを骨身に沁みるほど感じ取ったことでもあろう。

加えて王徴は模範的な天主教三柱石と異なり、奉教士人としても弱点を抱えていた。イエズス会の伝道は適応主義の方針を取ったが、こと一夫一婦制の婚姻制度に関しては原則を貫いた。妾を許容しなかったのである。これは後無きを大不孝とする儒教の家族主義の体系とは衝突を免れない。王徴の弱点は入教前に妾がいたのではなく、入教後に妾を入れたことである。[167] 崇禎一〇年（一六三七年）に出たアダム・シャル訳述で王徴筆記になる『崇一堂日記随筆』[168] には最後の部分に「附録祈請解罪啓稿」が付されていて、その間の事情を詳述してくれている。彼は天啓二年（一六二二年）、五一歳で進士に合格した。読書人として登竜門を通ったのである。しかし既に齢五十を越えた彼には子がなかったので、家族は彼に妾を入れることを勧めた。これは天主教の一夫一婦の掟を犯すことであった。孝ならんとすれば信ならず、新ならんとすれば孝ならずというジレンマに立たされた。天主教は決して「補儒」ではなかったのである。天主教の「補儒」は孝よりも忠を尊んだが、儒教は忠よりも孝を尊ぶ。その孝の根幹には祖先祭祀の継続という責務があった。彼はとうとう家族の慫慂に屈した。それ以来、司祭からは許されず、罪悪感に苛まれ悶々とした日々を送ることになった。一旦妾を出そうとしたが、家族の反発に合い、叶わなかった。妾を離別すれば、その後彼女の生活はどうなるのか。現実的問題が彼の脳裏を去来した。そしてその煩悶状態が極まって「祈請解罪啓稿」を著した。だがそれを書き終えた後も王徴は妾を家に住まわせた。ただ以降は妾を賓客友人として遇することに意を決したまでであり、外面的な変化はなかった[169]。それから七年後の崇禎一七年（一六四四年）に首都北京が陥落したことを聞いて後、七日間食を絶って世を去ったと伝えられる[170]。享年七三歳であった。

王徴は西洋伝来の先進的科学技術の知識を身に付け、ラテン語等西洋語学にも通じ、唯一絶対なる神に帰依した。西洋社会史の阿部謹也によれば、西洋において一三世紀初頭のラテラノ公会議において告解が成人の義務とされたことが、個人の成立に大きく寄与したという[171]。内面的個人の確立を近代の出発とみれば、それは西洋中世にすでに見出されることになるが、のみならず空間を隔てた東洋中国の地にて天主教を奉じた王徴にも見出されることであろう。この内面の消息はすでに東林派の内面世界の等質的延長上にはない。彼は西洋の先進的科学技術の知識をも身に付けているのであれば、これは中国における近代人の誕生と言っても良いのではないか。だがそれならば、天主教三柱石の徐光啓、李之藻、楊廷筠の内、前二者とて同様である。彼らもまた近代人と言えることになる。しかし近代人が近代人たり得るのは唯一絶対なる神を信ずる信仰において「あれか、これか」の選択の中で呻き怖じ惑っては立ち尽くしつつ、神への道を内面に奥へ奥へと深く志向することにあるのではないか。とすれば、それは奉教士人王徴以外にいないのである。

（1）　星斌夫『中国の社会福祉の歴史』山川出版社、一九八八年、九三頁。
（2）　夫馬進『中国善会善堂史研究』同朋社、一九九七年、一三四頁。楊東明は『明儒学案』巻二九「北方王門学案」に属

する。東林派の鄭元標、馮従吾、呂坤と親交があった。谷口規矩雄『明代徭役制度研究』（同朋舎、一九九八年）によれば、楊東明は呂坤と郷村改革の協力者の関係にあった（二六五頁）。更に彼は農民の窮状を知悉し（二四四頁）、一条鞭法の不備を補う「軟擡」を考案した（一四二頁）。つまり、彼は銀経済の影響を税方面から改革しようとしたことになろう。

（3）前掲書、七三頁。

（4）島田虔次『中国思想史の研究』京都大学出版会、二〇〇二年、四五頁。

（5）前掲書、四五頁。

（6）田中正俊「民変・抗租奴変」『世界の歴史　一一』筑摩書房、一九六一年、四二—四五頁。

（7）市古尚三『明代貨幣史考』鳳書房、一九七七年、三一二頁。

（8）百瀬弘『明清社会経済史研究』研文出版、一九八〇年、六〇頁。

（9）前掲書、一九頁。

（10）佐伯有一「手工業の発達」『世界の歴史　一一』筑摩書房、一九六一年、二二八—二三一頁。

（11）Joanna F. Handlin Smith, "Bemevolent Societies; The Reshaping of Charity During the Late Ming and Early Ch'ing," *The Journal of Asian Studies,* Vol. 46, No. 2, 1987, pp. 309-310.

（12）同論文、前掲書三二一頁。

（13）同論文、前掲書三一〇頁、三二九—三三一頁。

（14）Henrich Busch, "The Tung-lin Shu-yuan and Its political and philosophical Significance," *Monumenta Serica,* Vol.14, 1949-1955, pp.86-91.

（15）W M.Theodore De Bary, "Introduction," *The Unfolding of Neo-Confucianism* by W M, Theodore De Bary and the Conference on Seventeenth-Century Chinese Thought, Columbia University Press, 1975, pp.5-7.

（16）万明「白金貨幣化与中外変革」、万明主編『晩明社会変遷問題与研究』商務印書館、二〇〇五年、一四三—二四六頁。

特に、一九五頁、一九九—二〇二頁。

(17) 小野和子『明季党社考－東林党と復社—』同朋社、一九九六年、二四二頁。

(18) 夫馬前掲書、九二頁。

(19) 『東林書院志』(下)巻二「軼事二、諸賢軼事」、中華書局、二〇〇四年、八八二—八八四頁。また師の高攀龍の『高子遺書』(内閣文庫)には巻九上に「同善会序」、巻九下に「同善会講話」三条が記されている。万物一体の仁を太祖の「六諭」という旧道徳に収斂させている。

(20) 同善会運動は多面的で複雑である。Denis Twitchett の論文 "The Fan Clan's Charitable Estate,1050-1760" によれば、明代において宗族の相互扶助力が相対的に弱まったらしい(*Confucianism in Action*, ed.David Nivision and Arthur F.Wright, Stanford University press, 1959, pp.124-126)。また、ハンドリンの前掲論文によれば、同善会の中には 'genteel poor' を経済的に援助するものもあったようである(前掲書、三一七頁)。'genteel poor' は没落に瀕した郷紳層ではないかと思われ(同書、三二六、三二七頁)、郷紳たちは宗族の相互扶助力が低下した分を、不特定の民衆を対象とする同善会による慈善活動によって補おうとしたのではないだろうか。とすれば、同善会は宗族の枠を越えた郷紳による自助組織の性格を併せ持つものとも言えようか。

(21) 注(14)のブッシュ論文同箇所。また同論文の 3.Tung-lin and Politics a. *Tung-lin as a Center of Political Criticism and Agitation*, pp.42-51の部分。

(22) 王徴に関しては、方豪「王徴之事蹟及其輸入西洋学術之貢献」(『方豪六十自定稿』上冊、台湾学生書局、一九六九年、三一九—三七八頁)や任大援「王徴：西洋思想的伝播者」(任継愈主編『国際漢学』第三輯、大象出版社、、一九九九年二六七—二九〇頁)等の論文がある。また王徴に関するこれまでの研究を紹介した論文として最近、毛瑞方「王徴研究学術史回顧与展望」(陳高華主編『中国史研究動態』第八期、中国史研究雑誌社、二〇〇六年、一二—一九頁)が出ている。西洋の科学技術の導入に貢献した人物として評価が高い。ここには李之勤輯『王徴遺著・附録』(陝西人民出版社、一九八七年)が紹介されているが(一三頁)、未見を憾みとする。また宋伯胤編者『明涇陽王徴先生年譜』（増訂本）（陝西師範大学出版社、二〇〇四年）が資料集として極めて有用である。

(23) 研究社『新カトリック大事典』第二巻「慈悲の組」の項（一九九八年、一二七四頁）。他に川村信三『キリシタン信徒組織の誕生と変容』（教文館、二〇〇三年）の中の第二章「『こんふらりや』の淵源」の部分（特に「一　理念の誕生」三一―五四頁と「二　コンフラテルニタスのルーツ」五四―八三頁）が海老澤の記述するところを具体的に詳しく展開している。

(24) 川村前掲書、五三頁。

(25) C.R.Boxer, *The Portuguese Seaborne Empire 1415–1825*, Carcanet, 1991, p.291.

(26) 前掲書、二九二頁。

(27) 「西国有仁会、願以行、乞積金、備贖虜者。」（パリ国立図書館漢籍七三四八番『仁会約』二八葉裏）。

(28) 「余茲感於西儒羅先生哀矜行詮、立此仁会約。」（同書『仁会約』引、二葉裏）。

(29) 川村前掲書、三八―四一頁。

(30) 海老澤有道『切支丹の社会活動及南蛮医学』冨山房、一九四四年、二五―二六頁。

(31) 海老澤前掲書、二六―二七頁。

(32) 日本でのミゼリコルディアの活動は禁教の弾圧に抗して一六二〇年まで続けられた（フーベルト・チースリク『キリシタンの心』聖母の騎士社、一九九六年、一九九頁）ようである。イエズス会による伝道は魂の救済に併せて、物質的生活の維持向上にも努めた。このことは日本における信徒数の増加と信仰の持続に資したと思われる（海老澤前掲書第三章「ミゼルコルヂヤの組と保護事業」〈一二一―一六八頁〉）。

(33) 『仁会約』三六葉表。

(34) 「惻于心而不見之行、無済于彼、猶非仁也。」（「『仁会約』引」、二葉裏）。

(35) 「酒鳩薦紳善士同志者、共興仁会。…飢者食之、寒者衣之、渇者飲之、病者薬之、旅者資之、虜者贖之、死者蔵之。」（『楊淇園先生超性事蹟』、六葉裏）。

(36)「毎月就主堂中、随所願舎筍貯焉、令忠勤之士、司其出入。」（前掲書、六葉裏）。

(37)「旦暮誦祷之課、七日瞻礼之期、大小聖斎之日、公既倡率家人、就宅中之主堂、殫形神以趨赴、迨于公堂中、尤必以身先衆、輸誠致恭、仰而祈祝、俯而訟誨」（前掲書、六葉裏）。

(38)「既而公顧悼衆迷、深慚独醒、傷正学之榛蕪、悲邪説之流行、思揚聖教、接導群生。爰于宅畔、拡建主堂、為同教瞻礼之地、延泰西会士諸先生、住其中、時与衆人講解聖経。」（前掲書五葉裏）。

(39)更に『超性事蹟』には「聖堂」の用例がある。「一日行見同教親柩外露、未獲所蔵者。公惻然曰、若翁即我翁也、忍令至是。為之購隴畝、築墳墓。并令教中貧乏者咸葬焉。又于隴中立一聖堂、以行大祭、祝祈主眷、祐其霊魂。（七葉裏）とあるように、楊廷筠が財政的に窮迫した天主教徒の家族の埋葬のために墓地用に土地を購し、そこに死者のためにミサを捧げられるようにと建てたものが「聖堂」であろう。とすれば『超性事蹟』文中の「聖堂」とは現代とは異なって教会堂を意味するものではなく、公用礼拝堂（oratorium publicum）と解すべきであろうか（枝村茂「教会堂」、研究者『新カトリック事典』第二巻、一九九八年、二六二―二六三頁）。

(40)「郷之人、有志課、其子弟而乏力者、為義館之設、量才択師、任其来学。」（『楊淇園先生超性事蹟』、六葉裏）。

(41)夫馬前掲書、一八一―一八三頁。

(42)「艾先生又告公曰、夫為善之功、貴于恒久。弥久則功弥大。今仁会之施、一出一入、入者有限、施者不易窮乎。不若権子母而施之。惟是置田宅、計羨余、施其所出之数、此長久計也。公深以為然、遂置千金。抵今施賈焉。」（『楊淇園先生超性事蹟』、七葉裏）。「置田宅」の「田宅」は「義田」と「義宅」と解した。「義宅」は見なれない語のようだが、范氏義荘に関する前掲Twitchetの詳細な論文の中で取り上げられている（一一五―一一六頁）。

(43)夫馬前掲書、一〇五―一〇六頁。

(44)「約、毎位銀日一分、月積三銭、年則三両六銭。」（『仁会約』、六葉裏）。更に『仁会約』はその後の箇所で月と年に分けた会費の支払い方法について触れる。明代経済史がご専門の谷口規矩雄先生の御教示によれば、農民の徭役は年一人十二両である。三両六銭の年会費を負担出来るのは経済的上層の部類に属すであろう。

(45) 夫馬前掲書、一一〇―一一一頁。ただし、ここで紹介された同善会は春夏秋冬の九〇日ごとに開かれ、九〇日単位で会費が計算されている。他方、楊廷筠の「仁会」は月ごとに開かれたようであるが、『仁会約』には会の開催の時期についての記述は見当たらない。
(46) 海老澤前掲書、一二五頁。
(47) 黒田明伸『貨幣システムの世界史』(岩波書店、二〇〇三年)には「環シナ海銭共同体」という概念が提示されている(一四五―一四七頁)。黒田の提示する概念を正確に理解することは出来ないが、要するに中国の銅銭は日本においても同等の価値で使用される通貨であったと言えるのではないだろうか。
(48) 「銀足色。銭十文、作一分算。如或米布衣木等物、照時議估、抵銀銭数。」(『仁会約』、七葉裏)。
(49) ハンドリン前掲論文においても、楊東明の同善会運動を富の部分的な再配分の視角から捉えている(三一二頁)。
(50) 「凡為愛天主愛人起念、願如約与斯会者、無論簪紳、文武、宗侯、富室、及農商技芸之人、倶可。」(『仁会約』、七葉表)。「簪紳」は見慣れない語であるが、「縉紳」、すなわち「郷紳」の意味で解した。
(51) ハンドリン前掲論文、三一九頁。
(52) ハンドリン前掲論文によれば、清代において商人、富農及び郷紳等によって構成される同善会では社会的地位ではなく、富の保有が重要であった。(三一〇頁)。
(53) 「爾時武林有放生会、歳毎糜費数千、悉市鱗介羽毛而縦之。公既奉教、知愛物不如仁民、迺鳩薦紳善士同志者、共興仁会。」(『楊淇園先生超性事蹟』、六葉表裏)。「薦紳」を「郷紳」の同義語と解した。
(54) 夫馬前掲書、一五二頁。
(55) 前掲書、一五九頁。
(56) 前掲書、一八四頁。
(57) 前掲書、一八六頁。
(58) 「惟僧道不与。盖彼望人施、非施人者。」(『仁会約』、七葉表、裏)。

(59) 夫馬前掲書、一一二頁。

(60) 『霊言蠡勺』上下二巻。サンビアーゾが口授し、徐光啓が筆録したもの。『天学初函』の「理編」に収められる。

(61) 台湾学生書局影印本『天学初函』(二)所収の『霊言蠡勺』巻上、九葉表—一一葉裏。

(62) 「蓋亜尼瑪既為天主之像、則可容無窮美好。」(同書巻下、二葉裏)。すでに明末の時代、Imago Dei という神学上、最重要の概念が「天主之像」と漢訳されていることが特筆されるべきであろう。

(63) J.C.Yang, Wang Chung-Min, "WANG Cheng," *Dictionary of Ming Biography1368–1644*, ed.by L.Carrington Goodrich, vol. Ⅱ, Columbia University Press, 1976, p.808.

王徴は西洋語の知識があったから、トリゴーに協力して漢字の発音をローマ字で表した『西儒耳目資』というユニークな辞書を作成している。「西儒耳目資釈疑」の中の「…且余独非此中人乎。闇愚特甚。一見西号、一二日中、亦尽了了。」(国立北京大学図書館影印本、五葉裏)という文は、王徴の西洋語学習の体験を記すものとして注目されよう。

(64) 「人生需飲需食、与禽獣具生覚魂者無異。其所以異者、為有霊魂耳。霊魂体近天神、具有主像、在肉躯之中、実為之王。」(『仁会約』、一三葉表)。

(65) 「蓋兵荒之余、飢多、病多、死者多。故哀矜此三者尤最急。」(『仁会約』、六葉表)。

(66) Henri Bernard, S.J., "Whence the Philosophic Movement at the close of the Ming (1580-1640)?," Bulletin of the Catholic University of Peking, No.8, 1931, p.68. 同箇所はベルナールの Sagesse Chinoise et Philosophie Chretienne (Brill, 1935)(邦訳に松山厚三訳『東西思想交流史』〈慶応書房、一九四三年〉がある。労作であるが、固有名詞の訳出などに工夫の余地があるように思う)の一一三頁から一一四頁に仏訳文が掲載されている。

(67) ベルナール前掲書、一一四—一一五頁。

(68) ブッシュ前掲論文、一五八頁。「東林書院とカトリック教会」という論文は同論文補助論文二編のうちの一つである。

(69) ブッシュ同論文、一六〇頁。

(70) ブッシュ同論文、一六一頁。

(71) P.Nemeshegyi「バルトリ、ダニエルロ」、『キリスト教人名辞典』日本基督教団出版局、一九八六年、一一四〇頁。

(72) Gregory Blue, "Xu Guangqi in the West Early Jesuit Sources and the Construction of an Identity," *Statecraft &Intellectual Renewal in Late Ming China* ed. by C.Jami, P. Engelfriet & G. Blue, Brill, 2001, p.22.

(73) ブッシュ前掲論文、一五九頁。

(74) 後藤基巳『明清思想とキリスト教』研文出版、一九七九年、一〇三―一〇四頁。

(75) 後藤前掲書、一〇四―一〇五頁。

(76) N. Standaert, *Yang Tingyun, Confucian and Christian in Late Ming China–His Life and Thought*, E.J. Brill, 1988, p.35.

(77) 「時中丞周公孔教、直指楊公廷筠、観察蔡公献臣、皆移檄授餐。」(「沿革」、内閣文庫本万暦四二年『東林書院志』上巻、二葉表)。「移檄授餐」の部分は「上孫柏潭少宰書」の中の「近聞顧涇老修葺楊亀山祠院、此挙闡道興文、真不朽盛事也。門生初到、抛付詳工資七百両、除士民醵挙外、尚欠六十両有奇。即批助本院項下銀四十両、尋又加助二十両有奇、以足前数。」(「文翰」、『東林書院志』下巻、一五葉裏)とあるように、食費という名目で各所に醵金を依頼したことを指しているのではないだろうか。尚、この三人は万暦三五年(一六〇七年)の常熟の虞山書院の整備にも醵金している(内閣文年『顧端文公集』巻一〇「虞山書院記」九葉裏、一〇葉表)。濱島敦俊は『明代江南農村社会の研究』(東京大学出版会、一九八二年)の中で水利改革者としての周孔教に着目している。

(78) 談遷『国榷』巻八七(一九五八年中華書局本第六冊、五二九九頁)。梁家勉編著『徐光啓年譜』(上海古籍出版社、一九八一年)の「附注」には「応天」は「順天」の誤りとする。(一五五頁) バルトリ『中国』(*La Cina*)第四巻第一八節「反魏忠賢派官僚への弾圧」(Strazio Fatto le' Mandarini avversi a Gueicun)の箇所で、揚廷筠は徐光啓と共に東林派に与する者として記述されている。それによれば冤罪により罷免の処分を受けたようである(onde il diporlo cosi dal presente ufficio)(Brescia版、七四頁)。

(79) 小野和子『明季党社考—東林党と復社—』(同朋舎、一九九六年)所収。四一頁、四二頁。李仙品は『東林脅従』に、李応魁は『東林点将録』に記載されている。

(80) ブッシュ前掲論文、一六〇頁脚註六〇〇。
(81) 『酌中志余』巻上、四四葉表。
(82) 東林派と東林党との関係については、ブッシュ前掲論文の第一章第三節「東林と政治」(Tung-lin and Politics) に詳しい (四二―七三頁)。拙稿では東林派士人を核として形成される政治的党派の集合を「東林党」と呼ぶことにする。
(83) 「既而広寧失陥、京師阽危、人無固志。存之鎮以安静、疏薦孫公愷陽、董公見龍、李公之藻、鹿公善継等、及慎畿内守令之選、行保甲防御之法。」(「高景逸先生伝」葉茂才「行状」、前掲書中華書局本『東林書院志上』巻七、一二三三頁)。
(84) 小野和子前掲「東林党関係者一覧」、四三頁。
(85) 小野和子前掲書、三五八頁。
(86) 小野前掲書、同頁。
(87) 「又増一会、逢八為期。凡挙監生儒布衣、皆与焉中午而集、酉初而散。我存李公所謂人人来、多多益善。」内閣文庫所蔵 (『馮少墟続集』巻二、五葉裏)。ここに挙げた『都門稿』「語録」の文章の存在は小野和子前掲書 (三五八頁) に教えられた。記して感謝す。注(113)、(115)に同じ。
(88) 熊廷弼と鹿善継については彼らへの書翰が『徐光啓集』(王重民輯校、上海古籍出版社、一九八四年) に収録されている (熊廷弼宛てのものは下冊の四六一―四六三頁、鹿善継宛てのものは下冊の六〇九―六一三頁)。書翰の文面を見る限り、熊廷弼と鹿善継に対する関係が深いことを想像させられる。張承宗については、梁家勉『徐光啓年譜』の中に徐光啓と同じ万暦三二年 (一六〇四) に進士に及第し、互いに信頼関係にあったことを註記する (三四頁)。
(89) 度沢宗・呉徳鐸主編『徐光啓研究論文集』学林出版社、一九八六年、一六一頁。
(90) ブルー前掲論文、六一頁。梁家勉『徐光啓年譜』、一五三頁。
(91) 劉伯涵「略論徐光啓与明末党争」(前掲『徐光啓研究論文集』、一六二頁)。
(92) 「東林脅従」、「盗柄東林夥」に記載 (小野和子前掲「東林党関係者一覧」、三三頁)。
(93) 劉伯涵前掲論文 (前掲書、一六三頁)。

(94) J. C. Yang, Wang Chung-Min 前掲「王徴伝」（グッドリッチ『明代名人伝』上巻、八〇八頁）。

(95)「一日友人良甫王子手一編、過余而言曰、此新訂西儒耳目資也。」（前掲『西儒耳目資』第一冊、「刻西儒耳目資序」、三葉裏）。

(96) George H. Dunne, S. J., *Generation of Giants*, University of Notre Dame Press, 1962, p.187. 張緟芳は王徴に協力して陝西伝道に携わったようである。

(97) 後藤基巳前掲書、一〇四頁。

(98)「張問達伝」（『明史』巻二四一＜中華書局本第二一冊、六二六〇―六二六三頁＞）。

(99) *Idem*, *Generation of Giants*, pp.186-187. Huang Yi-Long（黄一農）、"Sun Yuanhua: A Christian Convert Who Put Xu Guangqi's Military Reform Policy into Practice", *Idem Statecraft & Intellectual Renewal in Late Ming China*, pp.247,252,253,257-259.

(100) 大久保英子『明清時代書院の研究』国書刊行会、一九七六年、一五一頁。

(101) 天野元之助『中国古書農考』龍渓書舎、一九七五年、二八九頁。フランチェスカ・ブレイ『中国農業史』（古川久雄訳、京都大学学術出版会、二〇〇七年）も第二章「文献資料」第二節「農書」の箇所で行政的、技術的観点から『農政全書』を高く評価する（七二―七八頁）。

(102)「先聖有言：『備物致用、立成器以為天下利、莫大乎聖人。』器雖形下、而切世用、茲事体不細已。」（前掲『徐光啓集』上冊、六七頁）。『易』の引用文の訳は岩波文庫高田真治・後藤基巳訳『易経　下』二四五頁に拠った。

(103)『東洋文化研究所紀要』第七五冊、一九七八年、二四七頁。

(104) ニーダム『中国の科学と文明』新版第八巻「機械工学　上」思索社、一九九一年、二七〇頁。

(105) 前掲書、二七一頁。前掲『明涇陽王徴先生年譜（増訂本）』所収の「王徴研究資料」の部の劉仙洲による「十一、王徴与我国第一部機械工程学」（二三九―二五六頁）も王徴が訳した『奇器図説』を科学史的に分析、評価する。特に七節でウィトルウィウスの『建築書』、ステヴィンの『数学覚書』、アグリコラの『デ・レ・メタリカ』、ラメックの『各種の巧妙な機械』と関連づける（二四八頁）。

(106)「学原不問精麤、総期有済於世。人亦不問中西、総期不違於天。茲所録者、雖属技芸末務而実有益於民主日用、国家興作其急也。」（守山閣叢書『遠西奇器図説録最』序、四葉表）。
(107) 呉相湘主編『天学初函（三）』台湾学生書局、一九六五年、一五四七—一五四八頁。他に考訂者として、彭惟成、姚永済、万崇徳、張鍵、劉廷元、李養志、楊如皐が名を列ねる。
(108)「是故無善無悪之説伸、則為善去悪之説必屈。為善去悪之説屈、則其以親義序別信為土苴、以学問思弁行為桎梏、於従上聖賢之所相与叮嚀告戒一掃而尽者、必伸其弊也宜矣。」（前掲内閣文庫本『東林書院志』下巻、四〇葉裏）。
(109) 溝口雄三「明末清初における継承と屈折」、『中国前近代思想の屈折と展開』東京大学出版会、一九八〇年、二二五頁。
(110)「既用言語勧諭、令為善去悪、又恐易忘、故造刻書籍、引人勧人、為善去悪…。」（『仁会約』、四一葉表）。
(111)「…敬愛天主、忠君、孝親、敬長、種類甚多。」（『仁会約』、四一葉表）。この部分は注(109)の直後に来る。形式上は「為善去悪」と並列のように見えるが、意味上は「為善去悪」の内容であろう。
(112) 前掲『明季党社考』、三五五頁。
(113)「講学者、正講明其父子君臣之義、提醒其忠国愛国之心、正今日要緊第一着也。」（『馮少墟集 続集』巻二、一〇葉裏）。
(114)「凡諸国崇奉天主、禁絶異端、広布教化。」（『仁会約』、四一葉表）。
(115) 前掲『中国前近代思想の屈折と展開』、二四七頁。
(116) 和刻本影印近世漢籍叢刊一四『闢邪集 聖朝破邪集』（柴田篤解題、中文出版社、一九八四年、一一一九九—一一二〇九頁）。
(117)「彼置尭舜孔孟而専言天主、是挟天子以令諸侯、乃吾道中之操莽也。」（『馮少墟集 続集』巻二、一一葉裏）。
(118)「余嘗謂其教必可以補儒易仏、而其緒余更有一種格物窮理之学、叩之無不河懸響答、系分理解、退而思之、窮年累月、愈見其説之必然而不可易也。」（前掲『徐光啓集』上冊、六六頁）。
(119)『明人伝記資料索引』台湾国立中央図書館、一九六五年、七一頁。
(120) 方豪「王徴」、『中国天主教史人物伝』第一冊、香港公教真理学会、一九七〇年再版、二二七頁。

(121)『畏天愛人極論』、三葉裏―九葉表。

(122)方豪前掲書、二二七頁。

(123)「余惟求天之所以命我者而不得。故屡学之而屡更端。総期得其至当不易之実理云耳。乃釈典伋費参究而迄不見其要帰。人雖謬云解悟而反之此中殊未了了。敢自欺手。故不得已尋養生家言、以為此或修真之正路也。…顧形身非不快適而心神輒復走放、亦無〔宋伯胤『王徴先生年譜』は「無」を「是」に作る〈一一九頁〉。三三葉裏に「造化茫茫原無主宰」という用例あり。「無」は「茫」の誤りならんか〕茫無巴鼻。此中猶弗慊也。」（『畏天愛人極論』、三葉表裏）。

(124)「於是黄老之書又靡不尋覧。且依古本手訂周易参同契註、百学牌等書已。且自弁道篇及元真人伝与下学了心丹諸作。」（『畏天愛人極論』、一葉裏）。

(125)「見其種種会心且語語刺骨、我喜躍曰、是所由不愧不作之準縄手哉。」（『畏天愛人極論』、三葉裏）。

(126)「撮其大旨要亦不過令挙世之人認得起初生天生地生人生物之一大主、尊其命而無渝越無干犯無棄逆、於以尽昭事之誠、於以体其愛人之心以相愛、於以共遊於天郷云耳。」（『畏天愛人極論』、四葉裏、五葉表）。

(127)「予於是日似喜得一巴鼻焉。」（『畏天愛人極論』、五葉表）。

(128)「罷徳肋之全能、既於無中化成天地万物、輙於其中搏一泥土、付之霊性曰亜尼瑪、即成亜当為男。」（『畏天愛人極論』、六葉裏）。

(129)「吾儒謂、人死之後、魄帰於土、魂則無不之。終帰散滅而已。」（『畏天愛人極論』、三八葉裏）。

(130)「人有魂魄両者全而生焉。死則其魄化散帰土而魂則常在不滅。必如是、然後善悪之報無尽。」（『畏天愛人極論』、三九葉表）。

(131)「我自為我、子孫自為子孫。夫我所親行善悪、尽以還之子孫、其可為公乎。」（『畏天愛人極論』、三五葉表、裏）。

(132)「夫此蒙鐸世界不能有善而無悪也。則自不得不有賞而有罰也、勢也、理也。…顧現前之賞罰、小則官長操之、大則国君操之。」（『畏天愛人極論』、二二葉裏）。「蒙鐸」はラテン語の mundus の漢訳語と思われる。

(133)「又或見柄世権者賞罰備私…。」（『畏天愛人極論』、三三葉表）。

(134) 「世人或見罪人犯科、不見即受罰。…善未必榮、悪未必罰。」(『畏天愛人極論』、三三葉表)。
(135) 「噫、豈知造物主之定賞定罰、固在此身後哉。」(『畏天愛人極論』、三三葉裏)。
(136) 「即聖人之行徳也、其大意悉為上帝為徳美。特不汲汲望世報耳、亦何嘗不希望於身後之天報。」(『畏天愛人極論』、三四葉裏)。
(137) 「縦生知安行之聖、出有入無之神亦不過全能中所造万類之一類、第出乎其類焉耳。」(『畏天愛人極論』、一二葉裏)。
(138) 「真正大賞罰、則惟天上主得而操之。即世所称操作賞罰之人、皆其所并受賞罰之人也。」(『畏天愛人極論』、二二葉裏)。
(139) 「非他人貧、我不得富。非多人貧、我不得独富。…王欲利其国、大夫欲利其家、士庶欲利其身。上下争先、天下方安、方治矣。」(『畏天愛人極論』、三八葉表)。
(140) 「現在原人之僑寓焉耳。無限之楽、無限之寿、悉在本郷天堂。」(『畏天愛人極論』、二七葉表)。
(141) 「重来世之利者、必軽現世之利。軽現世之利而好犯上争奪、未之聞也。」(『畏天愛人極論』、三八葉表)。
(142) 「夫天堂無窮之真福、世間絶無能比之美好也。故誠欲見比美好、先宜瞽欲。」(『畏天愛人極論』、四四葉裏)。
(143) 例えば、「圏牢中若此多且厚、帝廷当何如。涕谷若此大楽諸楽之真境、更何如。」(『畏天愛人極論』、二八葉表)など。
(144) 「蓋畏天愛人、本人人原具之良心、亦愚夫愚婦所可与知与能之平常事。」(『畏天愛人極論』記言、『畏天愛人極論』、四九葉表)。
(145) 「吾惟尽吾畏天愛人一点不容已之心焉耳矣。」(『畏天愛人極論』、五〇葉表)。
(146) 溝口雄三前掲『中国前近代思想の屈折と展開』、八四頁。
(147) 晁中辰『明代海禁与海外貿易』人民出版社、二〇〇五年。特に第一〇章「明中期以后海外貿易発展対中国社会的影響」第一節「白銀的大量内流和商品経済的発展」(二六三—二七八頁)。
(148) 晁中辰前掲書、二六九—二七一頁。
(149) 東方学報、第二八冊、一九五八年、二六四頁。唐啓宇編著『中国農史稿』(農業出版社、一九八五年)もまた銀の流入した東南沿海地区にて商業性の農業が発展し農民層が分解したこと(六七七頁)、税の銀納化としての一条鞭法が商品経済を進展させ農民層分解をもたらしたこと（六九六―六九七頁）について述べる。

(150) 晁中辰前掲書、二七三頁。

(151) 前掲東方学報、二五八―二五九頁。また晁中辰前掲書、二七二頁。

(152) 天主教の科学思想に接近した東林派の人物として熊明遇がいる。彼は天文学的な関心が強かった（例えば、馮錦栄「明末熊明遇父子与西学」『明末清初華南地区歴史人物功業研討会論文集』香港中文大学歴史学系、藪内清「陽明学と明代の科学」『陽明学入門』明徳出版社（一九七一年）。藪内論文は特に、「四　東林派の学者と科学」（三七八―三八四頁）が重要である。また最近、知泉書館から出た安大玉『明末西洋科学東伝史』（二〇〇七年）にも熊明遇のことが第二部第七章の「五・二　熊明遇の『格致草』」（二〇四―二〇七頁）に詳しく述べられている）。

(153) 矢沢利彦「第二章　イエズス会士の来華とカトリック布教の展開」、榎一雄編『西欧文明と東アジア』平凡社、一九七一年、一八五頁。更に矢沢利彦『中国とキリスト教』（近藤出版社、一九七二年）には、「スペイン系修道会はすでに十六世紀末葉に中国に布教団を送ったがこれらはいずれも失敗に帰した。そうこうするうちにリッチたちイエズス会士による中国布教の成功がヨーロッパに伝えられた。ルイス＝モリナの著書に関する委員会において決定的な勝利を収めることができなかったドミニコ会にとってはこれは大きな衝撃であった。ドミニコ会はそこで一六三〇年アンヘル＝コキ…をマニラから福建省に送った。…コキの方は無事福建省に上陸し、この地に布教基地をうちたてることに成功した。一六三三年に同じ会のファン＝バプティスタ＝モラレスがこれに加わった。」（七〇―七一頁）とあるように、ドミニコ会は現象的にイエズス会と伝道方針が異なるだけでなく、本質的に神学の立場が異なっていた。イエズス会のモリーナ（一五三五―一六〇〇年）の「中間知」の説は「人間の自由を最大限に尊重しつつ、神による将来の出来事の予知や予定、および恩恵の有効性を説明する試み」であり、「イエズス会の公の恩恵論」となった（渡部菊郎「モリーナ」『岩波キリスト教辞典』、一一二一頁）。他方、ドミニコ会のバニェス（一五二八―一六〇四）は「トマス・アクィナスの学説を教え、イエズス会の神学者L・モリナの恩恵論に対抗した」（坂本堯「バニェス、ドミンゴ」教文館『キリスト教人名辞典』、一一一二頁）。異教の地、中国でのイエズス会との衝突や軋轢は不可避であった。それは単に伝道上の方針をめぐっての対立という次元のものではなく、より根源的な思想的な対立を奥に潜めていたようである。バニェスは対抗宗教改革の時代、トマス主義を代表する有力な人物の一人であった。当時、ローマカトリックの神学世界にあってイエズス会のモリニズムの恩寵論とドミニコ会のバニェスのトマス主義の恩寵論が激しくぶつかり合っていたからである（M.Gierens S.J.「五、聖寵と自由との関係」、K.Fecks「六、聖寵論史」、冨山房『カトリック大辞典』第三巻「聖寵」の項目、二三五―二三七頁）。東林派士人に天主教を伝えた宣教師がドミニコ会士ではなく、ほかならぬイエズス会士であったことの神学的、並びに思想的意味あいは大きいと思われる。その点を特に注記したい（参考：M・クラープマン『カトリック神学史』第二章第三節「スコラ神学」（創造社、一九七一年、二〇一頁、二一一頁）等）。

(154) Erik Zürcher,'The Jesuit Mission in Fukien in Late Ming Times:Levels of Response,' *Development and Decline of Fukien in the 17th and 18th Centuries* edited by E.B.Veremeer,E.J.Brill,1990,pp.417-456. 特に、第二節の「アレニと福建伝道」(Aleni and Fujian Mission)（四二七―四三〇頁）。

葉向高は福建出身である。福建は銀が早くから海外から流入し銀経済が普及し、福州などの都市が発展している（昂中辰前掲書、二六一頁、二六三頁）。銀経済の先進地域の出身の葉向高が東林派に位置することは、彼が銀経済の展開を受容しこれに対応することに積極的であったことを物語るものであろう。そのような関心が銀の流入元である海外に目を開かせ、イエズス会宣教師にも好意的な態度を示したのではないだろうか。銀経済に対応するためには銀の流入元の世界の具体的知識を必要とする。保守的、閉鎖的であってはこの銀経済の展開から来る自らの存立基盤の危機に対処出来ない。そういうわけであろうか、彼は明末当時の世界地理を記述したアレニの『職方外紀』に序を寄せている。「要以茫茫堪輿、俯仰無垠、吾中国人耳目見聞有限、自非絶域奇人、躬履其地、積年累世、何以得其詳悉之若是乎！」（中西交通史籍叢刊　謝方校釈『職方外紀校釈』中華書局、一九九六年、一三頁）とあるように、葉向高は中国中心主義に立たず、中国を相対化させ世界の中の中国としての意識を持っていた。中国周辺のみならず世界全体に関する正確な知識の獲得は中間支配層にとって死活問題であったからである。

(155) 矢沢利彦前掲『中国とキリスト教』、七一頁。

(156) ズュルヒャー前掲論文、四二八頁。

(157) ズュルヒャー同論文、同頁。

(158) 「併供開福安県従夷教生員郭邦雍、陳五臣、黄大成、黄元中、繆士珦、謬兆昂、繆仲選、王之臣、王道淑、郭崑、陳端震、郭広恵、阮孔貫等縁繇到道、該本道査是呂宋夷利瑪竇一派、専講天主者。」(『聖朝破邪集』巻二、三一葉裏〔和刻影印近世漢籍叢刊一四(柴田篤解題)中文出版社、一一二〇二頁〕)。

(159) 「独有天主為至尊、親死不事哭泣之哀、親葬不修追遠之節、此正孟子所謂無父無君人道而禽獣者也。…且極詆中国親死追薦之非。既従天主便生天堂、春秋祭祀、倶属非礼。是則借夷教以乱聖道、真為名教罪人。」(同書同巻、三二葉裏〔近世漢籍叢刊一四、一一二〇四頁〕)。

(160) 谷川道雄『中国中世社会と共同体』国書刊行会、一九七六年、三〇一頁。

(161) 「但云我以天主為父、万民為子、而仁孝転大、世間君父同為兄弟、何足事哉。噫逆亦甚矣。」(『聖朝破邪集』巻六、八葉裏―九葉表〔近世漢籍叢刊一四、一一四五六―一一四五七頁〕)。

(162) 『明史』巻二三五「鄒維璉伝」(中華書局本『明史』第二〇冊、六一三八頁)。

(163) 溝口雄三「いわゆる東林派人士の思想」東洋文化研究所紀要、第七五冊、一八八頁。

(164) 方豪「王徵」『中国天主教人物伝』第一冊、香港公教真理学会、一九七〇年再版、二三一頁。

(165) 『明史』巻二四八、「徐従治伝」、「孫元化伝」(中華書局本『明史』第二一冊、六四三〇―六四三七頁)。

(166) J.C.Yang, Wang Chung-min, 'WANG Cheng,' *Eminent Chinese of the Ch'ing Period* edited by Arthur Hummel, vol.2, p.808.

(167) ズュルヒャー前掲論文、四四九―四五〇頁。

(168) 徐宗沢編著『明清間耶穌会士訳著提要』台湾中華書局、一九五八年、四五―四七頁。古の聖人の言行録である。

(169) 「比家之人、随居干任中、群念無子之故、妻女跽懇、弟侄環泣、重以父命厳諭、一旦邪念遂興、不能堅守誡規矣。自是以後極知罪犯深重、数請解罪于諸鐸徳。咸曰非去犯罪之端、罪難解也。不之許。于是痛自追悔。已曽立意嫁妾以贖我罪。乃室人哭懇勉留之、幾至反目、而妾因痛哭、幾殞厥生、願言進教守貞、誓死不肯改辺。不得已、悠悠忽忽因循至今。総皆罪某、守誡不堅、妄想世情嗣続一念、怠慢苟且。故至此、罪将奚諉。……年将七十、反不如十七少年功行、且虚伝不娶、而実冒邪淫之罪千莫可解。夫既不能絶人、抑豈不能自絶。況年已垂白、猶然不自決絶、甘上主不赦之条、空係進教之名。奚益耶。……今立誓天主台前、従今以後、視彼妾婦、一如賓友、自矢断色、以断此邪淫之罪。」（『天主教東伝文献三編』（二）、台湾学生書局、一九八四年、八三四―八三七頁）。黄一農「明末中西文化衝突之析探―以天主教徒王徴娶妾和殉国為例」（『世変、群体与個人』台北、一九九六年）がこの問題の専論であり、王徴の側室申氏の最期に至るまで詳述する（二一二―二三四頁）。

(170) 方豪前掲書、二三二頁。

(171) 阿部謹也「第二講　個人の成立」『ヨーロッパを見る視角』岩波現代文庫、二〇〇六年。特に一〇四頁。同書によれば、この見方は最初フーコーによって考え出されたようである（一〇九頁）。

主な参考文献（順不同）

葉徳禄編『民元以来天教史論叢』輔仁大学図書館、一九四三年。

今堀誠二『中国の社会構造』有斐閣、一九四八年。

清水盛光『中国族産制度攷』岩波書店、一九四九年。

Charles O. Hucker, "The Tung-Lin Movement of the Late Ming Period," *Chinese Thought and Institutions*, ed. by John K. Fairbank, The University of Chicago Press, 1957.

小野和子「東林派とその政治思想」、『東方学報』第二八冊、一九五八年。

Hui-Chen Wang Liu, *The Traditional Chinese Clan Rules*, J.J.Augustin Incorporated Publisher, 1959.

近藤秀樹「范氏義荘の変遷」、『東洋史研究』第二一巻第四号、一九六三年。

吉川幸次郎「銭謙益と東林」『吉川幸次郎全集』第一六巻、筑摩書房、一九七〇年。

荒木見悟「陳龍正の思想―東林学の一継承形態」、『中国哲学論集』第一号、一九七五年。

奥崎裕司『中国郷紳地主の研究』汲古書院、一九七八年。

荒木見悟『雲棲袾宏の研究』大蔵出版、一九八五年。

柴田篤「馮少墟—明末一士人の生涯と思想—」、『哲学年報』三八、一九七九年。

柴田篤「首善書院の光と陰」、『哲学年報』四九、一九九〇年。

荒木見悟『明清思想論考』研文出版、一九九二年。

Joanna F.Handlin, *Action in Late Ming Thought*, University of California Press, 1983.

陳俊民「〝理学〟、〝天学〟之間」(上)(下)、『中国哲学史研究』、二〇〇四年第一期、第四期。

鄧洪汲『中国書院史』東方出版中心、二〇〇四年。

陳時龍『明代中晩期講学運動(一五二二—一六二六)』復旦大学出版社、二〇〇五年。

游子安『善與人同—明清以来的慈善與教化』中華書局、二〇〇五年。

周秋光、曽桂林『中国慈善簡史』人民出版社、二〇〇五年。

李隆生『晩明海外貿易数量研究—兼論江南絲綢産業與白銀流入的影響』秀成、二〇〇五年。

増井経夫『中国の銀と商人』研文出版社、一九八六年。

黒田明伸『中華帝国の構造と世界経済』名古屋大学出版会、一九九四年。

岸本美緒『明清交替と江南社会』東京大学出版会、一九九九年。

森紀子『転換期における中国儒教運動』京都大学学術出版会、二〇〇五年。

張顕清「晩明心学的没落与実学思想的興起」『明史研究論叢』第一輯、江蘇人民出版社、一九八二年。

全漢升「一六—一八世紀中国、菲律賓和美州之間的貿易」『明史研究論叢』第五輯、江蘇人民出版社、一九九一年。

黄一農『両頭蛇—明末清初的第一代天主教徒』国立清華大学出版社、二〇〇五年。

旧韓末における朝鮮のカトリック

李 熒 娘

はじめに

本章は、一九〇六年一〇月一九日から一九一〇年一二月三〇日までの四年二カ月間、カトリック朝鮮教区で刊行された一般時事新聞である『京郷新聞《きょんひゃんしんむん》』の紙面分析を通じて、韓末の社会状況を朝鮮のカトリックがどのように認識し、かつそれにいかに対応したのかを考察することを目的とする。その上で、その考察をとおし、当時の朝鮮におけるカトリックのありようと、当時の「愛国啓蒙運動」の特徴の一面をも明らかにしたい(1)。

『京郷新聞』が創刊された一九〇六年は、すでに日露戦争に勝利した日本が乙巳保護条約を強制的に締結することで、朝鮮が日本の保護国化に突入した時期であった。すなわち、失われつつあった朝鮮の国権をいかに回復し、近代国家をいかに形成するかが朝鮮の当該期の時代的課題として提起されていた時期であったのである。

一　韓国カトリックの成立

まず、本節では韓国カトリック[2]の成立過程を概観する。

韓国におけるキリスト教の創設過程は、他の国のそれと異なる特殊性を持っているといわれている。その特殊性とは、第一に、外国からの伝道者が入国して活動することなく、朝鮮人の知識人らが自学・自修の「西学活動」を通してカトリック信仰へ接近したこと、第二に、学究的検討を通して得た保儒論的天主信仰の悟りに基づいて教会を創設したこと、第三に、信仰と共に新文化受容意識を持つ両班知識人の自律的求道活動として信仰共同体が成立したこと、第四に聖職者がおらずミサ祭礼もないなかで信徒らが瞻礼（聖職者なしに信徒のみによって行われる信仰集会）で信仰生活を始め、教会を成長させたことである[3]。

こうした特徴を持つ韓国カトリックの誕生は、いうまでもなく当時朝鮮後期社会の状況と深く関係するが、なかでも実学の影響が大きい。

朱子学は、朝鮮王朝の新しい国作りのため、現実有用の学として機能していたが、朝鮮中期になると、王朝政治が爛熟するとともに、両班地主内部の覇権をめぐる論争の道具とされた。とくに一六世紀後半、退渓（李滉、一五〇一―七〇年）と栗谷（李珥、一五三六―八四年）の二つの流派で朱子学の教学の体系が一応完成されて以降、両班官僚は「党派」に分れて論争を続けたが、論争は根本的な存在論よりも些細な儀礼問題に終始していた。朝鮮の政治は儒者による文治主義がとられていたので、党派の対立はそのまま権力闘争となり、これは、権力の所在を左右し、民生問題を置きざりにした政治的混乱の原因となった。

こうしたなかで朝鮮後期の社会的矛盾を直視した一部の知識人は、自らの学問の反省の結果として実学思想を提示した。ここでいう実学とは、権力から相対的に距離をおき、自由な純理的思考をもつ両班地主の朱子学のイデオロギーの内部からの内在的批判を通じる学風を意味している。

実学派の源流は一七世紀初に活躍した『芝峰類説』の著者李睟光《いすくわん》（一五六三―一六二八年）とされる。彼は、朱子学の形而上学的存在論や煩瑣な儀礼論に経験科学的思考を対置させる「実事求是」の作風を確立し、自らもさまざまな領域にわたる実用的知識を修めた。この学風は一八世紀前半の、『星湖僿説』の著者李瀷《いいく》（一六八一―一七六三年）によって継承され、発展していった。実学派の学問は、虚学化した伝統儒教を内在的に批判し、「経済致用」「利用厚生」「実事求是」することによって、当時の朝鮮社会が直面する社会問題や政治問題、経済問題などを解決し、国の富強策をうちたてようとするものであった。

実学思想の形成・発展に大きな影響を及ぼしたのが西学[4]であった。赴燕使一行が燕京からもちかえった漢訳西学書[5]は、現実を重視しながら既存の社会秩序を再編成し、社会発展を希求していた実学者らの大きな関心をあつめた。天主教の知識は、これら漢訳西学書を通じて知られるようになり、『天主実義』『七克』『畸人十篇』『交友論』『二十五言』『霊言蠡勺』『弁学遺牘』『真道自証』『盛世芻蕘』『万物真源』などの漢訳天主教書が朝鮮に流入され知識人の間で読まれていた。

一七七〇年代末から一七八〇年代初めには、漢訳西学書への関心が高まるとともに天主教信仰を本格的に受容するための信仰運動が胎動した。この宗教信仰運動にとりわけ関心をもっていたのは、李蘗、鄭若銓、尹持忠、黄嗣永、尹鐘百、権日身などの李星湖左派系列、南人派の人々であった[6]。彼らは汎儒学的立場から朱子学を批判するとともに、儒教教理と背馳しない範囲内で天主教教理書を解釈し、天主教信仰を儒教と相反するのではなく、儒教の足りない点を補充する補儒論的見解をとり、研究していた。

宗教信仰運動のグループはついに謝恩使で北京に行くようになった黄仁点の書状官李東郁の息子、李承薫《イスンフン》を北京に同行させることにした。一七八四年北京で洗礼を受けて、帰国した李承薫が李蘗の家で李蘗・権日身・鄭若銓・鄭若鏞・鄭若鐘などに入教手続きを踏ませることで、正式に信徒らを中心にした定期的な信仰集会がはじまり、信仰共同体がソウルにできた。それが韓国におけるカトリック教会の創設である。(7)

当時北京教区長であったグベア（Gouvea、湯士選）主教が、一七九〇年、ローマ教皇庁に報告した手紙から創設直後の様子を確認することができる。

彼は洗礼を受けた人の中から熱心な何人かの人を教理教師にした。お陰でまもなく一千名を超える朝鮮人男女が洗礼を受け、新しく朝鮮教会を建てるに至った。(8)

朝鮮カトリックの最初の司牧担当者である周文謨神父を一七九五年に迎えたことを機に、信徒数が急速に増加した。一八〇一年には一万人に達する一方、ソウルだけでなく、忠清・全羅道にも広がった。また、カトリック信徒の構成にも大きな変化がみられ、農民など一般庶民にまで拡がっていた。(9)

この背景には、漢文教理書や祈禱書を読めない人民のために、漢訳西学書のハングル訳や、また天主教書をもとに作成したハングル天主教書による布教活動があった。(10) 一八〇一年の辛酉迫害の時に刑曹に押収されたハングル訳本だけでも八三種一一一巻一二八冊に及んでいた。(11) カトリック信仰の拡大過程の背後には、朝鮮の発達した木版印刷術と学びやすいハングルの文字体系があった。同時に、カトリックの伝道活動は、逆にハングルそのものの普及とハングルの改良を大きく促す役割を果した。当時カトリックの教会の公式用語はハングルを使用し、一八五〇年代になると、信徒の指導者である会長らには文盲である信徒らにハングルを教えることが義務でもあった。(12)

教会創設当初のカトリック信仰は、両班知識層が主導した一種の新文化受容運動的性格を帯びていたが、まもなく新しい民衆宗教運動へと転換されていった[13]。教会指導層の数が急増し、教会指導層も訳官、医員などの中人らによって占められ、良人や身分未詳者らも教会の指導層に含まれるようになっていった[14]。とくに一七九一年の祖先祭祀問題をめぐる珍山事件の発生以降は、教会の指導層が両班から中人以下の身分層へと完全に変わった[15]。

このような民衆によるカトリック信仰の受容の背景には、積極的な伝道活動だけではなく、当時の社会・経済関係のなかで、大多数の農民・商手工業者、奴婢を含む庶民が希望をもつことのできる価値体系を切実に求めていたという状況があった。実際、当時、弥勒佛信仰や道教、土俗信仰も流行していたのである。

伝道初期の信徒らの入教動機や信仰の特性を分析した研究によると[16]、一方では、治病、求福、得子を願う現世求福的傾向がうかがえる反面、他方では、現世の桎梏から抜けられなかった当時の人々に潜在していた厭世的・現世逃避的傾向とともに、現世で得られない希望を来世の楽地・天堂で得ようとする来世志向的な動機から天主信仰を受容する人が増えてきたことがわかる。さらには、当時の天主教が強調した万人の平等性に心酔し、天主教信仰を一種の社会的福音（social gospel）や特異な文化形態として認識して入信する信徒もみられた。また、一部の信徒は、宗教的関心よりは新学問を受容する姿勢から天主教を新学問の一環として受容した。現世求福的目的のゆえに入教した人や新学問を受容する姿勢で入教した人のなかで、天主教教理の内面化に失敗した人は、一七九一年祭祀問題の発生を契機に教会を離れる。

初期信徒らは天主教十戒を実践的倫理徳目にすることで信仰に対する強い自覚を持ち、政府の弾圧のなかの命の危険にもかかわらず、天主信仰に帰依し、自身の信仰を維持して、死をも辞さなかった。

韓国カトリックは、一七八四年の教会創設以来、一八八六年に信教の自由が得られるまで約一〇〇年にわたって迫害を経験した。

なかでも一八六六年に始まった丙寅迫害はもっとも厳しく、長くつづいたために多くの殉教者を生み出した[17]。

苛酷な弾圧を受けながらカトリック信者は現実社会から隔離され、全国に散らばっていった。官の検挙網から逃れて山間僻地に隠遁し、教友村を形成し、火田をつくり、陶磁器を焼き、信仰を守りつづけていた。(18)

鎖国政策を固執してきた朝鮮王国も、一八七六年の江華条約によって開国せざるを得なくなった。カトリック教徒への禁圧と迫害は開港とともに鎮静しはじめた。一八八二年韓米条約の締結を皮切りに西洋人の入国が保障されるようになった。フランスとの条約締結には条約文の妥結に最大難関があり、時間がかかった。フランス側は、数回にわたって朝鮮政府のカトリック弾圧によって宗教的・政治的葛藤を経験したので、カトリック伝道活動の自由と信仰の自由を条約文に明文化しようと努めたが、朝鮮側の強硬な反対にぶつかり、お互いに妥協することで条約文第九款に「教誨」という単語をいれ、一八八六年条約を結んだ。

条約第九款の教誨によって、キリスト教の信仰と宣教の自由が認められる土台（信教の自由の公認ではない）が築かれた。すなわち、西洋人の内地旅行と教会活動が約定され、宣教師らは治外法権を行使できるようになった。

このように一八八六年の韓仏条約締結は、朝鮮カトリックにとって新しい転機であった。迫害時代に逮捕、虐殺の恐怖感をかかえて活動せざるを得なかった聖職者、あるいはこれまでは朝鮮に入国すらできなかった宣教師は、これ以降、朝鮮王国から護照の発給を受け、各内陸地域を回り、教会の設立・教務の執行などを活発に行うようになったのである。

一方、以前迫害によって信仰を放棄した人々も教会に戻り、また新しい階層が入信し、長い迫害政策の下で萎縮していた信徒たちの中には国家政策の転換に高揚し胸をはる人も多かった。また、治外法権の特権をもつ宣教師らを「洋大人」と呼称し、教会は政治的、社会的特権勢力として認識され、その特権の保護、後援をもとめる階層も多数入信するなど教勢が急伸長した。

しかし、政府による迫害政策は終息しても、一〇〇年間続いた斥邪、つまり天主教迫害心の体質は、条約によって簡単に変わるわけではなかった。とくに郷村社会で既得権を享受していた地方官、土豪層らはカトリックを敵対視することを止めなかった。

天主教と地域の官・民との対立・闘争、宣教師への暴行、地方官による迫害、また信徒の非行などによる教案(19)が、一八八六年から約二〇年間、頻繁に発生した。教案の問題は教会と地域社会の関係の問題に止まらず、教会と政府の問題にまで発展していった。その過程で教民条約（一八九九年）、教民和議約定（一九〇一年）、宣教条約（一九〇四年）が締結され、朝鮮人の宗教の自由が法的に保障され、政教分離原則が盛り込まれるようになった。

表一は、旧韓末朝鮮のカトリックの状況である。

聖堂は四六個で、公所(20)が九〇〇以上設けられたことからカトリック教会は、全国的に拡大されていたことが確認できる。信徒数は約六万人に達し、毎年約四五〇〇人の成人が洗礼を受けていた。信徒層は、この時期になると多様化し、新しく入信した信徒のなかでは、郷里層と下級官吏職の中間階層が全国的に増加した(21)。

ここで当時、朝鮮のなかに神学校が運営され、神学生を養成していた様子を見てみよう。朝鮮に入国した宣教師らは、パリ外邦伝教会の所属の聖職者であった(22)。パリ外邦伝教会の宣教政策の方針は、現地人聖職者の養成、信徒らの信仰生活の深化、未信徒に対する福音の伝播であった(23)。

表一　旧韓末の朝鮮のカトリックの状況

年度	信者数	主教	神父		シスター		聖堂	公所	修道院	洗礼者				神学生	新聞信者
			仏人	韓人	仏人	韓人				大人	子ども	信者子供孫	堅信		
1907	63,340	1	46	10	11	41	48	931	2	4,034	2,352	2,675	2,203		5,503
1908	68,016	1	47	10	11	45	50	981	2	4,655	2,330	2,821	1,851	35	5,800
1909	71,252	1	47	13	10	47	67	994	2	4,580	3,101	3,157	3,853	51	5,829
1910	73,057	1	46	15	10	49	69	1,024	2	4,407	3,432	3,432	2,380	41	5,101

出典：『宝鑑』1907年10月11日、1908年10月16日、1909年10月21日、1910年12月16日より作成。
備考：年度は教会年度、すなわち前年の復活祭から本年の復活祭までの１年。1910年度分は1909年の復活祭から1910年11月まで。

多くの宣教師を派遣するほど余裕がなかったことに加えて、できるだけ早く現地の神父と主教に布教の役割を移譲するのが第一の課題であったため、朝鮮人の聖職者養成がいそがれた。一八三一年、ローマ教皇庁は、朝鮮教会を北京教区の所属から独立した教区に設定した際、パリ外邦伝教会[24]に朝鮮教会の管理を委任した。パリ外邦伝教会からモバン（Maubant）宣教師が派遣されたのは一八三五年であったが、その翌年に金大建《きんでこん》、崔良業《ちぇやんおっぷ》、崔方済《ちぇばんぜ》[25]の三人の少年をマカオに留学させ、神学校の設立準備にとりかかった。一八五五年には堤川ベロンに初の神学校が建てられたが、一八六六年の迫害で廃校になった。開港以降再び宣教師が入国するや、ソウルに神学校を設立し、聖職者養成を推し進めていき、一九一〇年までに一八人の韓国人の神父を輩出した[26]。

そして修道院が二カ所にでき、シスターは、フランス人シスター一〇人、朝鮮人シスター四〇余名が活躍していた。その修道院は、聖パウロ修道院であった。

修道院が朝鮮に設けられた経緯をみると、次のようである。

日朝修好条約が締結されると、宣教再開のために朝鮮に入国した白宣教師（Marie Gustave Blanc、白圭三、七代主教一八八四―一八九〇）は、各種の事業を行う必要性を感じ、一八八〇年に、ソウルゴダンゴル（美洞、今の乙支路一街）に韓屋を買い、孤児院と養老院を設立し、すでに一〇〇名以上の孤児と、四〇名の老人を受容して、孤児院と養老院を運営していた[27]。丁度一八八三年に白宣教師は、主教聖品を受けに日本の長崎に行った際、同地にある聖パウロ修道院を訪問・視察し、自らが運営していた孤児院・保育園・養老院を当修道会に任せるべきだと考え、フランスのサルトル（Chartres）にある聖パウロ修道会本部の院長にシスターの派遣を要請した。

その要請に応えて一八八八年四人のシスターが朝鮮に派遣され、聖パウロ修道院が朝鮮に創設され、同時に朝鮮人のシスター養成が始まった[28]。修道院は、鐘峴（現在、明洞）の西洋式のレンガで建てられた洋屋に移り、男子八〇余名、女子六〇余名の孤児を引き受け、運営は、主にシスターが直接に運営を賄い、カトリック教会の孤児救済事業が本格化した。孤児院内では先生を迎えて漢文や技術が教えられるようになった。漢文の教師は、辛酉迫害で犠牲になった鄭若鐘の曾孫にあたる鄭パウロで、もう一人、大邱徐相敦の従兄弟の徐ヨワンは、莚を編む技術を教えた(29)。

同時に朝鮮の信徒のなかで、殉教者の後裔になる四人の少女をすでに抜擢して、現地の朝鮮人のシスター養成を始めたのである。一八九四年には済物浦仁川にも修道院分院が新築された(30)。

二　『京郷新聞』の発刊

日本は日露開戦直後、軍事的圧力の下で日韓議定書（一九〇四年二月二三日）を強要し、「大日本帝国政府ハ大韓帝国ノ独立及領土保全ヲ確実ニ保証スル事」（第三条）(31)を約束し、戦争遂行上の便宜をはかるとともに、韓国の施政改善に関する「忠告権」をおしつけ、韓国の侵略に本格的に乗り出した。

日本は第一次日韓協約を強要し、一九〇四年八月二二日には財政と外交を監督する顧問を置き、外交上の重要案件は日本政府と協議しないかぎり処理できないようにした。日露戦争の優勢のなかで、日本政府は韓国を保護国にすることを確定し、列強の了解を得るために一九〇五年桂・タフト条約を結び、アメリカのフィリピンの支配を認める代わりに、日本の朝鮮支配をみとめさせた。また、同年八月には第二次日英同盟を結び、イギリスのインドに対する特別な利益を保障する代わりに、日本の朝鮮半島に対する指導・保護・監視権を認めさせた。

このような列強の相互承認の下で、日本政府は宮殿を軍隊で包囲し、一九〇五年一一月に乙巳保護条約（第二次日韓協約）を強制的に締結した。これによって韓国は日本の保護国になり、韓国の外交権が完全に奪われるとともに、統監府が設置されて統監が内政の全般にわたって君臨するようになった。「保護条約」が締結される

경향 신문
京鄕新聞
론셜

『京郷新聞』1906―1910、ソウル、カトリック朝鮮教区発行

と、乙巳条約反対・無効化と親日内閣打倒を目標に国権恢復を前面に立てて、各界各層からさまざまな動きが現れた。

ところでこの時期、朝鮮のカトリックは何の目的で一般時事新聞を発行したのであろうか。

新聞発刊の構想段階では、主に天主教人らのために必要な道理と、天主教会内部のニュースだけを掲載する純粋な宗教新聞が構想されていたが、国内外ニュース、緊要な知識などもひろく掲載するのが信者に有益であると[32]いう判断から、一般の時事新聞を発刊することになった。

創刊号の論説に述べられているように、「真の開化をした国は強く、真の開化をしなかった国は弱い、その開化を成し遂げるのは知識である。知識が心の糧になり、人が知識を持つと強い人間になり、知識を持たない人は弱い人間になる。百姓が集まって一国になるので、各人に知識があればあらゆる人の心が集まり強い国になる。開化する国はみなが知識を求めるべきである」[33]と、強い国家と強い個人を啓蒙する、愛国啓蒙運動の一環として発刊されたのである。これには、「法王レオ一三世とピオ一〇世があらゆる主教神父と信者らが、聖教会の新聞をたくさんつくり、よく扶持し、非信者まで読むようにと、命令なさったので、大韓聖教会でもわれらの恭敬する主教が二年前にわが京郷新聞を発刊した」[34]とのくだりからわかるように、世界カトリック教会の動きに連動して、非信者らも読者として対象にしたことがわかる。

新聞は、パリ外邦伝道会（M.E.P.）所属宣教師の安世華（Frorian Demange：1875–1938）神父が社長兼編集を担当し、編集実務は韓国人神父である金元永神父が担当したといわれる。[35][36]

タブロイド判の『京郷新聞』と菊判八面の『宝鑑』という題号の新聞附録彙集が同時に発刊された。『京郷新聞』は、一面では論説、二面から四面にかけては官報大概、国内雑報、外国報、物品時価、広告が配置された。『宝鑑』では、法律解説と、教理的論説、カトリック教会史など宗教的内容のものであったが、本の形に保存して読めるように制作された。創刊から一年後の一九〇七年一〇月一八日、『京郷新聞』は倍大判の五段に紙面を拡大するとともに、編輯内容も大きく変化した。一面には、「毎日特報」、小説、お笑い、二面には論説、才談、雑報、各地方寄書、三面に官報大概、各種問題、雑文、学問、四面に国内雑報、外国報、広告、訃告、物品時価が載るなど、多様化され、『京郷新聞』と『宝鑑』を分離して購読することができるようになった。[37]これまでは郵便配達だけであったが、各地域の邑内及び市場に発売所と発売人が置かれ、販売形態も多様化した。一九〇八年九月一八日の時点で、三三カ所の発売所があった。[38]

この改編後、「各地方寄書」欄におそらく、その地域に居住する神父や信者が「本社通信員」という名称で各地域の出来事を送信する体制がしかれ、当時の有力な新聞『皇城新聞』から「京郷新聞は各地方消息の掲載が他報より詳細で購読者の信用を得て発展している」[39]と評価されるほど、地方の消息や情報が正確で、豊富なものになった。[40]

四面には、四・四調二行連の詩歌類型と四・四調の歌辞類型のものが二八個も載せられた（表二参照）。掲載された歌辞には、読者からの投稿も多い。聖誕祝賀や、学校開校の祝賀、衰退していく国運を慨嘆する嘆息歌などと、それに対する自救策として愛国思想を高め、勧学、勧農など生業振興を督励する作品、勉学と生業を督励するものなどであった。教会創設初期から天主歌辞と呼ばれた「天主恭敬歌」「十誡命歌」などの歌辞が作成され

表二　『京郷新聞』に掲載された歌辞

嘆息歌	1907年 1月25日
過歳歌・大明日歌	1907年 2月15日
嘆断髪歌	1907年 7月19日
哀怨歌	1907年 8月16日
勤実歌	1907年10月18日
愚生歌	1907年11月22日
愚生歌	1907年12月20日
望本国泰平歌	1908年 1月 3日
勧学歌	1908年 5月 1日
勧学歌	1908年 5月 8日
ボミョン学校運動歌	1908年 6月26日
博文学校運動歌	1908年 6月26日
勧農歌、勧農答歌	1908年 8月14日
国文プルニム歌	1908年 7月24日
国文プルニム歌	1908年 8月21日
国文プルニム歌	1908年 8月28日
農和農歌	1908年10月 9日
時勢を嘆く歌	1908年11月27日
愛国勧学歌	1908年12月25日
相春歌	1909年 5月 7日
勧勉学生歌	1909年 6月11日
農夫の愛国歌	1909年 7月23日
警世鐘和答	1909年 8月27日
聖義学校	1909年 9月17日
文明遊覧歌	1909年 9月24日
内地測量歌	1909年 9月24日
イエス聖誕慶祝歌	1909年12月24日
警世歌	1910年 4月15日
警世歌	1910年 4月22日
相愛歌	1910年 5月12日
新聞賛譲歌	1910年 6月 3日
明道講習讃美歌	1910年 6月10日
団体歌	1910年 7月29日
イエス聖生慶賀歌	1910年12月23日

出典：『京郷新聞』

普及した経緯もあり、その天主歌辞の発達はカトリックの普及だけでなく、韓国文学の発展という点でも大きな意義をもつものとして評価されている。

「古談」「笑い話」「小説」などには娯楽的要素が加味されているが、内容は全体として啓蒙的様相が強いものであった。

新聞の購読料はお金がない人も容易に買い求められるように(41)、年間八〇銭（郵送料含む、當五銭四〇両、葉銭八両）で、当時ソウル物価の米（中米）の約二―四升にあたるものである。新聞代集金は、地域の神父が担当したところも多かったようである(42)。

購読者（新聞教友＝新聞信者）数をみると（表一）、約五〇〇〇名前後であったようである。当時『大韓毎日新報』以外は、大部分の新聞が二〇〇〇―三〇〇〇部を発行した状況のなかで(43)、購読者は多かったと言える。購読者のなかで非信者は、約三〇%程度であったと推測される(44)。

では、読者層はどのような人々だったのか。現在、読者層をうかがい知る資料が見つかっていないが、大多数の読者がカトリック信者であったと推測しうるが、当時のカトリック信者の階層を具体的に検討する資料もまだ見つからない。

すでに言及した通り、主に両班と中人によって創立した朝鮮教会は、数回の迫害過程を経ながら階層構造が大きく変化し、迫害を避けて山奥に逃げ、教友村という信仰共同体を成し生活した。迫害が終息した後は、地方官、地方郷人層などさまざまな層が入信したが、「多くの信者が、生活が苦しく、新聞代を払えないといわれている」(45)という記事からも推測できるように、生活が貧しい層が多かったことが推測される。

三　新聞の内容および論調

本節では、『京郷新聞』が当時の政治状況をいかに認識していたのかをまず考察したい。次に同紙がその紙面によって、読者になにを呼びかけていたのかという点に踏み込んでみたい。

『京郷新聞』が創刊されて一〇カ月が経ったところ、一九〇七年七月一八日に光武皇帝(高宗)が強制的に退位させられた。七月二四日には第三次日韓協約(丁未七条約)が締結され、八月一日に韓国軍の武装解除が強行に行なわれるが、一連の事件はわずか一四日間の間におきた。

その翌日の八月二日の『京郷新聞』の論説は、この協約の調印者は大韓の方は李完用《いわんよん》であるが、彼は伊藤統監がたてた人で、いわば伊藤博文の名前二つを書いたようなものであると、李完用内閣の成立と条約締結の経緯の本質を鋭く見抜いていたことがわかる。大韓独立の可能性については、「韓日新協約によって日本の権勢が大きくなるにつれてしだいに少なくなる」と認識していた。しかし、「今度の新協約によって大韓が完全に滅びたとはいえない。大韓百姓がしっかりして、国を起こそうとするならばそれは可能である」(46)とみて、そうするために「緊要」にやるべきこととして次の三点を訴えている。

第一に、他の国がわれらを助けてくれるならば生き、助けてくれなければ死ぬという幼稚な依存心を以前のように持たず、われらの力はわれらのなかに必ずあることを固く信じることである。第二に、日本人を怖がらず義に従って努めることである。第三に、開化するために努力してきたことを一毫のゆるぎなく、続けることである。学校も設置し、それぞれ生業に、前より努力して、新しい営みもさらに努めることである(47)。

次号の論説では、日本の武力によるやり方に対する憤りを隠さず、それをあからさまに表出しながらも希望を捨てず、力を養成することを再度以下のように呼びかけている。

韓国人と日本人の間には深い憎しみの溝があり、日本はその溝を善行で埋めようとせず、我らの兵丁の血で埋めようとしている。両国が和合するのはすでにむずかしい。日本人は愛国心が強いといわれているが、我らの兵丁に愛国心があることは分からなかったのか。国を愛することを日本人らがあれほど高く評価しながら、どうしてわが国の兵丁の愛国心はわからないのか。世界に国が日本しかないと思うのか、あるいは我らが同じ人類でないと思うのか。我ら百姓は人間であり、動物ではない。動物のように我らを殴ってはいけない。世界各国をみてみると、軍の力しかない国は、暫くの間は有力にみえたとしてもそれは長くは続かない。国の真の力は百姓の心にある力である。その力は我らの心にある力なので、愛する同胞たちはこのような困難な時、希望を失わず、その力を保存しさらにその力を大きくし、その力を現さなければならない(48)。

当時、刊行されていた新聞のなかでもっとも部数が多く、影響力もあった『大韓毎日新報』は、『京郷新聞』に対して「筆法が公直国民の独立精神を培養するのに特に緊要な新聞であるので、吾輩が同業の義に実に攢賀する、国家と社会に莫大な利益を供すると信じる」[49]と評価し、『京郷新聞』の一九〇七年八月から一〇月までの論説を転載した。[50]

『京郷新聞』の一九一〇年九月九日の論説「合併に対する言葉」によると、「本新聞を発刊する目的で述べたように、わが同胞を有益にすることだけを意図しており、政治に関与しない方針は他の新聞とは異なる」と、政治不干渉主義であることを明かしていた。それは、当時カトリックの政教分離原則が全世界の共通の規定であったこともあり、政治に関与するとその目的のために必ず真実に反したことを書かねばならず、それはかえって有害であるので、われわれは政治に関与しないと述べていたのであった。[51]『京郷新聞』はそれゆえ直接政治に関与はしなかったが、「大小ニュースの判断」ができるように、政治問題自体は多く扱っていた。

次にこの新聞の論調の基本になる考え方でもある独立・開化観、日本観、実力養成観を中心にみてみよう。

独立・開化観

『京郷新聞』が繰り返し強調する言説の一つとして、独立は自らの力で達成することがあった。「経験からも知らされたことだが、わが国のため戦ってくれる国は一つもないことは、前回（日露戦争：筆者）ではっきり証明された」[52]と述べ、もしあるとしても代価をはらわなければならないので、むしろ危険なことである、だから他国の助けは得にならない[53]と、韓国の独立のために戦う外国は存在しないことと、外国の助力はむしろ独立に有害であると主張する。日本が「文明開導」「独立扶植」「東洋平和維持」云々したことを信じたが、日露開戦によってはじめて日本の本心を知り、また当時、アメリカ兵船が助けに来てくれるという噂が広まっていたこともあり、[54]独立は他力でできることではなく、自力で成し遂げるべきことであると主張した。

また、開化と独立の関係に対しては、「独立してから力が足りず、独立が維持できなくなると、国事をさらにいていた。

『京郷新聞』にみられるこうした「先開化・後独立」論は、当時知識人らに広まった社会進化論の論理に基づの開化」「先開化・後独立」を求める立場であった。

修正できなくなるので、一層危険な状況[55]に陥ると認識していた。開化を行い、実力を養って独立の機会が訪れる時にはじめて独立を獲得できるのだと、開化を独立の前提条件として認識している。つまり「独立準備としての開化」「先開化・後独立」を求める立場であった。

本当の開化でなければ他国に耐えられない。もし以前のようにそれぞれの国が自分の地方だけにあって、他の国との関係が問題にならなければ、強くても弱くても関係ないのであるが、今はそうではない。様々な国はお互いに通行し、かついつも争っているので、弱い国は強い国の前に耐えられない、開化しなかった国が開化した国の前では必ず弱い。開化したがらない国は自ら死のうとしていることと変わりない[56]。

つまり、国際社会における強者による弱者支配を不可避な現実として受け止めて、弱肉強食、優勝劣敗、適者生存の時代に国が生き残るために「真の開化」を行うべきであると主張したのであった。

『京郷新聞』の開化観の特徴の一つは、「自らの中に力がある」との言葉に示されているように、開化する潜在力が民衆のなかにあると信じていたことである。

いまわが国がこのように哀れむべき状況に陥ったのは、百姓の力が足りなくてそうなったわけではなく、ただ開化時期が遅くなっただけのことである。また開花が遅くなったことも、百姓のせいではない。七―八〇年前に西洋主教と神父が来たとき、わが政府がわが国の福になる道がどこにあるのか知っていたら、その人を殺さず、彼らをして西洋の国と約定し、真の開化をし、独立を保持しただろう。今はむりやりに開かれているが、これは百姓が行なったことではない。大韓百姓の精神と才能と心をみると、力もあり、力を現すこともできる。自ら力があることを、しっかり信じることである[57]。

現在の状況に陥っている原因は、早く開化するチャンスがあったにもかかわらず、その機会をつかめなかった王朝政府にあるとの認識を示していることから、一般民衆に対する信頼感が深いことがわかる。これは当時、愚民観と民衆不信観を持っていた他の啓蒙運動家や啓蒙団体とは、異なる考え方であった。

開化は国家が国際社会に生き残るために必ず行われるのみならず、各個人にとって大事なことで、それは「確固たる」人間にすることだといい、そのために「緊要な学問を学び、自分の心を修め義に従って行い、生業に力を注いでよく生きることである」(58)と言った。心の修養という項目が入っているのは特徴的である。そうして、日本の開化については、西洋の開化を一生懸命学んでいろいろ新しく直したが、その実、西洋の「開化の表皮」だけとり、開化の堅実な礎のような心の糧になることには無関心で、その方法はいわば「病身開化」であると評している(59)。

しかし、「先開化・後独立」の考えであった『京郷新聞』は日本の支配に対しては実際は次のようなスタンスであった。

英国が印度とビルマに入ることで、その百姓が前にあった権勢を失ったが、その百姓の生活は以前よりもよくなり、安南の百姓も仏国が入った後、前より生活がよくなった。わが国も完全な独立を達成するまでは日本の権勢を受けざるを得ない。免れない先生に良く学び開化を早くやるしかない(60)。

完全独立を回復するまでは、免れない現実、つまり日本の支配を受けざるを得ないと考えている。他の地域における西洋の植民地経営を例にしながら、日本の支配も「百姓の生活には良い影響を与える」と見做していた。日韓併合に対して反対の立場にたっていたが(61)、実際日韓併合になってみると、その現実も受け止めた。一九一〇年一〇月二八日の「新しい官制に対して」の論説で、「皆義理に合い、筋道に通るものであり、文明の法のようで、他のこともそのようになることを願う。恐がる心を捨てるように」と呼びかけた。

日本・日本人観

日露戦後になると、本格的に日本人が韓国内地へ入ってきて、その数は急増するようになる。

興味深いことは、『京郷新聞』は当時の朝鮮人の日本人観を四つのタイプに分類していることである。[62]

一つ目のタイプは、日本人が朝鮮に来ることを好んで、日本人が行うことはむやみに良いと思う人たちである。こういう人々は極めて有害な人であると見なされている。二つ目のタイプは、日本人を嫌がって、強く追い出そうとする人たちである。これはいわば排日主義の立場といってよかろう。三つ目のタイプは、日本人を追い出せない現実を知っているが、日本人がやっていることをどうしても嫌悪するが故に、昔のことだけを考えて泣き、もはや何もやることはないとあきらめている人たちである。最後のタイプは、日本人の悪事は免れるように努めながら、良いことだけは受け入れようとする人たちである。

『京郷新聞』は、一、二、三番のタイプが有害で、第四タイプが国に有益であるという。このタイプは、日本人を無条件に好むのではなく、また無条件に追い出すのでもなく、また、絶望感に陥らずに、日本人に見習うことは見習い、悪事を免れるように努力するのが緊要であると主張したわけである。現実の状況のなかでいかに対処するかによって国家が生かされ、開化することができるという認識を持っていたので、日本人の悪事は免れるように努めながら、良いことは受け入れ、独立を再び得られる機会があった時、その機会をつかむために、今は緊要な力をつける時期であると認識し、そうすることが真に国に有益であるとみていた。[63] これは現実主義的理想主義とでも言いうる。

『京郷新聞』は国に益になるものと害になるものをきちんと示すことが自らの使命であり、第四のタイプの人々と思いと行動を共にするという。日本人に勝つ方法は、日本人より頭を使い、日本人よりもっと勉強し、日本人より各生業に努めることだと言うのである。(64)

そのような見解をもつ『京郷新聞』は、日本人の悪事からどう免れるかについて次のように具体的な指針を提示する。

今まで朝鮮に来た日本人は大概自分の本国で生活ができない人たちであり、大韓人民が怖がることをみて、思うままに略奪したが、まず大韓の人々が日本人を怖がらず、法に基づいて対応することを勧めたい。そして日本人が悪質なことをしようとする時、怖がらず、憑拠の票をみせるようにし、その票がないと盗賊であることを知り、取り払うべきで、そうすると悪い日本人の力もなくなっていく。(65)

義兵運動観

義兵たちは、上記の二番目のタイプに該当するが、義兵運動は愛国啓蒙運動とともに当時の救国運動の大きな主流の一つをなしていた。特に、一九〇七年高宗の強制退位、丁未七条約、軍隊解散を契機に高潮したが、義兵運動に対しての『京郷新聞』の認識はどのようなものであったのか。丁未七条約が締結された直後の論説では次のようになっている。

この約定をなくすために百姓が立ち上がり、戦うことが正しいのか。戦おうとする人は、国に有益なことをすることだと本当に思うだろうが、その戦いが本当に現在の状況を直せるのかどうかを必ず考えなければならない。国の独立のために戦って死ぬのは実に正しいことであるが、万一その戦いで事を直せずむしろ事がもっと悪くなると、その戦いは無用に血だけ流される…　わが国は軍隊もなく軍備もなく、戦い方もわからないので、日本の多くの兵隊に勝ち抜くことはできない。[66]

このように、義兵の愛国心は認め、武装闘争自体は否定しないが、現実的な情勢からして義兵闘争は無謀であり、勝算のない戦いだと認識していた。「義兵という人々のなかに国を愛する人もいるが、大概は盗賊であり、義兵が長くいる状況では国事を少しも改善できないだけでなく、百姓の家もなくなり、所帯道具もなくなり、生活できなくなり、むしろ害が多い」[67]と、一般民衆の生活不安・被害を案じるという観点から批判を強めていった。百姓にとって有益なことは、学問の勉強と教育運動であり、これが国の独立への道である。百姓を殺すことが独立の準備にはならない[68]と批判する。

一方、国債補償運動については、次のような態度をとっていた。

日本は韓国の内政を改革するという口実のもとに第一次日韓協約を締結し、韓国政府の各部に顧問制を設置し、いわゆる顧問政治を開始した。この時財政顧問として就任した目加田種太郎が韓国内の財源を把握するために財政整理事業を着手するが、その時から日本の借款が本格化し、一九〇七年は約一三〇〇万円に達した。国債補償運動は、国債を国民の募金により返済することで国権を守るという運動であった。

運動の発端は朝鮮南部の大邱地域からはじまった。廣文社という会社の会議で、会員だった徐相燉[69]がタバコを三カ月だけ禁煙してその代金で国債を補償することを提議したが、その会議に参加した会員の賛同を得、その場で義捐金を出し、全国的に展開することにし、国債補償趣旨書を発表した。当時の民族言論機関の積極的な呼応を得、全国的に拡散され、身分、性別、職業、地域を越えた挙族的な運動となっていった。

一九〇七年四月一二日の論説で国債補償運動に対して次のように言及した。

国債補償をやることは、国の負債を返却するという点で有益だけではなく、他にも有益が三つある。一つは、いままで同胞の団結力を疑ったが、老若男女が一斉に取り組むことで疑った心がなくなり、信じる心ができた。二つは、同胞の愛国心があることが世界各国に広く知られるようになった。今回を契機に各国領事館らが自分の本国に大韓人民の愛国血心を表明することで各国が大韓を堅実な血心のあるまともな国であることがわかった。三つは、政府に、人民が愛国心をもって固く団結したことを表したことによって政府大官らが二度と民心を逆らって外債をしない。外国人がだましても百姓の固い団結の意と運動をそむいて、外債をだすことは押し切ってやらないだろう。(70)

国債補償運動を高く評価するとともに、運動過程で注意すべき点を指摘して、運動に臨む姿勢をあらためさせている。

『京郷新聞』は一九〇七年四月一九日から九月二二日まで、約五カ月にわたって各教会からの国債補償義捐金を一人一人の名前にわたって掲載する。義捐金は、それぞれ地域の教会単位で集めて、神父が集めたお金を新聞社に渡す、独自のシステムで行われたようである。

この運動は全国民の声援にもかかわらず所期の目的を達成できなかった。義捐金の醵出だけを強調し、具体的方策をたてられなかった運動内部の限界と、絶えず運動の破壊をはかっていた日本の弾圧が原因であった。『京郷新聞』で集まった義捐金はカトリック教会で運営していた学校の教育費に充当することにし、各教会の学校に送られた。(71)

学校設立と教育運動

『京郷新聞』は、教育に対する関心が大きく、数回論説で取り上げていた。(72)

教育は国家の大本であり、(73)特に小学校が教育の礎であり、(74)「小学校を卒業した人が三分の一でも居ればわが国がこうなってはいないだろう」[75]といい、基礎教育の必要性を強調した。そして、外国人が沢山入って生活しているいま、学問がないと外国人に負けるので、漢文、つまり「古い学問」だけではなく、西洋の学問である算術、天文、地誌、物理と各国歴史、「新学問」を知らないといけないと主張した[76]。

『京郷新聞』は、読者、信者らに向けて、学校建設・運営を手伝うこと、また子弟を学校に行かせること、教師や先生として教えることで、同胞の教育に努めるべきだと呼びかけていた[77]。教会を中心にして学校が設立され、運営されていたが、実際、その運営には宣教師だけでなく、朝鮮人神父をはじめ、信者らが関わっていた。カトリックでは、近代教育の嚆矢というべきペロン神学堂[78]をはじめ、早くから学校を設立して教育を行なっていた[79]。当該期になると、学校設立運動が急速に高まって、一九〇四年七五個であった学校数が、一九一〇年一二四個に増加していた[80]。

当時設立された学校の趣旨書をみると、黄海道安岳の奉三学校で「国を愛する精誠と道徳の心を培養と国泰民安」[81]、江原道伊川三愛学校[82]では、「天主を愛する、国を愛する、人（同胞）を愛する」、伊川明義学校では「敬天愛国」[83]をそれぞれ設立の趣旨としていた。当時期のカトリックの学校の設立は、愛国啓蒙運動として行われた。他の啓蒙団体で行われた学校設立の趣旨である愛国に、天主を愛するというカトリック的精神の涵養が学校設立の趣旨に入っているのが特徴的である。

教科目には、英語、漢文、日本語、算術、天文、地誌、物理と各国歴史、体操があった。当時の学校教育の一面を現す、特徴的なものの一つは、地域単位の連合運動会の開催であろう。黄海道の安岳・載寧・松禾・長淵・文化の小学校徒三〇〇余名が集まった連合運動会の様子をみると[84]、運動会のために運動歌をつくり歌いながら、運動種目として、作文、計算競走、旗取競走、障害物競走、高越超、二百歩競走があり、運動が終わると、演説会を設けて独立精神を鼓吹していた[85]。運動会は学生の体力増進だけでなく、愛国心を鼓吹し、学生に国のための精神つまり尚武精神を涵養させる機会であった。

教会を中心に夜学校を建てて昼は労働する人に、夜に「新学問」を学ぶ機会を与えた。[86]「夜学校で勉強を一二時までしている。愛国心がすごい、村々に夜学校がある」[87]と伝えられている。当時、勉強すること自体が愛国心の発露であり、教育運動は国権守護と位置づけられた。学校の形態を成していなかったが、神父が布教に出かけてハングルを教えたりする様子も新聞の記事から見られた。[88]また、測量学校[89]を建てて、新しい生業をもって自強の道を開くようにしていた。

カトリックで大学の設立の計画が上がり、一九〇八年主教が大学設立のためにヨーロッパに出かけてはたらきかけた結果、[90]ドイツのベネディクト修道院で大学設立・教育事業の計画が具体化された。一九〇九年三月修士神父が来韓し、敷地を確定させ、統監府に赴いて大学設立に関する説明するなど、一定の進展がみられたが、設立までには至らなかった。とはいえ、この時期にカトリック教会で大学設立の計画があったことは特記すべき点で、高等教育機関が必要になってきた、時代の要請に対応する先駆け的動きであった。[91]

つぎは、女子教育における動きである。『京郷新聞』は、まず従来の女性観、つまり女性は勉強をする必要はなく、ただ男性の考えの通り出産し、食べ物を準備し、洗濯、裁縫をやる「機械」として扱われてきた「悪習」から脱却することを強く主張する。本来、女性は男性と同じ人間であるので、女性も勉強をさせ、同じ人間として男女を同等に扱わなければならないと主張した。[92]

それでは、いかなる勉強が緊要であるのか。

まず、ハングルを勉強し、各種の新聞と本を読めるように、すなわち全国の女性が必ず国文を学ぶことを主張する。その上に漢文、算術、歴史、地誌を学ぶと精神にさらに「有益」であるので、段階的に上級学校での学びを勧めていた。

女性に求められたのは、家庭という枠の中で家事担当者、子女養育・教育担当者であった。これは、従来の男尊女卑の慣習のなかの女性像とは異なって、いわゆる「賢母良妻」像であり、男女同等であるが、男女役割においては異なるというものであった。

女性教育に必要な科目をみると国文、漢文、算術、歴史、地誌、裁縫、掃除、衣服の保存と修繕、育児、洗濯、織物法、そして刺繍、網、絹を織るなど夫々の自分の才能に合う技術を学び、家庭経済に役に立つような勉強も必要であると述べていた。

勉強をするといって家庭を疎かにすることや、女性の端正な身ごなしが乱れることに、また日本風俗や西洋風俗を分別なしにとり入れることを批判し、良い風俗は守ることを強調した(93)。

カトリック修道院が設立した女子学校は以下のような広告を『京郷新聞』に掲載した。

> 国文、漢文、地誌、算術、フランスと大韓の女子教員、わが国のことと、西洋のことのなかに、わが国の女性に有益なことを教える。またわが国の良い風俗は保存するようにする(94)。

カトリックで運営する女子学校は当時女子学徒の「退廃的生活」などが世論に浮かび上がったこともあり、「良い風俗」はきちんと守るべきであると主張していた。

殖産振興論

『京郷新聞』は、「生業」振興に力を入れていたが、これは開化への道は、教育運動と共に、殖産興業を成し遂げることにより、開化を進め、独立を準備するという信念や生業振興活動が現実的に日本の経済的侵奪を抑制し、国家の富強に直結するという認識に基づくものであった。

国を愛する人たちが、どうすれば国の力を増進させるのかという最大の課題に対して、『京郷新聞』は、外に求めるのではなく、私たちの中に求めるべきで、それは生業のことであり、各生業に努めることが、「私達の中にある力を大きく広げること」[95]であり、「本当に独立するのに準備することだ」[96]と強調した。

諸生業のなかでも農業が一番の国力であり、農業に一番力を入れるべきだと主張する。その理由は、一番多くの人民が農業に従事していることと、農業を行なうことが土地保存＝国土保存になり、さらに国権守護であるからという理由であった。[97]

わが国を亡ぼさない道がある。日本人がたくさん来ても我らはよい土地で前よりさらに頑張って農事を行い、そうすることで、前より生活が豊かになるように努めるべきである。どこの国でも他国の人々が入り権利を得てその国事を治めているとしてもその国の土地をその国の人々が持っている限り、その国は滅びない。日本がわが国に対する権利をいくら多く持っていてもわが国の良い土地を大韓人が持っている限り大韓国は残るのである。[98]

農業振興のために、まず、農事を低く見なさないことを、主張する。

当時、開化の勉強、別の生業を求めて、たやすく故郷＝土地から離れる人々が多かったが、彼らに対して暫く離れても完全に離れないように勧奨し、目先のことで土地を売り払ったりせず、日本人の土地略奪に気をつけるように警鐘をならした。

そして、農業の開発・改善を行ない、収穫を高めるようにすすめる。[99]

西洋各国と日本では、農事の勉強と学問の勉強と同じ重みで教育するといって、至急実業学校を増設することを主張した。そして『京郷新聞』は、農業の勉強の場を提供することで、「農民に有益になり、国家に有益になる」という趣旨の下で「農事論」「農業初学」の欄を設けて農業教育を行なった。

その内容は、土地を肥沃にすることで肥料を重視し、肥料を作る方法や、保存方法、肥料を施す方法、種の蒔き方、水のあげ方を掲載し、家畜の品種改良、種子改良奨励、農機具の改良、特に家畜において農業の根幹になる牛を最重要視し、優良牛の保存、[100]飼い方、牛小屋のつくり方・手入れなどを紹介するなど、多岐にわたっていた。

国家を維持するためには農業だけでは不十分であり、商工業も発展させるべきであると主張した。実業の発展のためには、実業発展の大きな阻害要素である過重税金、無名雑税をなくすとともに、[101]国民には、浪費をせず、勤労しなければならないと強調した。

そして、商工業の発展には、「どの国でも輸出と輸入がある国は、商売の活きている国で、輸出入がない国は商売の死んだ国」[102]というほど、貿易の推進を強調した。

「農商工論」「経済学論」などの欄を設けて、銀行論、保険など新しい商業論に詳しく言及する。日露戦後、土地調査・測量作業が全国的に始まったが、その新しい生業として、測量士を輩出する測量学校を実際設立し、測量士という新しい生業につくようにした。

法律啓蒙

『京郷新聞』は法律啓蒙に特別に力を入れていた。

創刊の論説のなかで次のように述べている。

百姓は本国の法に従うべきである。百姓で自国の法を知らなかったらどうなるだろう。その法を知らないと自ずから悪者に騙される。悪者の害を受けても国法を以って裁判することができなければ悔しさが解消されない。この新聞は法律問答を設け大韓刑法大典を順番に解釈する。新しい国法が制定されると、その意味と守る方法まで提示する。新聞読者のなかでだれでも法律に関して聞きたいことがあれば、本新聞社に聞いてほしい。みなさんに答えよう。(103)

『京郷新聞』が、法啓蒙に力点を置く背景には、民は法を遵守すべきであり、また法を通じて各自の権益を守ることができるという法思想があったといえる。

新しい法律が短期間のうちに多く制定され、しかも法の施行にあたって、説明もせず、つまり法の「強圧・急速な」制定・施行する政府に対して批判をする一方、実際人民の権益を守ることが急務であることを認識していた。(104)

民衆が法を恐れず、早く正確に法を知り、被害を受けないようにするという法律の啓蒙・大衆化をはかった。「官報大概」の欄で制定・公布された法律を紹介し、附録の『宝鑑』に「法律問答」の固定欄を設けて法律相談を行った。(105)これは韓国最初の紙上法律相談であったのである。(106)

法律問答の内容をみると、訴訟に関することが五回、利子と借金九回、税金に関して二五回、土地家屋売買に関して三九回、戸籍及び婚姻七回、墓地関係一五回、『刑法大全』の殺人律解説二一回、悪習の廃止のための啓蒙二一回に及んだ。一九〇六年中国法的六典体制─六分主義を脱皮し近代的自主立法を志向した「刑法大全」の条文を解説したことは韓国法学史において最初の近代的法律注釈の始まりであったと評価される。(107)

おわりに

旧韓末の朝鮮カトリック教区は愛国の旗印の下で「国民に有益」＝真の開化・啓蒙のため、すなわち愛国啓蒙運動の一環として純ハングルの『京郷新聞』を発刊した。『京郷新聞』はカトリック機関紙であったが、純粋な宗教新聞ではなく、一般時事新聞として発行された。

カトリックは政教分離原則に依拠して「不偏不党」の政治不干渉主義をとっていた。それだけに『京郷新聞』の論調は現実政治に対して距離を置いていた。当時の国権を失いつつある状況のなかで 朝鮮カトリックがとったこうした態度は、真の開化＝実力養成に努めることで完全独立の機会をつかむという先開化・後独立のスタンスであった。それ故に、抗日武装闘争の義兵運動に対しては批判的であった。一方、植民地化の足固めをしていた日本に対して、朝鮮の現状況では「追い出せない」と判断し、先に開化した日本から学ぶことは学び、日本より強くなることではじめて独立を達成できるという考え方であった。

こうしたカトリックの立場は現実状況に対して一見受身的であるが、その背景には「民衆の生」を第一義的に考えていたことと、朝鮮の民衆は「自らの力」を確実に持っていると認識し、開化に努めることでその力が顕在化し、独立の道へつながるという確固たる信念があったといえる。

教育と殖産興業に関心が大きかったが、特に大多数の生業であり、国土保全という点で農業の増進に力を入れていたことは特記すべきであろう。また法律相談欄を設けるなど、人びとが法の無知からくる被害から守られるように法律啓蒙にもまた力を入れていた。

（1）『京郷新聞』に関する研究は次のようなものがある。宋裕才「光武年代의京郷新聞研究」梨花女子大学校修士論文、一九六七年、全宣夫「愛国啓蒙運動期의京郷新聞論説分析」高麗大学校教育大学院修士論文、一九七八年、崔鐘庫「韓末『京郷新聞』의法律啓蒙運動」『韓国史研究』第二六号、一九七九年、黄明淑「大韓帝国末期의天主教実業振興論」『教会史研究』六号、一九八八年、崔起榮「旧韓末京郷新聞에관한一研究」『韓国天主教会創設二百周年記念韓国教会史論文集』第一巻、ソウル：韓国教会史研究所、一九八四年。

（2）韓国においてはカトリックを天主教と呼び、プロテスタントは改新教と呼ぶ。

（3）国史編纂委員会編『韓国史』第三五巻、二〇〇三年、九八頁。

（4）西学は、明・清・朝鮮など儒教的伝統社会の一部学者らが西欧の科学技術と漢訳西学書を資料として展開した西洋文明に関する学問活動とその内容を指す。李元淳「西学」『한국가톨릭대사전』韓国教会史研究所、一九八五年、五九六頁。

（5）イエズス会宣教師がマカオに到着したのは一五五七年であったが、明の政府が正式にイエズス会の北京居住と伝道活動を黙認し、イエズス会の宣教師の中国での宣教活動が本格化する一六〇一年から漢訳西学書が発行されはじめた。当時中国にマテオ-リッチをはじめ、イエズス会所属の西洋宣教師らは漢文を学び、四書五経をはじめ儒教の経典と中国の古典を学び、天主教書籍を漢文で翻訳・出版する作業にとりかかり、一種の国立科学研究所というべき欽天館と算学館で御用学者として在職しながら、西洋の天文学・数学・物理学・地理学・医学などの知識と技術を提供していた。イエズス会が解散されるまで宣教師によって著述された漢訳西学書らはおよそ三六〇種ほどであった。当時朝鮮の世界知識の流入は中国と事大外交関係であった朝鮮王朝が北京に朝鮮から定期的に派遣していた使節とその随員たちが、選択的に導入することで可能であった。

（6）李佑成『韓国의歴史像』創作と批評社、一九八二年、八七―一〇五頁。

（7）一九八四年教皇ヨハンパウロ二世のご臨席の下で、韓国カトリック教会創設二〇〇周年を記念する信仰大会があり、殉教福者の諡聖を受ける。その大会を通じて韓国の教会が一七八四年に創設されたことが国内外に確認された。

（8）Gouvea「Gouvea 書翰」『教会史研究誌』二、ソウル：カトリック大学校、六三頁。
（9）조광「조선후기 서학의 수용층과수용논리」『역사비평』一九九四年、夏号、二八四―二八五頁。
（10）趙珖『朝鮮後期天主教史研究』高麗大学校民族文化研究所、一九八八年、九一―九五頁。当時「殆どの天主教信者らはアルファベット式の文字になっている彼らの言葉を読み書きしているが、それは子供たちも早く学ぶ」とダレは書き記している（Dallet 著、崔奭祐、安応烈訳『韓国天主教会史』上巻、一三六―一三七頁）。
（11）趙珖、前掲書、九一―九五頁。
（12）조광、前掲論文、二八八頁。
（13）趙珖、前掲書、二三八頁。
（14）趙珖、前掲書、五三―八二頁、参照。
（15）조광、前掲論文、二八四―二八五頁。
（16）趙珖、前掲書、九七―一一三頁参照。
（17）殉教者数に対しては、再検討する余地がある。例えば、左記の二例だけでも異なるのである。
ダレの『朝鮮天主教会史』では、「一八六八年九月にすでに迫害で犠牲になった人は二〇〇〇名を越えているが、そのなかの五〇〇名がソウルで死んだ。一八七〇年朝鮮で公然と広まっている噂によると、山で飢えと困窮で死んだ人を除いても犠牲になった人の数は八〇〇〇名にいたる」（ダレ『朝鮮天主教会史』下、四八〇頁）。

「一八六六年三月、朝鮮に天主教の迫害が襲った時、約二万五〇〇〇名の信徒がありました。迫害の犠牲者は一万余名に推算することができます」（明洞天主教会『ソウル教区年報』一、一九〇〇年度報告書、一九八四年、二六〇―二六一頁）。
（18）火田農法はカトリック信者によって発展し、間島移住はカトリック信者が多かった。
（19）教案の研究に次のような論文がある。
李元淳「朝鮮末期社会의対西教問題研究―教案을中心으로」『歴史教育』第一五輯、李元淳「教案과 教民条約」『司

牧』第三四号、一九七四年。朴賛殖「韓末天主教会의 성격과 〝教案〟」『協会史研究』第一輯、一九九六年。

(20) 本堂より小さい教会の単位で、本堂司牧区に属している神父が常住しない礼拝所、区域を指す。

(21) 朴賛植「韓末教案과　教民条約」『教会史研究』第二七輯、二〇〇六年、六三頁。

(22) 草創期に信徒らは聖職者の派遣の要請を北京主教に向って何回も行い、北京主教は教皇庁に手紙を出し任命することを要請した。教皇ピオ六世は一七九二年四月朝鮮の教会を北京教区の傘下に編入し、北京主教の指導の下に置いた。最初の全国的迫害であった辛酉迫害（一八〇一年）で、初の神父であった周文謨神父と指導的信徒が多く犠牲になった朝鮮カトリックは、一〇年が経過したところ、再建運動が起こり、再びローマ教皇庁に聖職者の派遣を要請した。ローマ教皇庁は一八三一年、北京教区から独立した朝鮮教区を設定し、パリ外邦伝教会に朝鮮教会の管理を委任したが、派遣された主教と神父らは四〇年間、朝鮮人信者と共に迫害と殉教に見舞われた。

(23) 崔奭祐『韓国教会史의探究Ⅱ』ソウル：韓国教会史研究所、一九九一年、三五五頁。

(24) 朝鮮の宣教師は、一八三五年から一九〇九年までパリ外邦伝道会が唯一で、その後、一九〇九年ドイツのオッティーリエン（St.Ottilein）のベネディクト修道会、一九二三年アメリカ系のメリノリ、一九三三年アイルランド系　コロンバン会、解放以降一九六二年メキシコ系　カタルペ、現在四つの外邦宣教会が活躍している。

(25) 金大建は一八四五年初の朝鮮人神父になり、崔良業は、翌一八四六年神父になり、崔方済は病死した。つづけて、朝鮮人の少年を、マレーのペナン島にあった東洋人の神父を養成するパリ外邦伝教会の所属の神学校に送った。

(26) 배세영「한국에서의파리외방전교회의 전교방침（一八三一—一九四二）」『韓国天主教会創設二百周年記念韓国教会史論文集』第一巻、ソウル、韓国教会史研究所、一九八四年、七四二—七四八頁。一九四二年ソウル教区職を韓国人の主教に渡すまで一〇〇余名の朝鮮人の神父を育成した。その時まで朝鮮に派遣されたパリ外邦伝教会の宣教師は一二六名であった。

(27)「경성바오로수녀원설정 五十주년 마지하며（一）」『경향잡지』一九三八年七月号、二五三頁。

(28) 同右（三）、同八月号、四〇〇頁。

(29) 同右（四）、同九月号、四二二頁。
(30) 同右（完）、同一〇月号、四九三頁。
(31) 外務省編『日本外交年表竝主要文書』上、二二三頁。
(32) 論説「합방에대하야만히말아니하는까닭」『京郷新聞』一九一〇年四月八日。
(33) 『宝鑑』一九〇六年一〇月一九日。
(34) 『京郷新聞』号外、一九〇八年九月四日。
(35) 趙珖「『京郷新聞』의창간경위와그의의」『京郷新聞』影印本、弗咸文化社、一九七八年、四頁。金元永神父は一八六九年に出生し、一八八二年マレー半島ペナンにある神学校に留学し、一八九九年司祭になった。
(36) 趙珖、同右。
(37) 『京郷新聞』一九〇七年七月一二日、七月一九日。
(38) 『京郷新聞』一九〇八年九月一八日。
(39) 『皇城新聞』一九〇八年五月三日。
(40) 国内雑報の各道報別に掲載されていたが、カトリック信者の間島への移民及び居住が多かったことで、「間島報」が並べて掲載されていた。
(41) 論説「경향신문을내는본뜻이라」『京郷新聞』一九〇六年一〇月一九日。
(42) 『京郷新聞』号外一九〇七年一〇月一六日。
(43) 李鉉淙「旧韓末政治・社会・学会・会社・言論団体調査資料」『亜細亜学報』二、一九六六年。一〇三―一〇四頁。
(44) 『京郷新聞』一九〇八年三月一三日の「本社広告」欄で、本新聞を購読する人が四五〇〇余名、一九〇八年七月一七日『宝鑑』には、新聞購読者四二〇〇名、その中で信者は三〇〇〇名（非信者購読者一二〇〇名）と記載されている。
(45) 『京郷新聞』一九一〇年一二月三〇日。
(46) 論説「한일협약에 대하야무어슬할고」『京郷新聞』一九〇七年八月二日。

(47) 同右。

(48) 論説「구덩이가깁허진다」『京郷新聞』一九〇七年八月九日。

(49) 『大韓毎日新報』一九〇七年八月一一日。

(50) 『京郷新聞』の論説一九〇七年八月二日、九日、一六日、三〇日、九月一三日、二〇日、一〇月四日、一一日、二五日。一九〇八年八月七日、九月四日。

(51) 論説「합방에 대하야 만히 말아니하는까닭」『京郷新聞』一九一〇年四月八日。

(52) 論説「우리의힘이다른나라가도아주는대달니지아니코우리속에스스로잇는줄을밋을거시라」『京郷新聞』一九〇七年八月一六日。

(53) 同右。

(54) 前掲論説、一九〇七年八月二日。

(55) 同右。

(56) 論説「참개화가우리나라헤심분요긴함」『京郷新聞』一九〇七年一二月二七日。

(57) 前掲論説、一九〇七年八月一六日。

(58) 論説「참개화와거짓개화의분별」『京郷新聞』一九〇七年一二月二〇日。

(59) 論説「선생을조심할지어다」『京郷新聞』一九〇八年七月三日。

(60) 論説「일본이우리나라복됨을일우겟는가」『京郷新聞』一九〇八年一月二四日。

(61) 論説「한일합방문제」『京郷新聞』一九〇九年一二月一七日。

(62) 論説「우리나라흘위함」『京郷新聞』一九〇七年一〇月一八日。

(63) 同右。

(64) 論説「잇해젼에말한것을생각할일」『京郷新聞』一九〇九年五月二一日。

(65) 論説「모든일을다의대로엇기를힘쓸지라」『京郷新聞』一九〇七年八月二三日。

(66) 前掲論説、一九〇七年八月二日。
(67) 前掲論説、一九〇七年一〇月一八日。
(68) 前掲論説、一九〇九年五月一一日。
(69) 徐相敦（一八五三―一九一三）はソウルで生まれたが、独立協会カトリック信者（洗礼名：アウグスティヌス）で、大邱に教区が設立されると、その発展に努める一方、聖職者助けとシスター保護に率先した。
(70) 論説「국채보상론」『京郷新聞』一九〇七年四月一二日。
(71)『京郷新聞』一九一〇年一一月四日から一二月三〇日の最終号まで広告として掲載する。
(72) 一九〇六年一二月二八日、一九〇七年一月四日、六月七日、六月一二日、一〇月一一日。
(73) 論説「교육은국가의 대본이라」『京郷新聞』一九〇七年一月四日。
(74) 論説「소학교」『京郷新聞』一九〇七年六月七日。
(75) 論説「공부가요긴함이라」『京郷新聞』一九〇七年一〇月一一日。
(76) 論説「학교의설시」『京郷新聞』一九〇六年一二月二八日。
(77) 同右。
(78) カトリックで正式に設立した最初の学校は、一八五五年ベロン神学堂であったが、それは近代教育の嚆矢で、朝鮮教育史に除くことができないことである。
教科目は神学だけでなく、漢文、哲学、人文、地理、歴史、さらに自然科学にいたった。
(79) ミューテル主教は、本格的に近代教育機関の設立を図るために、教育を専門的に担当する修道会、つまり教育を通じて宣教する修道会に、朝鮮の教育宣教の要請をする。一九〇二年マリアニスト修道会へ要請（『Mutel 主教日記』一九〇二年一一月二七日）また、ベルギーのブリュッセルにある Scheut 修道会へ要請（『Mutel 主教日記』一九〇八年一月三一日、二月二五日、三月一八日）したが、両方とも成し遂げることができなかった。
(80)『가톨릭대사전』附録。

(81)『京郷新聞』一九〇七年三月八日。
(82)『京郷新聞』一九〇七年五月三日。
(83)『京郷新聞』一九〇八年一〇月三〇日。
(84)『京郷新聞』一九〇七年七月五日。
(85)『京郷新聞』一九〇八年一一月一三日。
(86)金海の農軍学校、鎮南浦夜学校、高山の労働夜学校、鴻山のサンミョン労働学校などがある。
(87)『京郷新聞』一九〇八年九月一一日。
(88)『京郷新聞』一九一〇年八月一九日。
(89)魯城のミヨンソン測量学校（『京郷新聞』一九〇八年一一月二七日）と啓明学校のなかに高山啓明測量講習所を設けた（『京郷新聞』一九〇九年六月四日）。
(90)『京郷新聞』一九〇九年三月五日。
(91)大学設立関連記事は、『京郷新聞』一九〇九年三月五日、七月二日、九月一〇日、一二月三日、一二月三一日の「各地方寄書」を参照すること。
(92)論説「녀인들이 공부함」『京郷新聞』一九〇八年六月一二日。
(93)論説「학교의설시」『京郷新聞』一九〇六年一二月二八日。
(94)『京郷新聞』一九〇八年六月一二日。
(95)前掲論説、一九〇七年一〇月一八日。
(96)論説「대황톄폐하셔고와황태자뎐하류학하심」『京郷新聞』一九〇七年一一月二九日。
(97)前掲論説、一九〇七年一〇月一八日。
(98)論説「여러번말한것을다시함」『京郷新聞』一九一〇年七月八日。
(99)前掲論説、一九〇七年一〇月一八日。

(100) 前掲論説、一九一〇年七月八日。
(101) 論説「또결전」『京郷新聞』一九〇八年三月二七日。
(102) 前掲論説、一九〇七年一〇月一八日。
(103) 前掲論説、一九〇六年一〇月一九日。
(104) 論説「백성이본국법률을알거시라」『京郷新聞』一九〇六年一一月一六日。
(105) 法律相談は『京郷新聞』が廃刊されたのちも、『京郷雑誌』に一九一六年まで継続されていた。
(106) 崔鐘庫「韓末《京郷新聞》의法律啓蒙運動」『韓国史研究』一九七九年、参照。
(107) 同右。

エレン・ケイ、本間久雄、そして米沢におけるキリスト教の普及

平田耀子

はじめに

……七八年前のことですが、私がよくエレン・ケイを紹介したり、その学説を主張したり、牽いて婦人の自覚とか女権思想など、いふことを説いたりしてゐた頃、ある有名な文学者から、男の癖に女の肩を持つのは意久地のない話しではないかと云ふ嘲弄を受けて、…相手が男女問題に充分の理解を持ってゐるべき筈の文学者であるだけ、私はその当時その嘲笑を奇異にも感じ、不快にも感じたことを覚えてゐます。(1)

一九二四年(大正一三年)、『婦人公論』第一〇一号記念号誌中に本間久雄が、この雑誌の創刊の頃を振り返って書いた文章の一節である。このことは裏を返せば大正初期の頃、「男の癖に」エレン・ケイの思想を紹介したり、女性の自覚とか女権思想とかについて云々することが、一般の読者は言うにおよばず、文学者にとってすら相当奇異なことに感じられた、ということであろうか。明治中後期から大正にかけて、「新しい女」が話題となり、婦人の覚醒が取りざたされるようになり、平塚らいてうを中心として日本で初めて女性による女性のための

雑誌『青鞜』が出版され、「婦人問題」がジャーナリズムをにぎわすようになった。その頃、平塚らいてうとならんでエレン・ケイの思想、とくにその恋愛観、結婚観の紹介につとめたのが本間久雄であった。(2)大正初年の頃、文学者の大先生は、そもそも男性である本間久雄のエレン・ケイ思想の受容に関して眉をひそめたのである。それに対して現在では、女性であるらいてうがエレン・ケイの恋愛観、結婚観を理解し、それに共感をいだくのは当然であるが、母性の体現者ではありえない本間久雄がはたしてエレン・ケイをどう読んだか、男性である彼のエレン・ケイ理解は女性のそれとどのように異なるのか、本間のエレン・ケイ思想の理解の限界はどのような点にあるのかについて、論究されているように思われる。(3)こうした観点については、内藤寿子氏や広瀬玲子氏がそれぞれ文学研究、フェミニズム、あるいはジェンダー・スタディーズの立場から優れた論攷を発表しておられるので、本稿では、男性本間久雄のエレン・ケイ受容の特色について論じようとは思わない。ただ、本間の少年期が、米沢へのキリスト教布教の時期とほぼ一致したということ、そして、本間がエレン・ケイの思想に出会った一九一二年（大正元年）の時点で、本間の側にエレン・ケイの恋愛観、結婚観を受けいれやすい要因があったのではないかということを、本間の生い立ちのなかに探ってみようと思う。この過程を通じて、明治米沢におけるキリスト教の普及の実態、そして、本間のエレン・ケイ思想受容のひとつの側面が明らかになればよいと思う。

一 「エレン・ケイ女史の恋愛道徳論」

本間久雄は一八八六年（明治一九年）米沢で、上杉家おかかえの能役者の家に生まれた。上京し一九〇五年（明治三八年）、坪内逍遙をしたって早稲田大学に入学。英文学専攻、卒論指導は島村抱月。のち同大学で教鞭をとり、停年後名誉教授となった人物である。明治末に自然主義の評論家としてデビューし、主として『早稲田文学』に寄稿を始めた。文芸評論に加えて、オスカー・ワイルド（Oscar Wilde, 1854-1900）、エレン・ケイ（Ellen Key, 1849-1926）、ウィリアム・モリス（William Morris, 1834-1896）等の作品を翻訳、紹介した。大正年間から昭和初期までは、さらにジャーナリスティックな評論家として、『読売新聞』、『国民新聞』、『中央公論』等々に婦人問題、平和問題、教育問題その他に関して広く寄稿。一九一八年（大正七年）より、島村抱月にかわって『早稲田文学』の編集責任者となり、同年早稲田大学にて教鞭をとりはじめた。のちにジャーナリズムよりアカデミズムに傾斜し、一九二八年（昭和三年）より一年間イギリスに留学、一九三六年（昭和一一年）には『英国近世唯美主義の研究』で博士の学位を取得し、同時に明治文学の保存・研究にも心血をそそぎ、一九六四年（昭和三九年）『明治文学史』全五巻を完成し、さらには、一九世紀末の日英文化交流に関心を持ち、比較文学というジャンルの確立に寄与するなど、その九四年の生涯の長きにわたって、学問の発展につくした人物として記憶されている。そのなかで、どちらかといえば社会問題の領域に属する「婦人問題」や、その分野の代表的思想家のひとりエレン・ケイ思想の紹介は、文学を基盤とする彼本来の活動分野とは、やや異質な感を覚えるのを否めない。しかし、一九一六年（大正五年）前後から一五年のあいだ、『早稲田文学』の編集に深く関わり、ジャーナリストとして文芸評論、演劇評論その他様々な記事を書くかたわら、本間がエレン・ケイ思想の移入や婦人問題に相当の精力をさいたことは、エレン・ケイの紹介や婦人問題に関わりを持つ記事が、当時の全著作中約四分の一を占めることから見ても想像が付く。

本間がスウェーデン人のエレン・ケイについて興味を持ったのは、『太陽』明治四四年九月号所載、彼女の思想を人種改良論を中心に紹介した金子筑水による「現実教」がきっかけであった。この記事は広く反響を呼んだものらしく、平塚らいてうもこの記事に注目していた。一九〇九年（明治四二年）、島村抱月の指導のもとで卒論を完成し、『早稲田文学』を中心に著述活動を始めた本間は、当然抱月の唱道する自然主義の影響を強く受けた。自然主義というのは、本間自身の言葉によれば、現実暴露であり、現実凝視である。そのなかにどっぷりとひたるものは、いきおい人生の悲観的な部分に焦点をあてることになる。[4] のちに本間自身が述懐するところによれば、「懐疑と諦観」のなかにある本間に人生のバラ色の部分に目をむけさせたのが、一九一二年（大正元年）のある日丸善で偶然手にしたエレン・ケイ著作の英語版『*The Morality of Women*』[5]であったということである。[6]

この書にいたく感動した本間は早速「エレン・ケイ女史の恋愛道徳論」を同年一一月『早稲田講演』誌上に発表した。この稿を書くにあたって、本間は *The Morality of Women* のなかの二論文 "Morality of Woman" と "The Woman of the Future" そしていまひとつのエレン・ケイの著書、*Love and Ethics* を参照している。まず、北欧の三作家、イプセン（Henrik Ibsen, 1828-1906）、ビョルンソン（Bjørnstjerne Bjørnson, 1832-1910）、ストリンドベリ（August Strindberg, 1849-1912）とは異なり、エレン・ケイは「男女両性を融和すべき積極的な主唱を掲げた」思想家である、と本間は述べている。エレン・ケイは、「人生そのものを熱愛し」、「現在の人生そのものを享楽しつゝ、やがて来るべき新しき人生の理想に向かって邁進する積極的な態度を把持し」た人物で、彼女にとって「人生の理想は人種の改造」であった。人種の改造、新人生の創造のためには、男と女、霊魂と肉体、自然と人生、人性と神との間の二元論的な対立ではなく、それらの境界を排除することであると彼女は考えた。そして、「男女両性の恋愛及び母としての愛のなかに」（傍点原文）、この理想が実現されると信じた。エレン・ケイの恋愛道徳観の骨子は本間によれば次のようなものである。「法律上の手続きを経ずしても恋愛は道徳である。けれども恋愛のない結婚は不道徳である」（「 」傍点ともに原文）。恋愛のないところには、また恋愛がなくなった夫婦には結婚生活の意義がない。エレン・ケイは、一夫一婦制を信じたが、それは形式的なものではない。男女関係の根底には恋愛がある。そして、母としての新しい人種への貢献のために、女性の生殖欲を発揮すべきであるので「一夫一婦主義は男に対して要求さるべきもので、男は女性に対してこの一夫一婦主義を要求すべき物ではない」（「　」傍点ともに原文）。恋愛についてのエレン・ケイの思想は、「恋愛のない肉体だけの生殖欲ならば無論排斥すべきものであるがただ相互の間に恋愛のある男女関係は、法律上の手続きを経たる夫婦でしかも何等恋愛のない表面上の夫婦関係よりも遥かに優る」、「否、恋愛のない結婚生活は当然停止さるべきものである」というのである。

さらに本間は、エレン・ケイの「婦人の道徳」を参照しながら続ける。エレン・ケイは、女にのみ純潔を要求する旧来の倫理観や、純粋な恋愛は肉感的なものではなく、霊的なものであるという恋愛論を退けているが、一方、複数のパートナーとの快楽追求を是認するfree loveを否定している。エレン・ケイ女史が求めたのは、「徒らに純潔を求め清浄を求める空霊的な恋愛ではなくて、生命力の充溢した、官能的な、性欲を根底とした、而して進化した教養ある恋愛であった。一言にして盡せば、理解と自由を伴った恋愛であった。」と本間は、記している。さらにエレン・ケイの「将来の婦人」のなかで論じている将来の理想的婦人像について言及し、エレン・ケイが所謂女権拡張（Emancipation of Women）などの「女をして男たらしめんとする傾向」に反対し、あくまでも「女を女として」論じていること、その理由は、「女は男の欲を補ひ、男は女の足らざるを補って、そこに円満無碍な完全なる一個の人格を想望するという意味なのである。」と述べている。本間はつけ加えて、エレン・ケイの人種改造論という理想と同様、この理想の前提である恋愛論も理想であり、このような思想はただちに実現されるわけではないが、将来にむけて漸次的に進展すればよいと考えている。本間とて、エレン・ケイの恋愛論には、全面的に受けいれ難い面があることは、認識しているが、それにもまして、彼女の新しい人生の理想にむけて邁進する積極的な「態度の人」としての強い吸引力に感銘している。

「恋愛のない結婚は不道徳である」、「恋愛のすでになくなった夫婦には結婚生活の意義がない」、「一夫一婦制は形式的なものではない」、「男女関係の根底には恋愛がある」…。この説に従えば、当時の日本の大多数の結婚は「不道徳」であり、「結婚生活の意義がなく」、「形式的なものであり」、「その根底には恋愛がなかった」わけである。家制度の存続という前提のもとでは一夫多妻制や公娼制度は当然であり、男性が女郎を買い、妾を持つのがあたりまえなのに子供の血筋が最優先のため女性には純潔が要求されるといった江戸時代の倫理観は、明治に入っても色濃く残っていた。江戸時代女子教育の規範であった『女大学』は良妻賢母教育に姿を変え、女性を国家社会の好みの鋳型に押し込んだ。こうした状況のもとでは男女間の自由な意志を基礎とした責任ある恋愛関係は生まれ得ない。一方、明治になって入ってきたキリスト教は一夫多妻制や公娼制度を厳しく糾弾したが、肉に対して霊を重んじるあまり性をタブー視するきらいがあった。禁欲主義を究極的な理想とするキリスト教にとって、性の交わりを伴う結婚生活そのものが一種の必要悪ということになる。一夫一婦制の受容ということは、その背後に見え隠れする性の罪悪視、天の国と引きかえに、喜びのない砂をはむような結婚生活を受容するということなのであろうか。

明治も末年、激動の社会、滔々となだれ込む外国文化の影響、それらに伴う価値観の変動、若者が父親の世代の価値観を手本にして生きることが出来ない時代であった。先代の処世訓が通用しない時代であった。若者はいろいろな面で、みずからの生き方や価値観を創造しなければならなかったのである。このようなジレンマのただ中に現れたのが、一夫一婦制の原則を尊重し、性の営みを肯定し、夫婦間の恋愛を結婚の中心に置き、そして、結婚において男女は相補い合い、「幸福を予想する新しき人種を創造することの幸福を感受すべきである」というエレン・ケイの思想であった。

この記事が発表されて間もなく、平塚らいてうもエレン・ケイの『恋愛と結婚』(*Love and Marriage*)の翻訳を『青鞜』誌上に始める。(7) らいてうの翻訳は完成をみなかったが、ケイの書に編み込まれている思想は、らいてうの禅を基調とした人間としての精神的完成という視座から、より広い女性としての女性の価値の自覚、そしてそれを基礎として女性の経済的、政治的、社会的地位向上の必要性への覚醒をうながし、私生活では、らいてうと若い画家奥村博とのあり方に影響を与えたと言われている。

二　本間久雄によるエレン・ケイ思想の紹介

本間は「エレン・ケイ女史の恋愛道徳論」以後、エレン・ケイの婦人問題に関する著作を次々と翻訳し、解説した。[8] 一九一三年（大正二年）一二月、*The Morality of Women* と、同じくエレン・ケイ著の *Love and Ethics* を訳出し、一冊の本にまとめ、『婦人と道徳』[9] と題して南北社より刊行した。そして、一九一五年（大正四年）一一月には、大同館よりエレン・ケイの恋愛観、結婚観を論じた一書を『エレン・ケイ思想の真髄』と題して上梓した。

一九一六年（大正五年）、原田実の翻訳によって、一九〇〇年に書かれ、特にドイツで大きな反響を呼びエレン・ケイの出世作となった『児童の世紀』（一九〇六年　同文館）が刊行され、多くの日本の読者はこの書によってエレン・ケイの児童論に接した。『婦人と道徳』によってエレン・ケイの恋愛や結婚観を翻訳した本間の関心は、当初主としてエレン・ケイの恋愛観と結婚観にあった。だが、本間は彼女の他の著作も求めそれらも随時翻訳し、紹介する。彼が次に手にしたのは一九一三年（大正二年）にエレン・ケイによって書かれ、翌年英訳された *The Younger Generation*[10] で、一九一四年（大正三年）かそれより少しあとのことであろう。本間は書中の一論文、「「平和問題」（エレン・ケイ作）」を訳出し、一九一六年（大正五年）一月『早稲田文学』一二二号（三七―六〇頁）に寄稿している。この頃までにはおそらく本間は、欧州が第一次世界大戦に突入した一九一四年にエレン・ケイによって書かれた*War, Peace, and the Future: A Consideration of Nationalism and Inter-nationalism, and of the Relation of Women to War*[11]をも入手していたものとおもわれる。第一次世界大戦の戦渦に直接巻き込まれることとなったヨーロッパ諸国では、当時大戦への予感にはさし迫ったものがあり、エレン・ケイも戦争について、女性の役割について独自の見解を著述している。一九一七年（大正六）年五月には、翻訳「「婦人と世界の平和（エレン・ケイ作）」を『早稲田文学』第一三八号（四八―五五頁）に、同一一月には翻訳「欧州大戦と婦人の平和事業（エレン・ケイ作）」を『早稲田文学』第一四四号（二〇―三四頁）に、一九一八年（大正七年）三月には、翻訳「世界平和に関する厭世観と楽天観（エレン・ケイ作）」を『早稲田文学』第一四八号（一九―二五頁）に寄稿している。

一九一八年（大正七年）年頃には、本間久雄と同学の原田実が協調しつつエレン・ケイの著作の翻訳・紹介にあたったように思われる。本間は、同年六月には、*War, Peace, and the Future*の他の論文も訳出して『戦争・平和及将来』[12]というタイトルで大日本文明協会から刊行している。同年九月には、一九〇九年に刊行された*The Woman Movement*が原田実の翻訳で『婦人運動』と題して大日本文明協会から刊行され、本間はこの書に序文を付している。一九一九年（大正八年）五月には、翻訳の傍ら婦人問題についてさまざまな観点から書きためた記事を集成して『現代の婦人問題』と題して出版。翌年一一月には原田実と共同でエレン・ケイの既刊論文のなかから代表的なものを集めて『エレン・ケイ選集　若き男女へ』という題で天祐社から刊行した。一九二一年（大正一〇年）九月には、一九一五年（大正四年）刊行の解説書、『エレン・ケイ思想の真髄』に増補して、『増補版　エレン・ケイ思想の真髄』を大同社から、翌年七月には、*The Younger Generation*と*War, Peace, and the Future*中の数篇の論文を選んで『エレン・ケイ論文集』として玄同社から出版、一〇月には*The Younger Generation*のなかの既刊の論文に他の論文を加えて『来るべき時代の為に、エレン・ケイ、本間久雄訳』として北文館から出版している。一九二三年（大正一二年）五月には、自著、『婦人問題十講』を出版、この書では欧米の婦人問題についてのエレン・ケイ以外の著書も検討し、論文集としてまとめている。一九二三年（大正一二年）七月には、一〇年前に『婦人と道徳』という題で出版した著書をエレン・ケイ著『恋愛と道徳』と改題して春秋社から再版、八月には、一九一九年（大正八年）刊行の『現代の婦人問題』の増補版を天祐社から出版する。一九二五年（大正一四年）には、婦人問題に関する記事のなかからさらに数篇を加えて広文堂より『現代の女性観』と題して出版している。一九二九年（昭和四年）には、『婦人問題十講』の増補改訂版と『婦人問題　その思想的根據』と題して出版している。

本間は *The Morality of Women and Other Essays, Love and Ethics, The Younger Generation, War, Peace and the Future,* を翻訳しながら、その内容、特にエレン・ケイの恋愛観や結婚観、をいろいろなレベルの雑誌記事で紹介していく。同時に、さまざまな観点から婦人問題に関する記事を書く。本間が得意とするジャンルは当然文学、特に演劇に現れた婦人問題や恋愛問題であった。「近松劇と黙阿弥劇の恋愛」（『新公論』大正五年四月号）、「近代劇に描かれたる結婚問題」（『婦人公論』大正六年一月号）、「近代劇に描かれたる離婚問題」（『婦人公論』大正六年二月号）、「近代劇に描かれたる家庭悲劇」（『婦人公論』大正六年一〇月号）、「近代文学に表はれた社会悲劇の主人公」（『婦人公論』大正八年一〇月号）、「近松の女、西鶴の女、黙阿弥の女」（『婦人公論』大正八年一二月号）、「西洋近代文学に現れたる恋愛悲劇男女の三角関係」（『婦人公論』大正九年九月号）、「結婚革命の文学及び思潮」（『文章世界』大正一〇年一月号）、「恋愛悲劇　男女の三角関係物語」（『婦人公論』大正一〇年五月号）、『男女三角関係物語』（新潮社、大正一〇年七月）、「明治文学に現れたフェミニズム」（『早稲田文学』大正一五年一月）、と、当時のジャーナリズムの時流に乗って適宜「三角関係」や「フェミニズム」について論じている。

そして、第一次世界大戦開始二年後、エレン・ケイの英訳版 *War, Peace and the Future* が出版された一九一六年（大正五年）くらいから、戦争、平和、愛国心、国家主義、世界主義などという言葉が本間の論評に現れる。なかでも、平和問題と婦人との関係を論じたものなど、その基調にはあきらかにエレン・ケイの影響が感じられる。さらに、婦人問題や平和問題にしても、エレン・ケイ思想の紹介ではなく、主としてエレン・ケイの思想を根底において日本の現状批判を行っている記事もある。婦人問題に関してはたとえば、「『女大学』を脱せよ」（『婦人公論』第二年第八号、一九一七年）、「外人の見たる日本婦人の暗黒面」（『新小説』第二三年第一巻、一九一八年）、などであり、平和問題については、「国定教科書に現れた軍国主義を批評す」（『中央公論』第三七年七月号、一九二二年一回定期増刊「世界平和と人類愛号」、一九二二年）など、かなりラディカルな意見が述べられている。また本間は、当時の婦人に関係する時事問題についても評論している。このように本間はエレン・ケイの恋愛・結婚論から出発して、常にエレン・ケイの新刊書に注目し、入手し、翻訳し、日本の現状を解釈し、論評する手がかりとしている。

日本における婦人問題の意識が格段に高まったのは、もちろん母性保護論争等に見られるようにらいてう、山田わか、それに与謝野晶子、山川菊江等女性の著述家、評論家の活躍が大きいであろう。しかし、本間久雄や原田実らによるエレン・ケイ著作の本格的な翻訳活動、女性雑誌ばかりでなく文芸雑誌、総合雑誌、新聞を対象とした広い文筆活動によりエレン・ケイ思想がより広く浸透したこともその一因と言えよう。そして、もともと広い教養を持ち、婦人問題の枠を越えて、多くの人物評を行い、ヨーロッパ中を旅行しその印象記を残した文明批評家、社会評論家、そして教育者としてのエレン・ケイの思想のひろがりの一端を日本の読者に伝え、その影響のもとに自らの思想を形成し、発表したのが、当時の本間の活動であったと言うことができる。

三　本間久雄によるエレン・ケイ思想受容の背景

與謝野晶子は、一九二六年（大正一五年）、エレン・ケイの訃報に接したおりに、次のように書いている。

……世界は十九世紀末より此世紀にかけて北欧の二人の思想家に由って自覚を促された所が多い。イプセンと此ケイが其二人である。イプセンは文学者として其作品を通して多方面に新しい問題を提供し、婦人問題に触れたのは其大きな業績の一つであつたが、ケイは評論家として専ら婦人と児童との問題に就て貢献した。…ケイは恋愛に由る男女の結合を絶対視し、恋愛の事実さへあれば必ずしも結婚の形式を条件としないと共に、結婚しても恋愛が消滅したら離婚する事を正当とした。(13)

明治末期に日本に紹介された婦人問題にかかわる北欧の二人の著述家、イプセン（一八二八―一九〇六）とエレン・ケイ（一八四九―一九二六）の年齢差は約二〇歳、彼らが初めて日本に紹介された年月にも約一五年のへだたりがある。(14)そしてある意味で、イプセンの受容はエレン・ケイの受容の先がけとなり、その土壌を準備したと言ってもよいかもしれない。その意味では、本間が「婦人問題」、そしてエレン・ケイの思想に関心を持つようになったのは、ひとつには、それが当時の知識人の一般的な関心の延長線上にあったからであると言ってもよかろう。

イプセン移入の重要な拠点となったのが早稲田大学であった。本間久雄の師坪内逍遙は、明治中頃よりイプセン劇、とりわけ、イプセンの描く女性達の姿に深い関心を持ち、「所謂新しい女」について講演、著述した。(15)逍遙は一九〇八年（明治四一年）、早稲田大学文学科に新設された特殊研究科においてイプセン研究という講座を担当し、本間もその受講者のひとりであった。そして本間のいまひとりの師島村抱月は、イプセンの『人形の家』が上演された際、その演出者であった。芸術のために妻子を捨てた抱月と主役ノラを演じた「新しい女」松井須磨子との同棲は当時衆目を集めた大事件であった。逍遙にあこがれて早稲田大学文学部に入った者は本間の同級生だけで六〇余人、その先輩、後輩をあわせれば相当な人数である。そして逍遙の講演、文筆活動によってイプセンの描く女性達の姿を知ったものは数しれないであろう。そして、抱月演出による『人形の家』の公演を通じて多くの観客がイプセンの女性像をよりリアルに鑑賞する機会にめぐまれた。だが、当時早稲田にあってエレン・ケイの思想にとくに関心を示したのが、本間久雄と原田実であった。原田実が主としてエレン・ケイの児童に関する思想に関心を示したのに対して、本間久雄の関心は、少なくとも当初は、エレン・ケイの恋愛観、結婚観にあった。

本間と同じくエレン・ケイ思想に興味を持ち、『児童の世紀』を翻訳した原田実について、一番ケ瀬康子氏は、「原田実の場合、英文学そのものを専攻としながらエレン・ケイにひかれたのは、まさに心情的出会いというものをエレン・ケイに感じたからではないだろうか。それは原田の自然主義に裏づけられた芸術的心情にもとづくものであったことは、…原田訳の「訳者序」からほとばしる情感からも感知できる。[16]」と述べておられる。原田の場合心情的出会いそれは「教育を受ける側」の代弁者として、エレン・ケイの「児童の世紀」の「見解の迫真と痛烈さ[17]」に出会ったことであろう。本間の場合もエレン・ケイの思想にひかれたのは「心情的出会い」であったとおもわれる。文芸を基礎とする本間本来の活動領域とかならずしも一致せず、しかも主として女性、とくに婦人運動家によって注目されたエレン・ケイの恋愛観、結婚観に傾倒したのはなぜなのであろうか。

ひとつには、タイミングの問題である。一九一二年（明治四五年）当時、結婚したばかりの本間にとっておそらく恋愛と結婚は大きな関心事であった。だが、それ以上に、本間が以前より持っていた結婚観、夫婦観が、エレン・ケイ思想の受容の土壌として適切であったからであろう。その意味で、本間が「婦人問題」、とくにエレン・ケイの思想に関心を持つに至った理由は、彼が東京に出てくる以前、米沢にいた頃の思想形成に求められるべきであろう。

本間は、自分自身の家庭環境について次のように書いている。

私の家柄はかういふ風に能役者の家柄であったものですから役者などに共通な一種の放縦な、淫蕩な血が流れてゐるやうです。私は今子として父のことをいふのは大分苦痛ですが、ありの儘を申しますと、私の父なども非常に放縦な、我儘な、性的道徳の上では極端にデケイした人間で、家庭の乱脈は何ともいひやうのなかったやうな次第です。その為めに小学から中学にかけての私の小さい心がどの位掻き乱され、どの位悲惨を観じたかは、立派な家庭に育った人などには想像もつかない事と思ひます。…併し、私の母方の家はこれとは反対に、儒教を以て上杉家に仕へてゐた家でありますので、また極端に厳格な家系です。…

父の事を考へますと、正直のところ余り好い感情をもち得ません。父は前申しましたやうに放縦で我儘で、家庭内では非常な専制君主であったものですから、少年時代の私は、常に戦々兢々としてゐた丈けで、父に対する懐しみなどといふものは感じられませんでした。この点で立派な家庭に生ひ立った人を羨やましく思ひます。(18)

つまり、本間は放縦で我が儘で性的道徳が退廃し、家庭内では暴君であった父の暴虐に苦しみ、上杉鷹山に仕えた志賀祐親を祖にもつ志賀家の出身であり、厳格な家庭に育ったゆえに父の放縦をひときわ非常に気に病んだ母との間にあって、父親を慕うことなく育った。そして自分の家庭環境に誇りを持つことなく、むしろそれに困惑し、羞恥心を感じて育ったということが、この二頁ほどの短い記事のなかに「立派な家庭」に対する羨望の念が二度までも現されていることから想像がつく。

たしかに本間の家庭は、彼の考える「立派な家庭」ではなかったとしても、「放縦な、我儘な、性的道徳の上では極端にデケイした人間」を父としていただく明治の家庭は決してめずらしくなかった。漁色を好み、遊郭にかよった男性は、明治の元勲伊藤博文をはじめとして文学者のあいだですら枚挙にいとまもない。本間と同年生まれの石川啄木ですらその一人であった。だが、当時、そうした行動が社会的に糾弾されたり、それが世間的成功者であることのさまたげになったりしたわけではない。父の放縦に対して罪悪感あるいは嫌悪感を抱いたのは、母が祖に上杉鷹山に近く仕えた志賀祐親を持つ志賀家の出であったためであろうか。奢侈を嫌い、質実剛健を旨とした英主上杉鷹山はかつて赤湯温泉の遊女を禁じたということである。[19] ただし、それは人道的な理由ではなく、性病の蔓延を恐れたためだという。家庭内での夫婦、親子の関係、畜妾や遊郭、性道徳に対する本間の考え方は、むしろキリスト教のそれに近かったのではないかと考えられる。

一八七三年（明治六年）のキリスト教解禁前後より、外国からミッションが次々と訪れ、日本人のなかにも欧米の優れた文明の根底にあるキリスト教を率先して学ぼうと決意し、信仰の道にはいるものが現れた。[20] その代表的な一人植村正久は一八九五年（明治二八年）に次のように述べている。

……日本のキリスト教徒の多数は、当初より社会問題に熱心なりしものなり。日本の開明発達とキリスト教の関係は彼らの一日も忘れざりし疑題なり。キリスト教徒が親子の関係、家庭の改良、離婚畜妾等の問題に付きて、いかに熱衷しつつあるかを思え。女子教育の先駆者は誰なりしか。[21]

植村は一八九九年（明治三二年）にはさらに次のように述べている。

家庭の改良、婦人の教育など、世の問題となりしは、甚だ結構なることゆえ、キリスト教徒もこの機を外《はず》さず、その素養に基づきて大いに貢献するところなかるべからず。世間にては事新しく論ずるようなれど、これらの問題はキリスト教徒の間には珍しからぬことにて、日本国中これらの事柄に付きて、最も進歩せる考えと、多分の実験を有するものはキリスト教徒なるべし。彼らは外国の風俗に最も善く通じ、本邦家庭の有様、婦人の地位に付きて、改革の必要と改革すべき箇条とを、最も明らかに知り居りて、不十分ながら改良に手を着けつつあり。女大学の批評のごときは、キリスト教徒間には余り時候遅れにて、その考えの幼稚なるを憫れむもの多かるべし。(22)

もとより本間は、キリスト教徒ではなかったし、その著作のなかでとくにキリスト教に対する近親感を表明したこともない。彼が学んだ早稲田大学文学部も、当時進取的ではあったが、キリスト教と深い関係があったわけではなかった。婦人問題に関しては、本間の師、坪内逍遙は、いち早く北欧の作家イプセンに注目し、劇中の「所謂新しい女」について論じている。逍遙はまた、娼妓であった女性を落籍し結婚し、愛情と信頼に基づいた結婚生活を送ったことで知られているが、それは特別な主義主張のもとに行われたものではなかった。本間のいまひとりの師島村抱月は、自然主義の唱道者であった。自然主義の作家のなかではキリスト教に入信したものは少なくなかった(23)。たとえば、島崎藤村、国木田独歩、正宗白鳥、岩野泡鳴等である。一時期キリスト教に入信するが、のちにキリスト教から遠ざかってしまうものが多かったなかで正宗白鳥は少なくともキリスト教徒として死をむかえている。正宗白鳥は東京専門学校出身であり、本間の先輩で、二人の間には交流もあった。本間がもっとも影響を受けた師、島村抱月は、イプセンの『人形の家』の演出者であり、当然婦人問題にも関心を持っていた。しかし、彼の周囲の環境にキリスト教的バックグラウンドがあったとは言い難い。青鞜社に「婦人と文芸」に関して講演会を依頼され、そのための準備をしたが、それがキャンセルになったため、同題の一文を『中央公論』によせた一文のなかで抱月は、婦人問題の根底にある、女性の個人としての自覚に言及し、次のように述べている。

吾々の求めるところは、女を男にしようといふのでなく、男と対等の女にしたいといふのである。自然の女にしたいといふのである。では、それは何の為か、対等の女が一層美しいからである。自然の女が一層美しいからである。言ひかへれば一層多く真実の愛に適してゐるからである。劣等の女、作為の女を、求める心は、自分よりも弱いもの自分に便利なものを欲する心に過ぎない、功利の心である、功利の心の変形した愛に他ならない。吾々は真の愛を求めんが為めに対等の女、自然の女を生れ出でさせたいと思ふ。……(24)

一九一三年（大正二年）、丁度抱月が松井須磨子と生活をともにし、芸術座を立ち上げた後に書かれた文章であった。抱月は、「男と女としての対人関係は、他の何ものよりも真の愛に到達する事によって意義を生ずる」と結論する。対等の女を求め、自然の女を求めるのは、そこに真の愛を求めるためである、というのは、一見きわめて進歩的な発想であるように思われる。だが、「男と対等の女にしたい」、「自然の女にしたい」、「自然の女を生れ出でさせたい」と考える主体は男性であり、それは「何の為か」というと、「愛を求めんが為め」（傍点筆者）であるという。ということは、男性は、どのようなタイプの女性であれ、女性は男性の求めに応じ、そのニーズに答えるための存在であるという前提が、どこかに見え隠れするような気がする。その点で抱月と彼の婦人観は、その根底においてきわめて伝統的でオーソドックスであったのではなかろうか。

このような早稲田の環境のなかで、本間は、「新しい女」についてはともかくとしてキリスト教思想に触れる機会はあまりなかったと思われる。にもかかわらず彼が一夫一婦制を旨とし、父や夫である男性の性的放縦を嫌い、家庭や親子の関係に深い関心を持っていたということは、早稲田時代以前、彼が米沢にいた頃にすでにキリスト教的な思想に触れていたことを意味するのではなかろうか。

四　米沢とキリスト教

米沢のキリスト教との関わりは、思いの外古く、深い。そのきっかけは戦国時代までさかのぼり、そしてその影響力はある意味で切支丹禁制の江戸時代を越えて続いた。もともと米沢城下は奥羽の伊達家によって形成され、その後会津の支城として蒲生氏、上杉家の家臣であった直江氏の城下となる。そして関ヶ原以後、上杉家が移封によってこの城に居住することになり、以後江戸時代を通じて、米沢は上杉家の城下町となったのである。[25] 米沢の地がキリスト教と深く関わりを持ったのはレオ・飛騨守、つまり切支丹大名蒲生氏郷が一五九〇年（天正一八年）、会津に入部したときこの地も彼の支配下に入ったことからはじまる。[26] 家臣団のなかにも熱心なキリスト教徒がおり、米沢城主となったのはそのなかの蒲生郷安であった。この人物はオルガンティノ（Gnecchi-Soldo Organtino, 1533-1609）が一五九四年（文禄三年）度年報で耶蘇会に書き送った書簡にあらわれているパウロ・モーアンと同一人物と思われている。[27] この当時、米沢へは直接宣教師による伝道はなかったが、キリスト教的精神風土が醸成されていたし、当地にも多少の切支丹がいたようである。[28]

米沢に至った宣教師で最初にその名が知られているのはスペイン人、フランシスコ会員ルイス・ソテーロ（Luis Caballero Sotelo, 1574-1624）であった。[29] ソテーロは陸奥の伊達政宗と親交を結び、一六一一年（慶長一六年）仙台を訪れた。江戸、宇都宮、白川、会津若松、米沢、仙台のコースをとり、米沢へは同年九月四日に到着した。この地で三百石の中級武士であった甘糟右衛門信綱の入信を得た。[30] 父は上杉謙信、景勝に仕えた甘糟備後守景継であるといわれているが、さだかではない。甘糟備後守景継は、会津時代には白石二万石の城代となり関ヶ原以後上杉家米沢減封後も六千六百余石の大身を保った名家であったが、故あって一六一一年（慶長一六年）五月一二日景継は切腹、甘糟家はお家断絶となった。[31] 一家に起こった不幸が右衛門の入信のきっかけになったとも考えられよう。甘糟右衛門信綱は洗礼名をルイスと称した。ソテーロはその後伊達政宗による支倉遣欧使節団に同行し、布教活動から遠ざかることとなる。結局東北布教は一六一五年（元和元年）津軽流人訪問を端緒としてイエズス会のジロラモ・デ・アンジェリス（Girolamo de Angelis, 1568–1623）、ディエゴ・デ・カルヴァリヨ（Diogo de Carvalho, 1578–1624）マテオ・アダミ（Giovanmi Matteo Adami, c.1576–1633）、マルティニョ・式見（式見市左衛門、一五七六年頃―一六四一年頃）、等の活動により興隆し、少し遅れてフランシスコ会のガルベス（Francisco Galvez, 1575/6–1623）、バラーハス（Francisco de Barajas, d. 1640）等がこれに加わった。[32] そして迫害は一六一七年（元和三年）津軽に始まり、一六二八年（寛永五年）には米沢におよんだ。ルイス甘糟右衛門を中心に米沢の教会は、元和から寛永初期にかけて、イエズス会のアンジェリス、アウグスチノ会のフランシスコ・デ・ヘスース（Francisco de Jesús, 1590–1632）、フランシスコ会のディエゴ・デ・サンフランシスコ（Diego de San Francisco, c. 1575–?）等宣教師の潜行巡歴や常駐指導によって強化され、[33] 右衛門の親族もすぐれた指導者に育った。ルイス甘糟は、ジロラモ・デ・アンジェリスが一六二三年（元和九年）江戸にて投獄されのち殉教したおりに危険をおかして彼を牢獄に訪れている。[34] 一六二八年（寛永五年）にはディエゴをして置賜（米沢）に一万の信者ありと言わせたほどである。これはひとつには、関ヶ原後、減封されながらも幕府に屈従することをいさぎよしとしなかった上杉景勝の庇護のおかげであった。

ただし、景勝の没後、上杉定勝が当主となり、家光のキリシタン弾圧が厳しくなった。甘糟右衛門一族は米沢藩最初の殉教者となり、一六二八年（寛永五年）一二月一八日北山原で処刑された。[35] 上杉景勝は一六一二年（慶長一七年）の家康の禁教令と元和二年の秀忠の禁教令に対して藩でも布令は出しているが、一六二三年（元和九年）

に没するまでキリスト教徒を弾圧した形跡はない。景勝の没後、定勝も父の政策を継承し、キリスト教徒を極力保護したが、状況はそれをゆるさず右衛門一族の殉教となったのである。ついで一二月一二日米沢城南の糟山南原に住む切支丹アントニオ穴沢半右衛門その他の処刑が続いた。[36]

一六三六年（寛永一三年）には幕府が奥羽諸藩に切支丹禁圧の強化を命じ、翌一六三七年（寛永一四年）には島原の乱がおこったので、翌一六三八年（寛永一五年）には全国各地に高札を立てさせ褒賞により密告を奨励した。その犠牲となったのが山浦玄蕃光則であった。[37] 山浦玄蕃は、藩主定勝の実母桂岩院（四辻大納言公遠の女）の末弟猪隈中納言季光の二男であった。礼式儀典を重んじる定勝により米沢に迎えられ、山浦家を再興して山浦市正光則と改め、千石の領地を賜り、玄蕃と改号した。ところが、訴人があり、一六四四年（正保元年）幕府は山浦を召籠置くようにとの通達を発した。定勝はやむをえず幕府の命に応じ、米沢の西方、玉庭村大舟の農家、須貝九左衛門の住屋に玄関座敷並に冠木門を増築し、山浦を妻子とも移し、厳重に且つ礼を尽くして閉門監禁した。翌一六四五年（正保二年）定勝逝去、嗣子綱勝の世となる。光則は七年間大舟にいたが、結局一六五二年（承応二年）に処刑された。京都で生後まもなく洗礼を受け、生まれながらのキリスト教徒であったという。

九州とはちがって東北地方には潜伏キリシタンはほとんど存在し得なかったと考えられている。この地に本格的な布教が始まったのが一六一五年（元和元年）の津軽地方の流人訪問からで、そして一六三八年（明正一五年）までしか宣教が続けられず、その後は潜伏期に入り取り締まりが厳重なためほとんど活動ができなかった。しかも地域が広いわりに宣教師の数が少なかったためである。[38] しかし、米沢へのキリスト教の布教、そして切支丹受難の記憶は、一八七三年（明治六年）キリスト教の布教が解禁となったときに人々の脳裏によみがえった。その一例が伊藤四郎右衛門（一八六九―一九五一年）の生涯である。[39] 一八六九年（明治二年）南置賜郡玉庭村大舟の旧家須貝家の三男として生まれた。農業に志をたて山形県立農業講習所に入る。旧三沢村大字口田沢の伊藤四郎右衛門家の婿養子となり同家長女いしと結婚、伊藤四郎右衛門を襲名。農業講習所卒業後東京専修学校経済学部に入学したが中退、故郷に帰り農業の振興につとめた。生家の須貝家がその昔山浦玄蕃をかくまった旧家であるところからキリスト教に関心を持ち、一八八五年（明治一八年）農業講習所在学中アメリカ・ドイツ改革派教会宣教師J・P・ムーア（モール、Jairus Polk Moore, 1847-1935）[40]に師事し洗礼を受ける。J・P・ムーアは番町教会の創立者であり、民権運動の中島信行、俊子夫妻ら多くの青年を導き、のちアメリカ・ドイツ改革派教会が宣教の拠点を仙台に移すと同時に仙台に転じ、宮城女学校を設立したり、東北学院神学部で教鞭をとるなど、東北地方の伝道につくした人物である。伊藤四郎右衛門はまた富士見町教会で植村正久師の感化を受け、松平忠敬の尽力を得てのちに米沢中央教会となった日本基督一致教会米沢講義所を設立。一九一七年（大正六年）の米沢大火で中央教会が類焼すると、後述の上杉忠敬の弟、上杉熊松や山岸吉之助等とその復興にあたった。

本間久雄の興譲館（米沢中学）時代の友人に三高から大阪大学教授となった須貝清一という人物がある。また、本間の後輩には丸信石油取締役社長となった穴沢精一という人物もおり、この二名と本間は卒業はるかのちも交友関係を保っていた[41]。須貝精一が伊藤四郎右衛門の生家須貝家と、そして穴沢精一が糖山の殉教者穴沢半右衛門とどのような関係にあったかは、もとより、さだかではない。だが、江戸時代を通じて国替がなく、おもだった家中はどこかで姻戚関係にあるような米沢の城下で、この二人もまた、系譜をたどれば、祖先にいにしえのキリシタンとの関わりを感じる者であったかもしれない。

カトリックではないにせよ先祖の縁から求めてキリスト教徒になった伊藤四郎右衛門のような場合は例外であるかもしれない。しかし、米沢が明治初年度には進取的な機運にあふれた都市であったことも事実である。それははや明治四年に英人チャールズ・ヘンリー・ダラス（Charles Henry Dallas, 1842-1894）を招聘したことからもわかる[42]。これは第一三代米沢藩主、伯爵上杉茂憲（一八四四―一九一九）の性格にもよると思われる[43]。上杉茂憲はその弟、子爵、旧武蔵忍藩主松平忠敬と英国に留学、西欧文化にもよく通じた当主であった。一八八六年（明治一九年）本間が産声をあげた頃、米沢周辺には何となくキリスト教的な雰囲気がただよっていた。一八七三年（明治六年）キリスト教の布教が解禁となり、社会改革的な色彩の強いプロテスタント諸派、アングリカン、プレスビテリアン、メソジストなどが布教にのりだし、一八七八年（明治一一年）の頃には、山形県にキリスト教の伝道師が入ってきた。本間が生まれる一年前の一八八五年（明治一八年）、日本メソジスト教会のM・C・ハリス（Merriman Colbert Harris, 1846-1921）が米沢で講義所を開き、[44] 翌年ハリスと交代したエルマー（George Washington Elmer, 1850-1921）が立町に英語夜学会を開く。一八八八年（明治二一年）これが私立米沢英語夜学校として認可された。同年、美以教会が設立され、エルマーが去り、クリーヴランド（Joseph Gilbert Clevelnd, 1857-1903 離日）赴任。クリーヴランドは米沢中学に語学教師として迎えられた。米沢中学校の学生たちのなかでも教会のバイブルクラスに通ったものが多かった。一八八九年（明治二二年）にはR・J・ワトソン（Rebecca Jane Watson, 1886-1930）を校長に私立米沢英和女学校が開校し、英語、聖書、編物、裁縫、音楽等を教えた。[45] この年代に米沢の地にミッションスクールができたことは画期的な出来事といってもよい。当初は上杉夫人や松平夫人がサポートしたが、臣民皇化の波が押し寄せ彼らは手を引き財政上の理由で同校は一八九五年（明治二八年）廃校。一八九五年（明治二八年）当時九歳の少年であった本間はバイブルクラスに参加するには若すぎたと思われる。しかし、生家より一ブロックほどのところに美以教会があり、青い目の婦人たちが女子の教育に、奉仕活動にいそしんでいる姿は当然本間の目に入り、彼らに対して大人達が、あるいは感謝と容認の、あるいは非難と警戒の声を発するのをそれとなく耳にし、記憶するには充分な年頃であった。

バイブルクラスに通い英語夜学校で学んだ人たちのなかには、松浦松胤や佐藤信純のように、のちに本間が通った米沢中学校（旧藩校興譲館）で教鞭をとることになったものもいる。青山学院に進み、後に青山学院日本人初代院長となった本多庸一のもとで、H・G・シェルドンの*History of Christian Doctrine*を翻訳、『教理歴史』を著した松浦松胤は、短期間ではあったが米沢中学校で歴史と英語を教えた[46]。彼の親友であり、一八九九年（明治三二年）から三四年まで同校で国語を教え、後に國學院大學教授となり、本間が人格形成上大きな影響を受けた松尾捨治郎は、米沢赴任以前は本多庸一の出身地であり、江戸時代からキリスト教とは縁の深かった弘前で教鞭をとっていた[47]。佐藤信純も、青山学院に進み、一九〇〇年（明治三三年）から一九三〇年（昭和五年）まで三〇年の長きにわたって母校米沢中学校の英語教師として教壇に立つこととなった[48]。本間が在校した当時、米沢における美以教会の活動は下火になっていたが、米沢中学校とメソジスト派との関係は続き[49]、一八九九年（明治三二年）から一九〇〇年（明治三三年）にはメソジスト派の宣教師ヒューエット（Charles Wesley Huett, 1864-1935）[50]、一九〇一年（明治三四年）から一九〇三年（明治三六年）まではクリーヴランドが英語の授業のため来校している。ヒューエットは一八九九年（明治三二年）一〇月には本多庸一とともに米沢中学を訪れている。そしてクリーヴランドは、一九〇二年（明治三五年）四月二五日にはムーアとともに来校している。ヒューエット、クリーヴランドともに来校は頻繁ではなく、両者とも仙台をベースとして活動していたのではないかと思われる。当時外国人による英語の授業は四、五年生を対象としていた[51]。本間も幼い頃自宅の近所の美以教会で精力的に活動しており、先輩がその教えに感化されたクリーヴランドの授業を受けたかもしれない。

米沢英和女学校で女子教育にいそしんだ外国人女性宣教師たち、英語を教えることを通じて青年たちをキリスト教に導こうとして遠路はるばる米沢まで巡回した宣教師たち、教会主催のバイブルクラスでの学習を機縁に東京で英語や神学を学び、帰郷後中学校で教鞭をとった青年たち、こうしてみると米沢の本間のまわりには予想外にキリスト教に帰依した人々が多かったことがわかる。キリスト教の教理が一般に受けいれられていたかは別としても、少なくとも彼らの熱意を通じて、倫理的な面でキリスト教的な考え方や感じ方、たとえば、当時の男女関係や結婚のあり方に対する反省、キリスト教のもたらしたより優れた結婚形態としての一夫一婦制の受容、女子教育の必要性の認識、などが無意識のうちに青少年の心に浸透していったのではなかろうか。その上、米沢の地で当時布教活動をしたキリスト教は、不幸せなもの、恵まれないものに対する憐れみの心を強調するメソジスト派であったことも、本間の婦人問題への感性を育てたものと思われる。「家庭内では非常な専制君主」であり、暴君であった夫の存在をひたすら堪え、息子とちがって家を出ることもできなかった母親、日本の「古い女」であった彼の母親に対する同情と憐れみが、彼女とは正反対の「新しい女」に対する興味と、婦人問題への関心を引き起こす一因であったかもしれない。

おわりに

エレン・ケイの *The Morality of Women* が『學燈』の新着情報に掲載されはじめたのは、明治四五（一九一二）年四月号あたりからであった。[52] 一九〇九年（明治四二年）早稲田大学卒業とほぼ同時に『早稲田文学』に寄稿するようになり、自然主義の評論家としてデビューしてから三年目、もはや閉塞状態にあった自然主義のなかにあって、暗にそこからの打開、あるいは飛躍を希求していた本間に、その手がかりを与えたのが、エレン・ケイの強い力であった。たしかに、エレン・ケイの心的エネルギー、内的観照の世界から外界の改良に向かうポジティヴで明るい姿勢、前向きで希望的な人生観と語り口は、早稲田大学で文学を目指すものが陥った、のめり込むような内省と煩悶の世界、出口の見えない暗い世界からみると一条の光明のように見えたことであろう。だが、それにもまして、エレン・ケイの恋愛観、結婚観は、前年八月に結婚したばかりの本間にとってきわめて新鮮であったと思われる。

明治末年、本間は、同郷で、一九〇九年（明治四二年）に米沢高等女学校を卒業後、彼のもとに嫁いできた美枝子夫人と結婚生活を送ることとなった。父親の世代とちがってキリスト教的な倫理観の一端に触れた本間は、父親の世代には当たり前のこととして受けいれられていた男性の身勝手、放縦、乱脈な女性関係を悪徳として否定し、自分の家庭からは追放しようと思った。ただ、逍遙のもとで、イプセン劇に現れた「新しい女」について学んだといっても、本間は男女関係において彼自身紛れもなく儒教的な教育のもとに育っていた。美枝子夫人も米沢という土地柄から考えてもおそらくは『女大学』世代の母親の影響のもとに、良妻賢母教育を受けて育った世代に属し、「新しい女」では決してなかった。そして平凡な見合い結婚であったこのふたりの間に最初から恋愛感情があったわけではなかろう。いってみれば本間は、父親の世代と同じ状況で夫人と結ばれたが、しかし父親の世代の結婚観に反対して、新しい形の結婚生活を打ち立てようとしていた。その際、エレン・ケイの思想は、丁度、恋愛関係にあって結ばれた平塚らいてうと奥村博に結婚という形式を踏まない決断をさせたように、当初恋愛感情を持たないまま結婚した本間に、男女の恋愛を中心とした望ましい結婚生活のあり方について示唆を与えたのではなかろうか。

考えてみれば、二〇世紀の初頭、婦人問題、児童問題、平和問題に関する思想家であり、ヨーロッパ中講演旅行をしてまわった国際的著名人エレン・ケイの思想は、男女を問わずその信奉者を集めていたにちがいない。本間久雄の場合も含め、エレン・ケイの恋愛観、結婚観の男性による受容についてこの観点からも検証する必要があると思われるが、これについては別の機会に譲りたい。

（1）　本間久雄「自分のことの一挿話」（『婦人公論』第一〇一号、一九二四年）一二一―一二三頁。

（2）　本間久雄については次の研究がある。大久保典夫「〈特集〉文学史家論　本間久雄」（『日本近代文学』第二〇集、一九七三年）一―一三頁。清水義和「日本に於ける唯美主義移入考―坪内逍遙と島村抱月の弟子―本間久雄―」（『愛知学院大学　教養部紀要』第四五巻第四号、一九九八年）六三―一〇三頁。清水「日本に於けるショー・シェークスピア・ワイルド移入研究―市川又彦、坪内士行、本間久雄の著作目録・その他―」（『愛知学院大学　教養部紀要』第四六巻第二号、一九九八年）三八―八四頁。清水「日本に於ける近代批評移入研究―本間久雄と『最近欧州文芸思潮史』―」（『愛知学院大学　語研紀要』第二四巻第一号、一九九九年）一四七―一七一頁。清水『ショー・シェークスピア・ワイルド移入史』文化書房博文社、一九九九年。内藤寿子「思想の芽ぶくところ―序論　本間久雄と「婦人問題」―」（『文藝と批評』第八巻第六号、一九九七年）三八―四八頁。内藤「評論家本間久雄―〈青鞜の女〉との共振を軸にして―」（『国文学研究』第一二四集、一九九八年）七〇―八〇頁。内藤「小論　本間久雄宛田中王堂書簡」（『繍』第一二号、二〇〇〇年）一―一〇頁。内藤「本間久雄『婦人問題十講』の意味―〈女性〉論と歴史叙述の連環について」（『文藝と批評』第九巻第二号、二〇〇〇年）六三―七五頁。内藤「大正期の〈エレン・ケイ〉―翻訳・解説・受容の力学」（『文藝と批評』第九巻第四号、二〇〇一年）一四―二五頁。平田耀子「本間久雄論―前半生の人間関係を中心に」『近代作家論』（研究叢書三二）中央大学出版部、二〇〇三年、一五五―一八六頁。平田「解説」『本間久雄日記』松柏社、二〇〇五年、三―六七頁。

（3）内藤、前掲「思想の芽ぶくところ―序論　本間久雄と「婦人問題」―」、「評論家本間久雄―〈青鞜の女〉との共振を軸にして―」、「本間久雄『婦人問題十講』の意味―〈女性〉論と歴史叙述の連環について」、「大正期の〈エレン・ケイ〉―翻訳・解説・受容の力学」。広瀬玲子「平塚らいてうの思想形成―エレン・ケイ思想の受容をめぐる本間久雄との違い―」（『ジェンダー史学』第二号、二〇〇六年）三五―四七頁。

（4）本間久雄『婦人問題十講』東京堂、一九二三年、三七四―三七六頁。

（5）*The Morality of Women and Other Essays*, authorized translation from the Swedish of Ellen Key by Namah Bouton Bothwick, Chicago: The Ralph Fletcher Seymour Co. 1911（訳者名、原文ママ）であろうか。この書には "The Morality of Women", "The Woman of the Future", "The Conventional Woman" の三編の文章がふくまれてい

る。エレン・ケイの翻訳者としてのメイマー・ボースウィック、エレン・ケイの著作の版権問題、そしてこの書の出版に関しては、Friedman, A.T., “Frank Lloyd Wright and Feminism : Mamah Borthwick's Letters to Ellen Key” *Journal of the Society of Architectural Historians* Vol. 61, No. 2, 2002, pp. 140-151.

（6）本間久雄『自然主義及び其以後』、東京堂、一九五七年、三一―四頁。

（7）内藤、前掲「大正期の〈エレン・ケイ〉― 翻訳・解説・受容の力学」。内藤氏は本間が丸善で手にしたエレン・ケイの著作と異なり、らいてうが翻訳したのはEllen Key *Love and Marriage* translated from the Swedish by Arthur G. Chater, New York and London : G.P. Putnam's Sons, 1911であったことを指摘しておられる。エレン・ケイの「恋愛と結婚」の日本への移入については、金子幸子「大正期における西洋女性解放論受容の方法―エレン・ケイ「恋愛と結婚」を手がかりに」（『社会科学ジャーナル　国際基督教大学学報　二B』第二四巻第一号、一九八五年）七三―九二頁。服部範子「エレン・ケイの母性主義思想」（『家族社会学研究』第二号、一九九〇年）七〇―八〇頁。早川紀代「セクシュアリティにおける女性の主体形成」（『思想と現代』第二六号、一九九一年）九四―一一一頁。白水紀子「《婦女雑誌》における新性道徳論―エレン・ケイを中心に―」（『横浜国立大学人文紀要　第二類　語学・文学』第四二輯、一九九五年）一―一九頁。吉川豊子「『恋愛と結婚』（エレン・ケイ）とセクソロジー」『『青鞜』を読む』学藝書林、一九九八年、二四三―二六八頁。金子幸子『近代日本女性論の系譜』不二出版、一九九九年、一二六―一四八頁。平塚らいてうに対するエレン・ケイの影響については、Lowy, D., “Love and Marriage : Ellen Key and Hiratsuka Raicho Explore Alternatives”, *Women's Studies : An Interdisciplinary Journal,* Vol. 33, No. 4, 2004, pp. 361-80.

（8）Ellen Key, *Love and Ethics,* New York, B.W. Huebsch, 1911であろうか。

（9）本間訳『婦人と道徳』には「恋愛と道徳」、「女の道徳」、「将来の女」、「所謂古い女」がふくまれている。

（10）この書は一九一三年出版、原題は、*Tal till Sweriges Ungdom*（Addresses to Swedish Youth）で、エレン・ケイがいろいろな会合において行った講義を収録したものである。Nyström-Hamilton L., *Ellen Key Her Life and Her Work,* Authorised Translation from the Swedish by A.E.B. Fries, with an Introduction by Havelock Ellis, New

York and London: G.P. Putnam's Sons, 1913, p.176. エレン・ケイ著、小野寺信、小野寺百合子訳『児童の世紀』（冨山房百科文庫　二四）冨山房、一九七九年、x頁。

（11）*War, Peace, and the Future: A Consideration of Nationalism and Inter-nationalism, and of the Relation of Women to War* by Ellen Key, Translated by Hildegard Norberg, London and New York: G.P. Putnam's Sons, 1916. この書は一九一四年年出版、原題は、*Kriget, freden och framtiden.* 小野寺　前掲書 x頁。

（12）*The Woman Movement* by Ellen Key, Translated by Mamah Bouton Borthwick, A.M., with an Introduction by Havelock Ellis, G.P. Putnam's Sons, New York an London: The Knickerbocker Press, 1912. この書は一九〇九年出版、原題は、*Kvinnorörelse.* Martin Buber 社より Die Gesellschaft シリーズの一部としてドイツ語で出版された。小野寺　前掲書 x頁。Nyström-Hamilton, *Ellen Key Her Life and Her Work*, p.174.

（13）「私の生活」『定本　與謝野晶子全集　第十九巻　評論　感想集六』講談社、一九八一年、三八九―三九二頁。

（14）日本におけるイプセンの紹介は一八八九年（明治二二年）森鷗外によってなされた。日本におけるイプセンの移入については、中村都史子『日本のイプセン現象　一九〇六――一九一六』福岡、㈶九州大学出版会、一九九七年、とくに四頁。日本におけるエレン・ケイの紹介は、一九〇五年（明治三八年）『女子教育』誌上であった。（広瀬　前掲論文。近代女性文化史研究会編『婦人雑誌の夜明け』大空社、一九八九年、六五―六六頁）

（15）坪内逍遙とイプセンについては、中村　前掲書、五二―八四、二五九―二八三頁。

（16）一番ケ瀬康子「解説」『二十世紀は児童の世紀　エレン・ケイ著、大村仁太郎解説、児童の世紀　エレン・ケイ著、原田実訳』日本図書センター、一九八五年、七頁。

（17）前掲書、原田実「まえがき」「エレン・ケイ児童の世紀」福村書店初版、一九五二年、一―二頁。

（18）「代々能楽の家」（『文章倶楽部』第三巻第七号、一九一八年）四六―四七頁。

（19）小野榮『米沢藩』（シリーズ藩物語）現代書館、二〇〇六年、一六七―一六八頁。『米沢市史　大年表・索引』米沢市史編さん委員会編集、米沢市、一九九九年、一七二頁。

(20)明治維新におけるキリスト教の受容に関しては、海老沢有道、大内三郎共著「後編　日本プロテスタント史」『日本キリスト教史』日本基督教団出版局、一九七〇年、一五六―一七〇頁。

(21)『植村正久著作集　一　時代思潮』新教出版社、一九六六年、三六三頁、『福音新報』第二二号、明治二八年一一月二九日初出。

(22)前掲書、三七九頁、『福音新報』第二百五号、明治三二年六月二日初出。

(23)久山康編『近代日本とキリスト教〔明治篇〕』東京、創文社、一二九〇―三一七頁。

(24)島村抱月「近代文芸と婦人問題」〔『中央公論臨時増刊　婦人問題号』第二八年第九号、一九一三年〕一一―一二頁。

(25)『山形県史　第四巻　近現代篇』巌南堂、一九八四年、一一五頁。

(26)『米沢市史　第二巻　近世編二』米沢市史編さん委員会、一九九一年、六九七頁。

(27)小島一男『会津人物事典〔武人編〕』会津若松市、歴史春秋出版、一九九三年、一三四―一三六頁。浦川和三郎『東北キリシタン史』日本学術振興会、一九五七年、六頁。

(28)前掲書、四九一頁。

(29)ソテーロについては、『新カトリック大辞典　第三巻』研究社、二〇〇二年、九〇二―九〇三頁。T・オイテンブルク『一六―一七世紀の日本におけるフランシスコ会士たち』石井健吾訳、中央出版会、一九八〇年、一七一―一七二頁。『ベアト・ルイス・ソテーロ伝―慶長遣欧使節のいきさつ―』野間一正訳、東海大学出版部、一九六八年、一一一―一二三頁。

(30)前掲、『米沢市史　第二巻　近世編二』六九八頁。浦川、前掲書、四九一頁。

(31)甘糟備後守景継については、『戦国人名辞典』吉川弘文館、二〇〇六年、四八頁。『三百藩家臣人名事典　第一巻』〔全六巻〕、新人物往来社、一九八七年、四四二―四四三頁。前掲、『米沢市史　第二巻　近世編二』七〇四頁。

(32)浦川、前掲書、五四九頁。

(33)前掲、『米沢市史　第二巻　近世編二』七〇二―七〇五頁。オイテンブルグ、前掲書、二四九頁。

(34) 浦川、前掲書、一五七頁。
(35) 甘糟右衛門信綱の活動、殉教については、『米沢人国記　米沢市史編集資料　第一〇号』米沢市史編さん委員会、一九八三年、七六―七八頁。『山形県史　第二巻　近世編上』巌南堂、一九八五年、九三二―九三三頁。前掲『米沢市史　第二巻　近世編二』六九八、七〇四―七一一頁。浦川、前掲書、四九四―四九六頁。今村義孝『切支丹風土記』宝文館、一九六〇年、一九六―二〇一頁。海老沢有道『地方切支丹の発掘』柏書房、一九七六年、一七三―一七六頁。
(36) 前掲書、二〇二―二〇五頁。浦川、前掲書、五二六―五三三頁。『米沢市史　大年表・索引』米沢市史編さん委員会、一九九九年、八二頁。
(37) 山浦玄蕃については、榎本宗次「国内資料より見た米沢藩切支丹」(『基督教史学』第一〇集、一九六一年)七六―八六頁。前掲『米沢人国記　米沢市史編集資料　第一〇号』八七―九〇頁。前掲『米沢市史　第二巻　近世編一』七一七―七一九頁。
(38) 浦川、前掲書、五五〇頁。
(39) 伊藤四郎右衛門については、『続　米沢人国記　米沢市史編集資料　第一二号』米沢市史編さん委員会、一九八三年、四一―四三頁。『日本キリスト教歴史大事典』教文館、一九八八年、一四七八頁。
(40) ムーアはアメリカのドイツ改革派教会宣教師。一八八七年(明治二〇年)から仙台に移りこの地のキリスト教の発展に力をつくす。ムーアについては、『日本キリスト教歴史大事典』東京、教分館、一九八八年、一三八〇頁、『キリスト教人名辞典』東京、日本基督教団出版局、一九八六年、一六二八頁参照。
(41) 本間、前掲、『本間久雄日記』七四頁、二九七頁、三四〇頁。
(42) チャールズ・ヘンリー・ダラスについては、松野良寅編著『興譲館世紀』山形県沢興譲館高等学校創立百年記念事業実行委員会、一九八六年、一九九―二〇六頁。松野良寅『城下町の異人さん』遠藤書店、一九八七年。
(43) 前掲、『続　米沢人国記　米沢市史編集資料　第一二号』五四―五七頁。
(44) 松野、前掲、『興譲館世紀』二八六頁。M・C・ハリスについてはジャン・W・クランメル『来日メソジスト宣教師

事典　一八七三—一九九三年』教文館、一九九六年、一〇七—一〇八頁。

(45) エルマー、クリーヴランド、R・J・ワトソンについては、クランメル、前掲書、七五—七六頁、四八頁、二八六頁。米沢英和女学校については、前掲書、二八七—二九一頁。前掲、『山形県史　第四巻　近現代編　上』四五五—四五六頁。遠藤寛子『米沢英和女学校』岩崎書店、一九八一年。

(46) 松野、前掲、『興譲館世紀』二九〇—二九一頁。松野良寅『高橋里美先生』我妻榮記念館、一九九二年、四頁。

(47) 松尾捨治郎については、松野、前掲、『興譲館世紀』三〇六—三一〇頁。

(48) 『興譲館　平成一三年　会員名簿』米沢興譲館同窓会、二〇〇一年、二九頁。

(49) 『米澤中學興譲館　日誌』明治三一年から明治三六年参照。

(50) ヒューエットはメソジスト派の宣教師で、一八九八年（明治三一年）から一九〇〇年（明治三三年）まで仙台に滞在。ヒューエットについては、クランメル、前掲書、一一五頁。

(51) 『興譲　創立五十年記念號』米澤興譲館中學校興譲會、一九三六年、一〇三頁。

(52) 『學燈』（第一六年第四号、一九一二年）四三頁。

日本に悪い子はいない
――フラナガン神父の日本訪問――

今　まど子

はじめに

「少年の町」とフラナガン神父といってもある年齢以上の方々でないとご存じないかもしれない。

一九四五（昭和二〇）年になると三月九日の夜から一〇日にかけて東京の下町の大空襲に始まり、名古屋、大阪、神戸、福岡と太平洋沿岸の都市はB29の大編隊に頻繁に襲われるようになり、ついに八月六日の広島、九日の長崎への原爆投下という悲劇を迎える結果となった。

空襲で被災し、一夜にして住むところも家族も失った人々の中に、子どもの姿も少なくなかった。寄る辺のない人々は浮浪者、浮浪児となって巷にあふれた。戦災で親兄弟等の保護者を失った子どもを戦災孤児と呼んだが、戦後は外地からの引揚孤児も加わった。経済的に立ち行かない家庭から置き去りにされた子ども、家出してきた子ども加わって、住む家もなく巷をさまよい、数人のグループで行動し、駅や公園にたむろし、物乞い、かっぱらいや窃盗などの犯罪を引き起こすことがしばしばだった。折角の命を飢えと寒さから守るすべもなく朝には小さい骸となっていることも珍しいことではなかった。

このような状況では占領政策のイメージが悪いというので、連合軍最高司令官総司令部（SCAP/GHQ）[1]の組織の一つである民政局（Military Government Section）から公衆衛生福祉局（Public Health and Welfare Section）へ何とか対策が講じられないかと相談が持ち込まれた。また、占領軍内部・外部からも問題視する投書なども寄せられた。公衆衛生福祉局長サムス（Crawford F. Sams）大佐は、占領政策に関してマッカーサー元帥のブレインの一人でもあり、軍医であったことから占領中一貫して公衆衛生福祉局長を務めた。そのときの回想記『ＤＤＴ革命・占領期の医療福祉政策を回想する』（竹前栄治訳、岩波書店、一九八六）と題する著書もある。その中でサムス局長は次のように記している。

……われわれが行なった最も重要なプログラムの一つであり、日本では史上初の児童福祉プログラムについて述べてみよう。この新しいプログラムを始めるにあたって、われわれが最初になしたことは、この分野における著名な人物をコンサルタントとしてアメリカから招致したことであった。たとえば、少年の町で有名なフラナガン神父などのケースがそれである。彼は日本国中を旅行し、さまざまなグループと話し合い児童福祉の重要性を説いて回った。このことによって一般の人々の関心を高めこのプログラムへの支持を獲得することができた。児童福祉という概念がまったく新しいものに映る国において、児童福祉プログラムを始めようとする場合、このような方法は最も有効であった。

そこで一九四七年四月半ばから六月半ばまでの五〇日弱だったが、マッカーサー元帥の招聘に応じてフラナガン神父が来日した。フラナガン神父（Right Reverend Monsignor Edward Joseph Flanagan）といえば「少年の町」の創設者としてアメリカでは知らぬ人はいないほどの有名人で、今日通用している切手にもなっているカトリックの神父である。

４セントの切手になったフラナガン神父

神父はその短い滞在期間中、北は仙台から南は長崎まで大都市をめぐり、浮浪児の現状と彼らを収容する施設を一日に六―七カ所も精力的に視察し、職員や福祉関係者と話し合いをした。そればかりか各地で一日に何度も講演をし、会議に臨み、少年の町にたずさわった三〇年の経験と信念とを力を込めて語った。神父の一行は、パートナーとしてアメリカから同行したリード氏（Byron B. Reed）、公衆衛生福祉局の福祉課長ネフ（Nelson B. Neff）大佐、通訳一名、厚生省から若手の役人二名からなる一団であった。

神父は賓客であったから、進駐軍専用列車で移動し、自動車やジープなどの機動力はあったにしても、国鉄が全線電化されていたわけでもなく、列車の本数は少なく、道路事情の悪さも今の日本からは想像もつかない状態であったから、相当過酷な視察旅行であったに違いない。

天皇皇后両陛下との会談、マッカーサー元帥夫妻との食事会、行く先々の地方軍政部隊長への表敬訪問と食事会、アメリカへの帰国寸前に市ヶ谷の極東国際軍事裁判の傍聴もしている。この他には、後楽園球場にも姿を見せて始球式を行い、球場に招待されていた施設の子どもたちにフィールドから少年の町について話したり、アンパイアーの真似をしてはしゃいだり、ヒョウキンな一面もあったらしい。スポーツやスポーツ選手についても詳しかったという。そんな所も子どもの気持ちをつかむコツだったのかもしれない。

一　「少年の町」

少年の町というのは一九一七年一二月友人から借りた九〇ドルの金でネブラスカ州オマハ市内に一軒の家を借り、五人の不幸な少年を引き取ったことから始まった。子どもがどんどん増えて、家が狭くなり、翌一九一八年オマハ市の近郊に広大な土地を購入し一五〇人の少年が収容できる家を建てた。これが「少年の町」の始まりであった。一九二二年には神父の仕事の価値を認めて多額の寄付が集まったので、五階建ての家を建て、学校、図書館、礼拝堂、寄宿舎などが整備された。一九四〇年には約五〇〇人の少年がアメリカばかりでなく、カナダやパナマなどからも入ってきて生活をしていた。すでに五〇〇〇人に近い少年たちが更生してこの町を巣立っていった。

町の特徴は何といっても住民である少年たちによって自治的に運営されていることである。町長も評議員も選挙で少年たちの中から選ばれ、任期は半年であるが、再任は可能である。

裁判所もあって、悪いことをした少年には罰が与えられる。罰も子どもたちが決めた。子どもたちは週一回映画を見に行くことができ、罰を受けた少年も映画館に入れるがスクリーンに背を向けて音だけ聴いて立っていなければいけないというものだ。神父は反対したが、子どもたちはそれでよいと決めた。

町にはサッカーや野球、バスケット・ボールやボクシングなど幾つものスポーツ・チームがあって多くの子どもが参加しているが、チームに入っていない子どもたちも一日二時間は何らかのスポーツをして汗を流すことになっている。それは身体の健康のためばかりでなく、社会に出たときに共同生活が行えるようにするためでもある。また、バンドや合唱隊などもある。子どもはいつも忙しいのがよい。暇は子どもの生活にスキをつくり、そこから誘惑がしのび込んだりするものだというのが神父の考えだ。

二カ月に一度ダンスパーティが開かれ、子どもたちはホールを飾りつけたりして楽しみにしている。その日になると女の子がバスで連れてこられてダンスを楽しむが、将来社会人となる少年たちが女性を大切にすることや異性との交際の仕方を身につけるためでもあるという。

少年の町には一二歳から一六歳までの少年が収容されており、中学校と高等学校がある。子どもたちは必要な教育を受けることができるほか、高校には職業訓練コースがあって、製靴、理容、パン焼き、木工、窯業、自動車修理、農業牧畜など将来へ向けてさまざまな技術を身につけることができる。警察、裁判所、消防、衛生、文化ばかりでなく郵便局、理髪店なども少年たちが運営している。

神父は町の理事長であり財務を担当している。少年の町は州や市からの公的助成金は受けていない。町の運営資金はすべて地域住民や全米の賛同者からの寄付によっている。

神父がカトリックだからといって少年たちがカトリック信徒でなければならないわけではなく宗教は自由である。少年たちは強い愛と信頼で結ばれており脱走したり、悪の道に逆戻りする者はいない。この町で学校教育を受け社会へ出ていって、金融界や実業界に入ったりスポーツ選手になったり、社会人としてそれぞれの地域での場を得ている。そして少年の町出身であることを隠すどころか誇りにさえしている。一九三六年以降財団法人組織となった。

神父がこの町を始めた動機は、ある犯罪者がもし自分に暖かい家と心の許せる友人が一人でもあったら、こんな罪は犯さなかったのに……と涙ながらに語って刑場に向っていった姿に心を動かされたことだったという。

神父がどこで講演しても強調するのは、少年の町は愛の町であること、仕事の真髄は祈りであり、神に似せてつくられた人間に生来の悪人はいないという点である。

メトロ・ゴールドウィン・メーヤー（ＭＧＭ）社が「Boys Town（少年の町）」という題で反抗心の塊である不良少年たちを愛と信頼で結びつけ大きな町を作り上げてきた実話に基づいて映画化し、一九三九年にわが国でも帝国劇場で上映されたが、一九四七年神父の来日に合わせて再度上映されて日本の人びとにも強い感銘を与えた。神父の役はスペンサー・トレイシーが演じ、第一一回アカデミー男優賞を得ており、不良少年を名子役ミッキー・ルーニーが演じている。この映画のＤＶＤは現在でも入手でき、時代を超えて胸を打つものがある。

今、Boys Town は Girls and Boys Town と名称が変わっており、全米に一九の支部があるとのことである。

二　フラナガン神父

フラナガン神父は一八八六年七月一三日、アイルランドのロスコモンズで一一人兄弟姉妹の中に生まれた。一九〇四年に渡米、一九一九年アメリカに帰化した。一九〇六年メリーランド州のマウント聖メアリー大学を卒業、二年後に修士号を取得。その後、ニューヨークのダンウッディにある聖ジョセフ神学校で学び、続いてローマのグレゴリアナ大学、さらにオーストリアのインスブルック大学で博士号を取得、一九一二年七月に叙階された。アメリカに帰り、ネブラスカ州オニールにある聖パトリック教会に助任司祭として就任。同州オマハ市には神父の兄パトリックがすでに司祭になって働いていた。神父は空家になっていたホテルを利用して「労働者の家」を始めていたが、不良少年を保護することに切り替え、一九一七年五人の子どもと「フラナガン神父の家」を始めた。子どもが増えて狭くなり、オマハ市の郊外に広い土地を購入して「少年の町（Boys Town）」を創設した。

ＭＧＭの映画で神父の仕事は一躍世界に知れ渡った。一九三七年モンシニョール（Monsignor）という尊称が授与された。

一九四七年四月二三日から六月一七日までマッカーサー元帥に、日本および韓国における浮浪児問題のコンサルタントとして招聘された。一九四八年同じ目的でドイツの占領軍から招聘されたが、ベルリンに着いた日の夜、心臓発作に襲われ翌五月一四日に帰天した。六一歳であった。神父の墓は少年の町にある。

フラナガン神父の訪日の影響は戦災孤児のケアや児童福祉の基礎を築く上で重要な意義があったが、この度Ｇ

ＨＱ文書の中から神父がＧＨＱに提出した視察の報告書と、神父の報告を受けて公衆衛生福祉局がまとめた活動方針および滞日中の神父の日程が見つかったので韓国視察の部分を除き、日本に関する部分をそれぞれ紹介する。

神父の報告書

児童福祉に関する報告書（日本）

By Right Reverend Monsignor Edward Joseph Flanagan

マッカーサー元帥の意向により、米国軍事長官を通して招聘を受け、この度、日本と韓国を訪問するために来日しました。目的は児童福祉、施設でのケアおよびトレーニングのコンサルタントとして、日本政府に施設のあり方やその管理の方法について、特に捨て子や孤児のケアに重点を置いてアドヴァイスを行うこと、ホームレスの子どものケアをしている公私の施設に対して財政的に援助することに一般の人々の関心を向けさせること、子どものケアに関して地方自治体が持つ問題点に地域社会の関心を集約させることなどであります。

私はこの招待を受諾し、その使命を遂行するため、パターソン軍事長官の命令に従って一九四七年四月八日にサン・フランシスコを出発し、ホノルル、グアム、マニラに短期間滞在しながら四月二三日に来日しました。

到着後、三日間はＧＨＱ（占領軍総司令部）の職員や日本の政府関係者らと会い、使命を果たすのに必要なオリエンテーションを受けました。

ＧＨＱ公衆衛生福祉局長サムス大佐からの説明を受けた後、日程が作成され、日本での三コースと韓国での一コースが左記のように決まりました。

関西地方（四月二八日―五月一二日）
京都、大阪、奈良、高槻、神戸、福岡、長崎、呉、広島
関東地方（五月一三日―二四日）
東京、横浜、箱根湯本
東北地方（五月二五日―二八日）
仙台
韓国　（五月二九日―六月五日）

オリエンテーションは地方軍政部の将校、日本の政府関係者らが事前に決めていた通りに進められました。三乃至六カ所の孤児院、ホーム、施設や学校などの訪問と視察は毎日行われることになっており、その後で社会福祉関係者、政府関係者、教育者、女性団体の代表者、関心を持つ一般市民を交えて円卓討議が行われる手筈が決められていました。また、訪問した各都市では一般市民に公開された集会が行われ、そこで児童福祉に関する講演を行いました。各軍政区内の幾つかの地域を視察した後、オープン・フォーラムが開かれ、都道府県レベルでの児童福祉の問題についてさらなるディスカッションが行われました。加えて、地方軍政部と日本の地方自治体は、一般市民の福祉に対する意識を高めるために集会を準備しており、そこで私が気付いた児童福祉サービスの弱点を指摘し、いかに既存の状況を改善すべきかについて意見を述べました。私の意見を一般市民に伝えるのに新聞が有効でありますから、これらのきわめて重要な情報を市民に伝えるために軍政部は新聞記者や放送記者を招いて会見を開いてくれました。

この度の戦争で日本国民がどれほどの苦難を経てきたかは、このように大量のホームレスの子どもや捨て子が

道路や、裏小路、駅舎やその他の場所で彼らの小さな頭を横たえる場所を探して歩きまわっているのを見てよく分かりました。しかしながら、私の受けたオリエンテーションから、この状況は占領軍の努力によって実質的に改善されつつあることも分かりました。占領軍は、これらの浮浪児に住むところを与えることが当面の大事であり、この深刻な問題に責任を持っている日本政府の福祉関係当局を支援しようとしていることが分かってきました。一年か一年半前には栄養失調と体を覆うものもない状態で、寒さと飢えから毎朝のように幼児の死体が駅の地下道から運び出されていたのはよく知られた事実ですが、この事態はその後改善されています。私は夜ごとにその場所を見てまわったのでありますが、ホームレスや物乞いをする子どもたちが駅舎にたむろしているのは稀でしたが、一旦入った孤児院やホームから逃げ出してきた子どもたちが、主として男の子たちでしたが、わずかながらいるのに気が付きました。男の子たちにとってホームや孤児院は薄暗く、魅力がなく、食べるものが少なく、これらのホームに収容されることは、新たに知った自由の味と共に、伝統的な日本の生活とは異質のものでした。戦前の日本には浮浪児や捨て子は稀でした。それは日本の家族制度の特徴でもあったように、家族の絆が固かったからであったことは、よく理解されなければなりません。したがって、ホームは不要だったのです。――ホームレスになった子どもの面倒は親類の誰かがみていたからです。それでも宣教師の団体が運営する私立のホームは幾つかありましたが、ホームレスの子どもに日本ではホームは不要でした。政府の運営しているものはあったとしてもごく僅かでした。

日本人はこのような問題に当面した経験がありませんでしたから、占領軍は子どもたちのためにこのようなホームが必要であることを日本人に認識させる必要があるのです。ホームレスの子どもたちを引き取って養えるだけの余分な食料を確保してやれないことが、家族の一員として世話をするという日本の家族の伝統を失わせてしまいました。その結果、子どもたちは道路や裏小路や駅を走りまわって物乞いや泥棒をすることになったのです。同時に経済的な事情から、家族を十分に養っていくことができず、それどころか子どもたちが町へ出されて占領軍の兵士にキャンディやタバコをねだり、獲得したキャンディやタバコは家族のために翌日には闇市で日用品と交換されているのです。このような悪事は日本人が経験したことのない行為であり、そのことにショックを受け顰蹙しているのです。日本の経済的事情ゆえに、ビジネスは停滞しており、どこの家にも貧困が潜んでいるので、マッカーサー元帥と占領軍は、日本政府がこの深刻で危機的問題を解決できるように指導し監督する必要があるのです。その結果、政府は占領軍の意を体して、子どもたちのためにたくさんのホーム——その多くは一時しのぎであっても——の設置に着手しました。私が見た所では、一部には疑わしい目的を持つものがあるにしても、熱心にこの活動に参加する者があり、たとえば、一〇人、一二人、または一五人の子どもたちを、一五人か二〇人の職員で世話をしているホームを幾つか見ました。

私は気が付いたのですが、一般の日本人には捨て子や浮浪児の世話する責任が自分達にあるのだという社会的な意識が大幅に欠如しているのです。したがって、政府の動きを待たずに地域社会がこの責任を受けて立つことはかなり難しいことです。この無関心さは、言うまでもなく日本人が社会福祉の理論と実践の訓練を受けたことがないからです。

施設で行われている子どもたちに対する福祉サービスに基準がないことに気が付きました。施設の責任者は各自の能力とレベルによって自分たちで良かれと思うようにやっているのです。

ほとんどの施設には娯楽的要素がなく、遊び道具もなく、子どもたちをうまく遊ばせられる人もいません。施設では学業や、職業訓練、スポーツのトレーニングなどを含めた教育的活動は何も行われていません。一例を挙げると、ある施設で職業訓練と称して五〇人もの男の子が一日八時間、週六日間農具を手作りしていました。別のところでは、私立の施設ですが八歳から一四歳までの男の子五〇人位が自転車のランプを作っていました。子どもたちの作った品物は商品として売りに出されるのですが、利益は施設の子どもたちに還元されていません。これは実に不当なことです。このような施設では子どもたちに対してまともな教育は行われていませんでした。

これも残念なことですが、宗教団体が運営しているホームを除いては宗教活動はまったく行われていないのです。

児童福祉事業において、もっとも重要な面は健康と衛生でありますが、ほとんどの施設においてこのための設備がないのは注意を要することです。伝染病にかかっている子どもは施設にあふれていましたが、医療は行われておらず、隔離するスペースもありません。全部ではありませんが、医師や看護師による手当てさえも受けられないのです。

多くの施設が不満足な状態でしたが、これは職員の問題というよりも市民からの関心も支援もないこと、きちんと訓練を受けた政府の指導者がいないこと、児童福祉に関する法律が不備なこと、施設を規制する基準がないこと、施設に魅力がない、経済的な基盤がないことなどに問題があるのです。

勧告

日本の全国レベルで児童の悉皆調査を行い、男女の児童一人ひとりに住むところを与えるために、ホームレスの児童がどの位いるかを把握しなければなりません。これは基本的で不可欠なことです。調査によって県ごとにホームレスの児童や捨て子の数が把握できれば、問題点が那辺にあるかが明確になってきます。今日子どもたちをいかにケアするかで、明日の日本が決まるのです。

できるだけ多くのホームレスの児童がフォスター・ホームでケアされることを心から推奨いたします。しかしながら、フォスター・ホームに送られる子どもを十分に見守ってやる配慮は必要です。児童はきちんとケアされ、教育を受け、家族の一員として受け入れられることが保障される法律によって守られるべきです。子どもを家族の一員として働かせてきた日本の家族制度の中にあって、子どもがその犠牲になってはならないことが理解され、保障されなければなりません。政府の福祉関係者は、子どもを送り込む前に十分な調査をして、その家庭を認定する必要があります。政府の福祉関係者によってフォスター・ホームは定期的にチェックされ、フォスター・ホームでの児童保護の基準は国レベルで確立されなければなりません。児童保護にたずさわっている施設すべて同様に調査、認定がなされなければなりません。

施設はもっと魅力的で家庭的であって、愛や心配りや導きなどが満ちているような場であるべきです。子どもが自分の家に住んでいるのと同じように精神も身体も心も円満に成長ができるような計画が立てられるべきなのです。

私は、日本の子ども一人ひとりに宗教教育が施されるよう勧告いたします。神を知ることは、個人の尊厳と自分を大切にすることを保障し、心と精神を高めるために不可欠なことであり、健全な基盤の上にあって人間の態度や行為に精神的な動機が与えられることになるのです。日本の子どもたちの持つ生来の美徳には感心しています。お互いに対する愛、正直さ、真実を求める心は、それらの美徳を知っている人々たとえば両親の教えがその基調になっているのです。生来の美徳に超自然的な美徳が加わって、命を与えて下さった全能の神への信仰を持ち、命と健康と生きる喜びに対する感謝の祈りを通して神を知るようになるのです。精神的な導きを願って祈りながら神と共に働くならば、ほとんどの迷いが解消されるのです。

施設において職業訓練の名の下に子どもたちを安い労働力として働かせることは止めさせ、もっとしっかりした職業の訓練計画が練られるべきです。

施設は資格を持った経験のある福祉士らを置いて、児童保護の現職者教育を行うべきです。子どもを厳しく管理することも、制度の枠にはめ込むことにも賛成できません。

国の福祉当局は政府の施設やホームにおいて、世話をする子どもの数に対し職員の数のバランスがとれているかを注意深くチェックしなければなりません。

子どもたちが入居しているどのホームでも、適切な医療が受けられるようにしなければなりません。

国または都道府県当局は、成果を挙げている施設やホームを支援し、より良い成果が挙がるように奨励すべきです。

ティーン・エイジの男児と女児は別々の更生施設に収容されるようにするべきです。

児童保護の基準が承認されたなら、児童福祉局はそれに基づいて児童保護施設の基準の実施要綱を作成することになります。すべての施設は法令が公布されてから一八〇日間の猶予をもって当局の認可を受けるようにします。この期間中に法令に従えなかった施設等は解散させ、その施設の事業は認可を受けた他の施設に移されます。決められた基準によって児童福祉局の認可が受けられなかった施設は児童福祉の仕事に新規参入することはできません。

さらに、各県は地域の知名人を指名して青少年福祉協議会といったものを組織することを勧めます。協議委員はヴォランティアとして奉仕し、ホームレスの子どもや捨て子、浮浪児らの幸福を守り、ボーイ・スカウトやガール・スカウトその他の青少年の活動すべてに対して地域住民の意識を醸成しこれを高めることに尽力するのです。また、協議会は地域の福祉や社会的ニーズを満たすための募金活動をも含めて青少年福祉全体に対して、地域が責任を持つという意識を醸成していくことが必要です。地域社会が福祉活動に対して大きな責任を持つことが不可欠なことなのです。この目的のために地域事業の組織化を援助し、盛り上がってきた児童福祉活動に関心を持つ人々を増やし彼らを結びつけるコンサルタントをGHQの公衆衛生福祉局の中に置かれるとよいでしょう。

また、公衆衛生福祉局に児童福祉コンサルタントを置いて、日本政府が児童福祉の基準や手続きを作成するのに助言するのです。

地方軍政チームに、GHQの指令に違反しないように監視したり報告したり、地域の福祉機関が福祉や児童保護の事業を進める上で助言したりすることができる人材を置くことが必要です。このような人材を置くポジションは、米国軍事省が民間人事局を通して開設し、第八軍が人選して、GHQが承認するという形を取ることになるでしょう。地方軍政チームに福祉事業の訓練を受けた人材がいないのは誠に不都合なことであります。

更生施設に連れて来られる子どもを一人部屋に五日以上も閉じ込めておく現状は打破されるべきです。新たに連れてこられた子どもは直ちにホームや学校の行事に参加させるべきなのです。

施設が、ホームレスの子どもや捨て子のためのものであっても、更生施設であっても、およそ施設であるならば、その目的は罰することではなく、更正させることにあるのです。

すべてのホームにおいて、民主的な精神というか原則が道しるべとなるべきです。今日の日本は民主主義を学びつつあります。少年や少女のためのホームや学校が自治的に運営されるならば、その中で少年や少女は自己の尊厳や自分を大切にするという民主主義の精神を実践的に学ぶことができるのです。

結論として、これらのホームレスの子どもたちや、捨て子や浮浪児たちが敗戦直後より今の方がよほど良く扱われるようになって来ており、そのことは占領軍の注意深い監督と指導の下で日本の政府や民間の機関の誠実な保護が、この恐るべき戦争の可哀相な犠牲者たちに与えられていることは私の受けたオリエンテーションや私自身がこの目で見たことなどから事実であることを報告いたします。良いホームもあれば、一時的な避難場所程度のものもあります。しかしながら、その意図は悪いものではなく、一年か一年半前に比べればストリート・チルドレンが減少しているのは、この面において日本の政府関係者が一生懸命に占領軍と協力しているおかげでもあります。ホームレスの子どもたちを道路から減らすのに過去数週間真剣な取り組みが行われてきました。両者の協力は特によいものでした。しかしながら、今日道路や汽車の中で見られる子どもたちの数からみても、仕事が終わったとはとても言えません。この問題の深刻さは全国的な調査によってのみ明らかにされるでしょう。調査をするべきです。

ホームレスの子どもたちの状況は改善されつつあるにしても、まだやらなければならないことが前方に山積しています。このホームレスの子どもたちや捨て子たちの入居しているホームや学校はより恒久的な基盤の上に置かれるべきで、そのことは子どもたち一人ひとりの知的教育——勉強や職業訓練——および身体と精神の十分な発達を保障するためにも必要なことです。日本の福祉関係機関がこの方向に向かえば万々歳ですが、理想的な事業を展開し、達成するためにはさらなる努力と歳月を要するものと思われます。

日本が他の民主国と歩調を合わせるようになるには、日本人がキリスト教の理想を受け入れるかどうかにかかっていると思われます。子どもにはだれでも宗教的訓練を受ける機会が与えられるべきです。この基礎の上に立って、日本の若者が民主的な市民としての責任と権利を明確に理解して、明日を担う高潔で力強い市民に成長していくのです。

日本国民が当面しているホームレスの子どもや捨て子たちの保護という深刻な問題は、日本経済の混乱の帰結でありますから、早い時期に講和条約を締結させたいというマッカーサー元帥の意向を支持するものであります。この条約締結があって、はじめて日本国の安定が現実のものとなるからであります。

フラナガン神父の日程

（末尾にC・F・サムス局長の署名がある）

一九四七年

四月二三日（水）　東京

一六・二八　パートナーのバイロン・リードを伴い羽田空港に到着、宿泊は帝国ホテル。

注・神父の一行は悪天候に阻まれマニラで待機し、一八日の予定が五日遅れての到着であった。

四月二四日（木）　東京

一〇・〇〇　放送会館（内幸町にあった旧NHKのビル）で記者会見に臨む。

内外の記者約一五〇名が出席した。

マッカーサー元帥夫妻と昼食。

ランバート（Lambert）神父の斡旋によって六本木のチャペル・センターで講演、約三〇〇名が出席した。

四月二五日（金）　東京

GHQ公安課のオリエンテーション、二五名出席。

厚生省のレセプションおよび神父のスピーチ、三五名出席。

四月二六日（土）　東京

帝国ホテルにおいて賀川豊彦のインタヴューを受ける。

GHQ公衆衛生福祉局の職員によるオリエンテーション。

石渡夫人（不明）の経営する孤児院を訪問。

二三・〇〇　上野駅および上野駅付近のテント村を視察。

四月二七日（日） 東京
一九・四〇 明治生命ビルでマッカーサー元帥および占領軍将兵のためにミサを捧げる。一五〇〇名が出席。東京から夜行列車で関西に向けて出発。

四月二八日（月） 京都
〇六・〇〇 京都着。
地方軍政部ウッドラフ（R. B. Woodruff）少将を表敬訪問。
積慶園（私設孤児院）、和敬学園（私設児童保護施設）、天主教女子教育院、平安徳義会養護園、シゲツ寮（京都市立孤児院）等を訪問。
夜 都ホテルで旧知のピーター岡田と再開。
注・Peter Okadaは二世で、ネブラスカの少年の町でパート職員として一年間働いていた。日本では大阪軍政チーム／民間情報教育局（MG/CIE）に勤務していた。毎日新聞の記者が同道し記事にした。（同日の毎日新聞）

四月二九日（火） 京都
〇九・〇〇 京都府庁において「少年の町」について講演し、府知事、福祉施設長、府の福祉関係者等約四〇名と懇談した。
一三・〇〇 同志社大学栄光館において「少年の町における民主主義の訓練」と題して講演した。大学教授、学校教諭、学生、女性団体の代表、児童犯罪防止委員会委員、福祉関係者、宗教関係者、約一二〇〇名が出席した。
一六・〇〇 平安神宮の講堂で京都児童犯罪防止委員会委員、公私の福祉施設関係者等三〇名が児童犯罪防

止、少年少女グループの補導、遊び場、その他について懇談した。

四月三〇日（水）　大阪

一五・〇〇　京都から大阪に移動、新大阪ホテルに投宿。

一五・三〇　朝日会館で大阪府、大阪市、朝日新聞厚生事業団主催の歓迎会に出席して講演した。少年の町で、いかにして少年たちを一人前の社会人に育てるかという問題について語り、福祉関係者、教育者、母親、児童等約三〇〇〇人が参加した。

一六・三〇　朝日会館一〇階の連合軍記者クラブで記者会見。

二〇・〇〇　軍政部のクレーグ（Frank. Craig）大佐の案内で梅田駅、阪急駅、難波駅の三つの駅周辺を視察した。大阪梅田厚生院のほか闇市、東成警察署の留置所などを視察。

五月　一日（木）　大阪～奈良～大阪

〇九・〇〇　「見返りの塔」で知られる大阪府立修徳学院を訪問。（大阪府柏原）

注・日本のボーイス・タウンといわれ、十数人を一単位として住まわせる家族的な組織であった。（院長：波頭忠雄）視察した神父は"wonderful""good job"を連発したという。この施設をモデルにした映画「蜂の巣の子供たち」の制作が進められていた。

視察の後、府の大森福祉課長が座長になって、児童福祉問題について円卓会議を開き、神父は短い話をした。話の内容は政府の動きを待つのではなく、地域住民一人ひとりが福祉活動に参加し財政的にも協力していくことが重要であることを強調した。

一一・三〇　奈良へ移動し東大寺、正倉院を見学した。

奈良軍政部のヘンダソン（R. S. Henderson）中佐の案内で近畿地区少年刑務所その他二カ所を視

察した。
奈良県野村知事のレセプション。
大阪へ戻った。

五月　二日（金）　大阪
〇九・〇〇　聖公会の経営する孤児院ホウジュ会を視察。
一〇・〇〇　聖心隣保会経営の聖母病院、聖家族の家（スイス人のシスターが世話をしている戦災・引揚げ家族、孤児、老人の施設）を訪問。
田口司教の経営する駒川ホームを訪問。（大阪市東住吉区）
昼　ブラウン（Brown）将軍の昼食会。
一三・三〇　高槻市へ移動。ジュスト・高山右近の資料を見学、右近の伝記の英訳書が神父に贈呈され、神父は感銘をうけた。
市内の聖ヨハネ学園（孤児院）を訪問。
市立公会堂において古田知事も参加、神父は少年の町のボーイ・スカウト運動について話し、児童の厚生をテーマに討議を行った。教員、福祉関係者、女性倶楽部の代表等約一八〇名が出席した。
一七・〇〇　新大阪ホテルのフロントで大阪府立梅田厚生館に収容されている孤児の代表杉浦明が神父に感謝のメッセージを読んだ。

五月　三日（土）　神戸
兵庫軍政チームの福祉関係者と合流して神戸真生塾孤児院で講演し、会議を開いた。岸田幸雄兵庫県知事ほか七五名出席。
シナイ学園を見学。

昼　軍政部クリチロフ（Robert Critchlaw）准将の昼食会。

午後　兵庫県福祉関係者と円卓会議の席で、神父は地域の福祉事業は地域の責任であり、地域福祉への市民の参加と財政的協力の必要を説いた。

五月　四日（日）　神戸

信徒等の要望で神戸夙川教会において荘厳ミサを捧げ、少年福祉について話をした。信徒等は強い感銘を受けたという。

大浜文子の経営するハンセン病患者の子どものホームを訪問。

注・四八年一月二二日大浜のさまざまな福祉活動がクレイグ大佐から神父に伝えられ、大浜に少年の町名誉市民権が贈られた。

夜行列車で福岡へ向かう。

五月　五日（月）　福岡

一二・四〇　福岡着。軍政部マンスキー（C. Munski）大佐等の出迎えを受けた。

一四・〇〇　県立百道松風園《ももじしょうふうえん》（孤児院）を訪問、福祉関係者に講演。

五月　六日（火）　福岡

若久緑園《わかひさみどりえん》（孤児院）、聖モード（St. Maud）女学院、福岡学園、県立女子高等学校、男子高等学校を訪問し講演した。（男子校では生徒たちと野球を楽しんだ）。

福岡県立の刑務所を視察、二一四〇名が収容されていた。

五月　七日（水）　福岡

福岡県や市の施設を視察。

西日本会館で県や市の福祉関係者、女性倶楽部の代表、教育者、学生・生徒、新聞記者等一〇〇〇名に講演した。

注・少年の町の自治的な運営方法について話し、将来社会人になるときの訓練として“learning by doing”について話した。

一三・四二　博多発

一九・二七　長崎着

夕食後、長崎軍政チームのデルナー（Delner）中佐の自宅に招待され、軍政部の中での専門的知識を持った人材の不足について、および長崎での神父の日程などが話し合われた。

五月　八日（木）　長崎

聖母の騎士修道会が経営している聖母の騎士園（孤児院）を訪問。

施設長等五〇名と会議を開き、施設での問題点として不衛生であること、収容人数が多すぎること、体育施設がないことなどが指摘された。

長崎経済大学で教育者、福祉関係者、公務員等二〇〇〇人に講演した。

爆心地を訪ね、大浦の天主堂でベネディクションを捧げて死者の冥福を祈った。

五月　九日（金）

午前　数カ所の施設を訪問。

午後　公開の講演会で神父は幾つかの問題点を指摘し、さらに児童福祉に関心を持ち続けるよう強く語った。

注・呉に着いたが手違いで、神父等一行は月曜日に到着することになっていたため、一行は車の中で一夜を明かした。

五月一〇日（土）　呉―広島

午後　広島に戻り昼食をとった。

神父が希望して、県の職員約一五〇人を対象にして講演をした。

マリア園（広島）を訪問し、楠瀬県知事、県の福祉関係者、教育者等二五〇人に講演した。

五月一一日（日）　広島

朝　広島のイエズス会修道院においてミサを捧げた。

注・天候が悪く瀬戸内海の島の孤児院訪問は取りやめになった。県はこの島に九〇人の孤児を養っていた。

午後　カトリックおよび仏教の孤児院を訪問。

一七・〇〇　呉に戻って軍政部のクラブで日曜のディナーに続いて、神父による「母の日」の講演が行われた。

二一・〇〇　横浜での会議から戻った軍政部福祉担当官のスナイダー（Russel Sneider）大佐の自宅に招かれ福祉問題を話し合った。

五月一二日（月）　東京

一九・三〇　東京着。表敬訪問等の社交的行事を減らし、滞在をもっと有効なものにしてほしいと神父から軍政部側に要望が出された。

五月一三日（火）　東京

五月一四日（水）　東京

日本赤十字本社職員と会議を持った。

第四九病院において陸海軍の従軍司祭・牧師約一〇〇人に対して講演。

五月一五日（木）　箱根湯本

〇八・〇〇　箱根湯本の三昧荘において、厚生省児童局、同胞援護会の共済で「全国孤児対策協議会」が開催され、神父は招待を受けて出席し講演した。視察した施設について、トラホーム（伝染性の眼病）が多い、宗教的訓練の不足、スポーツ施設の不備、幼い子に労働を強いて経常費を稼がせていることには絶対反対であることなどを述べた。高松宮、内山岩太郎神奈川県知事等三五〇名が参加した。

五月一六日（金）　東京

一〇・三〇　皇居で天皇皇后両陛下と約一時間にわたる会談。

その後記者会見に臨んだ。

日本社会福祉協会の後援で児童救援に関する会議があり、「少年の町物語」と題して講演し、会議を持った。

五月一七日（土）　東京

第一中学校で、「母の日に思うこと」と題して講演した。

一四・〇〇　神田共立講堂において催された東京都、毎日新聞社、朝日新聞社、厚生省児童局、同胞援護会が主催する「歓迎コドモ芸能大会」に出席、子どもたちに「少年の町」の話をした。四歳の女児のヴァイオリン演奏などがあった。

一六・〇〇　戦後復活したボーイ・スカウトの第一回キャンプ・ファイアが神宮外苑球場横の広場で開かれた。さまざまな行事の最後にキャンプ・ファイアを囲んで神父の話があった。皇太子、ヴァイニング夫人、占領軍の関係者等が参加した。

五月一八日（日）　東京

〇九・〇〇　全国児童福祉大会が日本赤十字本社で開催され、皇后陛下、高松宮妃殿下を始め五〇〇人余が参加し、神父は「民主国の子どもたち」と題して講演した。

一三・〇〇　児童福祉法案が提案され、国、都道府県、市レベルでの協議会、委員会の設置、福祉関係職員の現職教育、児童福祉の基準、資格・学位などについて討議。

五月一九日（月）　東京

都庁でスペラッティ（Sperati）大佐および軍政部の職員と都レベルのオリエンテーションに出席。

福祉、教育、法務省との合同会議の席上、日本の児童保護施設の印象を語った。

五月二〇日（火）　東京

浅草千束小学校跡の戦災者救済会、上野保護所（児童保護のための公的施設）、東京都中央児童相談所、淀橋保護所（戦災孤児、浮浪児の保護施設）、麹町保護所（浮浪児の保護施設）等を視察。

雑誌社のインタヴューを放送会館で受けた。「少年の町―小民主社会」と題し語った。

注・神父が視察したこれらの施設は子どものためであるにもかかわらず大人の浮浪者や戦災者に占拠され、子どもの姿が少ないのに神父は不満を表した。麹町保護所では新しいシャツを着せられた子どもたちに話しかける神父の写真が新聞に掲載された。

五月二一日（水）　東京

一〇・〇〇　放送会館において神父は内外の記者団と会見し、関西方面視察の印象と意見を述べた。福祉事業に一定の基準と計画性を持つこと、教育の場として学問、職業教育、スポーツや娯楽を通しての精神的、肉体的向上を図るべきことを政府に提案することなど。

家のない子どもの全国的調査の実施、各府県と民間人有志による青年福祉局といった組織を作り、財源は年に一回市民からの募金によるものとする。明日の日本は今日の少年が担うのである。民主主義の原則の指導はキリスト教の道である。子どもは神の子、宝である。

ジュニア赤十字大会に出席、二五〇〇人の児童が参加。

サレジオ学園（孤児院）を訪問。（当時練馬）

注・「戦災少年教育事業・東京サレジオ学園」として一九四六年四月二六日に開設された戦災孤児院。成増飛行場跡地。園長・タシナリ神父

東京都石神井学園（孤児院）を訪問。練馬区。園長・堀文治

五月二二日（木）　東京

フロージャック（Joseph Flaujac）神父運営の慈生会の施設を訪問。

注・当時慈生会の施設は療養所を出された結核患者のためのベタニアの家、患者の子どもたちを救済するナザレトの家、徳田《とくでん》乳児院、女子修道院などがあった。

東星学園（孤児院）訪問。（当時清瀬村）

注・フロージャック神父の施設の一つで結核患者の子どもを預かる施設で小学校があり、中学校が開校された年に神父が訪問した。

東京都萩山実務学校「少年の村」を訪問。（小平市）

注・障害を持った子ども、戦災孤児、浮浪児らの施設、約二〇〇人の児童を収容していた。後に施設のモデルに選ばれた。

東京育成学園を訪問。（世田谷区）

五月二三日（金）　横浜

地方軍政チームのマルバー（R. Malber）大佐を表敬訪問。

ララ物資倉庫視察。

神奈川県福祉関係者約五〇名に講演。

第八軍司令官アイケルバーガー（Robert L. Eichelberger）中将を表敬訪問。

聖ヨゼフ学園その他の学校の男女生徒約一二〇〇人に講演した。

戦争犠牲者連盟孤児院、私立更生施設、横浜保護ホーム（一時的に保護される施設）等を訪問。

ライダー（Charles W. Ryder）中将を表敬訪問。

五月二四日（土）　東京

後楽園野球場に姿を見せた神父は、中部日本対金星の試合でマウンドに立ち始球式を行った。第一試合終了後無料開放の外野席に招待された施設の子どもたちに「少年の町」について話をした。

注・毎年五月二四日をフラナガン・デーとして球場に施設の子どもたちを無料で招待することになった。一九四八年には急逝された神父を追悼して球場の無料招待が実施された。

夜行で仙台へ。

五月二五日（日）　仙台

〇七・〇八　仙台着　千葉三郎宮城県知事、副知事、仙台市長、子どもたち、仙台地方軍政部高官、関係者等の出迎えを受けた。

第九軍司令部のホールにおいてミサを捧げる。

松島の近くにあるライダー中将の自宅を訪問。

五月二六日（月）　仙台

キリスト教関係孤児院、宮城聾唖学校、善き牧者ホーム（現在の小百合学園）など八カ所を訪問。他の県に比べて施設設備などがよく整備されているので、基準を作成する上でのモデルにすることを神父は提案した。

宮城県議会ホールにおいて、千葉三郎宮城県知事の挨拶に続いて児童福祉問題についての円卓会議があり、約二〇〇人が参加した。

五月二七日（火）　仙台

〇九・〇〇　宮城県庁で円卓会議。

一四・〇〇　宮城学園で「少年の町」について講演。約二〇〇〇人が聴講。

伊達伯爵家訪問、県知事の夕食会。

二二・一五　夜行列車で帰京。

五月二八日（水）　東京

〇六・一五　東京着。

軍政部タンゼイ（Patrick H. Tansey）将軍を表敬訪問し会談した。

五月二九日～六月五日　ホッジ（John H. Hodge）中将の招請によって韓国へ視察に行く。
六月　五日（木）　東京
一六・四五　立川基地空港着。
一八・〇〇　東京へ帰着。
六月　六日（金）　東京―箱根
一〇・〇〇～一四・三〇　東京を発って箱根宮ノ下の富士屋ホテルに入る。途中聖心愛子会修道院の孤児院を訪問。
六月　七日（土）箱根
富士屋ホテルのそばにある聖ポーロ孤児院訪問。
六月　八日（日）
六月九日―一〇日（月）～（火）
横須賀海軍基地滞在。
六月一一日（水）
一四・〇〇　上野精養軒で一松定吉厚生大臣、鈴木義男司法大臣と会談。
厚生省、文部省、司法省、農林省、運輸省の関係者と最終の会議。
六月一二日（木）
午前　サムス局長に報告書提出。サムス局長は沖縄に出張中であったためジョンソン（A. Johnson）副官に手渡した。
一四・〇〇　放送会館でラジオ放送を行った。その後記者会見に臨んだ。

一六・〇〇　上智大学で学生に対し「日本よ　さらば」と題して、日本で最後の講演を行った。
六月一三日（金）　東京
一〇・〇〇　市ヶ谷の極東国際軍事裁判を傍聴。
マッカーサー元帥に帰国の挨拶をする。
一六・〇〇　厚生省の葛西嘉資社会局長と米沢児童局長は帝国ホテルに神父を訪ね厚生大臣からの感謝状を贈呈した。
六月一四〜一六日
六月一七日（火）　横須賀
横須賀港より大勢の見送りを受けフォール・リヴァー号で帰国。
七月一一日　神父はトルーマン大統領と会見し、日本での視察の結果を報告した。
注・GHQ文書の日程にはないが新聞・雑誌その他の情報源から訪問先など書き加えたものもあるが注はつけなかった。時間は分かるもののみ記入した。・日程中の注は筆者がつけた補足である。

フラナガン神父の報告に基づいたGHQ公衆衛生福祉局の活動方針

一九四七年七月三日

一、フラナガン神父の児童福祉に関する勧告を受けて、一九四七年七月三日、午前一〇時、GHQ公安課、G—2のB・G・ルイス博士、民間情報教育局教育課のL・Q・モス氏、公衆衛生福祉局福祉課長のネフ大佐らが会合を開き、フラナガン神父の児童福祉報告書に書かれている勧告について検討した。

勧告を読み返して、公衆衛生福祉局、公安課、民間情報教育局はそれぞれが関連のある部分に注目し、GHQの各局が対応している日本政府の機関に働きかけて実行に移すことで意見の一致を見た。

二、勧告に記されている左記の点を実行に移す

a．公衆衛生福祉局はGHQの統計班に依頼して、フォスター・ホームまたは施設に入れて保護する必要のある子どもたちについて、状況が許す限り正確な数字を収集する。

b．厚生省児童局のフォスター・ホーム・ケア事業の進展を継続して支援する

c．公安課は、施設に保護された子ども一人ひとりの身体と精神と「心」の成長のために、魅力的で、建設的で、現実的な訓練事業を行えるよう関連の政府機関を支援する。

d．法務省または厚生省の管轄下にある民間の施設が、児童の労働によって商品を製造し、販売して利益を上げている場合は、それが職業訓練か職業訓練の名の下に行われている搾取かを、公衆衛生福祉局または公安課が見極めて正当な職業訓練でない場合は排除する。

e．公衆衛生福祉局は、厚生省が進めている公私の福祉施設の職員に対する現職者教育事業を支援し、またホームレスの子どもや捨て子の保護と更生に携わっている地元の民生委員や福祉関係者と共に仕事ができるより高度な訓練を受けた児童福祉コンサルタントが育成されるよう支援する。

f．管轄の政府機関がどこであっても児童保護施設は、直ちに子どもたちが十分な医療と歯科の検査と治療が受けられるようにし、必要な医療が続けて受けられるよう通院することが保障されるようにする。（原注・日本の医療は最低の健康を保障する程度には行われている。）

g．管轄の省庁に対し、児童保護やトレーニング事業でよい成果を挙げている民間の施設を奨励し、現在事

業に問題があるとみなされている施設の基準を引き上げるよう働きかけることを促す。

h．最低基準を満たすことができない問題のある施設については、ライセンスあるいは許可証を取り消し、成果を挙げているフォスター・ホームや公私の福祉施設に子どもたちを移すよう管轄している省庁に働きかける。

i．厚生省は児童局に公私の児童保護施設の最低基準の作成を進めさせているが、その中で児童保護事業に携わっている私立の施設すべてに対してライセンスまたは許可証を発行する基準を満たすための条件や規程を含めるものとする。基準は新規の施設ばかりでなく、既存の施設にも当てはまるものとする。

j．「青少年福祉協議会」の設置に関して、厚生省の指示に従って各県の福祉関係当局は、各県や市にも社会福祉機関の協議会を設置し、地域の社会福祉事業を行なっている団体に資金を供給する方法をすでに検討をしている。一〇月初旬には全国規模で募金を行うはじめての正式な機関が発足する予定であるが、実際に募金が開始されるのは一九四七年一二月下旬から一九四八年一月初旬にかけてのことになろう。公衆衛生福祉局は、この局に地域団体コンサルタントとして職員が増加されることを勧めている。

k．また、公衆衛生福祉局は、児童が入居する国および県の施設の基準と手続きを作成するために児童福祉コンサルタントが本局に一名増員されることを勧めている。

l．公安課は、法務省の感化院に送られてくる新入りの少年を最長一五日間も個室に入れておくことが不当であると指摘された悪習について再調査をする予定である。このやり方は子どもが伝染性の病気にかかっていたりする場合は別として、そうでなければ施設で他の子どもたちと日常生活を始める前に「彼の精神を傷つける」結果になりかねない。

m．自治的な活動への参加を通して民主主義を学んでいくことは、日本の役人や組織にとってもちろん新しいことである。しかしながらこのような活動を育成していくことは重要で、これが進展されたならば子どもが訓練を終了して自立した社会の一員として社会に出て行くときに、政治活動に理性的に参加することが保障されよう。

三、日本の政府とその省庁が適切な保護計画を迅速かつ有効に作成できるかどうかは簡単に見極められない。児童福祉関係機関の急激な増加は、戦争とその後の影響であることは疑いない。厚生省がこの状況を緩和するのに一生懸命に努力してきたことは、生活保護法や厚生省内に児童福祉局が設置され、児童福祉法や最低基準が作成されていることからも明白である。浮浪児の数を見るだけでも戦争がもたらしたとてつもない問題は、日本人が今まで当面したことのないものである。現在施設に保護されている子どもたちの数が将来もそのまま続いていくものかは現時点で判断できないが、フォスター・ホームで保護されることが勧められ、日本の経済力が回復し家族が自分の子どもの養育に責任が持てるようになれば、普通の子どもに関する限り施設で保護する必要が減少していくものと思われる。

四、日本が社会事業に関する法律の作成を進め適切な職員を配置して実施に移すならば、基本的な法律と最低基準に関しては世界中で最も先進的な国に位置づけられることが期待されよう。これらの事業が総合的に効果を発揮するのは、ひとえに国民の理解と受容と激励にかかっていることをもう一度強調したい。このことは日本の政府機関の任務と責任に帰するものなのである。

注・フォスター・ホームは神父が里子のことと養子縁組のことを区別してないようなので、そのままの語を使った。

おわりに

フラナガン神父の訪日はわが国の児童福祉に直接的にも間接的にも大きい影響をもたらした。厚生省の中に児童福祉局が設置されたこと、児童福祉法が公布されたこと、その中に基準が設けられたこと、ホームレスの子ども、戦災または引揚げ孤児等の統計が作られたこと、子どもたちの収容施設が公私共に新設され、中には「少年の町」の名が付けられたものも幾つか見られたこと、共同募金が全国レベルでスタートしたこと、思いがけなかったのは『鐘の鳴る丘』というラジオドラマは、GHQ民間情報教育局のラジオ課が神父の来日の効果を高めるためだったのかもしれないが、菊田一夫に執筆を依頼した。今は映画になっていて、初めに「フラナガン神父の霊に捧ぐ」という献辞があるそうだ。（野本　一九九九）

神父のサジェスチョンが有りながら、GHQの活動方針の中には取り入れられなかった事項に宗教教育がある。物質的に豊になった今日、親が子どもを虐待し、子どもが親を殺したりする殺伐としたニュースや汚職、うそつき食品の横行等が毎日のように新聞やテレビで伝えられてくるの見ても、精神の向上をないがしろにしてきたことに気付かされる。神父は講演の度毎に精神の向上の大切さを説いておられるが、今こそ神父の声に再度耳を傾けなければなるまい。

もう一つは民主主義がまだ十分に根付いていない事実である。福祉にしても文化にしても我われ市民が主体的に支援すべき部分が大きいことに気付いていない。これらのことは行政がやるものだという気持ちが常にある。アメリカとは異なる税制の問題があるにしても。「少年の町は行政から助成をまったく受けていない、事業に賛同するアメリカ全土から寄せられる寄付で運営されている」と神父はしばしば強調して語っておられるが、我われ日本人がその域に達するにはかなり意識の切り替えが必要で時間を要すると思われる。神父は背が高く、声も大きく、キリスト教の強い信仰に裏打ちされた講演は聴く人の心に染みとおり、相当のインパクトがあったという。

それにもかかわらず、神父についてのまとまった資料がなく、講演の記録や要旨が幾つか見つかっただけであった。思いついて国立国会図書館に通ってGHQの文書を探してみた。何回目かの探索で、思いがけず神父の児童福祉視察報告、神父の日程および報告を受けてGHQの公衆衛生福祉局が策定した活動方針の三点が目にとまった。これらは占領軍の内部資料であったから、我われ日本人は一部の人を除いて目にしていないのではないかと思い韓国視察の分は省いて訳出した。神父が来日して今年は六〇年目に当るという事実にも背を押されたような気がした。日程にある訪問先の施設名はローマ字書きなのと半世紀以上も経っているので一部を除いて確認できなかった。それでも日程が見つかったことで、神父の滞日記録が点から線になったが、それを広げて面にしていくのがこれからの課題であろう。

神父は頼まれると色紙に「There are no badboys in Japan」と書いたという。(近藤訳　一九四八)どこかに色紙は残されていないだろうか。

（1）　連合軍最高司令官（SCAP）D・マッカーサー元帥を頂点にして総司令部（GHQ）が構成され、その中に参謀部と幕僚部があった。幕僚部は日本の間接統治に関り、一九四六年八月時点で一三の局があって占領行政の中核を成しており、民生局、民間情報教育局、特に神父の滞日に直接かかわった公衆衛生福祉局も含まれていた。一方、アイケルバーガー中将が司令官であった第八軍は、地方軍政部として都道府県の地方自治体に対応してGHQからの指令の実施について日本の自治体を監督し助言した。公安課とG―2は参謀部に属していた。

参考文献

『朝日新聞』縮刷版　一九四七年四月―七月。

『読売新聞』縮刷版　一九四七年四月―七月。

『毎日新聞』マイクロ版　一九四七年四月―七月。

『新聞集成・昭和編年史』一九四七年四月―六月。

村上貴美子『占領期の福祉政策』勁草書房、一九八七年。

丹羽正子「児童福祉施設最低基準の制定」（『愛知新城大谷短期大学研究紀要』四三号、二〇〇三年四月）。

田代菊雄『日本カトリック社会事業史研究』法律文化社、一九八九年。

森美千代「不良児はどうして救われるか：東京西郊萩山に「少年の村」を訪ねて」（『婦人生活』一九四七年十一月）。

野本三吉『子ども観の戦後史』現代書館、一九九九年。

厚生省五十年史編纂委員会編『厚生省五十年史』記述篇、厚生問題研究会、一九八八年。

同『厚生省五十年史』資料篇、厚生問題研究会、一九八八年。

「「少年の町」の創始者　孤児の慈父フラナガン神父」（『声』八三七号七―一〇頁、一九四七年六月）。

「フラナガン神父は語る」（『婦人公論』三一巻七号一六―一八頁、一九四七年七月）。

Oursler, Fulton; Will Oursler, "*Father Flanagan of Boys Town*", Doubleday, 1959. 302p.

Burton, Doris, "*A Town Run By Boys; Monsignor Edward Flanagan (1886-1948)*, Pioneers for Christ: Ten Great Founders", pp. 139-155. Academy Library Guild, 1958.

Nohl, Hermann（島田四郎訳）「フラナガン神父」一七九―一八七頁（『人物による西洋近代教育史』玉川大学出版部、一九九〇年）。

田代不二男『フラナガン神父の「少年の町」を見る』日本社会事業協会、一九四九年。

『フラナガン神父の「少年の町」』（近藤良敏訳）大阪・毎日新聞社、一九四八年。

神林宏和「Ｅ・Ｊ・フラナガン」一一九―一六四頁（四竈楊、関田寛雄編『キリストの証人たち、地の塩として　３』日本基督教団出版局、一九七五年）。

「ホームレスの子供たち」（『ＧＨＱ日本占領史　第二三巻　社会福祉』（菅沼隆解説・訳）日本図書センター、一九九八年）。

GHQ/SCAP Record. Father Flanagan-Visit to Japan. #1 (1947-1948) 国立国会図書館所蔵。

第Ⅲ部

日本を題材にしたイエズス会劇

竹中昌宏

はじめに

一六世紀の中葉、イエズス会が教育事業を始めると、イエズス会劇が急速に発展した。イエズス会の学院の教授はラテン語劇を創作する義務があり、劇の題材は学院の生徒や観客に相応しいものが選ばれた。ラテン語を解さない一般の観客のためには自国語による筋書きが印刷され、配布された。イエズス会劇の台本は印刷されず、後世まで台本が残存する事例が稀であったので、現存する筋書きはイエズス会劇研究の貴重な資料となっている。

イングランドのカトリック子弟の教育機関である南ネーデルランド（現在のフランスのパ・ド・カレー県）のサントメール学院は、一五九二年にイエズス会士ロバート・パーソンズ神父により創設されたが、サントメール学院ではラテン語劇の上演が奨励されていた。ラテン語劇は通常、文法学クラス（Grammar）及び修辞学クラス（Rhetoric）の教授により創作され、学年末の賞状授与式や賓客の歓迎会の余興として学院内の劇場で上演された。劇の上演は悲劇を主としたが、喜劇や朗唱劇も上演された。劇の題材は聖書や聖人伝説等から選ばれ、時にはイングランドの歴史（例えば薔薇戦争）から取材された。サントメール学院の代表的な劇作家はジョセフ・シモンズ（Joseph Simons, 1594-1671）で、一六二一年二月から一六二四年五月までサントメール学院に在任中シモンズの作品が三編上演されている。シモンズは後年リェージュで哲学及び聖書学の教授を務めたが、シモンズのラテン語劇の全集が一六五六年に同地で出版された。

サントメール学院の劇場で一六三〇年代に『アンティペラルゲーシス』（*Antipelargesis*）というタイトルのラテン語劇が上演された。二〇〇行、八場の散文劇だが、この劇全体のテキストの写本がイギリスのランカシャーのストーニーハースト学院に所蔵されている[1]。本章ではサントメールのイエズス会の学院で上演された『アンティペラルゲーシス』を中心に、アイルランドのキルケニーの学院で上演されたイエズス会劇及びこの劇と関連するバイエルンのフライジングの学院で上演されたラテン語劇を紹介したい。

一　サントメールのイエズス会劇

『アンティペラルゲーシス』のテキストには梗概（Argumentum）が記されているが、この劇の梗概は次の通りである。

昔、ハルモニウスという人がいた。ハルモニウスは身分の高い生まれで、恵まれた生活を送っていたが、運命が変転し、生国を去ることになる。ハルモニウスは三人の息子を連れて、クバという君主が治める国に移ったが、財産を使い果たし、貧窮した。

当時クバの国は無法者に悩まされ、多額の懸賞金が無法者の首にかけられていた。ハルモニウスの息子のフィロパテールはこの機会を利用して、父親の窮境を救おうとした。すなわち、フィロパテールが無法者の代わりとなって捕らえられ、父親の窮境を救う計画を立てたのである。フィロパテールは捕らえられ、死刑の判決がフィロパテールに下る。しかしながら、このような敬虔な孝心がいつまでも暗闇に隠れているのは望ましくないことだ。真実が明らかになると、クバはフィロパテールの孝心を褒め、フィロパテールは無罪放免となり、ハルモニウスとハルモニウスの三人の息子達は多額の恩賞を賜った。(2)

この劇の梗概では道徳的なメッセージが込められている。フィロパテールは父親のハルモニウスの窮境を救うために自分の命を投げ出すが、フィロパテールの行為は気高い徳の現われと解釈される。道徳的なトーンは登場人物の名前にも反映している。ハルモニウス（Harmonius）という名前は「公平さと道徳の調和」を表し、父親の窮境を救うために自分の命を投げ出す息子はフィロパテール（Philopater）と呼ばれるが、この名前は「父親を愛する」という意味だ。二人の息子エウゲニウス（Eugenius）とフィラレテース（Philaretes）はそれぞれ、「気高い」、「徳を愛する者」を意味する。他の名前にも固有の意味がある。東洋の支配霊であるロドクロウス（Rodochrous）は「薔薇色の」という意味である。軍の指揮者ポレミウス（Polemius）及びマルティウス（Martius）はそれぞれ「戦いを好む」、「勇ましい」という意味で、適切に名付けられている。対立している派閥の長はクランゴノール（Crangonor）、イーレーナエウス（Irenaeus）、ユウブールス（Eubulus）と命名されていて、それぞれ、「騒々しい」、「穏やかな」、「適切に助言する」という意味である。ヤポニア（Japonia）という名の人物が登場するが、この人物の名前の意味が「日本」であるのは明白である。ハルモニウスと三人の息子が亡命する国の君主はクバ（Cuba）と呼ばれるが、この名も日本にゆかりのある名前である。この名前の意味については後述することにする。

この劇のテキストは梗概の後、プロローグ、八場と続くが、ロドクロウスはプロローグで次のように語る。

カーテンを引くと、こちら側では、無法者が痛ましいヤポニアに武器を向ける。あちら側では、ハルモニウスは自殺を試みる。真ん中ではクバの前でフィロパテールが鎖に繋がれ、ひれ伏している。(3)

ロドクロウスのナレーションは一連のタブロー（脅迫されるヤポニア、自ら命を絶とうとするハルモニウス、君主のクバの前でひれ伏すフィロパテール）を示していて、ここでは黙劇が演じられる。黙劇はこの劇のハイライトを描き出す。黙劇が演じられる間、ロドクロウスのナレーションはこの劇のアクションを要約するが、ロドクロウスはいわば、現代の映画やテレビドラマにおけるナレーターの役割を果たしていると言えよう。

ロドクロウスはヤポニアの悲惨な状態について語る。「恐ろしげな鋼の刃」が「嘆く国」に向かって振りかざされる。ヤポニアは過酷な圧政に苦しんでいるのだ。ロドクロウスのナレーションはこの劇のアクションを要約するだけでなく、この劇のアクションにも働きかける。ロドクロウスは自殺を思い留まるようにハルモニウスを説得し、孝心故に罪を犯したフィロパテールの命を助けるようクバに嘆願するのである。

ロドクロウスのナレーションからサントメール学院の劇場の舞台を推測することが出来る。大きな前舞台（主舞台）があり、後方にはアルコーブ（小部屋）が三つある。中央のアルコーブがもっとも大きく、左右のアルコーブは小さい。アルコーブは三つとも主舞台からカーテンで仕切られている。

アルコーブの中で黙劇が演じられるが、黙劇はイギリス・ルネッサンス演劇の初期によく用いられた手法である。『ハムレット』の劇中劇における黙劇はよく知られた事例である。『ハムレット』の劇中劇における黙劇は劇中劇の物語を要約して予め観客に見せる。『アンティペラルゲーシス』においても黙劇は劇の展開を予め観客に見せる役割を果たすのである。
この劇では八場のうち五場は独白で始まる。各場の独白が終わると人物が登場し、対話が続くが、独白では話者の浸る感情が表出される。三場冒頭。フィロパテールは無法者と偽ってクバの元に出頭する考えを抱いているが、兄達に自分の計画をまだ話してはいない。フィロパテールの独白は自分の計画への疑惑で始まる。フィロパテールは父を救うために自分の命を犠牲にすれば、死後に名声を得られるであろうと思いを馳せる。だが、フィロパテールはそのような名声を夢見ることは自尊心を満足させているだけではないかと反省し、計画を実行した場合、自分が処刑されることになるという事態を想像して恐怖に駆られる。しかし、フィロパテールは、このような考え方を捨て、勇を鼓して決心するのである。

「おお、魂よ、お前はなぜ疑惑に取り付かれているのか」から「天の星が毒液を落とすかもしれないが、孝心はこの道を選ぶ」に至るフィロパテールの三場の独白には飛翔する悲劇の言葉が用いられているが、この悲劇の言葉には古典の言及が見られる。同じ独白でフィロパテールは自分の命数から何年か取り去って父の年に加算されるように祈るが、これはオウィディウスの『メタモルフォーセース』においてイアーソーンが父の寿命を延ばすために自分の寿命から命数を取るために魔術を使うようメーデーアに頼む箇所（『メタモルフォーセース』八章一六八）からの引用である。

五場のハルモニウスの独白においても『メタモルフォーセース』からの引用が見られる。ハルモニウスは「神託」の言葉を聞き、自分の前途が良いことを知って喜び、興奮した口調で叫ぶ。「私の頭は高く持ち上げられ、黄金の星空を打つであろう」。これはメーデーアがイアーソーンの妻になることを夢見て「あの人が私の夫になってくれたら、私は神々の恵みを受けて幸福な女と呼ばれ、この頭が空の星の彼方まで届くような気がする」と叫ぶ箇所（『メタモルフォーセース』七章六一）からの引用である。

朗唱劇風のこの劇においてアクションとパッションが横溢しているのがト書きから想像出来る。四場前半のト書き「武器の鳴らす音が内舞台から聞こえる。それから彼らは剣を抜いて舞台に飛び出す」は無法者の一味が剣を抜いて、一斉に舞台になだれ込むアクションを示唆するト書きである。ちなみにこのト書きから主舞台がカーテンで仕切られた背後に内舞台があるという舞台構造が推測出来る。

この場面で無法者の頭のディオメーデースはカーテンの後のアルコーブから「手下ども、武器を取れ、武器を取れ!」と叫ぶ。副長のバーガロウは同じく後のアルコーブから「反逆者達を転覆させよ!」と叫ぶ。「それから彼らは剣を抜いて舞台に飛び出す」とト書きが示すように、部下達はディオメーデースの命令に呼応して舞台に突進するのである。

四場後半のト書き「一同は片膝を立てて跪き、全員が円陣を組み、互いに剣の矛先を相手に向ける」はこの劇の舞台での振り付けを示唆するト書きである。このト書きは登場人物の出入りを指定するだけでなく、登場人物のアクションをも指定しているのだ。無法者達は名誉にかけて闘うことを誓う。この誓いにより彼らは更に闘志をかき立てられるのである。

イエズス会劇では「二重の筋」の試みがなされる。筋が二重になっていて、主筋と平行して別の象徴的な脇筋があり、イエズス会劇の特徴である道徳についての説明がなされる。このことはサントメールにおけるイエズス会劇の二重の外題『バシリンドゥス、或いは野心は人間最大の罪』(*Basilindus sive ambitio summum gentis humanae malum*)、『トマス・モア、或いは殉教によって名声を高めた高潔な性行』(*Morus sive Morum integritas suo sanguine purpurata*) によっても明白である。

『アンティペラルゲーシス』においても二重の外題 (*Antipelargesis sive Felix liberorum in parentem pietas*) が見られる。最初の短い、謎めいたタイトルのアンティペラルゲーシス (*Antipelargesis*) はギリシャ語で、「コウノトリにならいて」という意味である。中世およびルネッサンス期では「コウノトリ」は「孝行」を表象するよく知られたエンブレムであった。ちなみにオックスフォード英語辞典では「親と子の相互の愛、一般的には互いの親切」という意味の *Antipelargy* という語が収録されている。二番目の長いタイトル（*Felix liberorum in parentem pietas*）は「子供達の幸せな親孝行」という意味である。結局、『アンティペラルゲーシス』における二重の外題は「コウノトリにならいて、或いは子供達の幸せな親孝行」という意味になるのである。

エンブレムではコウノトリは三羽描かれるが、この劇でも三人の子供達が登場する。シエイクスピアの『リア王』の娘達も三人であるが、『リア王』の娘達の振る舞いは『アンティペラルゲーシス』とは非常に異なる。一方、『アンティペラルゲーシス』の短いタイトルは暗示的に、長いタイトルは明示的に子供達の親孝行を示唆しているのである。

ここでこの劇の典拠について考えたい。梗概の末尾に 'ex recentiore quodam'（最近の出来事より）という短い語句が記されている。この語句はこの劇が最近の出来事に基づいて創作されたことを物語っているが、この語句からはそれ以上の情報は引き出せない。解けそうでいて、解けない謎のような語句である。だが、幸運にも偶然、この語句の謎を解く鍵が得られたのである。

一六四四年にアイルランドのキルケニーでイエズス会劇『ティトゥス、或いはキリスト教徒の模範的な勇気』（*Titus, or The Palme of Christian Courage*）が上演されたが（この劇については第二節で詳述する）、ケンブリッジ大学図書館ブラッドショー文庫所蔵のこの劇の筋書きから上述した語句の謎を解く鍵が見いだされたである。[4]

筋書きのタイトル・ページにこの劇はイエズス会士フランソア・ソリエル神父著の『日本教会史』（一六二九年出版）を典拠にして創作されたと記されているが、この記述を手がかりに探索した結果、更に幸運にも、『日本教会史』（大英図書館所蔵）の記述（一六〇四年）から『アンティペラルゲーシス』の典拠となる箇所が見出されたのである。(5) 該当箇所の和訳は以下の通りである。

キリシタンのことではないが、この国の都で、めざましく記録に値すると思われる事件が今年、起こった。三人の息子達が貧しい母親を養うためにどんな手段を尽くしても、望むように母親を養う手立てが見出せなかった。その頃、三人の息子達は新しい法令が公布されたという話を聞いた。都に横行している巾着切りを捕らえて裁判官に引き渡した者には多額の賞金を出すとの法令だった。そこで三人は、三人のうち一人が巾着切りを装い、他の二人が彼を縛り上げて、裁判官に引き渡し、その結果得た賞金で貧しい母親を養おうという取り決めを行った。三人は籤引きで巾着切りの役を決めた。この籤は末弟にあたった。末弟は早速二人の兄達によって縛り上げられ、裁判官に引き渡され、自分が巾着切りであると白状した。裁判官は二人の兄達が証言したので、直ちに約束されていた賞金を二人に渡した。

二人の兄達は賞金を受け取り、立ち去ろうとしたが、そこを去る前に二人は、投獄されて処刑を待つのみの末弟に別れを告げに行った。別れの際に末弟は、当然の事であるが、わっと泣き出した。二人の兄達も目を覆いながら、涙を流さざるを得なかった。偶然その場に居合わせた裁判官は二人が末弟と、赤の他人の悪人と別れる時のようではなく、親しい友人と別れる時のように名残りを惜しんで別れの挨拶をするのを見て、家来に命じ、二人の跡をつけ、二人がどこに入って、そこで何を言い、何を行ったかをよく観察するように命じた。その間、裁判官は囚人の処刑を延期したのだった。

二人の兄達は、母親の家に着くと出来事の全てを語った。その善良な女は二人の話を聞くと「そんなお金など欲しくはない。そんなお金は海に捨てて来るが良い。子供の命と引き替えに生きるくらいなら、むしろ飢え死にした方がましだ」と涙を流しながら叫んだ。二人の兄達の跡をつけてきた裁判官の家来は二人と母親のやりとりを全て主人に報告するために急いで戻った。裁判官は囚人に彼の元に出頭するよう命じて、再度尋問し、起きた事を全て彼の口から聞いた。その事件は極めて重要であるように思えたので、裁判官は躊躇せず、その事件を公方に知らせた。公方は三人の子供達の母親への孝心に非常に驚き、三人に会って彼らを賞賛し、自分の命と引き代えに母親を救おうとした末弟に年俸一〇〇〇ターレル、他の二人にそれぞれ五〇〇ターレルを与えた。(6)

『アンティペラルゲーシス』の作者がソリエルの該当箇所を典拠にしていることは明白である。ソリエルの原話では巾着切りが日本の都（京）で横行しているが、『アンティペラルゲーシス』では無法者がクバの国を悩ましている。このように『アンティペラルゲーシス』の物語とソリエルの原話には差異があるが、両者を比較・検討したい。

『アンティペラルゲーシス』では子供達の孝行は父親のハルモニウスに向けられるが、ソリエルの原話では孝行の相手は母親で、母親が重要な役割を果たしている。ソリエルの原話の母親は子を思う典型的な母親の愛から行動する。母親は子供達の計画を知ると直ちに反応し、母親としての強い思いを子供達にぶつけて、悲劇を避けるのに主要な働きをする。しかし、母親の愛はあくまでも、家族の中において局限された愛である。

ソリエルの原話の子供達は貧窮した母親を救いたいという一心から大胆にも、誤った計画を立案する。この計画は母親と子供達一家が絶望的な状況に置かれていた故に考案されたものであり、一家を養う必要から生じたものなのだ。だが、子供達は自分達の計画がどれほど母親を驚愕させ、悲しませることになるのか理解できない。子供達は計画の結果、一家が飢えに苦しむより更に大きな苦しみ、すなわち、子供達の一人が死に追いやられ、一家が別離の悲しみに追い込まれるという新たな苦しみの淵に母親を追い込むことになるのが理解できないのだ。しかし、土壇場になって子供達は母親の強い心によって救われる。聡明な母親は、母親を思う故であるが間違った子供達の計画に断固として反対するのである。

その善良な女はその話を聞くと、「そんなお金など欲しくはない。そんなお金は海に捨てて来るが良い。子供の命と引き代えに生きるくらいなら、むしろ飢え死にした方がましだ」と涙を流しながら叫んだ。

ソリエルの報告する原話は緊迫した情念の物語だ。悲劇はかろうじて避けられる。しかし、それは「幸運な偶然」によって実現したのである。裁判官は二人の兄達が涙ながらに末弟と別れを告げていた時に偶然、牢屋の近くに居合わせた。不審に思った裁判官は三人の兄弟の悲嘆は何に由来するか究明しようとする。裁判官の家来が二人の兄達の跡をつけ、貧窮の淵に沈みながらも、決然として子供達を叱る母親の対応を知ることになる。母親の決然とした態度に感動した家来は探索の結果を裁判官に報告し、「事件」の裁きは裁判官から公方の手に委ねられることになる。公方は「三人の子供達の母親への孝心の熱烈さ」に非常に驚き、三人の子供達に褒賞を与えることにしたのである。

「幸運と裁き」の真の結合がソリエルの原話の特性である。この特性故にソリエルは読者を教化する題材を得たのだ。この特性がイエズス会劇に最適な題材を提供したのである。

ソリエルの原話の「母」は『アンティペラルゲーシス』では「父」に取り替えられる。イエズス会の学院で学ぶ若者に気高い行動のモデルを与えるという劇の目的に照らすならば、典拠の母からこの劇の父への変換には意味がある。『アンティペラルゲーシス』ではハルモニウスは気高く行動する父親として描かれる。父親のハルモニウスは「神託」の言葉を聞いた後、クバの元に出頭して、息子のフィロパテールは孝心故に誤った行動をしたのであり、裁かれるべきは父親の自分であると主張して、自分の命と引き代えに息子のフィロパーテルの助命を嘆願する。遂にクバは模範となる気高い父親の振る舞いと息子の孝心に報いるためにハルモニウスとフィロパテールを赦免する。「クバはハルモニウスを玉座につける。兄弟達はそろって、クバと握手する」。「かくして、気高い愛が相応しく尊ばれる」のである。

この劇においてクバは最高権力者として振る舞う。ハルモニウスの気高い振る舞いと息子の孝心に報いるのはクバであり、息子の孝心から生じたジレンマの克服はクバの裁きによってなされるのである。

ソリエルの原話では「公方」(Cubo) という名前の支配者が登場し、『アンティペラルゲーシシス』では「クバ」(Cuba) という名前の支配者が登場する。『アンティペラルゲーシス』の「クバ」という名前の由来は何であろうか。

一六〇三年に九州の加津佐で刊行された日葡辞書には'Cubo'は'Shogunn no koto'(将軍の事) と定義される。「将軍」は日葡辞書が刊行された当時の日本の軍事的リーダーであり、実質的な支配者であった徳川家康に与えられた称号であった。当時、家康には「公方」(Cubo) という称号も与えられていた。'Cuba'は'Cubo'の派生語であると考えられるので、ソリエルの原話における「公方」(Cubo) は『アンティペラルゲーシス』においては「クバ」(Cuba) と転訛し、結局「クバ」は将軍家康を意味することになるのである。

ソリエルが記述する「三人の子供達の親孝行」の原話は一六二九年刊の『日本教会史』の中で一六〇四年の日本の都 (京) での出来事として収録されているが、原話それ自体は一六〇四年日本発のイエズス会年報 (ポルトガル語版) に記載されている。『アンティペラルゲーシス』の典拠が一六二九年出版のフランソア・ソリエル著の『日本教会史』ではなく、一六〇四年日本発のイエズス会年報に由来する可能性も存在するが、いずれが真実であるか確定出来ない。いずれにせよ、一六〇四年に日本の都 (京) で実際に起きた出来事に触発されて、イエズス会劇の『アンティペラルゲーシス』が創作されたと確言出来るであろう。

「三人の子供達の親孝行」の物語はヨーロッパのイエズス会劇で好まれた題材であった。この題材はトラジ・コメディ (悲喜劇) の形式で劇化された。すなわち、劇のアクションはほとんど破局に近づくが、最後は幸福な結末を迎えるというトラジ・コメディ (悲喜劇) の形式を取ったのであった。同じ物語の劇化の事例として『三人の日本人の孝行』(*Trium Iaponensium pietas*) が一六八九年にフライブルグで、一七〇九年にルーツェルンで上演されている。同じ主題が、多少変奏された劇の事例として『三人の子供達の親孝行』(Pietas trium filiorum in parentem）と題する劇が一七世紀の後半に上演されたと推測されている。この劇では子供達の親は母親で、悪漢は巾着切りではなく、宮廷人殺しとなっている。このように他の上演の事例も存在するが、一六三〇年代に上演された『アンティペラルゲーシス』は「子供達の親孝行」の物語を劇化した最初の事例であり、劇の完全なテキストの写本が現存する唯一の事例なのである。

一六二四年にサントメールのイエズス会学院で『日本のパウロ』（*Paulus Iaponensis*）という劇が上演されたが、この劇が上演された記録が大英図書館に所蔵されている。(7) この記録には「日本の少年パウロの勇気ある戦いが文法学のクラスの生徒によって、六月のイードゥスの三日前（六月一一日）に新任教授歓迎のために上演された」と記されているが、この劇の主人公パウロはイエズス会士カルロス・スピノラ神父と共に一六二二年に長崎で殉教した日本人パウロであったであろうと推測される。しかしながら、劇の台本も筋書きも現存しないので、題名以上のことを知ることは出来ないのである。

二　キルケニーのイエズス会劇

イエズス会がアイルランドに進出して教育事業を始めて以来、イエズス会はアイルランドでも劇の上演を行うという慣習を続けた。クロムウェルがアイルランドを支配する時期になると、キルケニーのイエズス会の学院と劇場が破壊されたが、一六四四年にキルケニーで劇が上演された。前述したケンブリッジ大学図書館ブラッドショー文庫所蔵の劇の筋書きからキルケニーで上演されたイエズス会劇『ティトゥス、或いはキリスト教徒の模範的な勇気』について知ることが出来る。筋書きのタイトル・ページに掲載されている劇の梗概は下記の通りである。

キリスト教徒の勇気のために名高い家柄よりもさらに名声が高まった高貴な紳士ティトゥスは豊後の王の、非常に巧みで非道ないくつもの陰謀により信仰を捨てるように懇請された。しかしティトゥスはキリスト教徒に相応しい不屈の勇気と大いなる決心により全ての陰謀を打ち砕いた。それを見て豊後の王は驚嘆し、彼の妻と子供たちを釈放し、王国の裏切り者として略奪した全ての土地と財産をティトゥスに返すと共に信仰の自由をティトゥスとティトゥス一家に与えた。(8)

この梗概の終わりに「この物語はイエズス会のフランソア・ソリエル神父著の『日本教会史』一八巻に簡潔に記されている」とあることから、劇の題材が『日本教会史』に記されている一六一四年の日本におけるキリスト教徒の迫害に関する出来事に由来することが判明するのである。

イエズス会劇の上演でラテン語を解さない観客のために自国語の筋書きが用意されたことはすでに述べたが、キルケニーのイエズス会劇の英語による筋書きでは劇の梗概の他に、劇の場面毎の要約が記載されている。場面毎の要約からこの劇の展開を把握することが出来るのである。

この劇はアイルランドのカトリック教徒のために上演された劇であるが、この劇はアイルランドから遠く離れた、日本で実際にあった出来事に触発されて創作された劇的なアレゴリーなのである。この劇では寓意的人物が登場する。善と悪を表象する人物として「神の愛」、「信仰」、「堅忍不抜」、「偶像崇拝」等の寓意的な人物が登場するのである。

五幕からなるこの劇はプロローグで始まり、幕間にインタールードが三つ挿入され、最後はエピローグで終わる。プロローグは寓意的人物である「神の愛」によって語られる。観客はヤポニアンという勇気ある日本のキリスト教徒についての啓発的な物語を舞台で目撃することになる。

一幕では日本のキリスト教徒が迫害される状況が提示される。日本から放逐された寓意的人物「偶像崇拝」が報復を求め、「地獄」に復讐を唆し、助けを求める。この助けは豊後の偶像崇拝者によってなされる。偶像崇拝者が崇拝する神々が彼らの祈りに答えないので、彼らの怒りの捌け口としてキリスト教徒がターゲットになるのである。

偶像崇拝者の追放は歴史的事実を反映している。一五七〇年代に入って、日本の豊後（現在は九州、大分県）では大名がキリスト教に改宗した。、豊後の大名に倣って臣民の多くがキリスト教に改宗した。しかし、豊後の臣民がキリスト教に改宗した時期は長く続かなかった。やがて、キリスト教の布教が日本の支配者に疎んじられることになり、宣教師が国外に追放され、日本人信徒が迫害されることになる。この迫害は一六一四年に公布されたキリシタン禁令により頂点に達した。この法令は日本におけるキリスト教の布教を全面的に禁止したものであり、日本が他国との国交を絶つ鎖国への第一歩ともなったのであった。

この劇で描かれている豊後の信仰の厚い、高貴な人物への迫害が起きたのは一六一四年のキリシタン禁令が公布された年であり、この出来事がキルケニーで上演されたイエズス会劇『ティトゥス』の題材となったのである。劇の典拠となる『日本教会史』の該当箇所の和訳は以下の通りである。

ティトゥスと呼ばれる高貴な生まれの男は豊後の王から直々に信仰を放棄するよう強制されたが、勇敢にも拒否し、迫害者に勝利した。だが翌日、王はティトゥスを棄教させるためにティトゥスの息子で九歳のマタイを王の元に寄越すべく急使を派遣した。しかし、ティトゥスは棄教を斥けて息子を王の元に送った。二日後、同じ使者が訪れ、王はすでにマタイを殺害したとティトゥスに告げ、ティトゥスの一四歳の娘マルティナを捕縛するよう要求した。それに答えてティトゥスは娘を王の元に送った。数日して同じ使者が娘のマルティナは亡くなったと告げ、ティトゥスの長男で一六歳のシモンを王の元に送るよう命じた。しばらくして王は使者を通してティトゥスにシモンが殺されたと知らせ、ティトゥスが信仰を捨てなければティトゥスの妻マリナを王の元に送るように要求した。ティトゥスの妻は三人の子供達の後に喜んで続いた。マリナは信仰を守るため命を亡くしたと最後の使者がティトゥスに告げ、家族の命を亡くしてもティトゥスの考えが変わらなければ、王は最後の要求、すなわち家族に続いてティトゥスを召喚すると告げた。ティトゥスは王の居城に召喚され、棄教するよう何度も脅迫や誘惑を受けた。だがティトゥスは全てに打ち勝ち、遂に、王はティトゥスの堅忍不抜の信仰を賞賛し、ティトゥスの元に彼の妻と子供達を返した。このような戦いはまさに賞賛に値するのだ!(9)

上記の典拠を念頭に置いて筋書きに戻ると、日本の「キリシタン時代」の出来事が要約されているのに気づく。キリスト教が日本で力を持つにつれて、最初に「偶像崇拝」が放逐される。しかし、皇帝が「偶像崇拝」を尊重する宣言を行ったと告げられる。豊後に舞台が移り、皇帝はキリシタン禁制の法令を公布することを命じるのである。

この劇では英雄ティトゥスへの迫害や脅迫が次々と描かれるが、それらは歴史上の人物ティトゥスが遭遇したものに対応している。いずれの場合もティトゥスとティトゥスの一家は恐ろしい迫害に遭ってもキリスト教徒としての勇気を発揮するのである。

劇作家が集中して描くのはティトゥスというキャラクターである。ティトゥスは不屈の勇気を発揮し、最後には豊後の王はティトゥスとティトゥス一家の堅忍な勇気を認め、迫害を翻意するのである。

この劇を構造的に見れば、劇のアクションの真ん中である三幕にこの劇のスピリチュアルなクライマックスが置かれていると言える。三幕では聖フランシスコ・ザビエルが登場し、ティトゥスたちを励ますが、この場面でザビエルはこの劇の観客であるアイルランドのカトリック教徒を慰め、励ますために登場するとも解釈出来よう。日本にキリスト教を到来させた人物として、当時よく知られていたザビエルはいわば、象徴的なキャラクターとしてこの劇に登場すると考えることが出来るのである。

主人公が繰り返される脅迫を退け、雄々しく迫害に耐えるこの劇は極めて対抗宗教改革劇的な性質を備えているが、作者はこのように強い緊張感を劇の観客に要求する時の演劇的要請を弁え、観客の緊張を和らげる喜劇的なインタールードを用意している。三度繰り返されるインタールードの場面は高貴な人物が不抜の精神を発揮して迫害に耐える場面と著しく対照的な場面となっている。

インタールードに登場する人物の馬鹿げた滑稽な仕草は観客を楽しませる。彼らの登場する場面は劇の主要なアクションやプロットと何の関係もなく、軽い息抜き的な喜劇的な場面を形成するだけなのである。この人物達の登場は劇の主要な部分と表層的に関連するのみの単なる演劇的な仕掛けと言えよう。例えば、道化は劇のインタールードで「キリスト教の禁令が公布される」のを聞くが、道化は傍観者として終始し、それ以上この劇のアクションに関わらないのである

インタールードには酔っぱらい、追いはぎ、兵士による略奪、巾着切り等、当時の社会悪が描かれている。その中で「田舎者の道化」は終始「ご機嫌」で、医者の財布をポケットから抜き取ろうとする。このような道化的な場面がこの劇の高揚した、荘重な場面と著しい対比の妙を醸成しているのである。

三　フライジングの『ティトゥス』劇

日本のティトゥスの物語はイエズス会劇のレパートリーの一つとして繰り返し劇化されたが、ティトゥスの物語はイエズス会以外の学院の劇場でも取り上げられた。一七三九年にバイエルンのフライジング司教座聖堂教会付属学院（ベネディクト修道会経営）の生徒達により、『信仰における幸せな不抜の精神、あるいは日本の高貴なティトゥス』(*Felix in fide constatia, seu Titus nobilis Japon*) と題するラテン語劇が上演されたが、この劇のテキス

トの完全な台本が現存しているのである。(10)

フライジングで上演された『ティトゥス』劇の主筋はキルケニーの『ティトゥス』劇の筋と基本的には同じである。豊後のキリシタンのティトゥスとティトゥスの家族は苛烈な迫害と脅迫に直面する。豊後の王タインドノはティトゥスが棄教しなければ、ティトゥスの妻のマリナ、息子のマタイとシモンを逮捕し、投獄するとティトゥスを恫喝する。恫喝の効果がないと悟ったタインドノはまず、ティトゥスの息子達を、次にティトゥスの妻を逮捕し、投獄することを命ずる。やがてティトゥスの家族が処刑されたという報告がティトゥスに知らされるが、ティトゥスはなおも棄教を拒否し、更に自らの処刑の命令を受けるが、棄教を拒否するのである。一家全員の迫害と脅迫に直面しても、ティトゥスは高貴な勇気と徳を発揮して信仰を守ったことが遂にタインドノに認められ、ティトゥス一家は以前と同じ信仰を認められ、釈放されるのである。

このようにフライジングの『ティトゥス』劇はキルケニーの『ティトゥス』劇と同じ展開を示すのであるが、フライジングの『ティトゥス』劇には題材の処理の仕方において多くの発展と洗練が見られる。『ティトゥス』劇がどのように発展し、変容したか見るために、キルケニーの『ティトゥス』劇とフライジングの『ティトゥス』劇を比較・検討したい。

『ティトゥス』劇の二つのヴァージョンにおける違いは明白である。概して言うならば、キルケニーの『ティトゥス』劇は構成がシンプルであり、フライジングの『ティトゥス』劇はより複雑な劇構造を持つと言える。フライジングの『ティトゥス』劇にはより複雑で洗練された要素、つまり、アリア、コーラス等の音楽的要素が導入されているのである。更にフライジングの『ティトゥス』劇には平行した筋のインタールードが導入される。すなわち、ヨーロッパの人々によく知られたアブラハムの息子イサクの犠牲のエピソードがヨーロッパから遠く離れた日本の物語と平行して語られるのである。

息子イサクの命を差し出すように神はアブラハムに命ずるが、結局、神はイサクの命を助けるというアブラハムの息子イサクの犠牲についての物語がティトゥスとティトゥスの家族の命が最後には助けられるという主筋と平行した筋のインタールードとして導入されるのである。

フライジングの『ティトゥス』劇には「偶像崇拝（Idolatria）」「キリスト的霊魂（Anima Christiana）」等、善と悪を表象する寓意的人物が登場するインタールードが挿入されているが、このインタールードはキルケニー劇のインタールードのように喜劇的ではなく、独自の変容を遂げている。平行した筋として導入されるフライジング劇のインタールードは旧約聖書のエピソードを用いた音楽劇として上演される。すなわち、旧約聖書のエピソードは詩的なアリアによってオペラティックに歌われるのである。例えば、第一のインタールードでは天使がアブラハムに語りかけるが、この荘重な場面はオペラティックに様式化して語られる。道化的なキャラクターによって演じられたキルケニーのインタールードからの大いなる変容・発展である。しかし、フライジングのインタールードはキルケニーのインタールードと同じ機能も持っている。すなわち、フライジングのインタールードは信仰によりティトゥスが迫害される主筋の緊迫したドラマからの息抜きの場面としての機能も果たしているのである。

フライジングの『ティトゥス』劇では旧約のアブラハムに比肩される高貴な徳を備えた人物ティトゥスとは対照的に邪悪な人物サガミドノというキャラクターが登場する。このようにティトゥスの物語に新たな変奏を行ったのは陰謀家が登場し、陰謀や策略のモチーフを持つバロック演劇のコンヴェンション（サガミドノは完璧な陰謀家の事例である）を駆使するためであったと言えよう。

劇を推進する人物としてサガミドノを登場させた事はこの劇の特色ある出発点である。劇の冒頭でサガミドノは「タインドノの家臣の一人で、かつてはキリシタンであったが、現在は背教者である」と紹介される。背教者で陰謀家のサガミドノに対比される形で高潔な人物であるティトゥス一家の信仰を守る戦いが描かれ、この劇に陰翳と劇的な起伏を与えている。フライジングの『ティトゥス』劇の作者は「完璧な信仰」故にともすればリアリティーを欠く絵空事として受け取られかねないティトゥスの物語に人間性の真実を賦与するため、陰謀家サガミドノを登場させているのである。

サガミドノのキャラクターにはイヤーゴー的な要素があるが、陰謀家に特有なサガミドノの自己拡大の野心は独白により観客に知らされる。

サガミドノ　もし俺が何か企てたら、シマは全てお前のものだ。
その気になれば日本は全て、お前のものだ。(11)

やがてタインドノはサガミドノの邪悪な意図を見抜き、サガミドノを国外に追放する。結局、キリスト教の信仰と王国への忠誠が両立することを理解したタインドノによりティトゥス一家の信仰が許されるのである。ティトゥス一家は迫害と拷問の危機に際会するのであるが、作者は「試練」としての拷問の場面を観客に目撃させる。一幕五場でティトゥスは息子達の持つ信仰と忍耐と勇気を試すために、息子のマタイを試練としての拷問にかける。息子のマタイは「このことは全ての法に服従せよとの父の命令です」と言うが、この言葉は父アブラハムの命に服従するイサクの犠牲を連想させる。旧約ではイサクは父のアブラハムと共に神の試練を受けるが、フライジングのティトゥス劇では息子のマタイは父のティトゥスによる試練を受けるのである。

試練としての拷問の場面を更に検討しよう。旧約ではアブラハムは神の意志に無条件の信頼を示すのであるが、この劇のティトゥスは王の家臣による恐ろしい拷問を息子達が受けることを予期して、まず「模擬的な」尋問を行い、やがて将来する「本当の」拷問に耐えるために「試練」としての拷問を息子に敢えて課すのである。この場で父親のティトゥスは尋問者である豊後の王の役割と家臣の拷問者の役割を兼ねて演じるのである。

この場は人間心理の洞察という観点から見ても興味深い場面である。ティトゥスは息子に試練としての拷問を課すという自分の意図を妻のマリナに予め説明しない。息子達にも父親のティトゥスの意図を母親のマリナに知らせないように命じる。その結果、極めて緊迫した場面が生じるのである。夫のティトゥスの真の意図を理解しないまま、息子のマタイがティトゥスによって拷問される場面を目撃したマリナは恐ろしい反応（この反応は正しい）を見せる。

マリナ　恥ずべき背教者！　サガミドノの再来だわ。
ティトゥス　最良の妻だ。
マリナ　殺人者！
ティトゥス　母の鑑だ。(12)
マリナ　残酷な人！

マリナはティトゥスが息子のマタイを本気で拷問にかけようとしていると考え、拷問を受けている愛する息子の苦痛を共に感じて苦悶し、ティトゥスを「恥ずべき背教者」、「殺人者」と呼ぶ。ティトゥスは愛する息子の苦痛に際会して母親らしく苦悶する妻を見て喜び、「母の鑑」と叫ぶ。この場面は熾烈な人間感情が表出される、極めて緊迫した場面と言えよう。後の場でティトゥスの息子達やマリナが逮捕されるが、そこでは堅忍不抜なキリスト教徒の強い意志が熾烈な人間感情の表出に取って代わるのである。

息子達の逮捕や拷問は舞台上での出来事としてではなく、登場人物の「語り」によって観客の想像に委ねられる。耐え難い迫害を示す場面が劇中で示されるのは試練としての拷問の場面のみである。この劇の背景としての迫害は語られるが、結局、フライジングの『ティトゥス』劇では陰謀家のサガミドノを含めて誰も死ぬことはなく、真の信仰が回復されて、悲劇が避けられるのである。

おわりに

以上、日本を題材にしたイエズス会劇を紹介したが、本章で取り上げた劇の特質は何であろうか。これらの劇に共通する特質が一つある。それは「模範」を提示する方法である。イエズス会劇の主要な目的は観客に出来るだけ効果的に、「模範的」な、道徳的なメッセージを伝えることであったが、ここではキリストが取った方法である「譬え話」を効果的に語る手法が用いられている。換言すれば、イエズス会劇は模範的なキリスト教徒の生き方を教えるための手段或いは媒体としての演劇と言えよう。

これらの劇のもう一つの特徴は一七世紀に流行した劇形態の一つであるトラジ・コメディー（悲喜劇）という劇形式が用いられている点である。感受性に富んだ生徒達のために正しき者が最終的に勝利するという霊的な指針を与える演劇として、トラジ・コメディー（悲喜劇）の「幸せな結末」が歓迎された。この劇形式が一七世紀にイエズス会等の学院の劇場で用いられたのは奇異なことではなかったと言えるであろう。

第三に注目すべき側面は題材である。これらの劇の題材は創作されたものではなく、実際あった出来事である。一七世紀初頭に日本の都（京）で実際にあった話がヨーロッパのイエズス会の学院に伝わり、「子供達の幸せな親孝行」を主題とする劇として劇化されたのである。また、『ティトゥス』劇では同じく一七世紀の初頭に日本の豊後の高貴なキリシタンが迫害に抗して信仰を守ったという話がイエズス会等の学院で劇の題材となった。極東の日本における出来事がイエズス会等の劇作家の関心を引き、数世代に渡って学院の生徒達に模範的な、道徳的なメッセージを伝える事に成功したのである。

(1) Stonyhurst College, MS B.VII.23(1), fols 105r-114v.

(2) Masahiro Takenaka, Charles Burnett, *Jesuit Plays on Japan and English Recusancy* (The Renaissance Institute, Sophia University, 1995), p.34. ロンドン大学教授チャールズ・バーネット氏の英訳を参照した。

(3) *Ibid.*, p.36.

(4) The Bradshaw Collection of Cambridge University Library, Hib. 7.644.33.

(5) François Solier, *Histoire ecclesiastique des isles et royaumes du Iapon, II*, (Paris,1629), pp.337-8.

(6) *Ibid.* チャールズ・バーネット氏の英訳を参照した。

(7) The Register of St. Omers College (British Library, MS Add.9354, fol. 17).

(8) Masahiro Takenaka, Charles Burnett, *op. cit.*, p.124.

(9) François Solier, *op. cit.*, pp.533-4. チャールズ・バーネット氏の英訳を参照した。

(10) Bayrische Staatsbibliothek München, MS Clm.2204. fols 231-266.

(11) Cf. Charles Burnett, 'The Freising Titus Play' in *Mission und Theater* by Adrian Hsia, Ruprecht Wimmer (Schnell und Steiner, 2005), p.466.

(12) *Ibid.*, p.452.

不条理、そしてそれを超えるもの

——シュティフターの『曽祖父の書類綴じ』を中心に——

戸口日出夫

はじめに

アーダルベルト・シュティフター（Adalbert Stifter 1805-68）は一八四〇年の『コンドル』から一八四六年の『落書きのある樅の木』にいたるまでの一連の作品をそのつど雑誌や文芸年鑑に発表した。これら四〇年代半ばまでの作品を彼の初期作品と呼びたい。そしてその多くは『習作集』というつつましい名の作品集全六巻（"Studien" 1844-50）に再録された。本論ではそこに収録されたいくつかの作品を手がかりにして彼の自然観と運命観、そして宗教的意識について考えたい。

一　恐るべき自然、そして死の近さ

当時オーストリアに属していたボヘミアのモルダウ河畔オーバープランに生まれたシュティフターは、日々ボヘミアの森を目にして育った。森をわたる風のそよぎ、木々の香り、森林内のせせらぎ、ボヘミアの野や穀物畑

のうねり。それが彼の原風景になった。

ボヘミアの森を舞台とした小説『喬木林』（"Hochwald"『習作集』第二巻収録、初出は一八四二年「イーリス」誌）は、自然こそがその真の主人公であるかのごとく、自然の存在の大きさを印象づける。次の文は自然に対するシュティフターの賛歌であるといえるだろう。

遠い山の頂きは静かに夕日をあび、朝のうち森に聞こえたたくさんの鳥の声は黙し、鳥の多くは枝のあいだで黙ったまま働いたり探しまわったりしていた。森の空地が時おり一行を迎えいれ、左右にのびる森の背とその谷間を望むことができた。すべては憂いをおびて荘重な午後のもやのなかにただよい、晴れた日々を予告する穏やかな青色の森の息吹きのなかに沈み、そのなかからあちこちに若いブナの木立ちと森の草地が、夕日をあびて遠く穏やかな緑色を見せて輝いていた。目のおよぶかぎり見えるのは、丘と谷のうえにひろがっている、ひとしくエナメル色に光る森の光景ばかりで、それは空のかなたに見えるほんのかすかな地平線のところまでのびている。（中略）静まりかえった薄暗い青さに包まれた森の群れの上方には、愛らしさと厳粛さとがあふれるばかりにただよい流れていた。――一行は一瞬ことばもなく立ちつくしていた。人間の心はそこに祝祭と安息を共に感じているようであった。それというのも、人間の手が触れたことのない自然の相貌には、品位、わたしは徳の表れといいたいものがあって、人間の魂はそれをなにか純潔なもの、神々しいものとして、それに頭をたれずにはいられぬのである。(1)

シュティフターの感覚は豊穣にして奥深い自然界に対して、まるで地震計のように繊細に反応した。『喬木林』の原生林はこのようにどこまでも清浄で美しい。そのなかの湖は動物以外訪れるものもなく、怖いまでに神秘な姿のまま、ひっそりと横たわっている。そのような描写からは、ロココ的な優美な文明化された自然観にもとづいた当時のビーダーマイヤー的な自然イメージと異なるものが浮かび上がってくる。(2) 同じ『喬木林』には、「途方もなく広がる棺台の黒布のように」という（森の）形容もある。彼にとって自然は容易に意のままに操れないもの、人間の文明を拒絶するもの、いや、それどころかまったく思いがけずに人を襲って破滅させる、いい知れぬ力なのであった。これはシュティフターの文学を特徴づける根源的なテーマである。

シュティフターは繊細な詩人だった。幼年期から彼は外界に対して、何か「恐ろしいもの」の感覚を持っていた。遺稿として残された『わが生涯』には幼年期の回想が記されているが、そのひとつが「恐ろしいもの、人を破滅させるもの」[3]の原体験である。この少年は何かの拍子に窓ガラスを割ってしまった。両手に怪我をして、頭は混乱した。母が包帯を巻いてくれた。やがてショックから立ち直りかけた少年は言った。「お母さん、あそこに麦の茎が生えているよ」。だが近くにいた祖母は少年に言った。「窓を割った坊やとは話をしませんよ」。少年は恐怖を覚え、何か「異常なもの」(das Außerordentliche)が彼を襲った。「ある途方もないもの(ein Ungeheures)が私の心にのしかかっていたことを今も思い出す。そのためにあの出来事が今なお私のなかで忘れられないのかもしれない」[4]。

人間の日常生活を脅かすこうした「恐ろしいもの、人を破滅させるもの」の存在。それは、ウィーンで本格的な作家生活を始めたころのエッセー『一八四二年七月八日の日蝕』(一八四二年)の主題でもあった。そこには、世界が暗黒の闇に突き落とされる自然の壮大なドラマが怖れ、あるいは畏怖の思いをこめて描かれている。これは一種の終末的・黙示録的な感情と想像力において成立した散文であった。

自然に対するこのような恐れと不安の意識は最後までシュティフターの根底にあった。最晩年のエッセー『バイエルンの森から』(一八六七年)は、前年一一月大雪によってラカーホイザーの家に閉じ込められた経験を伝えている。それは降雪には慣れている著者でさえ経験したことのない大雪、「一〇日ないし二週間続いた雪の震盪《とう》」[5]であった。同書から引用しよう。

居間の窓から数歩はなれてそびえたつとも見える雪山の嶺が近々と私の身に迫ってきた。庭のなかに盛りあがった雪はさらに大きさを増して、二階の窓と同じ高さになっていた。そして私の住まいに通ずる階段の下の端に接する扉は、外へ開く造りのものだったため、もうあけることができなかった。しかも雪の烈しい震盪はあい変らず続けられていた。初めのうちは怖ろしくも壮大崇高であったものが、いまや様相を一変していて、ある胸騒ぎが心のなかに襲来した。そのまま硬直しているかのような渦巻の連続運動は、ほとんど頭を惑乱させるばかりで、その魔力から脱け出すことができなかった。(6)

真っ白な雪原も、先に引用した『喬木林』の緑深い森林と同じく、人を寄せ付けぬ無限の清浄さの象徴である。こうした自然の美しさ・浄らかさ、一種の聖性と、いい知れぬ恐ろしさが不可分一体となっているのが、シュティフターの自然観の特性なのである。

そうした「恐ろしいもの、人を破滅させるもの」のテーマは、さらに死の身近さの意識と結んでいく。そしてまさしく死こそ、自然のもっとも暴力的な力であった。次に引用するのは、ウィーンの聖シュテファン大聖堂の地下墓所訪問のエッセーである。

いま、わたしたちは、何百年も前にとうに鬼籍に入り、ただ朽ちるためにここへ運ばれてきた見知らぬ人間たちの集まりのなかに立っていた。(中略) わたしは、死という寓話の世界に陥ちこんだような気がした。それは、われわれが生きた人間の生活のなかで経験するのとはまったく異なった領域であり、人生のなかで、恐れ (Scheu) と畏敬の念で眺めることに慣れているすべてのものが、荒らあらしく壊滅されてしまう領域なのである。――そこでは、この地上でもっとも崇高で、もっとも神聖なものとされる人間の形姿が、無価値な物と化し、まるで他の汚物も同然といわんばかりに、塵芥の山のなかへ投げ棄てられる。ああ、われわれがなすところもなくこの身をゆだねているのは、なんと恐ろしい強大な暴力の手なのであろう。――そして、この暴力の企図する目的はなんと巨大で、われわれの思考をなんと徹底的に破壊し去ることであろう。この力を前にすれば、かつてその荒々しい力みずからがあれほど愛情をこめて作った芸術作品など、百万倍もの威力で破壊され、しかも、まさに無そのものだというかのように冷淡に破壊されるのだ。――それとも、あの力は不毛の円環を描いて、つねに同じ物を産み出し、そして破壊することを楽しんでいるのだろうか？――もしそうだとすれば、なんと恐ろしい不条理であろう！――(7)

これについてもはやコメントは不要であろう。テクストがシュティフターの死に対する思いをすべて語っている。これこそまさに、生のはかなさを語ってやまなかった中世的・バロック的メッセージ「メメント・モリ」の響きではないか。

二　時　代

それはドイツ文学史において、ポスト・ゲーテの時代だった。一八三二年に没したゲーテはとりわけ一九世紀のドイツ語圏の作家には大きな影を投げかけた。彼は人間を社会や自然との交接経験のなかでダイナミックな生成発展を続ける存在ととらえ、その人格としての完成にいたる道程に関心を抱き続けた。人間をそのように無限の生成発展の相においてとらえる動的な思考形態は、しかしひとりゲーテのみならず、むしろ時代のそれであった。それはゲーテの死の前年に没したヘーゲルの弁証法や、フィヒテの絶対自我論とも重なり合うだろう。それは、トーマス・マンも指摘するように、まさに勃興する市民社会のエネルギッシュな精神だった。遅ればせの産業革命が実現された一九世紀ドイツにおける産業・経済の興隆を背景とした資本主義社会の精神であった。そこにはいまや人間の諸可能性を極限まで追求し実現させずにはおかぬ強力な人間性ないし自我への信頼があった。理性の世紀であった一八世紀に対し、一九世紀は科学・技術の世紀といわれるが、自然科学と技術のめざましい発展のなかに自然に対する人間の支配はいまや自明のものとなり、かつてのような自然への恐れや畏怖も消えていったのである。そして人が現世の諸活動に集中するなかに、死に対するバロック的な怖れもいつしか消えていった。

破壊的な自然や死、そして次に述べるような運命や情念の暗い力に恐怖し、それを文学形象化していった初期シュティフターを、文学史的には、余りにも楽観的な啓蒙主義に反旗を翻したヨーロッパ・ロマン主義の一変奏形態と見ることもできるかもしれない。ロマン主義は人間内外の、明快に合理化し得ない幽暗・神秘な世界に関心を集中し、それを詩学原理としたのであった。そしてシュティフターはドイツ・ロマン派の周縁にいたジャン・パウルから多大な影響を受けた。

だが、それにもかかわらず、ロマン主義者においてさえ、世界の中心に創造者としての人間（詩人）がいた。ロマンティッシェ・イロニーを駆使し、詩的言語によって世界を創造する一種の絶対自我が。シュティフターが親近感を持っていたアイヒェンドルフのような例外はあるものの、ロマン主義も、いまや人間がすべての王として君臨しつつあった時代の文学なのであった。ロマン主義も含めつつ、近代的な精神的世俗化の流れは、伝統的な超越的視座を人間中心の次元へと内在化した。聖なるものは限りなく世俗化されていった。啓蒙主義の理神論や唯物論を経て、キリスト教世界でも自由主義神学や近代主義といわれる流れが一九世紀を彩るようになる。(8) ロマン主義の神学者シュライエルマッハーは宗教を（人間による）「宇宙の直観と感情」へ還元し、教義を信仰経験の所産と考え、主観化した。ヘーゲルは歴史を導く全能の理性を信じたが、それは人間精神の理念形ではなかったろうか。そうした人間の理性と科学の力をほとんど全能とまでに信じる時代に対し、シュティフターはどのような対応をしたのであろうか。

三　運命、そして情念

『習作集』第四巻に収録された『アプディアス』（"Abdias" 一八四一―四二年に書かれ四三年「オーストリア小説年鑑」に発表）や『喬木林』（一八四二年「イーリス」）は基本的に初期シュティフターの世界像を伝える点で注目度の高い作品とされてきた。

アフリカの砂漠の子アプディアスは人生を権力欲と金銭欲に捧げた人物である。彼は砂漠地帯を広く旅して商売を営み、莫大な利益を得た。だがその途中病を得て疱瘡を移され、醜くなった顔は、妻にも嫌われるようになる。さらに彼の金銭欲・権力欲が彼に復讐し、彼の財産は略奪される。この変転する運命のさなかで妻は女の子を出産し、直後死ぬ。彼はいまや残された娘をひたすら愛し、ヨーロッパに渡り、ひっそりとした谷間に家を建て、畑を開墾する定住生活を始める。だが娘は目が見えなかった。彼は娘のためにふたたび貪欲に商売を始め、高利をかせぎ、吝嗇になり、人に忌み嫌われる。落雷が彼の家を打つなかに、娘の視力が戻る。周囲には穀物畑が耕され、老アプディアスには娘の心身の美しい成長が幸せだった。だが、彼女はかつて眼を開けてくれた同じ落雷によって命を奪われる。残されたアプディアスには狂気と孤独しかなかった。

娘ディータが死ぬ情景は次のようである。

彼女は急に黙った。彼はわきの穀物の束のところに何か光るものがぼうっとたちのぼるのを見たように思った。彼女はまたあの微光にとりつかれたんだな、と彼は考えた。というのも、彼は先刻、彼女の身につけたリボンや頭髪の尖端がみんな逆立つのを見ていたからだ。―しかし彼女は例の微光にとりつかれたわけではなかった。彼がそちらへ目をやったときには、もうすべては終わっていた。光がさしたと思ったら、短い、しわがれたような、ばりっという音がした。そしてディータは一つの穀物の束に寄りかかって死んでいた。

雨は一滴も落ちてこなかった。ただ薄い雲がすばやく引きさらわれるヴェールのように、空をさらさらと流れて行った。(9)

「恐ろしいもの、人を破滅させるもの」としての自然がなんと非情に、即物的に描かれていることか。ここには娘を亡くした父親の感情などひとことも述べられていない。ただ彼の姿が次のように描かれるだけだ。

それから男は立ちあがり、死んだ少女を機械的に肩にかついで、家の方へ運んで行った。彼の出会ったふたりの牧人は、その間にも出はじめた風のなかを、彼が娘の頭と腕とを肩のうしろに垂らして歩いてゆくのを見て、肝をつぶした。(10)

こうした感情を抑制した即物的な静謐な文体はシュティフターがロマン派からすでにリアリズムへの途上にあったことを示す。その傾向は『アプディアス』の場合、最初の雑誌稿からここに引用した『習作集』稿へと時が経過するにつれいっそう顕著になる。そして次に述べる『曽祖父の書類綴じ』の場合も同様に、稿が改まるにつれ、ますます直接的な感情移入が抑えられ、人間の内面世界が視覚的に鮮明な事物を通して象徴的に語られるようになる。ヘルマン・クーニッシュを始めとする研究者は、それをシュティフターの古典主義的文体と呼ぶ。(11)それは次に述べるような非ロマン派的＝非近代的、そしていうなれば古代的な視界を彼が詩学の根底に備えていったことから来るのであろうか。

文体が即物的で静謐なものになるにつれ、しかしそれがはらむ緊張性は反比例的にいや増してゆく。すなわち自然ないし運命と人間の条理のあいだに横たわる緊張である。自然や運命は一瞬にして人間の幸せを奪う、人間の条理をはるかに超えた力である。そして自然の災害は運命のうちに包摂される。その意味で『アプディアス』は本質的に運命悲劇といえる。その冒頭の次の言葉はその消息を明瞭に語っている。「自然法則が作用するさいのあの悠然とした無邪気さには、じじつ戦慄をおぼえさせるような恐ろしさがあるので、ある見えない腕が雲間からのびてきて、われわれの眼前で不可解なことを行なうかのように思われる」(12)。そしてこうした見渡しがたい自然の恐るべき戯れを、シュティフターは「古代人にとっての宿命《ファートゥム》」、「われわれにとって運命」という言葉で、上位概念としての運命のなかへ包含するのである(13)。

シュティフターは、この不可知の運命に対して、続いて、見通しがたい出来事の連鎖をなおも解明しようとする理性の認識能力を提示する。しかし、さらに直後、「花の大きな鎖のなかから明るみに出されたのは、わずか数葉の花びらにすぎず、なおも事象はひとつの聖なる謎のようにわれわれのそばを通りすぎ、なおも苦しみは人間の心を出入りすることをやめない」と書かざるをえないのである(14)。

この一連のパッセージを読むと、いかにシュティフターが運命の理解をめぐって行き悩んでいるか、その心の揺れが伝わってくるようだ。運命。この言葉をシュティフターが使うとき、彼は近代的なオプティミズムを超えたものを感じていた。彼はこの言葉にオイディプスを襲った運命のような古代ギリシア的な深い意味をこめたように思われる。それは神々さえも従わざるをえない、いかなる存在も抗いがたい絶対的な力であった。こうした峻厳な運命の視点は、ギムナジウム時代に古代の文学・思想世界に目覚めるなかで、彼のうちに深い根を下ろしていったのかもしれない。古典古代は、彼にとって単なる外的な知識であるにとどまらず、彼の生来の資質と結びつつ、内面的に深く血肉化され、詩学の基底のひとつとなり、生涯にわたりさまざまな作品に反映されるのである。

自然力が運命として作用するかぎり、自然は人間存在に対してどこまでも非情である。アプディアスの娘の死にさいして書かれている。「そのあとに続く雷の音も遠のいてしまい、そよとの風も吹かず、ときどきまた例の雲雀がさえずっていた」。ここにあるのはただ、人間の悲しみや苦痛に対して平然として無関心な自然である。そして

おだやかな炎で少女の頭に接吻しその生命を奪った雷雨は、その日いろいろな生きもののうえに豊かな祝福をふりそそぎ、彼女に眼の光を与えたあの雷雨と同じように、はるかな東の空に美しい虹の橋をかけて終わりを告げた。(15)

人間の出来事に対する自然の無関心という思いは、あるいはすでに幼児期に遡るのかもしれない。先に引用した少年期の回想は次のように続く。「私にはあの高く伸びた麦の茎が、まるで私の机のわきに生えているかのように、くっきりと見える。庭のあちこちで働いている母や祖母の姿が見える。庭に茂った植物は、ただ定かならぬ緑の光沢として見えるだけだ。だが、私たちを取り巻いていた陽光はじつに明るく射しているのだった(16)」。これはこの出来事のさいの少年の観察か、それとも執筆時の回想なのか。

運命に打たれ砕かれた人間はなんと不幸であろう。「第二のヨブ」とバウマーがいう狂気のアプディアスには、しかし最終的に神の圧倒的な存在を知覚するヨブ以上に祝福がなかった。運命がもっとも非情な相貌を露わにするのは、自己自身の思いがけぬ死の近さを知らされるときであろう。いや、それ以上に愛する者の死を見るときであろう。それがアプディアスであり、後述する『曽祖父の書類綴じ』の大佐であった。

だがたとえ死という形を取らないまでも、愛するものを喪失する経験も、運命の概念に包摂された。『習作集』第五巻の『老独身者』(一八四五年)の主人公もそうした運命のいたずらによってこの世の幸いを剥奪された人物であった。小説に描かれた風景は暗い。切り立った山に囲まれ、ひっそりと静まり返った湖に浮かぶ小さな

島。そこには誰も近づかない。ボートひとつなく、一度島に入ったら、逃げられない、まるで牢獄のような孤島。これこそ、悲劇的な運命に打たれた孤独な老人の心象風景にほかならない。ただ世を疎み、世から疎まれ、不信とペシミズムに閉ざされた老人の。

そして、そうした外的な力とならび、もうひとつシュティフターを恐れさせた力があった。人間内部に存在するコントロールしがたい力、人間の感情と知性を圧倒し支配する激情であった。漠とした無形の不安、人を他者から断絶させる無限の我執、激しいエロス、あるいはまた絶望と自己破壊的なタナトスの衝動。シュティフターはフロイト理論よりもはるか以前にこうした深層心理の力を知っていた。人はそうした情念にとらえられて、自律的・理性的なあり方を根底から脅かされ、さらに他者との根元的な関係性および自己自身を破壊する。そうした情念のいくつかをキリスト教は罪と呼んできた。バロックの詩人も、人間の生の無常性とともに、しばしばおのれの情念によってボールのように投げられ、止まることのない人間の心の不安定さを歌った。

『老独身者』の世に対する苦々しく辛辣な否定心は深い絶望にもとづいているといえようし、またアプディアスの心も、おのれの利潤と権力の節度なき追求のあまり、徹底的に世界に対し閉ざされていた。「彼（アプディアス）の心はマモンではなかったが、しかしこれに奉仕した。（中略）彼に課されたことを彼は知らなかった。彼の罪はその盲目性にある」とシュティフターは書く。(17) 世界に対してただ利用関係しか持とうとしないこの男の不幸に、周囲の人間は同情することはなかった。あるいは『愚者の城』のヨードク。初期のシュティフターはそうした情念の暗い絵図をさまざまな形で描いてやまない。人間を突き動かす情念を彼は恐れる。まるで運命に打たれるように恐れる。そして症例を記述する。

ただし『アプディアス』において、彼の悲運を生前の「罪」ないし道徳的欠陥の報いとする因果応報的な解釈は、これまで述べてきたようなシュティフターの運命観の深淵を見た場合、皮相的であろう。そうした「合理化」を受けつけないものがここには横たわっている。谷口泰も、ディータの死は「聖なる謎のごとく、われわれのそばを通りすぎる」というシュティフター自身の言葉を引用して、そうした合理的解釈を退ける[18]。

以上、自然、死、運命、そして内的情念に対するシュティフターの不安に彩られた意識を見てきたが、われわれはそれを単に個人的な気質や思いこみのようなものとして特殊化してはならないだろう。むしろそれは外界の力に対する人間の原初的な不安、その意味である普遍的な〈存在の不安〉としてとらえる必要があると思われる。個は普遍に通じる。前世紀後半、実存主義的な視点が提起されて以来[19]、今日のシュティフター研究は彼の根源的な不安や恐れに注目する点で一致する。シュティフターは、とりわけ人間を囲むそうした原初的な力に対して感受性が強く、思いが深い詩人なのであった。単なる非合理主義とか汎神論とかの一般的な観念の操作を越えた、繊細なニュアンスにみちた、それでいて普遍につながる人間の感覚を彼は生きていたように思われる。

四 『曽祖父の書類綴じ』――転換の書

一八四七年の『習作集』第三巻収録の長編『曽祖父の書類綴じ』(“Die Mappe meines Urgroßvaters”)でも以上の諸テーマが徹底的に考察されている。

物語のあらすじは次のようである。

かつて放蕩に明け暮れ、「憎しみにおいても友情においても常軌を逸していた」大佐はやがて妻を娶り、幸福な生活に入った。だがある日夫妻で山中を歩いていたときに、後ろにいた妻は橋から転落し、帰らぬ人となる。安全には入念に配慮したのだが、一瞬の出来事だった。絶望した彼を慰め、空虚感を克服させたのは、幼い娘マルガリータだった。彼は娘を連れて長い旅に出て、最後に定住の地を見出す。彼はふたたび人間の成長に希望を置くようになる。マルガリータは美しく成熟してゆくが、そこに現れたのがこの『書類綴じ』の手記を残した医師アウグスティヌスだった。彼はマルガリータを愛し、結婚を願う。しかしその関係がもつれるなか、激情にとらえられて彼女に別れをつげた彼は自殺しようとする。その彼を大佐がとめる。大佐は初めて自身の喪失体験を語る。彼はゆったりとした穀物の成長を指し示し、待つことを青年に求める。三年の時が経つ。その間互いへの思いが成熟した医師とマルガリータはついに結婚する。

この長編小説は『習作集』のなかで特別な位置を占めている。作者のもっとも初期の一八四一年〜四二年、「ウィーン雑誌」に初めて紹介されたこの物語は、その後の『習作集』稿、さらに出版社主ヘッケンアストへの書簡によってその存在が知られた第三稿（一八六四年）、そして作者の死によって未完のまま残された最終稿（一八六八年）と、全部で四つの稿が存在する。まさにライフワークである。初期作品を支配する感情・思想あるいは語り方に著者が満足しなかったことを、このことは示す。この『習作集』稿そのものに、他の『習作集』の多くの物語とは異なる要素、後の改稿を必然化する要素が存在するのである。

ここでも、ほかの同時代の作品のように、人間を突如襲う運命の力が扱われる。とくに『アプディアス』とは相似的だ。次の引用は、大佐が妻の通夜の場面を回想する箇所である。

妻はいつも着ていた白い衣装を着て、寝台に横たわっていました。家具職人が黒い物差を折りたたんで、出てゆきました。夕暮れ近く、柩が運ばれてきました。不思議なことに、ちょうどよい寸法に出来たのがあったのです。妻はその中に入れられ、ほっそりと横たわっていました。だんだんと物見高い人々や、その他の人々も立ち去り、私一人になったと思ったので妻の方へ行き、彼女の手を、女たちがしたのとは別な風に組んでやり、十字架を持たせました。私はなお、そのあたりに飾ってあった花をとって、妻の浄らかな、動かぬ顔のまわりに入れてやりました。それから私は腰をおろし、時の過ぎるのも覚えず、座ったままでいました。（中略）司祭の説教が済むと、皆が妻を埋葬し、土をかけました。すべての事が終わり、家々の向こうに昔に変わらぬ森が見え、よそよそしい、空虚な風が、その森の上を吹き渡る頃、私は家に帰ろうとしました。はしばみの木立のほうへと拡がる畑で、農夫たちは土を耕し、冬野菜の種を蒔いていました。私は木の葉の散り敷いている庭をとおって、静まりかえった家に入りました。

そこへ葬儀のあいだ預けられていた幼い娘が帰ってくる。

娘の口もとは、たった今葬られた人にそっくりの薔薇の蕾のようでした。そしてまた、母親に生き写しの眼をしていました（中略）娘がいつも躾けられているように、言いたいことを我慢しているうちに、その小さな頬が泣き出しそうにゆがむのを見ると、私は娘をひしと抱きしめ、私自身、身も世もあらず泣きました。―それから、いつものように日は照り、秋に植えた穀物が茂り、渓流は谷々を流下り、―ただ妻ばかりが帰らぬ人となったのです。一匹の黄金のユスリ蚊が飛び立ってしまったかのように。(20)

やや長く引用したが、ここはシュティフターの全作品のなかでもとりわけ味わい深い箇所のひとつと思われるからである。それにしても、何と痛切な悲しみであろうか。ここにはかろうじて運命に対する呪詛の言葉を押しとどめた感情が伝わってこないだろうか。世界のすべては無意味ではないかという暗い感情・情念が彼を蝕んでゆくさまが。どうすれば、人はその支配から自由になれるのか。

この箇所は『書類綴じ』の中心主題である運命のそれを提示する。そしてまたしても自然は人間の悲嘆に無関心のまま横たわっている。自然の悠久の営みのなかで妻の死は一匹のユスリ蚊の消失にすぎない。人間個々人の、他と絶対に交換不可能な経験は、いったいどれほどの意味を持ちうるのか。

物語冒頭、作者は、アウグスティヌスの言葉において、運命について省察する。

現世という馬車は、黄金の車輪に乗って悠然とやって来るといわれる。誰かが、その車輪に轢かれると、それは悲運と呼ばれる。しかし神はそれを平然と眺めて居給う。マントに身を包んだまま、おまえの体をとり片付けようとはなされない。車の前に身を投げたのは、結局はおまえ自身なのだし、神はおまえに始めから車輪を示されたのに、おまえがそれに気づかなかったのだから。死が生という芸術品を轢き砕いてしまうのは、すべての生が果敢ない存在にすぎないからだ。そして、この世は、このような果敢ない生でみちみちているのだ。―とはいえ、生の目ざすところは壮大であり、恐るべく荘厳であるに相違ない。おまえの言い知れぬ悲嘆、絶え間ない深い苦悩も、生のただ中にあっては全く無に等しいほどなのだから。―それとも、ほんのわずかばかり、生の完成へと歩を進めることになるのだろうか。(21)

悲運とはかない生、そしてシュティフターはなおその生の意味を問おうとする。生とは個々人のそれをこえて不断に継承されてゆく大きな流れである、というイメージを示しつつ。

五　運命から摂理へ

シュティフターは運命や死の不条理性の問題に突き当たって、行き惑う。アプディアスのように、大佐も運命の力に翻弄される。古代的・異教的な響きの強いシュティフターの運命観は、人のすべての出来事が彼の救済へ向けられたキリスト教的視点を、根本的に相対化してしまうほど、世界の深淵を開く。彼は透徹した知性をもってこの運命を洞察し、その不条理を省察し、なお人間存在の意味を探求する。そして、そのような知のかなたの深淵に心を全開しつつ、なお彼はその超越的な視点を追求していった。そして、この超越的な次元への視界の有無こそ、大佐がアプディアスと決定的に異なる点なのである。以下、シュティフターがもっとも心血を注いで書き進めていったと思われるこの視界について考えてみよう。

これについてバウマーはいう。「世界の循環ならびに同一なものの回帰というニーチェの教説を思わせるこの運命の力の本質に対するほとんど異端的な問い」と結びつつ人間の運命に対する考察がなされ、そしてその後、絶望の深淵を越えるように、信仰への飛躍がそれに続く[22]、と。例としてバウマーが挙げるのは『地下墓所をゆく』の先の引用に続く箇所である。「もしそうだとすれば、なんと恐ろしい不条理であろう！──破壊に満ちみちた王国のただなかで、わたしの胸をよぎるものがあった。それは、心の奥底にひそむ、不壊（Unsterblichkeit）を確信する火花だった[23]」。

そして『一八四二年七月八日の日蝕』において詩人は次のように書く。「自然の法則はすべて神の奇蹟であり被造物であるというのに、われわれが神の存在に気づくのは、そういった奇蹟や被造物においてよりも、突然の変化、いわば、自然の法則が乱れてわれわれが突然に驚きをもって神の存在を見る時のほうが多いのはなぜか。これらの法則は神のまとっておられる輝かしい衣であって、われわれに神ご自身が見えるように、神はその衣にちょっと隙間をお作りにならねばならないのであろうか[24]」。ここには「奇蹟や被造物においてよりも」、世界の不条理においてこそ信仰への飛躍がある、という視点が提起されているのである。自然の美と聖性をたたえ、そこに創造の妙なる秩序を読むのを常とするこの詩人は、しかしここで自然神学を超えるのであろうか。そしてバウマーはいう。人知によって窮めがたい不可知の力、「深淵や運命をもみずからのうちに包摂するこうした神はキリスト教の慣習のイメージから逸脱している[25]」と。

同様にK・シュテッフェンも、運命の不条理性に関する上記の「神はそれを平然と眺めて居給う」というシュティフターの言葉は「非キリスト教的世界把握」の表現と考える[26]。彼らが指摘するように、運命や自然をめぐるシュティフターの意識には、とりわけ啓蒙主義的な予定調和的神学と一致しえない部分があるといわざるをえない。

詩人は誰も、つねに伝統的な思考に新たなものを付け加える。こうした受容と変容の果てしないプロセスこそ、他と絶対に交換不可能な個人の生ということであり、創造ということだ。シュティフターもそうであった。彼はけっして型どおりの護教文学を書かなかった。彼は、整然と合理化された教義からはみ出た存在の神秘とゆらぎを深く経験し、それを描いてやまなかった。その意味で、彼のそうした実存的な思いは、単なる美しいユートピア構想ではない。また自然や運命のデモーニッシュな諸力と神への思いの「対立」は、けっして図式的に調和へともたらされるような観念的な弁証法的対立項ではない。(27) シュティフターのなかでは運命論とキリスト教的弁神論がせめぎあう。こうしたゆらぎ、絶望と不安のなかから、超越者に向かうみずからの志向性、みずからの詩学原理的な「神学」を、彼は徐々に育てていったのである。

だが、翻って考えてみれば、そもそもキリスト教自体の伝統においても、死と不可知の運命は、生きた人間にとって、もっとも法外な恐るべき「外的な力」なのではないか。人間文化のコードのなかへ内在化しえぬ「異なるもの」ではないか。ただし、ユダヤ教・キリスト教の伝統は、そうした古代人の恐れにみちたイデーを神の摂理のうちへ包摂し、高めていった。旧約の預言者イザヤは神より与えられた言葉として書いている。「わたしの思いは、あなたたちの思いと異なり、わたしの道はあなたたちの道と異なると主は言われる。天が地を高く超えているように、わたしの道は、あなたたちの道を、わたしの思いはあなたたちの思いを、高く超えている」(28)。またパウロは「ああ、神の富と知恵と知識の何と深いことか。だれが、神の定めを究め尽くし、神の道を理解し尽くせよう」と語る。(29) 信仰とは、そのような人知を超えた神の計画が恩寵のうちに実現されてゆくと信じることであろう。そして、ただ災禍としか見えぬ出来事も摂理のうちにある、と信じることであろう。

シュティフターの「信仰」。それは一種の不可知論を内包した慎み深い信頼、「探求しがたきものへの畏怖」(30) に裏付けられた信頼であった。『書類綴じ』冒頭で、自身の運命についての省察に関してアウグスティヌスが「主よ、あなたの御旨が実現されますように。それが何でありましょうとも、あなたのみこころのままに」と書くように。[31] 運命から摂理への変容。それは、人の条理によってはどうしても知りえない最終的な存在の意味を究極の超越的他者の意味場に委ねることであった。そして絶対的な他者である限り、そうした超越的な存在は根源的に神秘である。「非キリスト教的」と見えるまでに神秘であろう。マイスター・エックハルトを始め多くの神秘主義者がその消息を語った。人は神の像を刻みえない、と。それゆえ彼らは教義の擁護者の側から疑われ、ときに異端とされた。だが、それにもかかわらず、彼らの神秘主義は、固定した神概念に繰り返し新たないのちを与え、宗教的霊性をさらにゆたかにするものとして受容されていったのである。

こうした超越者の深い神秘にもかかわらず、しかし、その存在を信じることと無神とのあいだには、どれほど大きな懸隔があろう。シュティフターにとっても、その信は彼の世界の座標軸の転換を意味したのであった。信仰にいたる道は、誰においても、本質的に合理を超える飛躍といえる。シュティフターの場合も、論理の深みにおける飛躍を宿していよう。しかし、彼のたどる道はけっして急激にして劇的な飛躍や逆転でないことに注意したい。そのような弁証法的な道をシュティフターはたどらない。彼の道はいわばらせん状に上昇する生成と変容の道であった。

こうしたより高い視点から、悲しみに見舞われた大佐は、妻の死がたとえユスリ蚊のそれであったとしても、それは「黄金のユスリ蚊」として、意味を持つようになる、と考えるのである。それは彼の存在のすべてをかけた思考であり、祈りであった。そして「神様は天国に一人の天使を必要とし、地上には一人の善い人間を必要とされたので、それゆえ妻は死ななければならなかった」[32]と信じるのである。こうして彼は全知の神に、人間存在の最終的な意味を委託する。レードルが「だが地上の悩みの谷を高く越える『天上の微笑む美しい安らぎ』[33]を宥和的な微笑と解釈することは、無理に考案された構想である」というような地点を大佐は本質的に超えている。

六　人間の行為

愛する者との別離。それはただちに消えるものではない。人は心の深奥に横たわる悲哀をどうすればよいのだろう。頭では恩寵を思いつつも、生の根底を蝕む激しい情念をどうしたらよいのだろうか。

アウグスティヌスはマルガリータを愛する。しかし彼女の前に従兄弟のルードルフが現れたとき、アウグスティヌスは不安と嫉妬にかられて彼女に絶縁の言葉を告げる。そしてマルガリータもそういうアウグスティヌスに驚き深く失望する。その直後彼は林に駆け入って、縊死しようとするのである。こうした絶望は教会では罪とされる。しかし絶望はまた何と人間的なことであろうか。

時の経過のなかにやがてヴェルター的な激情の嵐は鎮められる。アウグスティヌスは自宅の一部を礼拝室に改装し、そこに聖マルガリータ像を安置する。それは彼にとっての守護聖女であった。マルガリータを失った彼は同名の聖女像に祈ることで慰藉を得ようとする。

ああ、父よ、母よ、あなた方の小さな家がどんなに変わったかも見ないで亡くなってしまうなんて――ああ、妹たちよ、お前たちも、それを見ないで死んでしまうなんて！　家は、もはや出来上がって太陽がその屋根にキラキラと輝いている――。庭は広々とひろがり、かつては隣人のものだった果樹は、庭に見事に繁り、今では前よりもよく手入れされて、そのお礼を言っているように、枝もたわわに実った果実が、私の部屋の窓をのぞきこんで輝いている。私は部屋から部屋へと足を運ぶ。だが、私はさびしい。ただ聖マルガリータの像だけが、今はもう我家の祭壇に立っていて、金色に輝きながら、そこに歩み入る私に会釈してくれる――夕べの風が白い窓掛を揺らめかせ、そぞろ歩く私のまわりを吹き抜ける。その風は、下男たちが夕暮れの水浴をすませて連れて帰ってきた若い馬たちの蹄の音を中庭から運んでくる。――幾すじもの赤い夕日の光箭《こうせん》が、部屋に射し入って、そのがらんとした広さを感じさせる。書き物机は出来上がり、その木の円蓋の上に、今はただ一つ、誰かが射止めて贈ってくれた剥製の山猫がのっている(34)。

シュティフターがこのような深い悲哀の込められた文を書きえた背景に、彼の個人的な経験を想起する必要があろう。彼はウィーン大学在籍中に知り合った女性ファニー・グライプルを愛し、結局は彼女の両親の反対によって結婚の夢は破れるものの、その愛は最後まで彼の心を去ることはなかった。彼女は彼のうちに「理念の花嫁」として永遠の形姿を得、彼らの関係は『晩夏』を始め彼の多くの作品に理念化されていったのである。

運命に打たれた人間が、思索し、運命を摂理として受け入れ、恩寵として祝福された世界に目覚め、世界に開かれた者へと変容してゆく。その変化の過程、いやしと浄化の過程を、この作品でシュティフターは描いた。そして喪失の悲哀は時のいやしの力によって浄化されてゆくだろう。

大佐は新しい地へ移住し、土地を購入し、畑を作り、家を建てる。かつて落ち着きもなく諸国をさまよった彼は定住者となる。彼はアウグスティヌスに言う。「私がここに住みついたのは、多くの物を創りだしたり、整えたりすることのできる素晴らしい原生林があるからです。私たちにとって親しみ易くなじみ深いものにしてゆくことのできる自然こそ、この地上に存在する最も美しいものだからです」(35)。土地の開墾、穀物の育成という時間の緩慢な流れのなかに彼の心は快癒する。そして彼を導いたものは娘の存在であり、亡き妻の善意の想起であった。

そして大佐によって励まされたアウグスティヌスも、同様に激情を克服してゆく。彼も大佐のように手記執筆によって自己省察を続ける。自然界の出来事や現実世界の営みを記入し、自身の情念や願望を客観的に分析して、社会内存在としてのあり方を究明する。それは自分の苦悩を超えるより広大な自然と世界を貫く秩序・法則について哲学的な考察につながってゆく。「手記を書いて封印することは、苦悩を超えて上昇しようと願う内なる自然を開墾することである」(36)。また実践的な行動としては、何よりも医師として村の患者たちの怪我や病をいやす。病人の快癒へ向けての静かな時が流れる。これら規則的な行動の秩序、そして持続的な自然の営みの法則を彼は生きる。彼は待ち、穀物のように成熟することを学ぶ。こうして、大佐のように、彼も時によっていやされてゆく。

彼が医師として「人をいやす」ということは象徴的である。ただいやされることを望むのではなく、今やいやすことに彼は心を向けてゆく。彼もまた大佐のように、世界へと開かれ、世界に働きかける者となる。

彼らふたりは、運命を受け入れ、与えられたものを恩寵ととらえ、それにおのれを委ねる。彼らは最終的に世界を肯定する者となるが、それは人間存在を支える事物が祝福されていると知るからである。それによって恐るべき自然の力も、祝福された自然の秩序の一部として洞察されてゆく（『石灰石』の荒野、『水晶』の雪山）。破壊的と抱擁的という自然の二面性はシュティフターに固有のものだが、『石さまざま』以降、後期に向かうにつれ、後者の自然形象が中心的に描かれるようになる。自然の深い不可知性と神秘性は最後まで残しながら。

次に引用するのは縊死の試みから救われて白樺林にたたずむアウグスティヌスを囲む自然風景である。

とうとう、夕べの祈りの時刻になって、樅の枝々が紅く染まった。――ああ、そのとき不意に、鈴の音のように明るく澄んだ、こおろぎの声が響き、銀の小さな杖で私の心を打った――まるで、はっきりと聞きとれる人間の言葉で話しかけるように、このちいさな虫が、可憐な銀の杖で、私の心を打った。それは怖いくらいだった。

そして、私がこの茅を立ち去ろうとしたとき、頬白の夕べの歌声が響いた。そのかぼそい声は、私のすぐ身近に響いた。まるで、その小鳥が、ひそかに私について来て、ふるえるような金の糸を、枝から枝へ、張りめぐらせているかのようであった。――畑の方へ降りてゆくにつれて、森はますます明るくなり、赤々と夕日に燃えた。――空には星がまたたき始め、夕日をあびた疎らな木々の幹は、火の柱のように燃えていた。森をすっかり抜け出たとき、大佐が見たという小麦畑が、そこに静かに横たわっていた。——麦畑の涼しげな深い緑が、はるか向こうまで拡がり、空の色を映して、穂先ばかりが、ほんのりと赤らんで見えた。上手の草原はすでに暗く、灰色の霜におおわれているように陰り、森のはるか向こうに日は沈んでいいた。(37)

アウグスティヌスのこころの鎮まりを映じつつ、暴力的な自然は、より秩序ある祝福的された自然へと変容してゆく。暗い情念を清められた眼に、自然の新たな相貌が開かれる。詩人はそれを共感覚的な詩的技法を駆使して精妙に描いている。

このように描かれてゆく大河のような自然界の秩序は、単に外的な自然界のみならず、カント的な自由意志によって人間がみずからのうちに他者に向けて打ち立てる内的宇宙、倫理的秩序にも通じる普遍的な秩序・法則といえよう。シュティフターはそれを後に「穏やかな法則」と呼ぶだろう。それをいま彼らは受け入れる。だが、こうした自然および他者への開きを可能にしたものは、ひとえに彼らの厳しい挫折と苦悩であった。その破れによって自我にとらわれた狭い視界から解放されることが必要であった。

物語の最後、マルガリータを得たアウグスティヌスは窓を大きく開けて星を見る。窓は世界へ向けて開かれた彼の心の象徴だろう。そしてそこに広がる星辰のちりばめられた天空は、シュテッフェンのいうように、人間の徳性の秩序と神の秩序を示す二重の比喩であろう。(38)

いま我家には、憩いと静けさと、祝祭の気分が、みちていた。——だが長くは座っていないで、また立ちあがると、窓辺にゆき、窓をあけて身をのり出した。家の外にも、憩いと、静けさと、祝祭の華やぎがみちていた。——空には銀色の星屑が無数に燦いていた。(39)

おわりに——シュティフターのヒューマニズム

一九世紀前半、ビーダーマイヤーの時代にシュティフターはウィーンで文筆活動を開始し、やがてゲーテの影響下に人間の生成発展を描く長編小説を書く。大作『晩夏』において、いわゆる古典主義の継承者となってゆく。

その萌芽はウィーン大学入学前、一八一八年から一八二六年まで学んだベネディクト会修道院付属ギムナジウムの日々に求められる。それはリンツの南二〇キロの田園地帯の町クレムスミュンスターにある。彼はその若き日々を、のちに「(生涯の)躊躇なくもっとも素晴らしいと呼べる、あの忘れがたい日々」[40]と述べるほどに、享受した。当時、メッテルニヒ指導のウィーン体制化、反自由主義的文教政策がすべてのギムナジウムを管理していたが、このギムナジウムではオーストリア的啓蒙主義＝ヨゼフィニスムスがひとつの指導原理となっていた。たとえば自然科学の教授マリアン・コラー神父の場合、キリスト教的な神の法則とライプニッツ、ヴォルフ以降の啓蒙主義の人間的理性の法則、そして自然科学的法則の調和にもとづく授業がなされていた[41]。

人文学の教育が熱心に行われるなか、シュティフターはゲーテやシラーを熟読した。ゲーテの『タウリスのイフィゲーニエ』には深い感銘を覚え、それは後々まで彼の愛読書のひとつとなる。この戯曲ではオレストのヴェルター的な憂鬱な感傷性をピュラーデスの強い理性と自由意志が導き、現実的な行為を実現するが、しかしなおそれを超える力としてイフィゲーニエの純粋な良心がすべての混乱を収束し、先祖から続く呪いの運命までも消去する。ゲーテ自身これを「恐ろしく人間的」と評したように、徹頭徹尾楽観的なヒューマニズムに貫かれている。人間に本性として内在する真・善・美に深く信頼したこの古典主義的戯曲は、ヴェルター時代のゲーテと違い、理性尊重を旨とする啓蒙主義へ大きくシフトしている。そして啓蒙主義のドイツ的現象のひとつ、実践理性と道徳的な自由意志への信頼にもとづくカント的倫理学が大きな影を投げている。

クレムスミュンスターでの教育を通して人間のよき本性を重視するこうした啓蒙主義哲学やドイツ古典主義の精神へ導かれたシュティフターは、生涯、西洋精神の中核をなす人文主義の伝統によって培われてきたこうしたヒューマニズムを棄てることはなかった。『石さまざま』序文でそれは、人間の知慮や節制、正義や勇気というかたちで、人間界を導く「穏やかな法則」とされた。またやはりクレムスミュンスターで与えられた物理学や天文学を始めとする多面的な自然科学の知識も、終わりまで彼の作品を彩った。彼は時代の精神を生きていた。シュティフターにとって、人間本性としての知性と道徳的な自由意志は最高価値のひとつであった。

クレムスミュンスターで彼が学んだヒューマニズム。それはこうした人間本性の尊厳を重視しつつ、さらにそれを超える、もうひとつのヒューマニズムであった。それは人間と世界の内在的な秩序を、それを超える超越的な視界のなかで、創造の秩序として受け入れるのである。そしてキリスト教倫理学もここから出発するであろう。

プラトンが『国家』において定着させた知慮（賢明）と正義、節制と勇気の四元徳は西洋の倫理学を導いたが、旧約聖書のなかでもギリシア思想の影響の濃い『知恵の書』八・七では、この四徳が人生においてもっとも重要なものとされている。このギリシア的徳はローマのキケロ（『義務論』）やセネカを経て、さらにキリスト教の倫理学のうちに受容され、アウグスティヌスからスコラ哲学のトマスへ継承・変容されていった。[42] このようなキリスト教的倫理学の伝統がシュティフターの世界の支柱となった。

エンツィンガーはいう。クレムスミュンスターで「シュティフターが信じたのは核心において世界を肯定するバロック後のキリスト教、いかなる極端さからも遠い、そして世界を捨て去るのではなく、まさにそれを通して神が啓示される神の創造として世界をとらえるキリスト教である」[43]。これまで見てきたように、理性の彼方に横たわる深淵にみずからを開きながら、本質において彼は創造の秩序をまさに理性によって思考し、意志によって受け入れるのであった。

シュティフターは昂然と運命に立ち向かう人間を描かない。ゲーテのイフィゲーニエやシラーの英雄のようなヒロイズムは彼にはない。自我の支配領域を無限に拡張しようとする意志はない。ゲッツやヴェルターのような強固な自己拡張の激情は、そこにはない。そこに自我のやわらかさが感じられる。運命の前で破れを知悉する自我のゆらぎがつねに伴う。だが、そもそも運命の前で、そして自然のなかで、人間とは何なのか。一九世紀が信じたような、それほど強力な存在なのであろうか。いずれにせよ、近代西欧的な、ひたすら能動的な人間中心主義、この近代市民社会の座標軸を鋭く相対化する原理がシュティフターを導く。それはグリルパルツァーやホーフマンスタールにも見られるだろう。あるいはそれはオーストリア文学に流れるバロック的伝統かもしれない。そして、そういうかたちでシュティフターは彼なりのキリスト教的ヒューマニズムを形成する。ここに、カトリシズムの伝統と詩人の独自の資質にもとづく思索との渾然とした融合が見られるだろう[44]。知性を摂理に従わせ、同時に知慮を働かせ、慎み深く超越者の意志に協力しつつ、行為する。人はいつ最期を迎えるかわからない、という恐れの込められた終末的な視点を忘れることなしに、彼は「最良の美は世界」と語るのである[45]。

（1）Adalbert Stifter : Studien, Winkler, 1979, S. 209f. 本稿でシュティフター作品の引用には基本的に松籟社版シュティフター作品集を使用させていただいた。ただし原文をもとに訳を変更した箇所もある。

（2）Ebd., S. 267.

（3）Adalbert Stifter : Die Mappe meines Urgroβvaters, Schilderungen, Briefe (= Mappe), Winkler, 1986, S. 603.

(4) Ebd., S. 604.

(5) Ebd., S. 594.

(6) Ebd., S. 585f.

(7) Ebd., S. 312f.（『地下墓所をゆく』より。『ウィーンとウィーン人』所収、一八四四年）

(8) 近代主義者といわれるフランスのロワジは（一九〇二年の『福音と教会』などにおいて）歴史の中に行動する神、啓示、受肉など伝統的な教義を科学の時代に合わぬ旧弊なものとして退けた（研究社『新カトリック大事典』、「近代主義」の項参照）。

(9) Studien, S. 672.

(10) Ebd.

(11) たとえば Hermann Kunisch : Adalbert Stifter. Mensch und Wirklichkeit, Dunker & Humblot, 1950, S. 19.

(12) Studien, S. 581.

(13) Ebd.

(14) Ebd., S. 582.

(15) Ebd. S. 673.

(16) Mappe, S. 604.

(17) 『アプディアス』準備作業のための初期ノートより。Urban Roedl : Adalbert Stifter. Geschichte seines Lebens, Francke, 1958, S. 169f.

(18) 谷口泰『アーダルベルト・シュティフター研究』水声社、一九九五年、六七―六八頁。

(19) とりわけ Erik Lunding : Adalbert Stifter, Nyt Nordisk, 1946.

(20) Studien, S. 426-8.

(21) Ebd. S. 401.

(22) Franz Baumer : Adalbert Stifter, C. H. Beck'sche Verlagsbuchhandlung, 1989, S. 96.
(23) Mappe, S. 313.
(24) Ebd. S. 511.
(25) Baumer : a. a. O., S. 97.
(26) Konrad Steffenn : Adalbert Stifter, Birkhäuser, 1955, S. 83.
(27) Martin Lindner の論文はシュティフターの本質的な主題を考察するが、ただこうした存在の深淵における経験を余りにも単純にシェーマ化し、シュティフター文学を一種の救済の見取り図、つまり非文学へと表層化しているうらみがある（Lindner : Abgründe der Unschuld, in : Adalbert Stifter. Dichter und Maler, Denkmalpfleger und Schulmann, Max Niemeyer, 1996.）。
(28) イザヤ書五五・八—九。
(29) ローマの信徒への手紙一一・三三。
(30) Emil Staiger : Adalbert Stifter als Dichter der Ehrfurcht, Lothar Stiehm, 1967, S. 19.
(31) Studien, S. 402.
(32) Ebd., S. 428.
(33) Urban Roedl : Adalbert Stifter, Rowohlt, S. 55.
(34) Studien, S. 546.
(35) Ebd., S. 429.
(36) 谷口泰、前掲書、一八二頁。
(37) Studien, S. 405.
(38) Steffen : a. a. O., S. 88.
(39) Studien, S. 575.

（40） An Georg Riezlmayr. 9. 2. 1839. in : Mappe, S. 650.

（41） Baumer : a. a. O., S. 34, 40.

（42）『新カトリック大事典』、「枢要徳」の項参照。

（43） Moriz Enzinger : Gesammelte Aufsätze zu Adalbert Stifter, Österreichische Verlagsanstalt, 1967, S. 46.

（44） 神の協力者としての人間というカトリック的な人間観については小品『慈しみ』における「守護天使」としての人間という表現にも見られよう。Adalbert Stifter : Bunte Steine und Erzählungen, Winkler, 1990, S. 351.

（45） Enzinger, a. a. O., S. 46.

イェイツの「動揺」

――カトリシズムへの誘《いざな》いと拒絶――

三好みゆき

はじめに

アイルランド生まれの詩人・劇作家W・B・イェイツ（William Butler Yeats, 1865–1939）は、きわめて「宗教的」な作家ではあったけれども、そしてキリスト教的なテーマをしばしば作品で取り上げたけれども、カトリック信者でなかったのはもちろんのこと、キリスト者としても正統的とはみなされず、異端的であるとか、異教的であるとか、さらには反キリスト教的であるとも言われてきた。古今東西の神秘思想を渉猟し、独自に体系化し、それを創作の糧としたからである。だがキリスト教さらにはカトリシズムへの彼の関心と言及には並々ならぬものがあり、しかもそれは対決や比較対照や部分的利用のためばかりではなさそうである。

本章では、オカルティストであり、カトリック教徒でなかったのみならず、当時のアイルランドのカトリック社会とさまざまな軋轢を経験していたイェイツの生涯と作品に、それにもかかわらずカトリシズムへの接近の跡がさまざまな形で見られることを指摘し、時代背景を参照しながらその意味を探ってみたいと思う。

一　神秘主義への傾倒

イェイツとオカルティズム、キリスト教、そしてカトリシズム

イェイツは、ブラヴァツキー夫人の神智学協会、ついで魔術結社〈黄金の夜明け〉に属し、アイルランド西部での民話伝説の収集（彼はそこにキリスト教以前の「往古の信仰体系」(1)を見出した）、降霊会や自動筆記などの心霊主義《スピリチュアリズム》への没頭、錬金術やカバラや新プラトン主義、スウェーデンボリやブレイクなどの研究、禅仏教やヒンドゥー教などの東洋思想への深い傾倒、亡霊のドラマである能への関心など、生涯にわたってオカルティズムと深く関わり続けた。

こうしたイェイツの作品には、たとえば、キリストの受肉（詩「神の母」）、受難と死と復活（劇『カルヴァリ』や『復活』）、そして再臨（詩「再臨」）といったキリスト教的なテーマも取り上げられているが、それはあくまでもイェイツの個人的な神秘思想体系の中で独自に解釈し直されたものである。たとえば、キリストによる救いは、人類の歴史を一直線に貫きとおすものではなく、周期的に反転する循環的な歴史の一環にすぎないのであり、キリストの受肉は、神の子を宿した女性の戦慄を中心にして描かれ、聖金曜日ごとに受難を「夢幻回想」するキリストは、キリストの愛や支配から逃れて死や自由を得たかったというラザロとユダから責められ、キリストの復活は、「互いの生を死に、互いの死を生きる」(2)神と人との歴史の循環の中で人間の死の時代の開始とされ、そして二〇〇〇年のキリスト教時代のあと柔和な子羊とは正反対の「荒き獣」が再臨しようとしている、という具合なのである。

しかしながら、イェイツのキリスト教をモチーフとした作品が正統的なキリスト教理解とかけ離れていたとは

いえ、「イェイツの想像力はキリスト教のさまざまな象徴に強く引きつけられていたし、彼の知性はキリスト教の歴史や教義にかかわる諸問題につねに積極的な関心を抱いていた」[3]のは確かである。そして彼のこうしたキリスト教への深い関心をたどるとき、そのキリスト教には「私の子ども時代の教会ではなかったけれども、思うに、そこでの伝統はより普遍的でより古い」[4]というカトリック教会と関係する要素が多いように思われてならない。アングロ・アイリッシュのイェイツは、もちろん断固とした拒絶の身振り（「私は自分の伝統をカトリック教会には見出さなかった」）を伴いながらではあるものの、カトリシズムに対して少なからぬ興味関心を示し続けたように思われるのだ。たとえば、マラルメらの「自ら動き、自ら教える魂、魔術的な魂」から、シャルル・ペギー（Charles Péguy, 1873-1914）やポール・クローデル（Paul Claudel, 1868-1955）らの「母なるフランスと母なるカトリック教会」への回帰というフランス詩壇の動向を意識しながら[5]（またペギーのシャルトル巡礼のことも意識していたのかもしれないが）、一九一九年のエッセイの中で、「もし私が二四歳だとして、リウマチを患っていないとしたら（中略）確かに私はカトリックではないし、決してそうなりはしないのだけれども、我々の偉大な巡礼地であるクロー・パトリックとロック・ダーグの両方に、巡礼の旅に出かけるだろうと思う」[6]と述べて、古くからアイルランド民衆の信仰心を集めてきた聖パトリックゆかりの山と湖島への巡礼を、感情に根ざした民族の一致の象徴として夢想したこともあったように。[7]

とはいえ、イェイツが当時のアイルランドのカトリック社会とたびたび激しく衝突したことは紛れもない事実である。飢えに苦しむ領民を救おうと悪魔に魂を売った伯爵夫人が天国に迎え入れられるという彼の劇『キャスリーン伯爵夫人』の初演時（一八九九年）には、宗教的および民族主義的な理由で騒動が起こったし、またカトリック系のメディアで、彼は「異教信仰、反カトリシズム、ゲール文化への敵対、上流気取り」[8]の代名詞となっていた。英国統治下のアイルランドにおいて政治的、経済的、社会的、文化的に優越した地位を占めていた少数派のプロテスタントの家柄に生まれたイェイツは、このアングロ・アイリッシュ・プロテスタントの伝統に連なることを誇りとし、その支配力の衰退とともに台頭してきたカトリック中流階級の俗物性を軽蔑したし（詩「一九一三年九月」など）、また一九一九年からの独立戦争をへて一九二二年に成立したアイルランド自由国における、カトリック教会の強い影響力に批判的であった。アイルランドの独自性《アイデンティティ》を「ゲール語を話し、カトリックであり、性的に貞潔である」(9)ことに求めたとされる当時のアイルランドにおいて、彼は上院議員として離婚擁護の演説を行い（一九二五年）、詩「レダと白鳥」、雑誌『トゥモロー』、連作詩「クレージー・ジェイン」など、エロティックな作品や反教権的な作品で挑発し、猥褻文書を取り締まる「出版物検閲法」（一九二九年）に猛反対するなど、当時のアイルランドのカトリック社会との軋轢は枚挙にいとまがない。

イェイツの神秘思想を論じたヴァージニア・ムーアは、「イェイツはキリスト者だったか」という問いに対して彼のキリスト者的性格を強調したけれども、彼にはカトリック的なものさしは当てはまらないと断言したし(10)、またリチャード・エルマンは、イェイツ作品の重要な仮面的人物《ペルソナ》の一人であるオーウェン・アハーンがカトリック教徒であることを、「イェイツ自身がカトリシズムに強烈に魅了されていたという意味だと理解してはならない」のであり、「イェイツはカトリック信仰を伝統的な分別ある信仰を表す便利な象徴として、（中略）彼の知人から多くの改宗者を引き寄せた伝統的な避難所の一例として使った」にすぎず、カトリシズムはもう一人の仮面的人物《ペルソナ》であるマイケル・ロバーツの説く「異端思想に対して、プロテスタンティズムによるよりも、もっと劇的な対照を示したのである」(11)と述べている。しかしイェイツの生涯と作品に散見されるカトリシズムへの関心や言及は並々ならぬものであり、そしてまた彼の生きた社会におけるカトリシズムの位置を考えると、オカルティズムの対立項として措定された正統的な信仰という枠組みには収まりきらない——それを突き崩しかねない——要素もあり(12)、さらにはまた、いくばくかの内的葛藤を伴った魂のドラマの要素をも秘めていたのではないだろうか。

合理主義、物質主義への反逆

イェイツの曾祖父と祖父はアイルランド国教会の聖職者であり、彼の父ジョン・バトラー・イェイツは法曹の道に進んだが、弁護士資格をえながら画家に転身すべくロンドンに出たので、イェイツは幼少期をロンドン、ダブリン、そして母の郷里スライゴーで過ごすことになる。彼は当時の進歩的な考えの持ち主であった父から大きな影響を受け、父にならって日曜日の礼拝から足が遠ざかるようになったが、この「宗教的」な少年は不安を覚えたという。

> 父の不信仰ゆえに私は宗教の証《あかし》について考えるようになっていて、大きな不安を感じながらこの問題をたえず思案していた。というのも私は宗教なしでは生きてゆけないと考えていたからだ。(13)

そして彼が「ジョン・スチュアート・ミルの信奉者」である「父の影響から脱したのは、心霊研究と神秘哲学の勉強を始めてからだった」(14)という。懐疑精神と信じたい気持ちとを併せもつイェイツのオカルト探求は、宗教的教義を疑う父への反抗であり、また合理主義、物質主義という時代思潮への反抗であった。そして神秘的な美を崇める芸術という宗教の祭司たらんとして、世界でいまや始まろうとしていると彼の感じた「知性に対する魂の反逆」(15)の声をあげたのである。

> 私はきわめて宗教的であり、そして大嫌いなハクスリーとティンダルによって子ども時代の純真な信仰心を奪われたの

で、私は新しい宗教を、（中略）詩的伝統という不可謬の教会めいたものを作ったのだった。[16]

この時代、進化論、地質学、聖書の高等批評、歴史学などの、近代思想の洗礼を受けた懐疑的精神の持ち主がオカルティズムに惹かれるというのは、イェイツひとりに限ったことではない。アイルランド系のカトリックの家庭に生まれて晩年は心霊研究に熱中した、医師でシャーロック・ホームズの生みの親コナン・ドイル（Arthur Conan Doyle, 1859-1930）、イングランド国教会の聖職者の妻から無神論者、社会主義者をへて神智学協会会長になったアニー・ベサント（Annie Besant, 1847-1933）ら、この道を歩んだ彼の同時代人は多かった。

そしてまたカトリックが多数派を占めるアイルランドにおける少数派の特権階級であったアングロ・アイリッシュ・プロテスタントのあいだでは、『放浪者メルモス』を書いたマチュリン（Charles Robert Maturin, 1782-1824）や『ドラキュラ』を書いたブラム・ストーカー（Bram Stoker, 1847-1912）など、周縁化の不安から超自然的なものに傾倒した者は多かったとされるし、[17]また宗教的な二項対立の構図と懐疑主義からの自由を感じさせた神智学が、アイルランド文芸復興に関与することになる青年たちの心をとらえた。[18]

二　世紀末とカトリシズム

カトリック復興

合理主義、物質主義、近代思想といった時代思潮にどう関わるかということは、当時のキリスト教諸宗派にとってもきわめて重要な問題であった。そしてカトリック教会では、教皇ピウス九世（Pius IX, 1792-1878）（在位一八四六―七八年）が一八四八年の革命のあとリベラル派から保守派へと方向転換し、教会を外の世界から守ろうとする姿勢を強めてゆく。そしてまたこの時代はイングランドやアイルランドのカトリック教会においては「復興」の時代であり、そうした動向がイェイツにもさまざまな影響や印象を与えたはずなので、まずは当時のカトリック教会をめぐる状況を概観しておきたい[19]。

一九世紀のイングランドおよびアイルランドのカトリック教会は、カトリック刑罰法が一七七八年から緩和、撤廃されてゆき、一八二九年のカトリック解放令でほとんどの弾圧や差別が解消されて（そしてアイルランドでは一八六九年に国教会制が廃止されて）、教会の制度や組織の再建および聖堂の建築が進み、政治、経済、社会、文化への関与が高まるという「復興」の時代であり（これはプロテスタントにとっては、ことにアイルランドのプロテスタントにとっては、脅威だったわけだが）、そしてまた典礼や信仰生活においてトリエント公会議にもとづくローマ・カトリックの規範に順応していくという「刷新」の時代でもあった（アイルランドでは守護聖人《パターン》の祝日での泥酔や喧嘩、通夜《ウェイク》での飲酒や世俗的娯楽が禁止されるなど、民衆の伝統的な宗教的慣行の是正が含まれていた）。

イングランドにおいては「拡大」の時代でもあった。一八四五年からの大飢饉による数十万人のアイルランド移民の流入によって、都市部の貧しい労働者階級における信徒数が激増し、これはカトリックに対する偏見を助長するとともに、政治的重要性をもたらすことにもなった。さらにまた、宗教における自由主義思潮に反対し、教会は世俗国家に超越すべきだと主張するイングランド国教会内部の刷新運動であったオックスフォード運動の中から、ジョン・ヘンリー・ニューマン（John Henry Newman, 1801–90）（一八四五年改宗、一八七九年枢機卿）やヘンリー・エドワード・マニング（Henry Edward Manning, 1808–92）（一八五一年改宗、一八六五年ウエストミンスター大司教、一八七五年枢機卿）などの、少数ながら知性と才能と情熱にとんだ著名な改宗者を迎え入れた。昔からの信徒が、プロテスタントが多数派のイングランド社会の中で協調的で控えめな姿勢をとり、上流階級の平信徒を中心として、イングランド的な信仰のかたちを静かに実践してきたのに対して、こうした改宗者たちの多くは、ローマ的な、華麗で演劇的な典礼儀式と信仰実践に重きを置き（これは唯美主義者たちを魅了した要因の一つかもしれない）、プロテスタンティズムに対して攻撃的、勝利主義的な姿勢をとり、聖職者中心で、教皇権至上主義《ウルトラモンタニズム》の立場をとった（ニューマンの立場は穏健でイングランド的であったけれども）。

弾圧は終わったとはいえ、イングランドにおけるカトリックへの偏見や敵意や警戒心はなかなか消えなかった（たとえばカトリック救済法の撤回を求める一七八〇年のゴードン暴動や、一八五〇年の司教制度の再興を「教皇の侵略」とみた『タイムズ』や『パンチ』の猛烈な反カトリック・キャンペーン、教皇不可謬性の教義決定をめぐる一八七〇年代の議論など）。カトリシズムはイングランドの価値観とは相容れない外国のものである、信徒はローマ教皇と英国君主のあいだで忠誠心が分裂している、カトリシズムは恣意的な権力にもとづくが市民的自由はプロテスタンティズムの精神の成果だといった、カトリックに対する昔からの偏見はいぜん根強かったし、それに加えて、過度の飲酒や騒動というイメージでみられた貧しいアイルランド移民に対する嫌悪、差別や、武力で独立をめざすフィニアン主義への恐怖が加わり、さらにはピウス九世による無原罪の御宿りの教義決定（一八五四年）、謬説表の発表（一八六四年）、第一ヴァチカン公会議での教皇不可謬性の教義決定（一八七〇年）と、近代主義、自由主義、世俗主義への対決姿勢を強めていったことへの知識人の批判も強かった。そして二〇世紀の中頃までイングランドのカトリック教会は教義や信仰規律を一枚岩に保ったけれども、社会の趨勢から孤立するという代償も払ってのことであった。この時代のイングランドにおけるカトリック改宗という行為は、英国社会の主流から外れるという要素も伴っていたのである。

イェイツをとりまく改宗者たち

イェイツの周辺には数多くの生まれながらのカトリック信者がいた——彼の若き日の友人である詩人のキャサ

リン・タイナン（Katharine Tynan, 1861–1931）、彼の若書きの詩が掲載された『アイリッシュ・マンスリー』を編集したマシュー・ラッセル神父（Fr. Matthew Russell, 1834–1912）、アイルランド文芸劇場をともに旗揚げした劇作家エドワード・マーティン（Edward Martyn, 1859–1923）らである。そしてもちろん彼が妖精や幽霊などの話を集めて回ったアイルランド西部の村人たちは、土俗的信仰の名残をとどめたカトリック信徒であった。

そしてイェイツの周辺にはカトリックへの改宗者も数多くいた。彼の求婚を拒み続けた美貌の革命家モード・ゴン（Maud Gonne, 1866–1953）もその一人である。イングランド人の彼女は、イェイツの猛反対にもかかわらず、反英運動の闘士ジョン・マクブライドとの結婚（一九〇三年）前にフランスのカルメル会修道院で改宗するが、この結婚はまもなく不幸な結果に終わり、イェイツに苦々しい記憶を残すことになった。そして一八九〇年代のイェイツに大きな影響を与えたのが、アイルランド文芸復興運動の「評論家に、そして何よりもその神学者に」なることを期待されながら、酒のために破滅した、博学な唯美主義者ライオネル・ジョンソン（Lionel Pigot Johnson, 1867–1902）（一八九一年改宗）だった。彼は、「ありとあらゆる公会議だの教義だのを伴なった歴史的カトリシズムが、まるで情婦の美しさのように彼の情熱をかき立てたし、また優れた文学や優れた批評を危険視する無学な教区司祭たちは、彼の目には『みな異端者』であった」[20]とイェイツに評されたように、ウィンチェスターとオックスフォードで学んだその学識、官能性と禁欲との葛藤が、イェイツに強烈な印象を残した。ユナイテッド・アイリッシュメンの蜂起の鎮圧に携わった曾祖父をもつジョンソンは、カトリックに転じると、自らの家系の「ケルト的」要素を強調してアイルランドのナショナリズムに共鳴し、アイルランド文芸復興運動に参加した。彼は、「ローマ・カトリック教会が［イェイツに］ときおり手招きしたとしたら（ユイスマンスにそのオカルト探求の極みで手招きしたように）、ライオネル・ジョンソンを介して手招きしたのであった」[21]とも言われる。

イェイツが世紀末ロンドンでライマーズ・クラブなどをとおして親交の深かった唯美主義者たちは、ジョンソンのみならず、続々とカトリック教会に転じていった[22]——詩人アーネスト・ダウソン（Ernest Christopher Dowson, 1867-1900）（一八九一年改宗）、詩人ジョン・グレイ（John Henry Gray, 1866-1934）（一八九〇年改宗、一九〇一年司祭叙階）、挿絵画家オーブリー・ビアズリー（Aubrey Vincent Beardsley, 1872-98）（一八九七年改宗）、オスカー・ワイルド（Oscar Wilde, 1854-1900）（たびたびカトリック教会に接近したが、改宗したのは死の床であった。また彼の破滅のもとになったアルフレッド・ダグラス卿ものちに改宗した）。イェイツはごく身近な「悲劇的な世代」の詩人たちのカトリック改宗を距離をおいて見ていたとはいえ、心揺さぶられなかったはずはない。

一八九〇年代のロンドンで、こうした退廃的で唯美主義的な改宗者をとおしてイェイツが接したカトリシズムとは——彼らの多くは同性愛者であったりアルコール依存症や小児愛的傾向などがあったのだが——彼らが魅せられ、誇張して描き出したカトリシズムの一側面とは、「現代のものでありながら中世のものでもあり、禁欲的でありながら豪華でもあり、霊的でありながら官能的でもあり、貞潔でありながらエロティックでもあり、同性愛を嫌悪しながら同性愛的でもあり、唯美主義に疑惑をもちながら、精巧に作り上げられた芸術作品でもある」とか、「霊的であるのと同じくらい官能的であり、キリスト教的であるのと同じくらい異教的であり、超越的であるのと同じくらい逐語的である」[23]というパラドックスに満ちたものであった。

「錬金術の薔薇」、「掟の銘板」、「三博士の礼拝」をめぐって

イェイツの三部作の物語「錬金術の薔薇」、「掟の銘板」、「三博士の礼拝」（"Rosa Alchemica," "The Tables of the Law," and "The Adoration of the Magi," 1897）は、世紀末のイェイツとオカルティズムそしてカトリシズムの関係を考えるうえで、興味深い作品である。世紀末の雰囲気に満ちたこの物語の外枠は、語り手である〈私〉のオカルティズムからの回心の歩みである。語り手の〈私〉は、パリで学生生活をともに過ごしたオカルティスト

のマイケル・ロバーツとヨアキム信奉者のオーウェン・アハーンの破滅や不幸を目の当たりにし、そして超自然の世界からの誘惑に恐れを感じて、カトリシズムに救いを求めるに至るというものである。

「錬金術の薔薇」では、ダブリンのプロテスタントの名家の出とおぼしき、「私の祖先が、市政への関与や同時代の名士たちとの交友によって、いささか名の知れたものにした家」(24)に住む語り手の〈私〉は、ユイスマンス(Joris-Karl Huysmans, 1848-1907)の『さかしま』(一八八四年)の主人公デ・ゼサントのように、歴史と美や静穏ならざる営みとをすべて排除した耽美的な部屋にこもって、錬金術の研究に没頭していた。しかしロバーツの魔術的な力のこもった誘いに屈して、彼の率いる〈錬金術の薔薇団〉の入信の儀式に参加するが、アイルランド西部にあるその神殿が敬虔な漁師たちに襲撃され、ロバーツは落命し、〈私〉はかろうじて逃げ出すことになる。

「掟の銘板」では、司祭、修道士を輩出したダブリンのカトリックの名家に生まれ、酒にも女性にも金銭にも無関心で、神学と神秘思想だけに没頭し、司祭職を志していたオーウェン・アハーンが、父の王国は去り、子の王国は去りつつあり、死せる文字に対して霊的理解が完全な勝利をおさめる聖霊の王国がこれから到来する、という一二世紀イタリアの修道士ヨアキム・デ・フローリス(Joachim de Floris, c.1135-1202)とその信奉者たちの説いた神秘思想に影響されて、「ビレッタ帽を、しかもほとんど最後の段階になって、拒否した」(25)。反律法主義者のアハーンは自らの掟を発見しようと探求の旅に出るが、「神の御心にまさに触れんばかり」の至福に満ちていたのもつかのま、やがて悲嘆の淵に沈んでしまい、こう述懐する。

そしてその惨めさの中で、我々が罪と呼ぶ、神の御心から離れているという意識によってしか、人間はその御心に達することはできない、ということが僕に明らかになり、しかも僕には罪を犯すことができないということがわかった。というのも僕は自分の存在の掟を発見しており、僕にできるのは自分の存在を表現できるかできないかのどちらかだけなのだから。そこで、我々が罪を犯して悔い改めることができるように、神は単純な掟、恣意的な掟をお作りになったのだとわかった。(26)

カトリシズムによってぎりぎりのところで支えられているアハーンに対して、〈私〉は祈りと悔い改めを勧めるが、アハーンは、自分はキリストの死によって贖《あがな》われた者のうちにはないと言い張って、やがて姿を消す。

そしてロバーツとアハーンの悲劇を目の当たりにし、また古代の異教の神々の帰還を告げる三人の謎の老人の訪問を受けた〈私〉は、『彼方』(一八九一年)と『出発』(一八九五年)の主人公デュルタルが、そしてその作者ユイスマンスが、中世的悪魔主義の世界を描いたあとカトリックに回心したように、カトリック信仰という「唯一の明確な信仰に避難した(27)」のである。しかも「聖ドミニコの修道服に逃げ込まざるをえなくなるかもしれない(28)」状態であり、また「ロザリオを首にかけ」て、異界という「茫漠たる世界」からの誘惑の声を感じるたびに「それを胸に押し当て」て祈ることで心の平安を回復し(29)、ついには「私はもはや精巧に作り上げられた傲慢な生活をしておらず、庶民の祈りと悲しみに没入しようと努め(30)」、貧しい人々が集う質素な聖堂がいちばんよく祈れると言い、ゲール語の古い魔除けの祈りを唱えて悪霊からの保護を祈り求めるのである。

こうした外枠で語られる〈私〉の回心は、物語の中身で語られるきわめて異教的、異端的な内容に対する一種の毒消しにすぎないのかもしれないけれども、オカルティズムの誘惑に抗う拠《よりどころ》として〈私〉がすがるキリスト教が、この語り手の生まれついた宗派ではないはずのカトリシズムであることが、しかも〈私〉とは背景を大きく異にするアイルランド西部の庶民が古くから伝承してきた要素の色濃いものであることが、興味深く思われる。「ケルト復興」期のイェイツは、消えゆきつつあったアイルランド西部の土俗的カトリシズムの中に、キリスト教信仰とそれ以前の異教信仰との混淆の名残を見つけようとしたのかもしれない。とはいえ、カトリシズムへの帰依は、「避難」とか「逃げ込む」というような、現実逃避的な言葉で語られるわけだから、作者イェイツの否定的評価を反映しているのは間違いないのだけれども。

三　奇跡、聖人、煉獄

血を流す聖画

イェイツは世紀末の唯美主義者たちのカトリック改宗が相次いでいた時期に、人を介してカトリシズムと接触したただけではなかった。彼はその後もオカルト探求の過程において、いろいろなかたちでカトリシズムに触れたようである。霊媒など心霊術の探求に熱中していたころのこと、一九一四年五月一一日に、彼はモード・ゴンと心霊研究協会（ＳＰＲ）のエヴェラード・フィールディングとともに、聖心の油絵風石版画《オレオグラフ》が血を流し、霊的な声が神父に語りかけるという「カトリック的な奇跡」の調査のために、フランスのポアティエ近郊のミルボーに赴いた。彼は興奮さめやらぬうちにこの体験をエッセイにまとめたけれども、結局そのエッセイは発表されなかった。採取した血液の分析結果が出ると、彼はこの奇跡を捏造だと片付けたからだとされる[31]。

だがこのエッセイでは、熱心に祈りを捧げる人々に感化されて、この奇跡が「調査の対象となっている問題」から霊的な出来事へと変わってゆく有様が述べられている。調査の翌朝、彼が同行の二人とともに朝ミサに参列したときのことである。

このときまで私は自分が心動かされているとは思わなかった。この奇跡は私にとって調査の対象となっている問題の一つであったのだが、いまや霊魂のドラマにおいてこの奇跡の占める位置がはっきりわかったのである。すでに丘の上のあの小屋で、ほかの人たちの崇敬ぶりを見つめるときに人がいつも感じるような崇敬の念を私は感じていたのだったが、いまや私のまわりにいる人々の祈りの強さによって、私は自分自身の信念を検証したのだった。(32)

そしてイェイツは「自己流に祈った」。つまり神との対話というよりも、彼の抱く神性をおびた理想的人間のイメージについて思いをめぐらしたのである――「ヴァシェール神父と三人の敬虔な女性たちなら、これを祈りとは呼ばなかったかもしれないが」。そして一行が辞去しようとしたとき、神父から次のようなイェイツあてのメッセージを伝えられたという。

その声はこう言いました。「彼は使徒になることになっている。彼はその知性を聖心への奉仕のために使わなければならない。もしそうしなければ、主はその知性を取り上げ、彼をその心のなすがままにするだろう」、と。(33)

この声がはたして何者の声なのかは確かめるすべもないけれども、彼は調査直後にグレゴリー夫人にあてた手紙でもこのメッセージに言及していることから、(34)この言葉が彼にとって重要なものであったのは間違いない。とはいえ、のちに詩「動揺」における魂と心との対話のすえに、詩人として「心のなすがままに」生きることを選び取ることになるのだけれど。そしてまたこのエッセイが「アレクサンドリアのアドニスの像も血を滴らせたかもしれない」と結ばれているように、この超自然現象を混合主義《シンクレティズム》的に意味づけているのだけれど。

アビラの聖テレサ

イェイツはまた反宗教改革の時代のスペインのカルメル会修道女アビラの聖テレサ（Santa Teresa de Jesús,

1515-82）にも深い関心を寄せていた。観想の祈りのうちに神と霊魂との愛の一致を体験したキリスト教神秘家であり（ベルニーニは、天使に黄金の矢で心臓を貫かれ、肉体的苦痛の極みで宗教的法悦にひたる「聖テレサの法悦」を制作した）、カルメル会改革者であったこの聖人について、イェイツはその『自叙伝』、『霊魂の城』、『創立史』、『自叙伝・霊的報告集・格言・創立史』、『小品集』（「神愛考」、「神への魂の叫び」、「格言」、「詩集」）と、かなりの著作を所蔵していたし、『自叙伝』の中で聖テレサがキリストの聖画像によって疲れ果てていた魂が生き返り強められた体験を述べた箇所では、「私はキリストを人間の姿としてしか考えられませんでした」と、「このようなわけで私はイメージを大変好みました」という文に下線が引かれているという。(35) この下線の意味も興味深いけれども、「最近一八九〇年代の気分に戻った」という一九二八年頃のイェイツがことに興味を覚えたのは、聖女の遺骸が腐敗を免れたという奇跡であった。(36)

イェイツの蔵書にあった『聖テレサの生涯』では、埋葬後九ヶ月して棺が掘り起こされたとき、棺の木材は裂けて腐朽し、棺には土と水がいっぱい入っていたが、遺骸はそのままであったことをこう描写している。

しかし聖女の遺骸は損なわれておらず、その肉は白く柔らかで、埋葬されたときと同じくらいしなやかで、そのときと同じ甘美で染みこむような香りをまだ放っていた。さらにまた手足からは、同じような香りのする不思議な油がにじみ出ており、大気とそれが触れるすべてのものを香気で満たした。(37)

だがイェイツによるこの奇跡の位置づけは、この聖人伝の著者が述べるように「神はその忠実なしもべを嘉されたことを、人目をひく驚異的なものや奇跡によって示された」(38) というような、奇跡を「神の啓示の最も確実で、すべての人の理解力によく応じたしるし」(39) とみなすカトリック教会の見解とはまったく異なるものである。

イェイツは手紙で「昔のミイラ作りが幽霊として戻ってきて、かつてラムセスに施したあらゆる配慮をこの聖人に施していけないだろうか。聖テレサの墓が一九世紀半ばに開かれたとき、いまだに腐敗していない遺体はかぐわしい油を滴らせたという話を、どうして疑わなければならないのか」(40)と述べ、奇跡現象を信じずにはいられない思いと、あくまでも心霊主義的な解釈に徹する姿勢をみせる。さらにまた、奇跡の油を滴らせ、かぐわしい香りをただよわせる聖人・聖女の遺骸という、超越的な美しい聖なるものと、血に濡れた吸血鬼という、人間存在の錯雑を濃縮したような醜悪な魔的なものとを並べて歌うのである。

金と青金石《ラピス・ラズリ》の墓のなか、
聖人と聖女の遺体からは
奇跡の油、すみれの香りがにじみ出る。

けれども踏みつけられた重い土の下には
血だらけの吸血鬼の体が横たわる。
その屍衣は血にまみれ、その唇は濡れている。(41)

世紀末唯美主義者たちの描いたパラドクスに満ちたカトリシズムの世界が想起される。

「一八世紀の合理主義」と「一九世紀の物質主義」(42)に反旗を翻したイェイツは、腐敗を免れた聖人の遺骸や血を流す聖画といった、いうなれば「カトリック的な奇跡」に興味を抱いた。こうした超自然現象に注がれる彼の視線は、カトリック教会による奇跡の解釈とは異なるものである。だが、「キリスト教と自然科学の間の葛藤の重要な局面」である奇跡をめぐって、「プロテスタント側は一七―一九世紀、合理主義の浸透を受け、奇跡現象を聖書のなかの出来事にとどめて解釈しようとする傾向が顕著」であるのに対して、カトリック側は「ルルドの場合におけるように、現在でも奇跡の可能性を肯定する」(43) わけだから、奇跡現象をめぐってイェイツがカトリシズムに接近するとしても不思議ではないだろう。

煉獄と死後の霊魂

イェイツは、死後の霊魂のゆくえについて大きな関心を抱いていた。エルネスト・ルナン (Ernest Renan, 1823-92) によると、「ケルト民族の最も深い天稟は、未知のものを洞察したいという願望であるかもしれない。(中略) 墓の向こうに存在する未知なるものに直面すると、ダンテの筆によって讃えられたあの大いなる旅を夢見るのである」(44) とされるが、カトリシズムはおそらくプロテスタント諸宗派よりも、現世と天国との中間状態にある霊魂に関心を抱いているように思われる (ちなみに一五六三年に定められたイングランド国教会の「三九箇条」の「第二二条 煉獄について」では、「煉獄、贖宥、聖画像および聖遺物に対する礼拝や崇敬、そして諸聖人への祈願とに関するローマ・カトリックの教理は、聖書の根拠に基づかず、むしろ神のみことばに逆らっている、むなしく作られた愚かなものである」(45) と述べられている。)。

そしてイェイツは、彼の考えるところによる死後の霊魂の「夢幻回想《ドリーミング・バック》」を――生前の情熱的な瞬間を繰り返し回想し、それにともなう満足や悔恨がその霊魂にとって裁きの始まりになるという状態を――「煉獄」というカトリシズムを連想させる言葉と結びつける。たとえば、降霊会を舞台にした劇の中で、そこにあらわれる霊について「もし私がカトリックなら、こうした霊魂は煉獄にいると言うでしょう」(46) と登場人物に説明させたり、あるいはまた、身分違いの結婚によって名家を没落させた亡き母の「夢幻回想」を終わらせようと、因果の鎖を断ち切るために老人が我が子を殺害するという劇を『煉獄』と名付けて批判されたりしたように。煉獄のきよめとは

「天国の幸いを受ける前、心の汚れを完全にきよめ、残された償いを果たすこと」であり、「この世における信者は、ミサ聖祭、祈り、善業、免償などをもって煉獄の霊魂を助ける」ことができる、[47] というカトリック教会の教えと、イェイツの考える死後の霊魂の内面的な呵責や歓喜の反復は一致してはいないけれども、しかし死後の霊魂についての生涯にわたる強い関心は、イェイツとカトリシズムとの接点の一つになりえたのかもしれない。

四　ウィリアム・フォース・ステッドからの誘い

イェイツはカトリックへの改宗を誘われたことがある。誘ったのはアメリカ生まれの詩人でイングランド国教会の聖職者であったウィリアム・フォース・ステッド（William Force Stead, 1884-1967）。ユニテリアン派の家に生まれたT・S・エリオット（T. S. Eliot, 1888-1965）が一九二七年にイングランド国教会高教会派《アングロ・カトリック》に転じたさいに洗礼を授けた、オックスフォード大学ウスター・カレッジの礼拝堂付司祭《チャプレン》である。[48] 詩作と神秘的なものへの関心をイェイツと共有していたステッドは、イェイツのオックスフォード滞在中にたびたび訪問したり、詩集を贈ってコメントを求めたりしていたが、一九三一年一月八日付のイェイツあての手紙で、自らの苦境（詩が評価されないこと、妻との別居生活、友人夫妻の娘「ニンフ」への恋慕）と、その中での唯一の希望はカトリック改宗であると打ち明けたあと、イェイツにもこう誘うのである。

あなたと奥様と私で一緒にローマに行き、復活祭のときに教会に受け入れてもらいましょう！　それは私にとってきわめて大きな霊感《インスピレーション》になることでしょうし、あなたにとってもそうなるだろうと私は信じています。

もちろん私たちはすべてを信じることはできないかもしれませんが、私たちは多少のことは信じていますし、もっと多

くのことを信じる意志を持っています。それにローマは賢明ですから、大切なのは意志だとわかっています。(49)

「冗談を言っているのではありません。私は聖なるものと神秘的なものについては冗談を申しません」と付言しているが、ステッドはその三年後に職を辞してカトリック教会に転じることになるわけだから、単なる悪ふざけのはずはないだろう。イェイツがこの誘いにどう返答したのかはわからないが(50)、この年の暮れから書き始めることになる詩「動揺」の最終セクションが、カトリック思想家フォン・ヒューゲルの主著『宗教における神秘的要素』から受けた影響を振り払おうとするものであるから、ステッドの誘いは、この時期のイェイツにとって、受け入れがたいものではあるものの、決して突拍子のないものではなかったのではないだろうか。とはいえイェイツは、カトリック教会にではなく、シュタイナッハ回春手術（一九三四年）に霊感《インスピレーション》を求めることになる。

「天におられるあのご老体から
稲妻が流れてくると
そんな生の苦しみは燃え尽きるってことは
まともな教育を受けた者なら否定はしない。
だけど俺は下品な老いぼれ、
次善のものを選ぶのだ。
おんなの胸にもたれて
しばし一切を忘れるのだ。」
　夜明けとろうそくの燃えさし。(51)

イェイツは「最善のもの」があることを重々承知しながら、「手に負えない不道徳な老人」の姿勢《ポーズ》を生き抜くことを選ぶのである。

ステッドがカトリック教会に受け入れられることを希望する理由としてイェイツに述べたのは、人は「自分の人生のための素養《バックグラウンド》、自分の思想のための枠組み」を持たなければならず、それについてはローマ教会に匹敵するものはないから、ということであった。

ローマ教会は二〇〇〇年にわたる連綿とした歴史があり、ギリシア・ローマの時代から途切れることなく伝わってきた一つの偉大な制度です。それだけでも私の目には神聖で神秘的なものに見えます。しかしローマ教会はそれよりはるかに古いのです。世界のあらゆる宗教がローマ帝国に流れ込んだわけで、それらが融解され鍛接されて、今なお我々の眼前に屹立し巨像のように世界にそびえ立っているこの威厳ある制度の中で、永遠に生きているからです。

そうです、私は君主と聖人、放蕩者と貧者、神秘家と賢者と悪党と愚者たちの、あの王家の一員にならなければなりません。そこにはこうした者たちをすべて含み込むだけの十分な余地と十分な知恵があるのです[52]。

ステッドの言葉にはデカダンたちのカトリシズムの残響があるが、ステッドがカトリシズムに感じた魅力のひとつは長い歴史や威厳だけでなく、異なるものを受容しうる包容力だったようである。

一九三四年にステッドはウスター・カレッジ特別研究員の地位を捨ててカトリック教会に転じ、イェイツはこの犠牲を伴う行為に驚きを覚えたようで、「あなたが礼拝堂付司祭《チャプレン》の仕事を辞めたと聞きました[53]」と書き送る。これに対してステッドは改宗にいたった次第を、イェイツの手紙の言葉（鷹と蝶）を引きながらこう説明する。

きっとあなたにはこれは失敗だと思われるでしょうし、私もこれを鷹のような理性の道筋によって正当化することはできません。直観という蝶の道筋によってしかできないのです——私はカトリック教会の中へ「ひらひらと飛んでいった」のです！　こんなふうに言わせてください。つまり私はカトリック教徒になりたいと感じ、そしてますます強くそう願うようになり、ついにはオックスフォード大学の特別研究員の地位を辞すことも厭わないと思うほど切に願うようになったのです。私はキャンピオン・ホールのダーシ神父や、フォン・ヒューゲル男爵や、カール・アダムや、その他のカトリックの思想家たちにおおいに敬服していますが、しかし人をいちばん動かすのはカトリックの思想ではありません。それはカトリックの信心と、ミサの秘跡と、カトリックの教会の雰囲気なのです。そこには普通の日常の世界にはない何かがあるように感じられるのです。[54]

ステッドの語るカトリシズムの魅力とそのために地位を投げ捨てるという決断とが、誰もいない教会に出入りしながらも絡めとられないように用心していたイェイツに――「オックスフォードでは、礼拝の時間に行くことは絶対になかったけれど、オール・ソウルズ・チャペルに足繁く通ったし、また『幻想録』のいくつかの部分はそこで考え出した。（中略）そしてかつてミラノのサンタンブロージオ教会を出ながら、友人に『あれが私の習わしなんだ。聖職者にぶんどらせはしないよ』と言ったことを覚えている」[55]と語るイェイツに――どのように響いたのだろうか。

　ともあれ、イェイツは一九三六年に編んだ『オックスフォード現代詞華集』の序文で、世紀末詩人たちを回想したあと、「それから一九〇〇年になると誰もが竹馬から降りた。それからはブラックコーヒーと一緒にアブサンを飲む者はいなくなった。精神に異常をきたす者もいなくなった。自殺する者もいなくなった。カトリック教会に加わる者もいなくなった。あるいは、いたとしても私は忘れてしまった」[56]と書いた。彼はこの詞華集にステッドの詩も二つ収録し、序文で「宗教詩を探して、新しい詩人たちの中で見つけたのは、最近までウスター・カレッジの礼拝堂付司祭《チャプレン》をしていたフォース・ステッドの詩と（後略）」[57]と述べているが、彼の改宗は、同じくこの詞華集に収められている、古代ギリシア・ローマの異教的テーマを官能的に歌ったマイケル・フィールド

(Michael Field) ことキャサリン・ブラッドリー (Katharine Bradley, 1846-1914) と姪のイーディス・クーパー (Edith Cooper, 1862-1913) の一九〇七年のカトリック改宗とともに、イェイツがわざと忘れたことにした出来事であった。

五　訣別と揺れ動き——詩「動揺」をめぐって

イェイツは一九三一年一二月一五日に、若いころ恋愛関係にあり、その後もよき友人であったオリヴィア・シェイクスピアにあてて、こう手紙をしたためた。

私は「クレージー・ジェイン」を払いのけようとして「叡智」という長めの詩に着手しました。そしてもしあなたが私を救い出してくれなければ、私は宗教に没頭することになるだろうと思い始めています。(58)

ここで彼の言う「宗教に没頭すること」が、漠然とした宗教一般のことなのか、東洋の宗教思想ことに禅仏教に帰依することなのか、あるいは正統的なキリスト教信仰に立ち返ることなのか、またこの年のはじめのステッドからのカトリック改宗の誘いがいくらか念頭にあったのか否かはわからないが、宗教の誘引力から救い出してほしいというイェイツの言葉には、女友だちへの甘えとともに、イェイツの中にある宗教的衝動のようなものも感じられる。不可知論者の彼女からの返事は、「もしあなたが宗教に熱心になると、退屈きわまりない人になるでしょう」というものだったようだ。(59) イェイツは「もし私が宗教に熱心になると、あなたは退屈きわまりない人になるでしょう」と言い返すとともに、彼女のその言葉を思いめぐらして一つの詩を書き、彼女に送る——これは

「何年ものあいだ私の頭の中で続いてきた議論をはっきり表現する」ものであり、そしてまた「私は最後まで罪深い男でいるでしょうし、死の床では、若かりしころ無駄にしてしまったすべての夜のことを考えるでしょう」と書き添えて。(60)

その魂と心とが議論する詩は、推敲を重ねて、「叡智」あらため「動揺（Vacillation）」と題された詩の第七セクションとなる。

魂　実在を探し出せ、見かけのものは捨てておけ。
心　何ということ。歌詠みに生まれながら、主題に事欠けというか。
魂　イザヤの炭火だ。人間にそれ以上の何が望めようか。
心　火の単一性にのまれて口がきけなくなってしまうぞ。
魂　あの火を見よ。あの中を救いが歩いている。
心　ホメロスには原罪以外にどんな主題があったというのだ。(61)

イザヤが神の言葉を民に伝えるよう召し出されたとき、セラフィムが祭壇から取った炭火によってその「汚《けが》れた唇」が浄められ、「咎は取り去られ、罪は赦され」て預言者として派遣されたこと（イザヤ書六・一―八）、それを〈心〉は頑なに拒否する。ダンテが「煉獄篇」で歌った浄火も、あるいは異種混交も正反対の事物の対立も悪もなく「すべてが音楽であり、すべてが安息である」というプロティノス的な「火の状態」(62)も拒み、〈一〉なる超越的なことばではなく、葛藤や悪や苦しみに満ちた〈多〉なる現象の世界を歌うことに固執する。

そして〈魂〉の救済への望みを振り切って、〈心〉の命ずるままにホメロスを――ダンテによって「善良な異教徒」の魂がすまう地獄の辺土《リンボ》に位置づけられたキリスト教以前の大詩人を――師と仰ごうと決意した〈私〉

は、結びの第八セクションで、その著作から大きな影響を受けたカトリック哲学者フォン・ヒューゲル男爵（Friedrich von Hügel, 1852-1925）と訣別する。

フォン・ヒューゲルよ、我々は別れなければならないのか。
聖人たちの奇跡を認め、聖性を崇めるがゆえに、我々はよく似ているのだけれども。
聖テレサの遺骸は朽ちることなく墓に横たわる。
奇跡の油に浸った体から、かぐわしい香りがただよい、
文字を刻んだ石板は癒しをもたらす。もしかすると、かつて
ファラオをえぐってミイラを作ったのとまったく同じ手が、近代の聖人の遺体を
永遠に残るものにしたのかもしれない。私は——キリスト教徒になって
墓でいちばん歓迎されそうなものを信仰として選ぶならば
心は安堵することだろうが——予定された役割を演じる。
ホメロスが、その洗礼を受けていない心が、私の手本なのだ。
獅子と蜜蜂の巣、聖書は何と言っている？
だから、去るのだ、フォン・ヒューゲルよ。汝のうえに祝福を祈るけれども。(63)

カトリックの敬虔な平信徒の神学者、宗教哲学者のフォン・ヒューゲルは、オーストリアの外交官の父とスコットランド出身の母のあいだにフィレンツェで生まれ、生涯の大半をイングランドで過ごした。病気の後遺症による聴覚障害のため正規の大学教育を受けていない。その寛容な見解から他宗派の思想家にも友人が多く、国教会の聖職者でない者としては初めてオックスフォード大学の名誉神学博士の学位を授与された。彼は近代主義の立場に近いと目されていたけれども、彼と親交の深かったイエズス会士ジョージ・ティレル（George Tyrrell,

1861-1909）らとはちがって、破門は免れた。(64)

その主著『宗教における神秘的要素――ジェノヴァの聖カテリーナと仲間たちの研究をもとにして――』（*The Mystical Element of Religion As Studied in Saint Catherine of Genoa and Her Friends*, 1908）では、宗教の要素を三つに区分し、第一は感覚や記憶といった能力に基づいた、宗教の制度的、外的、権威的、歴史的、伝統的、社会的な要素（言われたから信じる／迷信のおそれ）、第二は論理的思考や議論や抽象の能力に基づいた、知的、批判的、思索的、体系的、哲学的な要素（真実だから信じる／理性主義や冷淡のおそれ）、そして第三は意志や感情や倫理や精神の力に基づいた、神秘的、経験的、内的、直感的、感情的な要素（私の最も奥深い内的経験と必要に答えてくれるから信じる／狂信のおそれ）とした。この三要素は人間の成長段階や歴史と対応しているところもあるが、豊かで深く強い信仰のためには、葛藤や危機をもたらすこともあるこの三要素が、私の中で同じ究極の目的に向かって同時に十全に作用していることが必要だという。(65) この理論的枠組みに基づいて具体例として詳細に検討されるジェノヴァの聖カテリーナ（1447-1510）とは、夫のために数年間不幸な結婚生活を送ったところで、神の愛に心を貫かれて回心し、やがて夫を回心に導き、そして病者の世話に献身したという聖人である。彼女は多くの神秘体験を得て、また煉獄における魂の浄めについて語り、そして彼女の遺骸もアビラの聖テレサと同じように腐敗を免れたという。宗教の神秘的要素にしても、例として取り上げられたジェノヴァの聖カテリーナの生涯にしても、イェイツにとって確かに興味深い本であっただろう。

この詩の中で〈私〉がフォン・ヒューゲルと似た者同士だという根拠の一つとしてあげているのは、「聖人たちの奇跡」を認めることであるが、これは前述のようにカトリック的な色彩を帯びているはずである。そしてまた、〈私〉の現実と反対の仮定である「キリスト教徒になって、墓でいちばん歓迎されそうなものを信仰として選ぶならば」という言葉は、死の準備を始める年齢になった詩人が死後の魂の安息を願って正統的キリスト教信仰に立ち返るというだけでなく、死後の霊魂についての土俗的カトリック的な強い関心が感じ取られなくもない（もちろん「墓でいちばん歓迎されそうなもの」という表現には軽蔑が含まれているのだろうが）。

詩人であり続けようとする〈私〉は、この「誠実で高貴な」[66]カトリック神学者ではなく、ホメロスと「その洗礼を受けていない心」を手本に選びとる。とはいうものの、フォン・ヒューゲルへの訣別の身振りと言葉には、曖昧さがつきまとう。まず、訣別のさいに「祝福」を祈るわけだから、絶交のような別れではなく、名残を惜しむかのような別れである。そして何よりも冒頭の「フォン・ヒューゲルよ、我々は別れなければならないのか？(Must we part, Von Hügel ... ?)」という疑問文である。草稿段階の書き出しは「我が師はフォン・ヒューゲルにあらず。彼と私はともに聖人たちの奇跡を認め、彼らの聖性を崇めるのだが」であったという。ブラッドフォードが指摘するように、もとの「彼と私」ではなく、「我々」という一人称複数から「私」という一人称単数へと変化する別離のドラマに仕立てた彫琢は見事であるけれども[67]、それと同時に、疑問文という文形式をとることによって、躊躇というか未練のようなものが感じ取られはしないだろうか。確かに最後にはフォン・ヒューゲルに対して「去れ」と命じているわけだけれども、それはまるで自分の心に取り憑いて離れないもの、自分でも離れがたいものを何とか振り切ろうとしているかのようである。フォン・ヒューゲルの宗教思想の魅力は、そしてことによるとカトリシズムの誘惑は、払いのけがたかったのではないだろうか。「聖人」と「英雄」とのあいだでの揺れ動きはやむことはなかったのではないだろうか。

晩年の女友だちドロシー・ウェルズリー (Dorothy Wellesley, 1889–1956) が、死後の生について最晩年のイェイツに説明を求めたとき、自分の死がわからない状態が続いたあと、浄罪《パーガトリー》の期間が続き、その長さは現世での罪による、と言われたという。

それからまた私は尋ねました。「それでそのあとは？」、と。彼が実際に使った言葉は覚えていませんが、魂が神のもとに帰ると言いました。私はこう言いました。「まあ、あなたは私たちをローマ・カトリック教会のおおいなる腕の中に帰るようせきたてているみたいですね。」彼はもちろんアイルランドのプロテスタントでした。私は大胆にも彼に尋ねましたが、彼の返答はただすばらしく笑ってみせただけでした。(68)

イェイツの話にカトリック教会の教えを連想したのは、あくまでもドロシー・ウェルズリーの個人的な見解（あるいはイングランドのプロテスタントの思いこみ）にすぎなかったのかもしれないし、また彼女の質問に対するイェイツの笑いにしても、誤解を笑い飛ばしたのか、それとも意表をつかれた同意の笑いだったのか、あるいは意図的な韜晦の笑いだったのか、その真意はわからない。だが、フォン・ヒューゲルとの訣別のあとも、イェイツはカトリシズムの魅惑を完全に振り切ったわけではなかったかもしれないということは否定できないだろう。

おわりに

イェイツが世紀末に美文を凝らして書いた物語「錬金術の薔薇」の語り手はこう述べていた。

私は身のまわりにすべての神々を集めていたが、それはどの神も信じていなかったからであり、またあらゆる快楽を経験したが、どの快楽にもふけることはなかったからであり、私自身を少し離れたところに保ち、個体性を失うことなく、堅固に、磨かれた鋼《はがね》の鏡のようにしていたからである。(69)

古今東西のさまざまな宗教思想を渉猟したイェイツにとって、カトリシズムとのさまざまな接触も、自分自身をいわば神に明け渡すことのない、離れた立場からの思想的探求であったことだろう。そして彼は、救いのない人間の苦しみと悔恨とそして束の間の喜びを歌う詩人、性に執着する「最後まで罪深い男」、といった姿勢《ポーズ》をあくまでも頑に守り続けたし、社会的、政治的には断固とした反カトリックであった。しかしカトリシズムは、人を介して、そしてまた彼の超自然への関心をとおして、彼の魂をひそかに揺さぶり続けていたのかもしれない。

(1) W. B. Yeats, "Swedenborg, Mediums, and the Desolate Places," *Explorations* (London: Macmillan, 1962), p. 30.

(2) *The Collected Plays of W. B. Yeats* (London: Macmillan, 1952), p. 594.（本書は以下 *CPl* と略記する。）

(3) C. Brooks, "Yeats, William Butler," *New Catholic Encyclopedia*, Vol. 14 (New York: McGraw-Hill, 1967), p. 1068. ブルックスは、ヴィクトリア時代の小心な信心をしりぞけ、「ビザンチン芸術や西洋の思想史に示された世界を揺るがす力としてのキリスト教を喚起」しようとしたイェイツの詩は、「キリスト教に畏怖の側面を回復した」とも述べる。

(4) W. B. Yeats, "Per Amica Silentia Lunae," *Mythologies* (London and Basingstoke: Macmillan, 1959), pp. 368–369.

(5) 本章では「カトリシズム」という語を、「カトリック・キリスト教であり、カトリック教会の形で成立し、歴史的発展を遂げてきたキリスト教」という本来の意味だけでなく、「カトリシズムに基づく、あるいはそこから霊感を汲み取る世界観、思想体系、倫理的原則および政治的理念、さらに芸術的創造活動など」を含めた意味で用いる。『新カトリック大事典』（研究社、一九九六年〜）の「カトリシズム」の項を参照。

(6) *Mythologies*, p. 368.

(7) "If I Were Four-and-Twenty," *Explorations*, p. 266.

(8) Elizabeth Butler Cullingford, *Gender and History in Yeats's Love Poetry* (Cambridge: Cambridge University Press, 1993), p. 144.

(9) *Ibid.*, p. 141.

(10) Virginia Moore, *The Unicorn: William Butler Yeats' Search for Reality* (New York: Macmillan, 1954), pp. 409–410.

(11) Richard Ellmann, *Yeats: The Man and the Masks* (New York: Norton, 1979), p. 86.

（12） Camille Cauti, *The Revolt of the Soul: Catholic Conversion Among 1890s London Aesthetes*, diss., Columbia University, 2003 (Ann Arbor: UMI, 2003), p. 286. この学位論文は一八九〇年代ロンドンの唯美主義者たちのカトリック改宗を、「体制転覆的《サブヴァーシヴ》な正統性」ととらえ、そして彼らと比較対照するためイェイツに一章を割いているが、カトリシズムとイェイツの探求したオカルティズムとの類似する要素として、死者の霊魂への関心、言語のもつ神秘的な力、祭儀、キリスト教以前の信仰の残存、官能的なものと霊的なものの併存等を指摘している。

（13） W. B. Yeats, *Autobiographies* (London and Basingstoke: Macmillan, 1980), pp. 25–26.

（14） *Ibid.*, p. 89.

（15） W. B. Yeats, "To John O'Leary," [July 1892], John Kelly, gen. ed., *The Collected Letters of W. B. Yeats*, Vol. 1 (Oxford: Oxford University Press, 1986), p. 303.

（16） *Autobiographies*, pp. 115–116. T・H・ハクスリーは「不可知論者（agnostic）」という語を造語したことで知られる生物学者で進化論者。ジョン・ティンダルは空が青い理由を明らかにした物理学者。「不可謬」は教皇不可謬性を意識したものだろう。

（17） R. F. Foster, "Protestant Magic: W. B. Yeats and the Spell of Irish History," *Yeats's Political Identities: Selected Essays*, ed. Jonathan Allison (Ann Arbor: The University of Michigan Press, 1996), pp. 83–105.

（18） Mary E. Bryson, "Metaphors for Freedom: Theosophy and the Irish Literary Revival," *The Canadian Journal of Irish Studies*, Vol. 3, No. 1 (1977), pp. 32–40; Susan Johnston Graf, "Heterodox Religions in Ireland: Theosophy, the Hermetic Society, and the Castle of Heroes," *Irish Studies Review*, Vol. 11, No. 1 (2003), pp. 51–59 を参照。

（19） このセクションの記述については、盛節子「一九世紀アイルランド・カトリシズム――伝統と刷新――」、中央大学人文科学研究所編『ケルト復興』（中央大学出版部、二〇〇一年）、八七―一五八頁、Owen Chadwick, *The Victorian Church*, Part I (1966; London: SCM Press, 1987), pp. 271–309; *The Victorian Church*, Part II (1972; London: SCM Press, 1987), pp. 401–422; Edward Norman, *Roman Catholicism in England* (Oxford: Oxford University Press, 1986), pp. 57–106; Gerald Parsons, "Victorian Roman Catholicism: Emancipation, Expansion and Achievement," *Religion in Victorian Britain,* Vol. 1, ed. Gerald Parsons (Manchester: Manchester University Press, 1988), pp. 146–183を参照した。

(20) *Autobiographies.,* p. 221.

(21) Warwick Gould and Marjorie Reeves, *Joachim of Fiore and the Myth of the Eternal Evangel in the Nineteenth and Twentieth Centuries,* rev. and enl. ed. (Oxford: Oxford University Press, 2001), p. 260.

(22) 一九世紀後半から二〇世紀前半にかけてカトリックに改宗した英国の作家としては、デカダンスの文人たちのほかにも、ジェラード・マンリー・ホプキンズ、アリス・メネル、G・K・チェスタトン、イーヴリン・ウォー、グレアム・グリーンらがおり、イェイツは彼らの多くとも交流があった。なお野谷啓二『イギリスのカトリック文芸復興』(南窓社、二〇〇六年)では、チェスタトン、ヒレア・ベロック、アングロ・カトリックのエリオット、ウォー、グリーン、デイビッド・ロッジらといった二〇世紀英国の「カトリック知識人」を、世俗化、脱キリスト教化する近代の体制文化に対する批判者として論じている。

(23) Ellis Hanson, *Decadence and Catholicism* (Cambridge, Massachusetts: Harvard University Press, 1997), p. 7 and p. 18.

(24) *Mythologies,* pp. 267–268.

(25) *Ibid.,* p. 293.

(26) *Ibid.,* p. 305.

(27) *Ibid.,* p. 278.

(28) *Ibid.,* p. 267. なおイェイツのドミニコ会や聖トマス・アクィナスへの関心については、Warwick Gould and Deirdre Toomey, eds., *Mythologies* (Basingstoke: Palgrave Macmillan, 2005), p. 369, n. 2参照。

(29) *Ibid.,* p. 292.

(30) *Ibid.*, p. 315.
(31) George Mills Harper, "'A Subject of Investigation': Miracle at Mirebeau," *Yeats and the Occult*, ed. George Mills Harper (London and Basingstoke: Macmillan, 1975), pp. 172–175.
(32) *Ibid.*, p. 187.
(33) *Ibid.*, p. 189.
(34) "To Lady Gregory," 13 May [1914], John Kelly, gen. ed., *The Collected Letters of W. B. Yeats*, Electronic Edition (Charlottesville, VA: InteLex, 1992), Accession Number 2459 には、「私は神秘的な apostalate〔ママ〕になることになっているらしく、その声は、『もし彼がその知性を私に与えなければ、私は彼の知性を取り上げ、彼をその心のなすがままにする』という奇妙な文を使いました」と記されている。"apostalate" は「使徒（apostle）」と「背教者（apostate）」とのフロイト的な書き間違いかもしれない。（以下この CD-ROM データベースは *CL InteLex* と略記する。）
(35) Edward O'Shea, *A Descriptive Catalog of W. B. Yeats's Library* (New York & London: Garland Publishing, 1985), items 2116–2120.
(36) Stephen Regan, "'Oil and Blood': Yeats's Return to the Nineties," *Yeats Annual*, No. 7, 1990, p. 195.
(37) Alice Lady Lovat, *The Life of Saint Teresa Taken from the French of "A Carmelite Nun"* (London: Herbert & Daniel, [n.d.]), p. 606.
(38) *Ibid.*, p. 605.
(39) 『新カトリック大事典』の「奇跡」の項を参照。
(40) "To Olivia Shakespear," Jan. 3, 1932, *The Letters of W. B. Yeats*, ed. Allan Wade (London: Rupert Hart-Davis, 1954), p. 790.（以下この書簡集は *Letters* と略記する。）
(41) "Oil and Blood," *The Collected Poems of W. B. Yeats* (London: Macmillan, 1950), p. 270.（以下この詩集は *CP* と略

記する。）

（42） W. B. Yeats, “The Celtic Element in Literature,” *Essays and Introductions* (1961; London: Papermac, 1989), p. 187.

（43） 『新カトリック大事典』の「奇跡」の項を参照。

（44） Ernest Renan, *The Poetry of the Celtic Races, and Other Essays,* trans. William G. Hutchison (London: Walter Scott, [1896]), p. 53. この部分は、ロック・ダーグの「聖パトリックの煉獄」と称される穴（近世に塞がれた）に降りて一夜を過ごした者は地獄と煉獄の光景を見たという伝承をふまえている。

（45） *The Book of Common Prayer* (Oxford: Oxford University Press, [n.d.]), p. 569.

（46） “The Words upon the Window-Pane,” *CPl,* p. 604.

（47） 『カトリック要理（改訂版）』中央出版社、一九七二年、九七―九八頁、一一七頁。

（48） この改宗の誘いは David Rogers, “Yeats and Von Hügel: A Study of ‘Vacillation,’” *Yeats: An Annual of Critical and Textual Studies,* Vol. 6, 1988, pp. 125-126 に指摘されている。エリオットの改宗とステッドについては Peter Ackroyd, *T. S. Eliot* (1984; London: Cardinal, 1988), p. 162 を参照。

（49） Richard J. Finneran, George Mills Harper, and William M. Murphy, eds., *Letters to W. B. Yeats,* Vol. 2 (London & Basingstoke: Macmillan, 1977), p. 515.（以下本書は*LtY*と略記する。）

（50） *CL InteLex* にもこの手紙に対するイェイツの返書は収録されていないが、それに対するステッドの礼状とおぼしき同年三月一八日付の手紙（*LtY,* Vol. 2, pp. 515-516）から推測すると、イェイツは困難な状況にあるステッドに忍耐を助言したようである――「良い時もあれば悪い時もあり、そしてすべての時は過ぎ去る」、と。

（51） “The Wild Old Wicked Man,” *CP,* p. 358.

（52） *LtY,* Vol. 2, p. 514.

（53） “To William Force Stead,” 26 September [1934], *CL InteLex,* Accession Number 6102.

（54） *LtY,* Vol. 2, p. 566. 傍点は原文ではイタリック体。ダーシ神父（Martin Cyril D’Arcy, 1888-1976）はオックス

フォード大学のイエズス会学院キャンピオン・ホール（一八九六年設立）の院長およびイエズス会イギリス管区管区長を務めたキリスト教思想家。フォン・ヒューゲルについては後述。カール・アダム（Karl Adam, 1876–1966）は、第二ヴァチカン公会議の先駆者の一人ともみなしうるとされるドイツのカトリック神学者、教区司祭。

(55) W. B. Yeats, *A Vision* (1937; London and Basingstoke: Macmillan, 1981), pp. 6–7.

(56) *The Oxford Book of Modern Verse 1892–1935* (Oxford: Oxford University Press, 1936), p. xi.

(57) *Ibid.*, p. xli.

(58) *Letters*, p. 788.

(59) *Ibid.*, p. 789, n. 1.

(60) *Ibid*, pp. 789–790.

(61) *CP*, p. 285.

(62) A. Norman Jeffares, *A New Commentary on the Poems of W. B. Yeats* (London and Basingstoke: Macmillan, 1984), pp. 303–304.

(63) *CP*, pp. 285–286.

(64) "Hügel, Friedrich von," *New Catholic Encyclopedia*, Vol. 7, pp. 187–188; "Von Hügel, Friedrich," *Dictionary of National Biography on CD-ROM* (Oxford: Oxford University Press, 1955).

(65) Friedrich von Hügel, *The Mystical Element of Religion As Studied in Saint Catherine of Genoa and Her Friends*, 2nd ed. (1923; New York: The Crossroad Publishing Company, 1999), pp. 50–82.

(66) *Explorations*, p. 396.

(67) Curtis B. Bradford, *Yeats at Work*, abridged ed.(1965; New York: The Ecco Press, 1978), pp. 128–134.

(68) *Letters on Poetry from W. B. Yeats to Dorothy Wellesley* (London: Oxford University Press, 1964), p. 177.

(69) *Mythologies*, p. 268.

回心のフォルム
——李家同の文体——

山本　明

はじめに

「回心の瞬間とは、私たちすべての人の存在の根底に宿る絶対的他者の呼び声にこたえる美しい精神のドラマであり、見えざる自己自身との出会いという第二の誕生にして闇から光への決定的な転換点なのである。」[(1)]呼び声、ドラマ、出会い、誕生、光。次々に、比喩が塗り重ねられる。Conversion（＝帰依、回心…）とは、「新しい」感覚の訪れであり、その感覚を如何に造形するかという、極めて文体的問題でもあるのだ。

Conversionとは決して「新しい」主題ではない。それは極私的、一回性の体験である一方、普遍的、類型的現象でもある。前述の比喩の常套性がそれを示す。

Conversionとは異質な、仏教等の「悟り」を表す多くの物語や語彙を有し、その水脈に涵養されてきた風土がある。そこでは、キリスト教の受容は、信仰を演ずる自己と、それを観察する自己の分裂を不可避とする。演技意識は「偽善」、「わざとらしさ」の苦痛を強いる。苦痛のあげく、その一瞬が訪れる。その瞬間を、「回心」と称してみる。ならば、回心にはフォルムがある。伝統文化とキリスト教の相克が、作中人物の演技意識にどのように形象化されるか。演技という自意識がいかに砕かれるか。その瞬間立ち上がった身体感覚や世界認識はいかに表現されるか。そしてそうしたプロットがいかなる語彙とその組織化を要請したか…。

回心のフォルムの中に、ひときわ簡潔で力強い存在がある。九〇年代台湾でベストセラーとなったカトリック作家李家同のフォルムである。護教文学として享受されたのではない。彼のレッテルは、「台湾の良心」である。

本稿は回心論ではない。回心という現象の、普遍的側面に向かうものではない。宗教的、社会学的、心理学的アプローチはとらない。本稿ではさまざまな作家の回心のフォルムを巡礼する。回心の物語は中国近代文学においても手垢のついた物語であり、巡礼先に事欠かない。巡礼の意図は、共通項の抽出にない。むしろ偏差を歴程することにより、李家同の回心のフォルムが、キリスト教の土着化にどのような可能性を啓示し、文学表現にどのような可能性を開拓しえたのか、その漸悟を企図するものである。

月光に照らされた夜道、両側の建物に人影はない。路上には復活したキリストと子供だけが佇んでいる。キリストの右手は子供の方へ差し出されている。水墨のように抑制された線は、生の悲哀と慰めの強度を高める。キリ『郊外のキリスト』の作者ルオーは「絵画はごく僅かの本質的な筆致のなかに自己を要約するものなのだ。」と述べている。先取りするなら、強い感情の内圧が要請した、一見「素朴」な李家同の文体もまた、ルオーに似た深度の感動をもたらす。売り上げランキング上位に上ることがなかったにもかかわらず数年で四〇万部を突破した台湾出版界の「奇跡」は、李家同によるキリスト教の変容が、土着化に成功した一証左といえよう。本書のテーマ「カトリックの受容と変容」の捨石になりうると考えた所以である。

一　「悟り」のフォルム

先ずは回心ではなく、「悟り」のフォルムの典型を、藤原新也の巡礼を通じて提示したい。語り手は、二度目の遍路の旅にでる。今回は、癌により苦悶の死を迎えた兄への「残念」からの自己救済を目的とする。しかし、なかなか救いの瞬間は訪れない。ある宿坊に宿をとり、日没前の時間をもてあまして境内を散策する。引用部は、そこで偶然に地蔵と邂逅した場面である。

私はその地蔵の前に立ち、ゆっくりと顔を見上げる。その一瞬、名状し難い感情に襲われる。目を瞑《つむ》ったその顔が、苦しみの後で息をひきとり、火葬までのしばしの間、家に帰り畳の部屋に安置されたあの兄の顔に酷似していたのである。いやほとけとは、みなほとけの顔に似るのかもしれない、とも思いながら、ふとあることに気づかされる。不思議なことにその地蔵菩薩に出会うことによって、そのときはじめて死んでのちの兄の顔を思い出したのだ。なぜか私の記憶の中に定着している兄の最期の顔は苦悶の顔であり、死後の顔ではなかったのだ。

目の前には一点の曇りもない、あの死後の顔に似た平安に満ちた顔があった。

……兄の終末は、それは苦しみではなかったのではないか、

ふと思う。ひょっとするとそれは嵐の海のあとにこよなく静かな凪《な》ぎが訪れるあの海にも似た、苦しみぬいたがゆえに、その果てに訪れた絶対平安ではなかったのか。

私は兄の顔に重ね合わせながら、地蔵菩薩の顔をじっと眺めている。そのとき地蔵は無言のまま、もうひとつのことを語り始める。

「あなたの心よ、こういう場所に行きなさい(2)」

第一の階梯では、悟りの非言語的質感が叙述される。見上げる行為のあげく、説明できない感情に「襲われる」、つまり能動的行為から受動的感覚の生成によって、その瞬間の訪れが表現される。第二の階梯では、悟りの内容が言語化される。兄の死後の表情と地蔵の表情の類似を思っているうち、兄の終末が苦悶ではなく平安であったと「気づかされる」。兄の苦悶に対する残念は、苦悶自体の消滅によって浄化される。悟りは、能動的思念から受動的直覚の生成によって表現される。第三の階梯は、地蔵が「もうひとつのこと」つまり、兄の個別事象を越えた普遍的救済、真の悟りを語り始める。第一階梯、第二階梯に見られる能動態から受動態への往還運動を経て、地蔵菩薩が立ち現れる。これは能動的遍路のあげく、偶然、受動的に地蔵菩薩の訪れを迎え、救済を得る巡礼構造の露頭ともいえる場面である。

お遍路がいくら伝統的様式であろうと、信仰を有しないまま、宗教的儀礼を行うなら、演技意識を不可避とするであろう。語り手はお遍路を始めるにあたり、この演技意識を回避する。遍路を「社会的儀礼行為にしかみえない」として、「信仰」を予め宙吊りにする。にもかかわらず巡礼を行う意味を、死者への残念を浄化すること、つまり「自身の魂の供養」と定義づける。「供養」とは死者の魂を救済しうる絶対者への信仰を前提とした語彙だが、ここでは自分で自己の内面とおりあいをつけることを意味するにすぎない。つまり自己の内面のドラマに問題を限定することで、神秘的要素を排除する。演技意識から逃れるため、クールな観察者の視座を設定したのである。

にもかかわらず、仏の顕現にまでいたる。その契機は、地蔵の顔から兄の顔へ、そして仏へとスライドする瞬間である。その変容のリアリティーをもたらすのは、ほとけ（死者）がほとけ（仏）と地続きであるという伝統的身体感覚である。そしてその伝統的水脈は「ほとけ」という語彙によって形成されてきた。「悟り」が演技意識を経ずに絶対者と連続性を持ちうる所以である。ここに「回心」との差異がある。

更に李家同の「回心のフォルム」抽出の伏線として、藤原の「悟りのフォルム」が持つ個別性への志向を指摘しておかなければならない。引用した作品は李家同の大部分の作品同様、短編である。しかし、今回の遍路が親の供養を目的とした過去の遍路とは異なることを書き込み、悟りの場所や時間といった舞台情景を書き込み、翌日のもはや変容しない地蔵の描写を書き込む。引用部とあわせて考えるなら、具体的個別的背景と極私的一回性の内面ドラマを執拗に叙述することで「悟り」の個別性を造形しようとするスタイルが見て取れる。

では、キリストに対して上記のような連続性を、伝統的身体感覚に持たない風土においては、いかなる演技意識が生じ、いかなる回心の造形がなされてきたのか。巡礼を台湾文学へと進めたい。

二　演技意識の諸相

ミサとは、キリストの死と復活を再現する祭儀であり、信仰を新たにする儀礼である。教会という劇場、典礼というシナリオ、聖書や祈祷、聖歌に用いられる台詞すべてが、演劇空間を構成している。確かに、中国や日本においても誕生時、あるいは幼児洗礼を受け、演劇空間とその共同体が、自己のアイデンティティーに大きな比重を占めている作家がいる。朱西寧のように幼児の教会体験が、失われた黄金時代として詩想の核となるケースもある。しかし、キリスト教を伝統に有しない風土において、ミサにあずかる行為がどれほど自動化されようと、信仰と向き合う行為は、必然的に演劇的色彩を帯びざるをえない。

その演技意識は、台湾文学において、時にキリスト教否定の根拠となり、時に内面の葛藤様態が私小説の主題となり、時に演技意識の超克によって救済にいたる物語構造の礎石となってきた。

但是他們在這樣批評時，卻忘記了神父和牧師也是人，根—本—就是人！一位神父，只是一個在世界上扮演神父角色的人。—中略—

但對於一個神父，卻不是這樣！他永遠沒有脫下制服的一天。他此刻是神父，等會還是神父。白天是神父，晚上也是神父！他不能一時半刻放棄他扮演的角色，這是不允許的。他必須永遠戴上假面具，永遠保持著神父的姿態，永遠在做戲—做給所有的人看，包括他自己在內。這並不是一樁容易的工作。—張系國『皮牧師正傳』(3)

（しかし、彼らがこう非難するとき、神父も牧師も人間であることを忘れている。もともと、人間なのだ。神父とは、この世で神父の役を演じている一人の人間にすぎないのだ。—中略—

しかし、神父にとってはそうではない。彼が制服を脱ぐ日は、永遠に無い。今神父であり、しばらくしてもやはり神父なのだ。昼神父であり、夜も神父なのだ。一瞬たりと彼の役柄を放棄することはできない。それは許されないのだ。永遠に仮面をかぶり続けなければならず、永遠に神父の身振りをしなければならず、永遠に演技をすべての人に見せ続けなければならない。そして自分もその観客に含まれる。これは決して簡単な仕事ではない。——拙訳）

一九五〇年代の台湾においては、キリスト教が経済的危機、精神的危機の救済に大きな役割を果たしていた。張系国は、カトリック教徒が最も急増した一九五〇年代を背景とし、勢力拡大をめぐって争う教団同士や教団内部、信徒会内部のなまなましい確執を描いた。引用部は、神父の独白である。

役柄としての「神父」と、欲念を持つ凡人としての「人」が二項対立で提出される。両者の断絶を世間の目から隠蔽するものが演技であり、他人のみならず自分に対しても演じて見せなければならない点で偽善感に苛まれる。そしてその演技意識から救済されることはない。救済者への信仰が存在しないからである。だから、神父は容易ならざる「工作」（仕事）と定義され、その他一般の職業と同列に語られるのである。

改めて題名をみると『阿Q正伝』を想起するしかけになっている。台湾の阿Qたる皮牧師とは何か。台湾では、教会を通じて救援物資を受け取るため入信した者が一定数おり、それゆえに「メリケン教」と揶揄される。

そしてこれはひとり当時の台湾に限った問題ではない。中国近代文学では、キリスト教批判の手段として「喫教」（外国の宗教に頼って生活する）の人物典型を多く産出してきた。主として経済的事由により入信し、信仰を演ずるキャラクターである。引用した神父の発言を批判しながら、自分も神父以上に「喫教」である皮牧師はこの伝統上に位置する。君子ならざるふるまいを批判しながら、自分は窃盗を繰り返す阿Q同様、理念と現実の断絶を戯画化する風刺小説の正統といえよう。引用部は信仰が本質的に不可避とする演技意識に加え、中国におけるキリスト教信仰ゆえの演技意識をも表現している。

演技意識の造形にあたっては、藤原のように地の文を用い、語り手が冷静な心理分析を行う手もあった。しかし、ここには「過剰」がある。実際、意味内容からすれば、第二段落ひいては引用部すべてが一つのセンテンスでこと足りる。演ずる苦痛を、変奏しながら過剰に反復しているにすぎない。「扮演」二回、「沒有脫下制服」「戴上假面具」「保持著神父的姿態」「做戲」と、九センテンス内で六度にわたり、演技を意味する語彙を執着的にたたみかける。「永遠」のセンテンス内三回にわたる単純反復、「也是人」、「就是人」、「只是（―中略―）人」の三回にわたる累加的反復など、執拗かつ動的な表現がなされる。静態的な語り手の叙述ではなく、緊張感ある対話部の台詞により、演技意識の強迫的側面を表現している。この非抑制的で饒舌な文体自身が、「永遠」に捉えて離さず、波のように反復生起する演技意識の象徴となっている。

他神情恍惚，卻獨自默默又在回想昨晚領洗的情景。實在的，他這時的心情依然還沒有完全擺脫那種夢幻似的感覺。他不曾料想到他竟眞會領了這樁聖事，竟眞會成爲一個信徒。他不免自覺有些可笑，好像看到自己又在表演著什麼，雖則這只是開場囉。但對這一齣戲，他總還希望能搬出精湛的絶技，演得出色一點，要有始有終，有個完滿的良好收場。―李榮春『魏神父』(4)

（彼はぼんやりとした様子だが、一人で静かに昨夜の洗礼の様子を思い出していた。確かに、このとき、彼の心は依然としてまだ完全にあの夢のような感覚から抜け出していなかった。よもやこのような秘蹟をうけ、よもや信者になろうとは、思いもよらないことだった。彼はわれながらいささかの滑稽さを感ぜずにはいられなかった。まるで自分がまた演技をしているのを見ているようだった。たとえこれが開演にすぎないとしてもである。ただこの芝居についてはやはり、緻密な演技をし、すばらしく演じ、演技をやりとげ、完璧な閉幕を迎えたいと思っていた。——拙訳）

台湾の小村に、定職もなく、兄弟から養われている中年男がいる。男は、母親の介護だけを仕事としながら、無能感と無用感に苛まれている。唯一友人とよべる信者たちに勧められ、つきあいで洗礼をうけるはめになる。信仰を持てず、儀式に違和感を覚えていたが、祭式の過程で、罪がゆるされ、神聖なるものと一体化していく感覚におそわれる。引用部は、その翌日、心の中で演技意識を吟味したあげく、おりあいのつけ方を決める場面である。「神情」から「心情」へのスライドが示すように三人称全知視座で書かれているように見えて、実質、一人称制限視座である。「日本文学の私小説の方法に合致している」[5]と評される所以である。

張系国が中立的語彙「演技」あるいは否定的語彙「仮面」で演技意識を価値づけたように、李榮春も「表演」「戲」「演」の中立的語彙のみならず、引用部以外で「裝假」（ふりをする）[6]など否定的語彙を用いている。ただ特徴的なのは「不免自覺有些可笑」であろう。李榮春の作品群において「他在心裡暗暗覚得有些好笑」、「不免自覺滑稽」、「覺得多麼滑稽可笑」[7]等、儀式の最中に感ずるおかしみが繰り返し現れる。おかしみは、中国人がキリスト教への違和感と誠実に向き合って初めて可能な素朴な表現であろう。「誠実」とは、アプリオリな教条的スタンスの対極を意味する。張系国が宗教批判の立場から、演技意識を批判材料として扱う手つきを見た。李榮春に、その種のこわばりはない。宗教批判でも護教でもない。永遠に演じつづけるという強迫性はなく、信徒の友人たちのために精一杯努めようとする素朴な感慨が淡々と記述されているにすぎない。

引用部の五センテンスはすべて「彼」を主語とする。そしてそのすべての主語が「私」と置き換え可能である。つまり、李榮春にとって、演技意識をめぐる低徊は、あくまで自己の内面への誠実な観察である限りにおいて主題となりえたといえよう。誠実さとは、信仰一般の普遍性を志向するのではなく、社会から落伍した自己の個性的、極私的心理劇を志向するスタイルが持つ色彩であったのである。

演技意識が揶揄の対象や私小説的表現対象ではなく、信仰への階梯として肯定的に価値づけられる作例がある。

（あなたは）と大津は祈った。（背に十字架を負い死の丘《ゴルゴタ》をのぼった。その真似を今、やっています）火葬場のあるマニカルニカ・ガートでは既にひとすじの煙がたちのぼっている。（あなたは、背に人々の哀しみを背負い、死の丘《ゴルゴタ》までのぼった。その真似を今やっています）遠藤周作『深い河』(8)

「醜く威厳も無い」ピエロというあだ名の神父、大津の独白である。彼は、街頭に行き倒れたヒンズー教徒たちを背負う。彼らが死を迎えるべく目指すガンジス河へと運ぶのである。その日も感情の失せた牛のような眼で、彼をじっとみつめる老婆と出会う。言葉によるコミュニケーションはとれない。丸括弧で鍵括弧とは差別化されているのが心内語である。「真似」を宣言するセンテンスが二回繰り返されている。宣言する相手はキリストである。つまり、これは祈祷文に他ならない。人類の罪と苦痛を背負ったキリストを演ずると告白し、その告白自体が信仰宣言となっている。つまり、演技意識を否定するのでもなく、観察対象として愛玩するのでもなく、神への祈りとして奉げることで超克しようとするのである。

こうした演技意識への「かまえ」に対し、遠藤は二つの批判的視座を設定した。一つは大津を軽蔑しながら魅かれる美津子であり、「あなたが玉ねぎの真似をしたからって、この憎しみとエゴイズムしかない世のなかが変る筈はないじゃないの。」[9]と功利的現実的立場から、無力さを批判する。一つはリヨンの修道院の秀才の先輩であり、「とっとと教会を出ていけばいい」[10]と教理から、異端性を批判する。

異端性批判に対しては、大津は「泣きそうな声」で答えるのである。「私はイエスにつかまったのです」と。泣きそうな声とは裏腹に、被捕捉性を誇示することは、異端＝東洋的変奏こそカトリック（普遍）的であるとの強い自信に他ならない。そもそも大津のあだ名自体、救世主を記述した聖書中の文言による。ルオーがフランスの郊外にキリストを出現させたように、遠藤はインドのスラムにキリストを実体化させてみたのであろう。

無力さ批判に対しては、あえてそのような生き方を選んだのであり、後悔はしていないと大津に答えさせる。その根拠は「そうでした。玉ねぎがこの町に寄られたら、彼こそ行き倒れを背中に背負って火葬場に行かれたと思うんです。ちょうど生きている時、彼が十字架を背にのせて運んだように」というものである。キリスト教徒の第一義とはキリストに倣うことである。偽善感や無力感は、むしろキリストの演技を徹底することで、踏み破られている。

ここに、避けがたく召しだされたことへの覚悟と哀しみはある。しかし、演技意識が不可避とする不安や迷いはない。無力感のつけいる隙もない。逆に、演技こそが東洋的変奏を可能にした自覚がある。祈りの供物としての演技意識こそが、大津の生き方を可能にしているのである。

A

張義雄又告訴我一件有趣的事，他說雖然他一開始在表演，可是到了醫院以後，就不再演戲了，因爲老太太對她的依賴和信任，使他一分鐘也不敢離開她，何況她又緊緊地握住了他的手。

（張義雄はまた興味深いことを私に告げた。最初は演技だった、しかし病院に着いてからはもはや演技ではなくなっていた。なぜなら老婆は彼を頼りきり、信頼していたので、一分たりと彼女から離れることは出来なかったから、ましてや

老婆は彼の手をきつく握りしめていたからである。——拙訳）

B

當我離開的時候，張義雄送我，和我殷殷道別，我問他爲什麼這次成功了。他說，他這一次扮演的是耶穌基督本人，他想了很久，終於想通了，如果耶穌基督來到這個世界，他不會高高在上地講道，他一定會謙卑地替大家服務，因此他決定做一個工友，從洗廁所做起，而且他全天候地住在監獄裡。很多受刑人都離開了監獄，只有張神父幾乎永不離開。連除夕夜，也留了下來。年初二，他回家去和家人團圓，可是立刻又回來了。

我問他：「你是不是又在演戲了！」

張義雄說：「你可以說我在演戲，可是演這一個角色，沒有台上台下，沒有前台後台，要演這個角色，幕就會永不落下。」—李家同「幕永不落下」(11)

（私が監獄を後にするとき、張義雄は私を見送り、懇ろに挨拶をしてくれた。私は彼になぜ今回は成功したのかと尋ねた。彼は言った。今回は演じたのは、キリスト本人です。ずいぶんと考え、ようやく気づいたのです。もしキリストがこの世界に来たら、お高くとまって道を説いたりはしないはずだ、きっとへりくだって人々のために尽すはずだと。そこでボランティアとなり、便所掃除から始め、いかなるときも監獄に住み続けることを決めたのですと。多くの受刑者が監獄を出て行くが、張神父だけはほぼ永遠に監獄を離れない。大晦日でさえ留まる。一月二日のみ家族と会うため帰宅するが、すぐに又戻ってくる。

私は彼に尋ねた。「君はまた演技をしているのじゃないか。」

張義雄は言った。「演技をしていると言っても構いません。ただこの役は舞台に上ることも降りることもありません。舞台も楽屋もありません。この役を演じるからには、幕は永遠におりないのです。」——拙訳）

李家同の演技意識はどこかクールである。マザー・テレサの事跡とその「死を待つ人の家」での回心体験を描いた作品を表題とする『讓高牆倒下吧』（一九九五年）は二〇〇二年の時点で三〇万部以上を、『陌生人』（一九九八年）は一〇万部以上を売り上げた。同時点で上記の「幕永不落下」を収載した同名の作品集（二〇〇〇年）も三万部以上を売り上げている。カトリック作家の作品としては異例の事態である。一九七〇年代に比して信者数も減少し、カトリックが停滞している現代の台湾で、何が一般読者の支持を得たのか。そして、これまで巡礼をしてきた種々の演技意識とはどのように異なるのか。

引用部Aで、主人公張義雄は演劇学科の学生である。『深い河』同様、行き倒れていた認知症の老婆を、偶然介抱することになる。あたかも神父のように老婆の手を握りつづける。というのも彼はその時、神父の配役を得ており、当初は役作りのつもりで始めたのである。神父を演じる点で張系国の神父と同様だが、役作りのため戦略的に行っている点で偽善意識はない。最初は演技であったが、それがいつのまにか演技ではなくなってしまう。手を握られることで何者かに捕捉されてしまうのである。神父の演技は、やがて彼が本当に神父の叙階を受けることで解消される。

引用部Bにいたると張神父はキリストを演じている。ある日メディアで張が監獄で成功した神父として報道される。教会ではなく、監獄の中で、当初は囚人たちの反発を買いながら、ついには信頼され受け入れられていた。語り手の私はそれを「成功」とよび、その原因を明らかにするため監獄を訪れたのである。弱いものに対して奉仕するのはキリストに奉仕するのと同じとの聖書の言葉を、そのまま実現する点で大津神父と同質の人物典型である。キリストの現在的変奏が、教区の任務に専心する正統的神父からかけ離れた、終身刑の囚人のように暮らす特異なキャラクターを生んだ点で、遠藤周作と類似している。しかし、そうした東洋的土着化は『深い河』において成功とはよばれず、無力さや異端性において批判された。大津は長い迷いと苦しみのあげく神父となり、神父となって更に批判を浴びて苦しみ、インドで他人と自己の哀しみを背負いつづけ、最後に他者の犠牲となって死ぬ。大津の内面の葛藤を細密描写しつづけることで、日本の風土とキリスト教の相克が浮出していた。

李家同の演技意識のクールさは、張系国や遠藤周作の深刻な苦しみや哀しみにまみれていない点にある。焦点化されているのが、演技意識が不可避とする内面の葛藤ではないのだ。引用部の「成功」という言葉が象徴するように、演技をいかに成功させたかという戦略的技術的側面が前景化している。神父というキャラを演じ、キリストというキャラを演じる張はいるが、そこには、キャラクターと「本来の自我」の間に深刻な危機が生じていないのである。

さて、演技意識の超克はいかなる文体でなされているか。実は引用部A中の手を握る動作描写は当該作品中三回目なのである。引用部に先立ち、第一回目は語り手の私が行き倒れの老婆を病院に運ぶ途中、後部座席での張の描写「他也握住了老太太的手」（それに彼は老婆の手を握りしめていた）とあり、第二回目は病院で私が警察などへ電話をかけている最中の張の描写「並也緊緊地握住她的手」（それにきつく彼女の手を握りしめていた）とある。それがAでは同じく「彼」を主語とした動作描写であり、当然ながら張の能動的行為として描かれている。それがAでは同じ動作の主語が老婆へと変わり、手を握られていたとして受動的行為へ変化している。また、使役構文により、彼の意志ではなく老婆の信頼が彼の行動を生起させた結果となり、受動的行為へのどんでん返しがおきている。「見上げた」結果、「襲われ」、「思いながら」あげくに「気づかされる」と、能動から受動のリズムを反復した藤原新也の文体が想起されよう。悟りの瞬間の受動性を表現する常套的手法である。しかし、藤原と異なり、悟りの同時進行的叙述ではない。錯時法《カットバック》で、過去に生じた演技意識の超克が説明される。錯時法なら李榮春も用いていた。しかし、李榮春と異なり、「因為」（なぜなら）と因果関係によって統御される。李家同は、先ず過剰な親切さを描写するあたり、その心理を同時には叙述しない。その黙説化が不可思議さを提示し、物語の推進力となる。最後に、その行為の原因を種明かしする。推理小説のオチのようにリーダビリティーを醸成するだけでなく、因果関係の中で説明することで、変化する内面を継起的に垂れ流す高揚感とは異質なクールさを維持できる。

引用部Bは作品全体のオチである。最後に、張神父が監獄で成功した種明かしがなされる構成である。種明かしは、第一に過去に回心を得た瞬間を錯時法で語り、第二に「因此」の因果関係を示す関連詞によって、成功にみちびいた戦略的行為が一々列挙される構成となっている。引用部AとB二度にわたって反復される構成は、作品構造と言わざるをえない。

実は一九九六年に李家同は、エッセイ「深河」[12]を発表している。出張先のメルボルンで偶然手にした『深い河』を評したものである。李は大津をキリストの再演（「重演」）であるとし、その行為はマザー・テレサに酷似していると記している。引用した「幕永不落下」（一九九八年）が、『深い河』の李家同的変奏であるとすれば、「重演」は両者の共鳴点であるがゆえに、差異が最も顕在化する露頭となろう。『深い河』で、引用部Bと等価の位置を作品に占めるのは「そうでした。玉ねぎがこの町に寄られたら、彼こそ行き倒れを背中に背負って火葬場に行かれたと思うんです。ちょうど生きている時、彼が十字架を背にのせて運んだように[13]」であろう。遠藤の場合、行為を「いかに」成功させたかではなく、そもそも「なぜ」行うのかを同じく会話場面で尋ねさせる。大津の答えが「そうでした」とあるとおり、気づきは、その瞬間に生起する。過去ではなく、その瞬間に精神的高揚が訪れる。キリストが再来したらという仮定は大津神父も張神父も口にする。しかし、不可思議な行為の種明かしにあたり、遠藤は、「なぜなら」と理屈めいたいいわけを誇示しない。「したがって」とキリスト再演のための技術的問題を列挙することもない。

遠藤に比し、一人称直接話法ではなく、三人称を用いた間接話法で、過去を叙述する態度はクールである。演技意識そのものの存立根拠ではなく、「演技」自身を棚上げして、いかに成功させたかという方法的側面を焦点化する態度はクールである。それらを因果関係で統御しつつ語る態度はクールである。

李榮春は「永遠」ではなく、終わりある演技を成功させる意志と意欲という内面だけが羅列されていたが、李家同は成功させる意志を垂れ流すのでなく、現に成功した具体的動作、行動を列挙した。クールと言わざるをえない。

張系国は「永遠」を四度反復することで、苦しみを叫び続けた。主語はすべて神父である。「永遠」は神父にとり実現不可能な強迫観念の象徴であり、作品主題である演技意識の象徴ともなっている。李家同も「永不」を二回反復する。しかし、一回は張神父が現に行っている行為の動作描写で、一回は主語が幕である。張系国の「永遠」は逆手にとられ、すでに実現された聖者の動作と言葉によって演技意識を無化する武器とされているのである。

李家同の作品名はシンプルである。『幕永不落下』（幕は永遠におりない）、『讓高牆倒下吧』（高い壁を倒せ）、『鐘聲又再響起』（鐘はまた鳴り響く）、『一切從基本做起』（一切は基本からはじめよう）等、個人の内面葛藤の重さを突き抜けた、万人が共有できるスローガン的クールさを湛えている。『…正伝』の伝統的桎梏から離れ、『深い河』の象徴性もなく、『魏神父』の個性への志向もない。一般的具体的動作の素朴な表出が、演技意識を扱う手つきと通底しよう。

三　回心のフォルム

回心の瞬間、その一撃の形象化は多様だ。李家同ならば、まずは「手を執られる」動作であろう。張義雄は老婦に手を執られ、召しだされた。張は父が清華大学の教授であり、自身も芸術大学の学生で、台湾社会では成功者と言ってよい。老婦は表情や服装等個別的情報が一切描写されず、認知症で言語コミュニケーションもとれない。誰でもなく、誰でもある弱者に手を執られることで、成功者は回心の時を迎えるのである。

李家同の作品はそのほとんどがネット上で閲覧可能であり、その二〇二作品中一七作品の回心造形に手を握る行為が出現する。一つのめどとしての意義を出ないが、やはり執着心象と言わざるをえない。聖書や中国の古典文学における手を執る行為の水脈、そして近現代作家たちの「手を執る」瞬間＝回心を巡礼することで、李家同による変容の特色を剔抉したい。

手をきつく握るとは、聴覚や視覚に比し、言語をこえたコミュニケーションの成立を、肉体的に直覚できる造形である。新約聖書の福音書ではイエスが手を握る（「拉著手」）プロットが六回現れる。汚れた霊にとりつかれた子供を治し（マルコによる福音書九・二七）、盲人の目を開き（マルコによる福音書八・二三）、熱病の女を癒す（マルコによる福音書一・三一）。とりわけ三つの福音書で扱っているのが死んだ少女を生き返らせるプロットである（マルコによる福音書五・四一、マタイ九・二五、ルカ八・五四）。イエスが子供の手を握り、おきなさいと言うと彼女は立ち上がるのである。子供や病んだ女性という弱者が、手を握られることで、再生するのである。信仰のない者と神のコミュニケーションが成立し、奇跡が生起する瞬間、それを象徴するのが手を握るという行為であった。もちろんキリストに限らない。ペトロはキリストの名によって手を握り、足の不自由な男を癒すであろうし（使徒言行録三・七）、そもそも捕囚となったユダヤ民族の手をとってエジプトを出たときに結ばれた契約こそが旧約とよばれるものであった（エレミヤ書三一・三二）。「拉著手」は、新約、旧約を問わず用いられている。キリスト教における伝統的イメージといえよう。

中国の作家で、聖書を直接的に利用している例は少なくない。ただ、プロットやフレーズの生硬な利用となっている。例えば、悪の街を逃れようとした船が沈没する。死を意識したとき、葦に手がふれる。岸には温和な表情の男が立っている。「他伸出手，说：抓住我的手，再用点儿力。」（彼は手を伸ばして言った。「私の手をつかみなさい。もっと力をいれて」北村『施洗的河』[14]）。主人公を河から引きあげた男は伝道者だった。作品名のとおり、悪事を尽くした主人公は河での洗礼により救済の契機をつかむのである。北村は大陸のアバンギャルド作家であったが、キリスト教に入信し作風を変えた。旧約には、ダビデが敵の手から救い出された日に歌った歌が二箇所現れる。「他從高天伸手抓住我，把我從大水中拉上來。」（主は高い天から御手を伸ばしてわたしをとらえ、大水の中から引き上げてくださる）（詩篇一八・一七、サミュエル記下二二・一七）。北村の現代的変奏は、黙示録的風格によって独自の場所を切り開いたが、旧約の文言がそのままプロット化している。

例えば、陽翰笙の戯曲『天国春秋』は、洪秀全の妹、洪宣嬌の回心の祈りで幕を閉じる。「仁慈的天父啊！请用你光洁的手，来指引你女儿的路吧！」（慈悲深い神よ、清らかな御手で、あなたの娘を導いてください[15]）。太平天国はキリスト教の理想を掲げながら内部粛清が続き、自壊する。罪にとらわれた迷いの暗闇に、手は救済の道筋を示すものとして現れる。聖書には「就是在那裡，你的手必引導我。你的右手，也必扶持我。」（あなたはそこにもいまし／御手をもって私を導き／右の御手をもってわたしをとらえてくださる）。（詩篇一三九・一〇）をはじめ、導く御手のイメージがある。フレーズとして直接的に利用している作例といえよう。

台湾のカトリック作家許台英の場合、娘の暖かな手が救済をもたらす。「不知道為什麼，當時我竟強烈感受到耶穌的臨在――生活十字架的酷寒中，另一種很深很眞切的幸福感，把我圍住。」（なぜだかわからないけれど、その時、私はなんとキリストの臨在を強烈に感じたのです。十字架を生きる辛い毎日の中で、ある深く真実な幸福感が私を取り囲んだのです[16]）。メディアからの激しいバッシングにより、許は憎しみと絶望の渦中にもがいている。娘の差し出した手が、キリストの臨在を直覚させ、長い断筆を破り、再生する。そうして結実した新たな作品からの引用である。「你在我前後環繞我，按手在我身上。」（主は前からも後ろからも私を囲み／御手を私の上に置いていてくださる）（詩篇一三九・五）が想起されよう。救済の御手は、一旦娘の手に変容し、親子の情愛へ変奏された点で、北村や陽翰笙に見られる生な利用とはいえない。それでも、そこからキリストの臨在へと飛躍するのは、やはり生硬さを感じざるをえないであろう。

但禁不住卻又掉過頭來，再望一眼聖堂圓頂上那隻正在夜空中閃爍著的十字架霓紅燈。這時好像忽然有什麼一隻無形的巨手，緊緊抓住他，不再鬆放他。―李榮春『懷母』(17)
（しかし、思わずまた振り返ってしまい、教会の円屋根の上で夜空に輝いている十字架のネオンをふたたび見てしまった。この時、突然、目に見えない巨大な手が彼をきつく捕まえ、もはや二度と逃がさないかのように感じられた。――拙訳）

主人公は神父の問いに、まるで洗礼を受ける意志が堅固であるかのように演じてしまう。それはひとえに神父の好意を裏切るのが忍びなかったからにすぎない。しかし、土壇場で、自分を偽りつづけることに耐えられず逃走する決意をし、教会に背をむける。引用部は、その次の瞬間、演技意識が超克される場面である。Conversion の起源のギリシャ語には、方向を転じる、振り向くの意があり、その意味で、まさに回心にふさわしい造形といえよう。

思わず見上げた十字架の修飾句が奇異なほど長い。見慣れたネオンが異化されたのである。風景の変化とは、それを見ている人物の内面変化である。変化とは回心の被捕捉感であり、それが「手」の形象化で表現されている。

実はこれと全く同じ場面を、李榮春は先立つ作品でも描いている。「在這裡，只一抬頭，便可望見聖堂屋頂上的霓紅十字架。這時它正像在向他招手，更像在監視他，彷彿還對他說：「別再躊躇了，這里是光明的、神聖的、莊嚴的、快來吧，時間不多了，上主在等著你呢！」（ここで見上げると教会の屋根のネオンの十字架が見える。この時、十字架は彼を手招きし、彼を監視し、彼にこう言っているかのようだった。「もうためらうことはない。ここは、光であり、神聖であり、荘厳である。早く来なさい。時間は多くない。主はお前を待っているのだ。」）[18]。

主人公が十字架を見上げ、見慣れた十字架が異化される。そこで回心が生起する構成は一致する。一方、異なるのは被捕捉感の深度である。先行作品では、藤原新也が地蔵を見、地蔵が語り始めたように、あくまで見上げたのもネオンの十字架で、手招きし語り始めたのも十字架である。手招きは十字架に対する三つの直喩の一つにすぎない。ところが、再造形にあたり、主語が十字架から手へと変化した。手にイメージが集約化され、わしづかみにされた肉体感覚を通じ、被捕捉感をより強烈に表現している。先行作品で十字架が「別再」（二度と）と話すとき、あくまで他者の言葉にすぎず、それによって自己がどれほど拘束されるかは未知数だ。しかし、再造形にあたり「不再」（二度と）と内面描写する時、永遠に捕捉された拘束感が焦点化されている。同様に、添加された「禁不住」（思わず）も、演技意識にがんじがらめになっている状態に一撃を与え、行動へと促した意識をこえた力の働きを、登場人物の内面描写から表現する語彙である。他にも、「不覺」（思わず）「不得不」（せざるをえない）、「不由」（思わず知らず）といった語彙で[19]、李榮春は内面に生じた非連続性を記述する。

北村作品の「抓住我的手」（手をつかむ）は捕捉する側を造形するための表現であった。陽翰笙も同様である。一方、李榮春の「緊緊抓住他」（きつく彼をつかむ）は捕捉される側の内面を造形するための表現と言えよう。李榮春の文学はもとより護教文学ではない。彼の関心事は彼自身の内面の動態であり、ひたすらそれを記録しつづけることである。回心もその限りにおいて表現対象となりえた。その意味で、許台英とは異なる形で聖書を変容させているといえよう。

李家同は一七篇の作品で手を執られる場面を描いた。「握手」一二例、「拉手」四例、「擁手」一例である。李家同には「拉手」を専一に用いる選択肢があり、「抓住」を用いる選択肢があった。前者なら聖書的イメージを利用でき、後者なら強圧的な被捕捉感を表現できた。更には「執手」や「攜手」の伝統的語彙を用いる選択肢があった。前者なら曹操や孫策が降軍の将にしたように上から許しや慰労を与えるニュアンスを添加しえた。後者なら楽府から「攜手曲」があるように、同性、異性を問わず親密な情愛を添加しえた。

李家同は「握手」にシフトした。「握手」とは元来、死に臨んで後事を託す際（「先帝握手遺詔、託以天下」『魏志、曹真伝』）、腹の底をさらけ出す際（「握手出肺肝、相示」韓愈『柳子厚墓誌銘』）になされたように、深い親愛の情を含義に持つ。その伝統的文脈に加え、手を握る状態がしっかりと持続することを表す「住」や「着」のアスペクト、「不放」（離さない）が付加され、「緊緊地」（きつく）の連用修飾句を付加している。上からの強圧性を持たず、深く強い感情を象徴する被捕捉感を造形する操作がなされている。実は、この筆致がジャンル、場面、登場人物を問わず、ある一貫した構造が露呈する場面で用いられる。その回心のフォルムとよぶ他はない構造を、以下に検証していく。

一七例中、マザー・テレサの死を待つ人の家で体験した場面を描いたものが八作品と最多をしめる。中でも三作品にわたり同一シーンに執着している例を挙げる。

我永遠忘不了的是一位十來歲的年輕乞丐，他常握住我的手不放，每次我離開垂死之家，都會回頭看他一眼，他也會揮手和我道別。我因此開始有了羞愧之情，——李家同「羞愧與感恩」[20]

（私は十歳余りの幼い乞食を永遠に忘れられない。彼は私の手を握り締めて離さなかった。「死を待つ人の家」を離れるたび、決まって振り返り彼を見ると、彼も手を振って私に別れの挨拶をした。それで、私は慙愧の念をかかえこむことになった。——拙訳）

李家同は大学の学長として、マザー・テレサに対し、賞の授与と台湾への招待を与える目的で死を待つ人の家を訪れる。ところがボランティアとして働かされ、そこで子供の乞食に手を握られる。その結果、回心が生ずる。それは入信でなく、「慙愧」の形をとる。長期間にわたり、キリスト教信者であった誇り、ボランティアを行ってきた自信が根底から覆る。それまでの施しが偽善であったことに気づかせられ、真の愛や信仰に気づかせられたのである。その回心の体験によって得た「慙愧」の念により、台湾に戻って以降、初めて多くの不幸な人々が見え始め、作品執筆が始まる。不幸な人々の代言者として、作家李家同のスタンスが形成された瞬間といえよう。エッセイ「日有所思、夜有所写」では、同じ少年が「握住我的手不放」手を握って離さない場面を描く。そして、いつも彼のことを思うたび「不安」を感じると記述する。[21] 慙愧の念や不安が彼に作品を書かせつづける原動力となっている以上、手を握るという行為は李家同作品の起点になっているといえよう。

と同時に、システィナ礼拝堂ではミケランジェロが復活したなら、マザーテレサが乞食の手を握っている（「握手」）ところを描くであろうと夢想し（「如果米開朗基羅復活了」）[22]、若者が瀕死の老人の乞食の手を握っている絵を画家を探して描かせることを夢想する（「窮人陛下」）[23]。なぜならそれこそが美であり、見る人の内心を、深いところを打つからと理由づける。つまり、手を握る瞬間の造形による美の定着こそが、李家同芸術の目標といえよう。

引用した「羞愧與感恩」も「日有所思、夜有所写」もそれぞれ作品集の序文である。作品群の出発点でもあり、到達点ともいえよう。

これまでの記述では、手を握る場面は、単なる現実の再現にみえる。しかし、フィクションにも出現する。例えば、億万長者が、ある日交差点の真ん中で立ち往生している子供を助ける。子供は「緊緊地拉著我的手不放」（きつく私の手を握って放さない）ので、やむなく交番につれていく。知的障害者の施設に収容されていることがわかり、「孩子仍拉著我的手不放，我反正沒有事做，決定送他去。」（子供は相変わらず私の手を握って放さない。どうせすることもないので、彼を施設に送っていくことにした）(24)。「どうせすることもないので」という偶然的、非作為的行為の結果、億万長者は無垢な子供たちとの交流を経て、安らぎを得る。また、子供たちによって自己目的化した利益集積の愚を悟らされ、資産の大部分を慈善行為に寄付してやすらかに逝く。

ジャンルを問わず共通するのは、人物典型である。手を執るものと執られるもの、無垢なる弱者と成功者である。弱者は、死を待つインドの少年四例、知的障害者の少年一例、他者を警戒することを知らない孤児院の少年一例、認知症と思われる老婆一例、行き倒れのインドのヒンズー教徒四例と多岐にわたる。ただ、引用部で出現した弱者同様、場所や背景、服装や動作などいずれも個別的特性は一切描写されず、素朴な筆致で抽象化された弱者なのである。

更にいうなら、ジャンルを問わず、プロットにも共通点がある。李家同には、社会的には成功した主人公が、自分の罪を自覚し、回心する構成を持つ作品系列がある。成功者の人物典型はさまざまに変奏される。時に億万長者であり（「対数字正確的認識」）、生存競争に勝ち抜いた経営者であり（「週五的夢魘」）、台湾の大学教授であり（「呉教授的欲望」）、有能な医者であり（「小男孩的爸爸」）、著名な日本の大学教授であり（「懼童症」）、起業に成功したアメリカ人であり（「瓷娃娃」）、伯爵であり（「富翁與乞丐」）等々である。そしてその成功者はなんらかのトラウマを抱えている。億万長者は他人を信用できず、経営者は自殺をはかり、台湾の大学教授は咳に過剰反応し、日本の大学教授は子供を見ると恐怖にとらわれる。いづれも過去の生い立ちや戦争体験における罪などを想起するような場面で、身体的症状が出てしまうのである。それらの罪は告白によって救済されるが、その契機に、突然の手を握られる行為や抱きつかれる行為がある。億万長者は知的障害者の子供に手を握りしめられることで、経営者は自殺を図り朦朧としたなかで部下の手を握りしめることで、台湾の大学教授は子供に抱きつかれることで、医者は見知らぬ子供にお父さんと呼ばれ抱きつかれることで、それまでの生き方を変え、利他的行為に目覚め、トラウマを克服するのである。

回心のフォルムが手を握る行為に限定されるものではないことが、もはや明らかであろう。突然、抱きつかれるという召しだしもある。突然の「抱住」（抱きついて離れない）プロットは九作品に達する。演技意識を突き破り、言葉をこえた感情が奔出する場面に出現する点で、手を握る行為と同質である。李家同が同一シーンを三作品にわたって造形した例を以下に挙げる。

當時我蹲在地上，我聚精會神打蒼蠅的時侯，那個小犯人忽然緊緊地抱住了我不放，我窘不堪言，那些管理員也被這個情形嚇了一跳，他們花了很大的力氣，才將他從我身上拉走。─李家同「我的義工經驗」(25)

（そのとき、私はしゃがみこんでいた。夢中になって蝿を叩いているときだった。その少年犯は、突然私にきつく抱きつき、離そうとしない。私は困惑し言葉も出ない。看守たちもこの情景に驚かされた。彼らは大変な力を出して、ようやく彼を私の体から引き剥がした。──拙訳）

学生の頃、語り手の「私」は刑務所でボランティアをしていた。ある日、高官の視察があるので、少年犯が蝿の駆除をさせられている。少年犯のつたなさをみかねて、他にすることもなかったので、少年の手からハエ叩きをとってかわりに駆除をしていた。すると突然少年犯に抱きつかれたのである。引用部に続き、このような奇矯な動作がなされた種明かしがされる。過去に「愛與關懷」（愛と心遣い）を受けたことのない絶望のなかにあった少年犯だからこそ、代わりに蝿を叩いてくれた「私」に衝動的に抱きついてしまったのである。「私」はこの体験によって不幸なものの存在に眼が開かれるのである。引用に先行する『譲高牆倒下吧』（一九九五年）収載の「三個孩子的故事」をA、『陌生人』（一九九八年）収載の「永保『年青』」をBとし、『幕永不落下』（二〇〇〇年）

収載の引用部をCとするなら、語り手がハエ叩きをするにあたり、「することもなかった」のでと演技意識を否定する点で一致する。異なるのは、動作の集約化と描写化が進行している点である。Aでは抱きつき、頭をもたれかけ、一言も喋らず、泪が肩を濡らすと、少年犯の動作描写が継起的に列挙されている。Bでは抱きつく以外の動作描写がそぎ落とされる。「沒有想到他忽然將我緊緊抱住，好久都不放，這個孩子來自非常窮苦的家庭。」のとおり、「抱住」の前に「緊緊」（きつく）と副詞を、後に「好久都不放」（しばらく放そうとしなかった）と説明が添加され、唯一残された動作描写を副詞によって強化している。また、同一センテンス内に種明かしが挿入される。Cにいたり、「抱住」への焦点化は維持されるが、「しばらく」という主観的表現が捨てられる。時間的経過と抱きつく強さは、副詞によるのではなく、看守たちの動作描写による表現へと変化している。しかも行為の説明的種明かしはセンテンス内から排除される。説明的叙述から象徴的描写へ、しかも動作描写への傾斜が確認できる。

結果、李家同の回心のフォルムには二つの特色が指摘できよう。一つは個別ではなく普遍性への志向である。小さきものへの善意が逆に自己救済に反転する構造を普遍の相において描くのである。インドでも、台湾でも、スラムの少年でも、少年犯でも、ビジネスマンでも教授でも、手を執られるのでも、抱きつかれるのでもよい。置換可能な要素が同一構造のもとに組み立てられていく。個別的特徴を排除することで、諸要素は普遍の域へと達する。限定する細密描写が乏しいゆえに感情移入が容易な同類キャラを、読者は次々に乗り換えながら、回心の感覚を体験し続ける。こうした事態はロールプレーイングと呼ぶのではなかったか。李家同の表現対象は極私的内面でもなければ、要素のいずれか一つでもない。回心のフォルムを普遍の相において描出することであった。

今一つは素朴な動作描写への志向である。饒舌な文体で内面描写をするのでも、内面の等価物としての人物描写や背景描写を積み重ねるのではない。李家同は逆に言葉を惜しむのである。動作描写へ、更に同じ動作でも手を執るといった本質にまでそぎ落とした動作へと焦点化するのである。そうした抑制的文体で表現されるのが、弱者の素朴で普遍的感情であり、回心の普遍的感覚である。動作描写により、心理は描写されるのでなく暗示、象徴されるのである。

李家同の作品はすべて短編である。長編を維持しうる文体と、短編の密度を醸成する文体は当然異なる。短編性に起因する諸特徴を個人文体と混同しているとの批判はありえよう。確かに李榮春、北村、許台英も中篇ないし長編である。李家同がフィクション、ルポすべてのジャンルで短編を選択していること自体、抑制的文体が短編を要請したとはいえる。しかし短編と抑制的文体は等価ではない。例えば、「不意に寅太が胸にしがみついてきた。―中略―強い力で息苦しいほどだったが、木戸をくぐりながら、徳五郎は心が和み、満たされるのを感じていた。[26]」は、李家同の少年犯を想起させる藤沢周平の短編である。主人公は、いじめられていた孤児を偶然助けることになる。結果、強盗を手伝うような生活をしてきた少年が、初めて他者に心を開く場面である。小さきものを助けることで、主人公は自身の子供を喪失したトラウマから救済される。ところで、中略の部分には、主人公の台詞が四箇所、叙述が五箇所挿入されている。主人公が話しかけるにつれ、少年の泣き声が洩れ始め、歯を噛みしめるように泣き、最後は号泣に変わる。躰の顫えが手に伝わり、やがて躰の温か味が胸に伝わってきて哀れを感ずる。少年と主人公の内面の変化が、心理描写も交え、段階的に詳細に積み上げられていく。母が無く、父親が島送りになる背景、ぼろぼろな服、言葉を発せず眼を光らせている描写など、引用部に先立ち少年の個別的特徴も十分叙述されている。李家同にも中略の部分を書き込み、構成的画面と細密な筆致にする選択肢はあった。抑制的文体は、短編性の必要十分条件ではなく、李家同の個人文体といえよう。

おわりに

李家同の回心のフォルムは、台湾社会において、どのように受容され、そこにどのような可能性が拓かれたのか。また、李家同の回心のフォルムは、文学表現において、どのような可能性を開拓しえたのか。

「台湾の良心」というレッテルが、李家同受容の本質を象徴する。元来「良心」とは、孟子において人に普遍的に存在するアプリオリな心「仁義之心」であった。それが「台湾の」良心と限定語が附されるとき、位相は変化する。「台湾の良心」という言葉は、七〇年代頃からメディアで用いられ始めるが、のちにデフレを起こし、とっくに言葉の信頼性は失われている。まして社会自体が「良心」を失った現代である。にもかかわらず、あるいはだからこそ今、「台湾の良心」と李家同を呼ぶべきであると、張之傑は主張する。(27) 李家同の名が報道されるとき、そのレッテルが冠される状況は、二〇〇六年の段階でも変化がない。(28)

むろん「カトリック」と「良心」に直接的関係はない。他の「台湾の良心」を冠された人々を見るとそれが確認できる。李家同同様バークレーで研究に従事し、ノーベル賞を受賞した李遠哲や元民進党主席林義雄らである。李はグリーンカードを放棄して台湾に戻り中央研究院院長として台湾の科学技術の発展につくし、林はテロで家族を殺害されながら志を曲げず、昨年の陳倒閣運動の際もハンガーストライキをした。いずれも自己犠牲を以って国につくした成功者である。李家同は大学学長をしながら、「愛の対極は憎しみではない。それは無関心である」というマザー・テレサの言葉を掲げ、絶えず弱者の立場に立った作品を発表し続けている。そして施設でのボランティアを続け、すべての印税を寄付している。空論ではなく現実の自己犠牲によって、利他行為の存在を証明する文化的ヒーローという点で一致している。

市場原理に取り残された知識人の内面分析や、宗教を前面に押し出した説教では、大衆の支持をうけることはなかったであろう。格差が広がり、階級の固定化が進む社会で、李家同は社会主義とは異なる処方箋を持ち出した。それは階級間の憎しみを助長するのではなく、愛による救済である。非功利的、不合理なボランティアによる自己救済である。李家同の中でそれはカトリックに起源を持つものであるが、台湾社会は、それを「良心」として受容したといえよう。

「良心」よりも、更に伝統的文脈上に李家同を位置づける見方もある。李家同を「載道」の系譜に位置づけるもの(29)、「仁慈」によって主題を解釈するもの(30)、「良知」を呼び覚ますと価値づけるもの(31)などである。護教文学ではなく、伝統的知識人のふるまいとして受容する現象が見て取れる。

読者にとって、李家同のキリスト教的隣人愛は、市場原理が席巻するなかで忘れ去られた伝統的道徳観や性善説へ変容した上で享受されている。

では、李家同の回心のフォルムは、惻隠の情の発動フォルムに全く還元可能かというと、そうではない。儒教や宗教のドグマに還元しきれない要素がのこる。それが李家同の現代的変奏の可能性といえよう。李家同は、隣人愛を積極的に変容する。それは無償の愛を潜在的欲望と捉え、その充足を快楽と捉えることである。小説「呉教授的慾望」では、過去のボランティア活動の際、子供が自分の胸で死んでいった体験を克服できず、強迫神経症的症状にとらわれていたキャラクターが設定される。その教授は再びボランティアを始めることでトラウマを克服する。語り手は欲望を否定的に捉える通念を退け、むしろ欲望を満足させる快楽によって再生することを主張する(32)。欲望が覆い尽す商業主義社会で、禁欲を主張する非現実性をとらず、むしろ隣人愛を欲望とし、その存分な充足を訴える世界観はまさに現代的変奏といえよう。そういえば李家同が救済の契機として位置づけるボランティアは台湾で「義工」と呼ばれる。会意文字「義」は羊を内に有するように快楽原理ではなかったか。

『深い河』の美津子も、ボランティアに参加する。人を愛せない自分だからこそ自虐的に「愛のまねごと」をしてみるのである。しかし自身「心の底から出た愛の行為ではなく、演技だということを知って」おり、自己救済に失敗する。[33]まねごとを超克しうる根源的力として、信仰をもはや設定できないのなら、演技意識の入り込む隙がない快楽原理を持ち出したところに李家同の特色があるといえよう。

李家同は一九三九年上海に生まれた。大陸での戦乱を、台湾での混乱と貧困を体験する。台湾大学を卒業し、カリフォルニアのバークレーで博士号を取得する。五年遅れで全く同じ学歴をたどった張系国が一九七八年には『皮牧師正伝』を発表し、作家活動を展開していたのに対し、李家同は清華大学、静宜大学、曁南大学の学長を歴任するなど教育界の第一線で活躍してきた。自身の専門とあいまってハイテク産業が牽引した「台湾の奇跡」の最前線にいた。しかし、その経済的繁栄も、大陸の伸張とともに製造業の空洞化が進み、初めてのマイナス成長を体験するなど翳りが見えた。政権交代もあり、既存のアイデンティティーが揺らいだ台湾社会で、李家同は広範な支持を得たのである。故郷喪失者である上に、国家権力の崩壊を二度も体験した李家同の文学は、台湾の「尋根文学」ともいえるのではないだろうか。先進国となった台湾を覆う不安感に対し、国家主義でもコマーシャリズムでも、歴史主義でもない新たな出発点を提起した。それは地域も時代も越えた普遍的人情ともいうべきものである。弱者であった過去の台湾人像を意識下から掘り起こし、再統合することで、市場の競争に勝ち抜いた奇跡とは別の奇跡、相互救済の大同社会ともいうべき共同体のビジョンを打ち出した。李家同の回心のフォルムは、個人のみならず社会的射程をも有していたのではないか。

李家同の最初の作品集が出版されたのは一九九五年であり、継続的な活動期はすでに十年を越える。しかし、「良心」や「文以載道」など思想内容に関する評論は存在しても、文学的価値を正面から扱ったものは皆無に近い。文体については印象主義的評価がほとんどで、体系的な研究はなされていない。思想内容の陰に表現形式は等閑視されてきたとさえいえよう。

その理由は、ほとんどが超短編であるとの量的要因、ノンフィクションかフィクションか定めがたい作品群あり、SFスタイルあり、寓話スタイルあり、私小説スタイルあり、とジャンルを越境している質的要因があろう。しかし、私はジャンルミックス的特徴にこそ、また、練り上げられた素朴さの速度と深度こそが、表現史に新たな可能性を拓いたとの仮説を持つ。全面的文体分析は別稿に譲らざるをえないが、最後に先行研究を概観し、回心のフォルムで確認しえた文体的可能性をまとめておきたい。

文体評価にあたり、複数の論者が共通して用いる語彙がある。「平実」、「平鋪直叙」などである。「平実」（素朴な）文体からは真実に温かみが流れ出し[34]、「平実」に人類の「良善」を称揚し、人の「良知」をよびさまそうとする。[35]「平鋪直叙」（飾り気なしの平明な語り）にもかかわらず、味わい深い深い意味があり[36]、「平鋪直叙」にもかかわらず、心の底のあの敏感な弦をふるわせる。[37]これらの記述から、作為的、装飾的ではなく、説明的ではない素朴な文体が、真実や良善を載せ、感動をもたらすという同質的評価がなされてきたことが看取できる。

一方、李家同自身にも、そうした素朴な文体を意図的に選択していることをうかがわせる発言がある。彼は四〇年来読み続けている作品として林海音の『城南旧事』を挙げる。『城南旧事』は子供の一人称制限視座である。弱者が犠牲になる社会の異常さを、無知で無垢な魂が語る。語り口が素朴であるほどに、社会の不条理さを対照的に際立たせ、哀切さを醸成する。李家同自身も作品中に子供の一人称制限視座を含むものが、一一作品に及んでいる。スーダンの難民の子供、パレスチナの少年、南米のストリートチルドレン、インドの死を待つ人の家の少年、民族紛争や貧困の犠牲となり、死を迎えようとしている少年等を視座人物とする。自分がなぜ犠牲になるのかもわからないまま、むしろ周りの人物への愛情を表明しながら死んでいくことで、社会の残酷さが一層前景化する。李は子供の視座で語るからこそ感動を深めること、しかしながら一人称叙述が容易ではない上に、子供の口調で語る困難さを指摘している。[38] つまり子供の視座からの叙述は、地の文にまで稚拙な文体を要請する。その意味で、一見素朴な語りは、十分戦略的に、工夫のあげく熟成された文体といえよう。

視座にとどまらず、錯時法でも動作描写を先に行い、種明かしは後に行う構成を本稿では再三確認してきた。意図されたリーダビリティーといえよう。

また最低限の動作描写に主題を象徴させる手法も再三確認してきた。子供が視座人物となっていなくても、こうした装われた素朴さ、抑制的な文体は一貫している。

短い分量で、非装飾的文体を用い、核心的動作描写で暗示する。このマチエールはスピードと深度を持つ。小画面中で、水墨画のように最低限かつ象徴度の高い線を用い、世界観を提示しえたルオーを連想させると冒頭に記した所以である。しかし、フランスの郊外の路地のみならず、一九三〇年代、中国辺境の娼館の船にも、その男は立っていた。妻が手の中に押し込んだお札を地面に捨て、大きくごつい手で顔を覆い、突然、なぜか子供のように泣き出す。商品経済に巻き込まれ、娼婦として出稼ぎに出ざるをえなかった農婦は、いつか垢抜けて金も手にいれていた。しかし、尋ねてきた夫の突然で思わぬ行為に、彼女はすべてを捨てて家庭へと帰っていく。人性の普遍的で素朴な美質を描く沈従文の抑制的文体を、私は文言的発想とからめて検討したことがある。[39] 暗示的、象徴的筆致に残響が認められるが、李家同のスピードと深度は、文言発想とは異質な可能性を有している。

一方、指が触れ合った瞬間、内面の鍵が開き、孤独な魂同士が融合した画面を題名とする『第一次的親密接触』を、私はネット発想の文体という観点から検討したことがある。[40] 速度の質はむしろこちらに近いが、「打ち言葉」の非抑制的文体のリズムとはむろん異なる。今後は、題名から「回心」をはずし、全面的な李家同文体のフォルムを中国文学の表現史上に位置づける作業がなされる予定である。

(1) 小林孝吉『椎名麟三論』菁柿堂、一九九二年、一四九頁。
(2) 藤原新也『なにも願わない手を合わせる』文春文庫、二〇〇六年、一七―一八頁。
(3) 張系國『皮牧師正傳』洪範書店、一九七八年、二〇一―二〇二頁。
(4) 李榮春『李榮春全集六　懐母』晨星出版、二〇〇二年、一二八頁。
(5) 彭瑞金「李榮春全集序」前掲書、一二頁。
(6) 前掲書、一五八頁、一八五頁。
(7) 前掲書、順に一四八頁、一六五頁、九二頁。
(8) 遠藤周作『深い河』講談社文庫、一九九六年、三一四頁。同作品は「大江」と題名を変え、『第21頁』九歌出版社、二〇〇六年に再録される。執着が確認される。実際、一九九八年に発表されたエッセイ「我的読書習慣」では『深い河』の影響の強さを認めている（『陌生人』一五九頁）。
(9) 前掲書、三四五頁。
(10) 前掲書、三一〇頁。
(11) 李家同『幕永不落下』未来書城、二〇〇〇年、Aが八九頁、Bが九一―九二頁
(12) 李家同「深河」『陌生人』聯經、一九九八年、二〇〇二年二版、一〇九頁引。
(13) 遠藤周作『深い河』、三〇〇頁。
(14) 北村『施洗的河』上海文芸出版社、二〇〇五年、二二一頁。
(15) 陽翰笙「天国春秋」『中国現代文学百家』華夏出版社、一九九九年、三四九頁。
(16) 許台英『寄給恩平修女的六封書信』聯經、一九九五年、六頁。
(17) 李榮春『李榮春全集六　懐母』二四頁
(18) 前掲書、一八〇頁。
(19) 前掲書、順に一八九頁、一九〇頁。
(20) 李家同「羞愧與感恩」『第21頁』九歌出版社、二〇〇六年、六頁。

(21) 李家同『讓高牆倒下吧』聯經、二〇〇二年、一二頁。
(22) 李家同『幕永不落下』六二頁。
(23) 李家同『陌生人』一二四頁。
(24) 李家同『讓高牆倒下吧』一七八頁。
(25) 李家同『幕永不落下』七九―八〇頁。
(26) 藤沢周平「父と呼べ」『藤沢周平全集第一巻』文藝春秋、一九九二年、三二三頁。
(27) 張之傑「他是台湾的良心」http://www.booklife.com.tw/writer/lee-0440006.asp
(28) 陳文馨は李家同が台湾「最後の良心」と形容されていることを報じ（「一切従基本做起」『周日名人報』二〇〇四年四月二五日）、「陳水扁倒閣百万人運動」を報ずる二〇〇六年九月六日の記事でも「台湾の良心」と冠している。http://www.cnd.org/my/modules/wfsection/article.php%3Farticleid = 14789
(29) 瘂弦「故事是思想居住的屋宇」『陌生人』五頁。
(30) 詹悟「人道主義者的心声―談李家同的『讓高牆倒下吧』」『書評双月刊』第五八期。
(31) 陳文馨「一切従基本做起」『周日名人報』。
(32) 李家同『幕永不落下』一三五頁。また、エッセイ「不要克制愛人的欲望」（人を愛する欲望を抑えてはいけない）も同様の主張をしている。以下、単行本未収作品は、李家同の公式ホームページにアップされているテキストによる。http://www.csie.ncnu.edu.tw/~rctlee/article/890515.htm
(33) 遠藤周作『深い河』二〇一頁。尚、手を執る場面が執着心象である点で、遠藤周作の『満潮の時刻』は李家同に似る。病室のベッドで死を待つ夫の手を妻が握りしめているモチーフは酷似する。死を前に苦しみを分け合う人間の素晴らしさを「額縁におさめられた絵」のように描写で造形する点も酷似する。しかし、そのタッチは異なる。ガラスに反射する西陽、白いエプロンをつけた妻、枕元の植木など細部が書き込まれる。そして画面全体の色調は快楽ではなく、悲哀なのである。

(34) 宋宇娥「鐘聲又再響起　李家同新書発表」http://www.wfdn.com.tw/9112/021223/07-11/122307-5.htm
(35) 陳文馨「一切從基本做起」『周日名人報』。
(36) 同右。
(37) 杏林子「対生命的尊重―談李家同的文章」『譲高牆倒下吧』二頁。
(38) 李家同「城南旧事」単行本未収。http://www.csie.ncnu.edu.tw/~rctlee/article/south.html
(39) 山本明「『新散文』の形成―沈从文の文体」『中国文学研究第一八期』早稲田大学中国文学会、一九九二年。
(40) 山本明「小説における『段落』…蔡智恒…ネット文学の文体…」『中国文学研究第三一期』早稲田大学中国文学会、二〇〇五年。

執筆者紹介（執筆順）

熊《くま》　田《だ》　陽一郎《よういちろう》　客員研究員　中央大学名誉教授

シェーパース，ゲァハート　客員研究員　国際基督教大学名誉教授

新《あら》　垣《がき》　壬《つぐ》　敏《とし》　客員研究員　白百合女子大学文学部教授

高《たか》　橋《はし》　英《ひで》　海《み》　客員研究員　東京大学大学院総合文化研究科准教授

吉《よし》　村《むら》　謙《けん》　輔《すけ》　研　究　員　中央大学商学部准教授

木《き》　﨑《さき》　弘《ひろ》　美《よし》　元客員研究員　中央大学文学部兼任講師

葛《くず》　谷《や》　登《のぼる》　客員研究員　愛知大学経済学部准教授

李《い》　焱《ひょん》　娘《なん》　研　究　員　中央大学総合政策学部教授

平《ひら》　田《た》　耀《よう》　子《こ》　研　究　員　中央大学総合政策学部教授

今《こん》　まど子《こ》　客員研究員　中央大学名誉教授

竹《たけ》　中《なか》　昌《まさ》　宏《ひろ》　研　究　員　中央大学理工学部教授

戸《と》　口《ぐち》　日出夫《ひでお》　研　究　員　中央大学商学部教授

三《み》　好《よし》　みゆき　研　究　員　中央大学法学部教授

山《やま》　本《もと》　明《あきら》　研　究　員　中央大学商学部教授

カトリックと文化

中央大学人文科学研究所研究叢書　44

2008年 3 月10日　第 1 刷発行

編　　者　中央大学人文科学研究所

発 行 者　中　央　大　学　出　版　部

代表者　福　田　孝　志

〒192-0393　東京都八王子市東中野742-1

発行所　中　央　大　学　出　版　部

電話　042(674)2351　FAX　042(674)2354

http://www2.chuo-u.ac.jp/up/

奥村印刷㈱

ISBN978-4-8057-5333-0

37　アジア史における社会と国家

A５判 354頁
定価 3,990円

国家とは何か？　社会とは何か？　人間の活動を「国家」と「社会」という形で表現させてゆく史的システムの構造を，アジアを対象に分析.

38　ケルト　口承文化の水脈

A５判 528頁
定価 6,090円

アイルランド，ウェールズ，ブルターニュの中世に源流を持つケルト口承文化――その持続的にして豊穣な水脈を追う共同研究の成果.

39　ツェラーンを読むということ
詩集『誰でもない者の薔薇』研究と注釈

A５判 568頁
定価 6,300円

現代ヨーロッパの代表的詩人の代表的詩集全篇に注釈を施し，詩集全体を論じた日本で最初の試み.

40　続　剣と愛と
中世ロマニアの文学

A５判 488頁
定価 5,565円

聖杯，アーサー王，武勲詩，中世ヨーロッパ文学を，ロマニアという共通の文学空間に解放する.

41　モダニズム時代再考

A５判 280頁
定価 3,150円

ジョイス，ウルフなどにより，1920年代に頂点に達した英国モダニズムとその周辺を再検討する.

42　アルス・イノヴァティーヴァ
レッシングからミュージック・ヴィデォまで

A５判 256頁
定価 2,940円

科学技術や社会体制の変化がどのようなイノヴェーションを芸術に発生させてきたのかを近代以降の芸術の歴史において検証し，近現代の芸術状況を再考しようとする試みである.

43　メルヴィル後期を読む

A５判 248頁
定価 2,835円

複雑・難解であることで知られる後期メルヴィルに新旧２世代の論者６人がとりくんだもので，得がたいユニークな論集となっている.

定価は消費税５％含みます。

30　埋もれた風景たちの発見

ヴィクトリア朝の文芸と文化

A５判 660頁
定価 7,665円

ヴィクトリア朝の時代に大きな役割と影響力をもちながら，その後顧みられることの少なくなった文学作品と芸術思潮を掘り起こし，新たな照明を当てる．

31　近代作家論

A５判 432頁
定価 4,935円

鴎外・茂吉・『荒地』等，近代日本文学を代表する作家や詩人，文学集団といった多彩な対象を懇到に検討，その実相に迫る．

32　ハプスブルク帝国のビーダーマイヤー

A５判 448頁
定価 5,250円

ハプスブルク神話の核であるビーダーマイヤー文化を多方面からあぶり出し，そこに生きたウィーン市民の日常生活を通して，彼らのしたたかな生き様に迫る．

33　芸術のイノヴェーション

モード，アイロニー，パロディ

A５判 528頁
定価 6,090円

技術革新が芸術におよぼす影響を，産業革命時代から現代まで，文学，絵画，音楽など，さまざまな角度から研究・追求している．

34　剣と愛と

中世ロマニアの文学

A５判 288頁
定価 3,255円

12世紀，南仏に叙情詩，十字軍から叙情詩，ケルトの森からロマンスが誕生．ヨーロッパ文学の揺籃期をロマニアという視点から再構築する．

35　民国後期中国国民党政権の研究

A５判 656頁
定価 7,350円

中華民国後期(1928-49)に中国を統治した国民党政権の支配構造，統治理念，国民統合，地域社会の対応，そして対外関係・辺疆問題を実証的に解明する．

36　現代中国文化の軌跡

A５判 344頁
定価 3,990円

文学や語学といった単一の領域にとどまらず，時間的にも領域的にも相互に隣接する複数の視点から，変貌著しい現代中国文化の混沌とした諸相を捉える．

16　ケルト　生と死の変容

A 5 判 368頁
定価 3,885円

ケルトの死生観を，アイルランド古代／中世の航海・冒険譚や修道院文化，またウェールズの『マビノーギ』などから浮び上がらせる．

17　ヴィジョンと現実
十九世紀英国の詩と批評

A 5 判 688頁
定価 7,140円

ロマン派詩人たちによって創出された生のヴィジョンはヴィクトリア時代の文化の中で多様な変貌を遂げる．英国19世紀文学精神の全体像に迫る試み．

18　英国ルネサンスの演劇と文化

A 5 判 466頁
定価 5,250円

演劇を中心とする英国ルネサンスの豊饒な文化を，当時の思想・宗教・政治・市民生活その他の諸相において多角的に捉えた論文集．

19　ツェラーン研究の現在
詩集『息の転回』　第 1 部注釈

A 5 判 448頁
定価 4,935円

20世紀ヨーロッパを代表する詩人の一人パウル・ツェラーンの詩の，最新の研究成果に基づいた注釈の試み，研究史，研究・書簡紹介，年譜を含む．

20　近代ヨーロッパ芸術思想

A 5 判 320頁
定価 3,990円

価値転換の荒波にさらされた近代ヨーロッパの社会現象を文化・芸術面から読み解き，その内的構造を様々なカテゴリーへのアプローチを通して，多面的に解明．

21　民国前期中国と東アジアの変動

A 5 判 600頁
定価 6,930円

近代国家形成への様々な模索が展開された中華民国前期(1912～28)を，日・中・台・韓の専門家が，未発掘の資料を駆使し検討した国際共同研究の成果．

22　ウィーン　その知られざる諸相
もうひとつのオーストリア

A 5 判 424頁
定価 5,040円

20世紀全般に亙るウィーン文化に，文学，哲学，民俗音楽，映画，歴史など多彩な面から新たな光を照射し，世紀末ウィーンと全く異質の文化世界を開示する．

中央大学人文科学研究所研究叢書

1　五・四運動史像の再検討　A５判 564頁（品切）

2　希望と幻滅の軌跡　A５判 434頁　定価 3,675円
反ファシズム文化運動
様々な軌跡を描き，歴史の壁に刻み込まれた抵抗運動の中から新たな抵抗と創造の可能性を探る．

3　英国十八世紀の詩人と文化　A５判 368頁（品切）

4　イギリス・ルネサンスの諸相　A５判 514頁（品切）
演劇・文化・思想の展開

5　民衆文化の構成と展開　A５判 434頁　定価 3,670円
遠野物語から民衆的イベントへ
全国にわたって民衆社会のイベントを分析し，その源流を辿って遠野に至る．巻末に子息が語る柳田國男像を紹介．

6　二〇世紀後半のヨーロッパ文学　A５判 478頁　定価 3,990円
第二次大戦直後から80年代に至る現代ヨーロッパ文学の個別作家と作品を論考しつつ，その全体像を探り今後の動向をも展望する．

7　近代日本文学論　大正から昭和へ　A５判 360頁　定価 2,940円
時代の潮流の中でわが国の文学はいかに変容したか，詩歌論・作品論・作家論の視点から近代文学の実相に迫る．

8　ケルト　伝統と民俗の想像力　A５判 496頁　定価 4,200円
古代のドイツから現代のシングにいたるまで，ケルト文化とその稟質を，文学・宗教・芸術などのさまざまな視野から説き語る．